»Arbeiterinnen des Herrn«

Reihe »Geschichte und Geschlechter«
Herausgegeben von Ute Daniel, Karin Hausen
und Heide Wunder
Band 30

Relinde Meiwes, Dr. phil., arbeitete als wissenschaftliche Mitarbeiterin am Bielefelder Sonderforschungsbereich »Bürgertum«.

Relinde Meiwes

»Arbeiterinnen des Herrn«

Katholische Frauenkongregationen im 19. Jahrhundert

Campus Verlag
Frankfurt/New York

Die Deutsche Bibliothek – CIP-Einheitsaufnahme

Ein Titeldatensatz für diese Publikation ist bei
Der Deutschen Bibliothek erhältlich
ISBN 3-593-36460-3

Umschlaggestaltung: Atelier Warminski, Büdingen
Umschlagmotiv: Aus dem Archiv der Schwestern vom
armen Kinde Jesu, Simpelveld (Niederlande)
Druck und Bindung: KM-Druck, Groß-Umstadt
Gedruckt auf säurefreiem und chlorfrei gebleichtem Papier.
Printed in Germany

Inhalt

Vorwort

Die vorliegende Studie wurde im Wintersemester 1998/99 von der Fakultät für Geschichtswissenschaft der Universität Bielefeld als Dissertation angenommen. Für die Drucklegung wurde sie leicht gekürzt und überarbeitet. An der Fertigstellung dieses Buches waren viele Menschen beteiligt. Zu danken habe ich zuerst Gisela Bock, sie hat die Arbeit betreut und begutachtet. Ihre kritische Begleitung und stetige Aufforderung zu inhaltlicher Präzision haben die Studie bereichert. Josef Mooser hat mich auf die Frauen in den Kongregationen aufmerksam gemacht und die Dissertation begutachtet. Für seine scharfsinnige Kritik und langjährige Unterstützung auch aus dem fernen Basel möchte ich mich herzlich bedanken.

Die Untersuchung entstand im Rahmen des DFG-Sonderforschungsbereiches zur "Sozialgeschichte des neuzeitlichen Bürgertums". Von dessen guten Arbeitsbedingungen und gewinnbringenden Diskussionen mit Kolleginnen und Kollegen besonders aus dem Projektbereich "Frauen- und Geschlechtergeschichte des Bürgertums" hat die Studie profitiert. Ein Stipendium zur Förderung des weiblichen wissenschaftlichen Nachwuchses des nordrhein-westfälischen Wissenschaftsministeriums half, die Arbeit zu einem guten Abschluß zu bringen.

Für anregende Gespräche und kritische Lektüre bedanke ich mich vor allem bei Rebekka Habermas. Ihr Interesse und ihre freundschaftliche Begleitung haben sehr viel zum Gelingen der Arbeit beigetragen. Bei Juliane Jacobi und Iris Schröder bedanke ich mich ausdrücklich für vielfache Unterstützung und konstruktive Kritik; beide haben im Laufe der Jahre immer wieder über schwierige Schreibphasen hinweggeholfen. Tanja Hommen und Bettina Jörgens sei für ihre tatkräftige Hilfe bei der Literaturrecherche und -beschaffung und freundschaftlichen Beistand gedankt. Den Mitgliedern des Schwerter Arbeitskreises für Katholizismus Forschung bin ich für Diskussionsbereitschaft und viele Anregungen zu Dank verpflichtet.

Besondere Anerkennung verdienen die Mitarbeiterinnen und Mitarbeiter der von mir besuchten Bibliotheken und Archive. Stellvertretend möchte ich besonders Schwester Clara Alicia Rozo Durán von den *Schwestern vom armen Kinde Jesu* aus dem niederländischen Simpelveld nennen. Sie gewährte mir nicht nur großzügig Einblicke in die Archivalien, sondern führte mich auch in die mir zuvor unbekannte klösterliche Welt ein und beantwortete geduldig meine zahlreichen Fragen. Erwähnen möchte ich auch Schwester Birgitta Morthorst von den *Schwestern Unserer Lieben Frau* in Mülhausen. Rita Herrmann hat das mühselige Geschäft des Korrekturlesens übernommen und computertechnische Hilfe geleistet.

Den Herausgeberinnen der Reihe "Geschichte und Geschlechter" sei für die Aufnahme dieser Studie gedankt. Karin Hausens Überarbeitungsvorschläge waren nützlich für mich. Heide Wunder und Ute Daniel haben bereits den Entstehungsprozeß dieser Studie zuweilen begleitet und manche gute Ratschläge gegeben. Zu danken habe ich auch Adalbert Hepp.

Für freundschaftliche Begleitung und ermutigenden Zuspruch möchte ich mich ganz besonders bei Stephanie Geissler, Regine Hagedorn, Helga Krieger, Eva Maier und Hiltrud Meiwes-Klee bedanken. Auf unterschiedliche Weise haben sie mir geholfen und mich immer wieder aus der "klösterlichen Klausur" herausgeholt. Meine Mutter und mein leider früh verstorbener Vater haben mich immer wohlwollend unterstützt.

Ohne Reiner Schiller-Dickhuts Fürsorge und seine stete Hilfsbereitschaft hätte ich dieses Buch nicht schreiben können. Er und unsere Tochter Charlotte - deren Geburt meine wissenschaftliche Arbeit für einige Zeit so wunderbar unterbrach - haben Höhen und Tiefen besonders nah mitbekommen. Für ihre Liebe und Geduld bin ich ihnen sehr dankbar.

Bielefeld, im Februar 2000 — Relinde Meiwes

Einleitung

Als die Kongregation der *Schwestern der christlichen Liebe* 1895 ihre Konstitutionen veröffentlichte, lag fast ein halbes Jahrhundert aktives Engagement in der katholischen Kirche hinter ihr. Die Paderborner Schwestern waren Expertinnen in der Mädchenbildung und in der Blindenfürsorge. Selbstbewußt und im Wissen um die Qualität ihrer Arbeit nannten sie sich "Arbeiterinnen des Herrn".[1] Prägnant brachten die Frauen mit dieser Bezeichnung zum Ausdruck, daß sie ihr weltliches Handeln als göttlichen Auftrag verstanden. Gerade diese Symbiose von tätigem und religiösem gemeinschaftlichem Leben faszinierte im 19. Jahrhundert zahlreiche Katholikinnen.

1.

Die folgende Studie untersucht die Bestrebungen katholischer Frauen zur Gründung und Entwicklung der Kongregationen, ihre Interessen und Motive. Sie rekonstruiert die Lebens- und Arbeitsweise der Frauen in diesen Gemeinschaften, lotet ihre Handlungsmöglichkeiten aus und hebt die Bedeutung religiöser Kontexte für weibliche Lebensentwürfe hervor. Die Untersuchung zielt auf die Analyse der neugegründeten Kongregationen im ganzen. Es geht nicht darum, den vielen mehr oder minder detaillierten Beschreibungen der Geschichte einzelner Gemeinschaften eine weitere hinzuzufügen.[2] Die Geschichte der Frauenkongregationen wird aus unterschiedlichen Perspektiven analysiert: als Teil der Kirchen- und Religionsgeschichte, als Teil der Sozialgeschichte sowie der

---

1 Constitutionen der Schwestern der christlichen Liebe, Töchter der Allerseligsten Jungfrau Maria von der unbefleckten Empfängnis, Paderborn 1895, S. 60.

2 Vgl. u. a. Adolf Höllerl, Kloster-Schematismus. Ein Verzeichnis sämtlicher Klöster, Hospitien, klösterlichen Institutionen und Niederlassungen Deutschlands und Oesterreich-Ungarns, Paderborn 1899; Otto Braunsberger, Rückblick auf das katholische Ordenswesen im 19. Jahrhundert, Freiburg i.Br. 1901 (=Ergänzungshefte zu den Stimmen aus Maria Laach, 79); Ansgar Sinnigen, Katholische Frauengenossenschaften Deutschlands, Düsseldorf 1933.

Frauen- und Geschlechtergeschichte. Nur so kann der eigenständige Beitrag dieser Gruppe katholischer Frauen zur Geschichte des 19. Jahrhunderts adäquat erfaßt werden.

In der katholischen Kirchengeschichtsschreibung firmiert die Welle von Neugründungen katholischer Frauengemeinschaften in zahlreichen Ländern seit dem Ende des 18. Jahrhunderts als "Ordensfrühling".[3] Dieser Begriff kaschiert die Initiative und die Arbeit von Frauen: Tatsächlich handelte es sich um einen "Frühling" neuer, auch weltlich tätiger Frauenkongregationen, mit deren schnellem Wachstum weder die kontemplativen Frauenorden noch die Männerorden und -kongregationen Schritt hielten. Historisch brisant ist dabei nicht nur die gemeinschaftliche Lebensweise der Frauen unter dem Dach der Kirche, sondern auch ihr Engagement in der Armen- und Krankenpflege, in der Erziehung und im Schulwesen. Für viele katholische Gläubige wurden die Schwestern zu den wichtigsten Begleiterinnen im Prozeß des sozialen Wandels von der vorindustriellen zur industriellen Gesellschaft.

Untersucht wird die Entwicklung der Kongregationen am Beispiel Preußens. Im größten deutschen Staat spitzten sich nicht nur die konfessionellen Konflikte des 19. Jahrhunderts besonders zu, auch die säkularen Veränderungen in politischer, sozialer und ökonomischer Hinsicht waren hier weit fortgeschritten. Nur vor diesem Hintergrund sind die Aktivitäten der Frauen zu verstehen. Der zeitliche Rahmen orientiert sich an den für die Geschichte des Katholizismus und der Kongregationen gleichermaßen wichtigen Daten. Die Säkularisation nach 1803 mit dem Verbot der katholischen religiösen Genossenschaften markiert den Beginn. Der Kulturkampf in den 1870er und 80er Jahren ist die andere Zäsur; die kirchliche Assoziationsfreiheit der Preußischen Verfassung von 1850 wurde dadurch eingeschränkt und die religiösen katholischen Genossenschaften teils verboten. Um die Auswirkungen der Kulturkampfgesetze auf die Kongregationen einzubeziehen, wird die Entwicklung bis zur Jahrhundertwende betrachtet.

Wie ein roter Faden durchzieht die Arbeit die Frage, warum Frauen im 19. Jahrhundert auf eine traditionelle Form religiöser Vergesellschaftung zurückgriffen. Diese Variante weiblichen Lebens aus dem Dunkel historischer Deutungen zu holen, erlaubt es, den Stellenwert des Religiösen in weiblichen Lebenswelten und geschlechterspezifische Differenzen zu diskutieren. Martha Vicinus konstatiert dazu lakonisch: "Religion opened and closed doors for single women."[4] Richard J. Evans wies bereits 1982 auf die ambivalente Bedeutung von Religion für Frauen als "source of oppression" einerseits und als "opportunities

---

3 Vgl. beispielsweise Lothar Hardick, Ordensfrühling in Deutschland, in: An heiligen Quellen 26 (1950/51), S. 150 ff., 165 f.

4 Martha Vicinus, Independent Women: Work and Community for Single Women, 1850-1920, Chicago und London 1985, S. 48.

they lacked in secular life" andererseits hin[5]. Religion soll hier als Medium zur Interessenartikulation und Realisierung subjektiver Vorstellungen verstanden werden. Dies geht weiter, als darauf zu verweisen, daß Frauen Religion für unterschiedliche Ziele "benutzten". Vielmehr muß die Perspektive gewechselt werden: Die Frauen als handelnde Subjekte rücken ins Zentrum, um ihre Handlungsräume zu rekonstruieren und ihre Alternativen zu eruieren. Dieses Ziel würde von vornherein verfehlt, übertrüge man einen Emanzipationsbegriff des ausgehenden 20. Jahrhunderts auf die Situation von Frauen des 19. Jahrhunderts.[6] Bezüglich des Frauenkongregationswesens bedeutet das, Religion und Frömmigkeit nicht als ein vorindustrielles Relikt zu betrachten, sondern die Sinnhaftigkeit religiösen Handelns für die beteiligten Frauen zu untersuchen.[7]

Frauen wählten unterschiedliche Wege, um ihre Vorstellungen von einer besseren Gesellschaft zu realisieren. Die einen beschäftigten sich in nicht-konfessionellen Vereinen mit Bildungs- und Rechtsfragen, die anderen steckten sich Ziele im Rahmen von Wohltätigkeit und sozialer Frage, wiederum andere und nicht wenige verbanden ihr soziales Engagement mit religiösen Überzeugungen. Die soziale Frage stand fast immer mit auf der Tagesordnung. In neueren Forschungen zur Entstehung der Frauenbewegung wird die Ansicht vertreten, daß diese über einen langen Zeitraum eine "genuin soziale Bewegung"[8] gewesen sei.

---

5 Richard J. Evans, Religion and Society in Modern Germany, in: European Studies Review 12 (1982), S. 283.

6 Vgl. beispielsweise Helmut Hafner, Frauenemanzipation und Katholizismus im zweiten deutschen Kaiserreich, Diss. phil., Saarbrücken 1983. Ob der Emanzipationsbegriff im Hinblick auf die Geschichte der katholischen Frauenbewegung des 20. Jahrhunderts tragfähiger ist, kann aufgrund des Forschungsstandes meines Erachtens noch nicht beurteilt werden. Vgl. dazu Gisela Breuer, Zwischen Emanzipation und Anpassung: Der Katholische Frauenbund im Kaiserreich, in: Rottenburger Jahrbuch für Kirchengeschichte 10 (1991), S. 111-120 und Dies., Frauenbewegung im Katholizismus. Der Katholische Frauenbund 1903-1918, Frankfurt/New York 1998. Zur retrospektiven Verwendung des Begriffs "Feminismus" sowie zum Problem seiner Definition vgl. die grundsätzlichen Überlegungen von Gisela Bock, *Querelle du féminisme* im 20. Jahrhundert: Gab es "Feminismus" in Spätmittelalter und Früher Neuzeit? Eine historiographische Montage, in: Dies. und Margarete Zimmermann (Hg.), Die europäische *Querelle des Femmes*. Geschlechterdebatten seit dem 15. Jahrhundert, Stuttgart/Weimar 1997, S. 341-371. Instruktiv hierzu auch die Einleitung der Herausgeberinnen dieses Bandes: Die *Querelle des Femmes* in Europa. Eine begriffs- und forschungsgeschichtliche Einführung, S. 9-38.

7 Vgl. dazu den Religionsbegriff bei Clifford Geertz. Er definiert Religion als "(1) ein Symbolsystem, das darauf zielt, (2) starke, umfassende und dauerhafte Stimmungen und Motivationen in den Menschen zu schaffen, (3) indem es Vorstellungen einer allgemeinen Seinsordnung formuliert und (4) diese Vorstellungen mit einer solchen Aura von Faktizität umgibt, daß (5) die Stimmungen und Motivationen völlig der Wirklichkeit zu entsprechen scheinen." Clifford Geertz, Dichte Beschreibung. Beiträge zum Verstehen kultureller Systeme, Frankfurt 1983, S. 48.

8 Bock/Zimmermann, *Querelle des Femmes*, S. 22.

Hinzuzufügen ist, daß auch die Religion in der Frauenbewegung stets eine wesentliche und erst in jüngster Zeit genügend gewürdigte Rolle gespielt hat.[9]

Die Lebens- und Arbeitsweise der Frauen in den Kongregationen wird in diesem Kontext als eine Variante weiblichen Engagements betrachtet, die auch eine bessere Lebenssituation von Frauen zum Ziel hatte. Für Katholikinnen bot sich seit dem frühen Mittelalter die Möglichkeit gemeinschaftlichen Frauenlebens, um sich ganz einer sozialen und religiösen Zielsetzung zu widmen.[10] Das erkenntnisleitende Interesse richtet sich darauf, wie Frauen in dieser spezifischen Lebensform ihre Vorstellungen verwirklichen konnten. Welche Motive brachte Katholikinnen dazu, das reformierte monastische Prinzip für eine geeignete weibliche Lebensweise zu halten? Leisteten die Frauenkongregationen einen Beitrag zur Bekämpfung sozialer Mißstände und zur Institutionalisierung weiblicher Bildung sowie zur Etablierung weiblicher Berufstätigkeit?

2.

Die Geschichte der katholischen religiösen Frauengenossenschaften des 19. Jahrhunderts im deutschsprachigen Raum muß nach wie vor als "Terra incognita"[11] bezeichnet werden. Weder die profane Religions- und Kirchen-

---

9 Vgl. dazu beispielsweise die weitreichende Bedeutung des Genesistextes über die Erschaffung des Menschen in der *Querelle des Femmes* seit dem Spätmittelalter bis weit ins 19. Jahrhundert. Vgl. Bock/Zimmermann, *Querelle des Femmes*, S. 19. Während die Bedeutung transzendenter Weltdeutungen der Vertreterinnen der religiös ausgerichteten Frauenbewegung der Jahrhundertwende auf der Hand liegt, aber nur selten detailliert analysiert wird, fehlt bisher eine Untersuchung über die religiösen Orientierungen der Vertreterinnen der nicht-religiös gebundenen Frauenbewegung.

10 Vgl. zum mittelalterlichen Klosterleben u.a. Claudia Opitz, Evatöchter und Bräute Christi. Weiblicher Lebenszusammenhang und Frauenkultur im Mittelalter, Weinheim 1990; siehe auch Hedwig Röckelein, Historische Frauenforschung. Ein Literaturbericht zur Geschichte des Mittelalters, in: Historische Zeitschrift 255 (1992), bes. S. 395 ff., Martina Wehrli-Johns/Claudia Opitz (Hg.), Frauen oder Ketzerinnen. Leben und Verfolgung der Beginen im Mittelalter, Freiburg/Basel/Wien 1998. Zur Bedeutung der weiblichen Genossenschaften und ihren Aktivitäten in der Frühen Neuzeit vgl. beispielsweise Gisela Bock, Frauenräume und Frauenehre. Frühneuzeitliche Armenfürsorge in Italien, in: Karin Hausen/Heide Wunder (Hg.), Frauengeschichte - Geschlechtergeschichte, Frankfurt a.M. 1992, S. 25-49; Anne Conrad, Zwischen Kloster und Welt. Ursulinen und Jesuitinnen in der katholischen Reformbewegung des 16./17. Jahrhunderts, Mainz 1991; Natalie Zemon Davis, Drei Frauenleben. Glikl, Marie de l'Incarnaion, Maria Sibylla Merian, Berlin 1996; Volker Hunecke, Kindbett und Kloster: Lebenswege venezianischer Patrizierinnen im 17. und 18. Jahrhundert, in: Geschichte und Gesellschaft 18 (1992), S. 446-476.

11 O'Brien, Susan, Terra Incognita: The Nun in Ninetheenth-Century England, in: Past and Present 121 (1988), S. 110-140.

geschichte[12] noch die historische Frauenforschung haben hierzulande Studien über religiöse Frauengemeinschaften im 19. Jahrhundert vorlegen können.[13] Die materialreichste Literatur brachte die ältere und neuere Kirchengeschichtsschreibung hervor.[14] Ohne zu explizieren, daß es sich fast ausschließlich um weibliche Akteure handelte, beschäftigen sich zwei Studien mit religiösen Genossenschaften im Rheinland und in Westfalen. Die Untersuchung von Gatz behandelt die krankenpflegenden Gemeinschaften und deren "Beitrag zur Entstehung der neuzeitlichen Krankenversorgung".[15] Aus Sicht der lokalen und regionalen Schulgeschichte zielt die Arbeit von Wolfgang Schaffer darauf ab zu zeigen, welche Leistungen die "Schulorden" in diesem Kontext erbrachten.[16] Die Lebens- und Arbeitsweise der Frauen und deren Motivation, ein zölibatäres und gleichzeitig aktives Leben zu führen - zentrales Thema der vorliegenden Studie - wird von beiden Autoren bei allem Informationsreichtum im Detail nicht behandelt. Eine fast unüberschaubare

---

12 Einen Literaturüberblick bieten Margaret Lavinia Anderson, Piety and Politics: Recent Work on German Catholicism, in: Journal of Modern History 63 (1991), S. 681-716, insb. S. 696 und Antonius Liedhegener, Der deutsche Katholizismus um die Jahrhundertwende (1890-1914), in: Jahrbuch für christliche Sozialwissenschaft 32 (1991), S. 361-392. Zum Forschungsstand vgl. Wolfgang Schieder, Sozialgeschichte der Religion im 19. Jahrhundert. Bemerkungen zur Forschungslage, in: ders. (Hg.), Religion und Gesellschaft, S. 11-28, und Otto Weiss, Religiöse Geschichte oder Kirchengeschichte. Zu neueren Ansätzen in der deutschen Kirchengeschichtsschreibung und Katholizismusforschung. Ein Forschungsbericht, in: Rottenburger Jahrbuch für Kirchengeschichte 17 (1998), S. 289-312.

13 Eine Ausnahme bildet die Arbeit von Christl Knauer, Frauen unter dem Einfluß von Kirche und Staat. Höhere Mädchenschulen und bayerische Bildungspolitik in der ersten Hälfte des 19. Jahrhunderts, München 1995. Da die Frauenorden und -kongregationen hier eines ihrer hauptsächlichen Betätigungsfelder vorfanden, stehen sie in dieser Studie im Mittelpunkt.

14 Im Unterschied zu den zuvor genannten oft lückenhaften Darstellungen der Orden und Kongregationen (siehe Fußnote 2) lassen sich zuverlässige Informationen aus dem Werk von Hans Carl Wendlandt, Die weiblichen Orden und Congregationen der katholischen Kirche und ihre Wirksamkeit in Preußen von 1818 bis 1918, Paderborn 1924 und der Arbeit von Max Heimbucher, Die Orden und Kongregationen der katholischen Kirche, 2 Bde., Paderborn 1933 (Nachdruck 1965) gewinnen. Ein unentbehrliches Hilfsmittel auf der Suche nach Hinweisen auf einzelne Kongregationen und Orden stellte die nahezu alle katholischen Genossenschaften erfassende Sammlung von Guerrino, Pelliccia/Giancarlo Rocca (Hg.), Dizionario degli istituti di perfezione, Roma 1974 ff., dar. Sie ist besonders nützlich auch wegen der Angabe von oft nur schwer zugänglichen Literaturhinweisen.

15 Erwin Gatz, Kirche und Krankenpflege im 19. Jahrhundert. Katholische Bewegung und karitativer Aufbruch in den preußischen Provinzen Rheinland und Westfalen, Paderborn 1971, S. 1. Auf der Basis eines umfangreichen Quellenstudiums schildert der Autor im Detail die Geschichte der verschiedenen krankenpflegenden Kongregationen; allerdings kommt dabei die theoretische Reflexion zu kurz, und die amtskirchliche Perspektive steht im Vordergrund.

16 Wolfgang Schaffer, Schulorden in Rheinland. Ein Beitrag zur Geschichte religiöser Genossenschaften im Erzbistum Köln zwischen 1815 und 1875, Köln 1988.

Fülle von Selbstdarstellungen einzelner Genossenschaften komplettiert die Literatur. Zum Teil stark hagiographisch orientiert und meist nur für den internen Gebrauch bestimmt, erheben sie zwar keinen wissenschaftlichen Anspruch, stellen aber dennoch oft die einzige Informationsquelle zur Geschichte der Frauenkongregationen dar.[17] Die internationale Forschung beschäftigt sich dagegen seit langem mit der kollektiven Lebensweise katholischer Frauen.[18]

Angeregt insbesondere durch Studien aus England und den Vereinigten Staaten,[19] liegen inzwischen auch Untersuchungen über die Bedeutung der Religiosität in weiblichen Lebenszusammenhängen für den deutschsprachigen Raum vor.[20] Politik- sowie gesellschaftsgeschichtliche Fragestellungen standen zunächst ebenso im Vordergrund wie die Geschichte protestantischer Frauen.[21] Inspiriert nicht zuletzt durch die Studien von Natalie Zemon Davis zur Frühen

17 Beispiele dazu vgl. Claus Schreiner, Frauenorden in Deutschland, Fulda 1993. Diese Arbeit zeigt im übrigen, daß fast alle im 19. Jahrhundert neu gegründeten Frauenkongregationen heute noch existieren.

18 Vgl. u.a. André Tihon, Les religieuses en Belgique du XVIIIe au XXe siècle. Approche statistique, in: Belgisch Tijdschrift voor nieuwste geschiedenis/Revue Belge d'Histoire contemporaine 7 (1976), S. 1-54; Mary Ewens, The Role of the Nun in Ninetheenth Century America, New York 1978; Claude Langlois, Le catholicisme au féminin. Les congregations françaises à supérieure générale au XIXe siècle, Paris 1984; Eileen Mary Brewer, Nuns and the Education of American Catholic Women 1869-1920, Chicago 1987; Catriona Clear, Walls within walls: Nuns in Nineteenth-Century Ireland, in: Chris Curtin/Pauline Jackson/Barbara O'Connor, Gender in Irish society, Galway 1987, S. 134-149; O'Brien, Terra Incognita; Mary Denis Maher, To bind up the wounds, Catholic sister nurses in the U.S. Civil War, New York 1989; Helvetia sacra, Abteilung VIII, Band 1: Die Kongregationen in der Schweiz, 16. und 18. Jahrhundert, Basel 1994 und Band 2: Die Kongregationen in der Schweiz, 19. und 20. Jahrhundert, Basel 1998.

19 Vgl. dazu beispielsweise Gail Malmgreen (Hg.), Religion in the lives of English Women, 1760-1930, Bloomington 1986; Ann Douglas, The Feminization of American Culture, New York 1977; Nancy F. Cott, The Bonds of Womanhood: "Women's Sphere" in New England 1780-1835, New Haven 1977; Janet Wilson James (Hg.), Women in American Religion, Philadelphia 1980.

20 Zu den frühen Studien zählen die Arbeiten von Doris Kaufmann, Katholisches Milieu in Münster 1928-1933. Politische Aktionsformen und geschlechtsspezifische Verhaltensräume, Düsseldorf 1984 und Frauen zwischen Aufbruch und Reaktion. Protestantische Frauenbewegung in der ersten Hälfte des 20. Jahrhunderts, München 1988. Siehe auch die einflußreichen Arbeit von Catharine M. Prelinger, Charity, Challenge and Change. Religious Dimensions of the Mid-Nineteenth-Century Women's Movement in Germany, New York 1987.

21 Vgl. Sylvia Paletschek, Frauen und Dissens. Frauen im Deutschkatholizismus und in den freien Gemeinden 1841-1852, Göttingen 1990; Ursula Baumann, Protestantismus und Frauenemanzipation in Deutschland 1850-1920, Frankfurt 1992. In jüngster Zeit entstanden zwei Arbeiten zu den in Gemeinschaft lebenden Diakonissen: Jutta Schmidt, Beruf: Schwester. Mutterhausdiakonie im 19. Jahrhundert, Frankfurt/New York 1995 und Ursula Röper, Mariane von Rantzau und die Kunst der Demut. Frömmigkeitsbewegung und Frauenpolitik in Preußen unter Friedrich Wilhelm IV., Stuttgart 1997.

Neuzeit,[22] arbeitete insbesondere die der Historischen Anthropologie nahestehende Forschung daran, nach der Bedeutung religiöser Erfahrungen für weibliche Lebensläufe im 19. Jahrhundert zu fragen.[23] Bei den Untersuchungen zu katholischen Frauen stand zunächst das Frauenvereinswesen und die soziale Arbeit von Frauen im Vordergrund.[24] Einige neuere Arbeiten beschäftigen sich mit der Geschichte des 1904 gegründeten Katholischen Frauenbundes.[25] Schließlich gibt es erste Versuche einer konfessionsübergreifenden Darstellung.[26] Eine zentrale in diesen Arbeiten diskutierte These ist die von der Feminisierung der Religion, die zuerst Barbara Welter für den Protestantismus in den USA vertrat.[27] Sie versteht darunter einen ambivalenten Prozeß in der amerika-

---

22 Vgl. u.a. Natalie Zemon Davis, Städtische Frauen und religiöser Wandel, in: dies., Humanismus, Narrenherrschaft und die Riten der Gewalt. Gesellschaft und Kultur im frühneuzeitlichen Frankreich, Frankfurt a.M. 1987, S. 75-105; anhand von drei Frauenbiographien mit unterschiedlichen religiösen Bekenntnissen zeigt Natalie Zemon Davis, daß Religion im Leben dieser Frauen eine herausragende Bedeutung spielte. Vgl. Davis, Drei Frauenleben.

23 Instruktiv hinsichtlich der Verbindung von religiösen Praktiken und familiären Lebensweisen einerseits und der Bedeutung von Frauen für die jeweiligen Kirchen andererseits siehe u.a. die Forschungen von Edith Saurer und Rebekka Habermas. Edith Saurer, "Bewahrerinnen der Zucht und der Sittlichkeit." Gebetbücher für Frauen - Frauen in Gebetbüchern, in: L'Homme. Zeitschrift für Feministische Geschichtswissenschaft 1 (1990), S. 37-58; Dies., Frauen und Priester. Beichtgespräche im frühen 19. Jahrhundert, in: Richard van Dülmen, Arbeit, Frömmigkeit und Eigensinn. Studien zur deutschen Kulturforschung II, Frankfurt 1990, S. 141-170; Rebekka Habermas, Weibliche Religiosität - oder: Von der Fragilität bürgerlicher Identitäten, in: Klaus Tenfelde und Hans-Ulrich Wehler (Hg.), Wege zur Geschichte des Bürgertums, Göttingen 1994, S. 125-148; Dies., Frauen und Männer des Bürgertums. Eine Familiengeschichte (1750-1850). Göttingen 2000.

24 Vgl. Alfred Kall, Katholische Frauenbewegung in Deutschland. Eine Untersuchung zur Gründung katholischer Frauenvereine im 19. Jahrhundert, Paderborn 1983; Andreas Wollasch, Der Katholische Fürsorgeverein für Mädchen, Frauen und Kinder (1899-1945). Ein Beitrag zur Geschichte der Jugend- und Gefährdetenfürsorge in Deutschland, Freiburg i.Br. 1991.

25 Vgl. Monika Pankoke-Schenk, Katholizismus und Frauenfrage, in: Rauscher (Hg.), Der soziale und politische Katholizimus, Bd. II, S. 278-311; Lucia Scherzberg, Die katholische Frauenbewegung, in: Loth (Hg.), Deutscher Katholizismus, S. 143-163; Ursula Baumann, Religion und Emanzipation: Konfessionelle Frauenbewegung in Deutschland 1900-1933, in: Tel Aviver Jahrbuch für deutsche Geschichte 1992, S. 171-206; Gisela Breuer, Frauenbewegung; Birgit Sack, Zwischen religiöser Bindung und moderner Gesellschaft. Katholische Frauenbewegung und politische Kultur in der Weimarer Republik (1918/19-1933), Münster 1998.

26 Vgl. Irmtraud Götz von Olenhusen (Hg.), Frauen unter dem Patriarchat der Kirchen. Katholikinnen und Protestantinnen im 19. und 20. Jahrhundert, Stuttgart 1995; Margret Kraul und Christoph Lüth (Hg.), Erziehung der Menschen-Geschlechter, Studien zur Religion, Sozialisation und Bildung, Weinheim 1996; Baumann, Religion und Emanzipation.

27 Barbara Welter, The Feminization of American Religion: 1800-1860, in: Mary S. Hartmann/Lois Banner (Hg.), Clio's Consciousness Raised. New Perspectives on the History of Women, New York 1976. (dt. "Frauenwille ist Gottes Wille". Die Feminisierung der Religion

nischen Gesellschaft des 19. Jahrhunderts: während die Männer sich verstärkt der Politik und Ökonomie zuwandten, überließen sie den Frauen den Bereich der Kirchen und Religionsgemeinschaften zur eigenen Gestaltung. Frauen hätten schließlich den kirchlichen Raum bis hin zur Theologie beeinflußt und maßgeblich mitbestimmt.[28]

Ob und wie Welters Thesen auch für den deutschsprachigen Raum zutreffen, ist in der Forschung umstritten: [29] Hugh McLeods konfessions- und ländervergleichende Untersuchung bestätigt die Annahme. Wolfgang Schieder stellt hingegen unter Verweis auf die Studie von Sylvia Paletschek über die Frauen im Deutsch-Katholizismus fest: "Eine Feminisierung von Religion war aber zu dieser Zeit [um die Mitte des 19. Jahrhunderts] nur außerhalb der alten Kirchen möglich. Es muß offen bleiben, ob das um 1900 wirklich schon wesentlich anders war als um die Jahrhundertmitte."[30] Lucian Hölscher hegt Zweifel an einer "generell fortschreitenden Feminisierung der Kirchen im 19. Jahrhundert",[31] während für Ursula Baumann allein die verstärkte Rezeption des kirchlichen Angebots durch Frauen schon als Beleg für diese These gilt.[32] In einer sehr engen Definition wäre unter "Feminisierung der Religion" die eigenständige Interpretation der theologischen Prämissen des Glaubens zu verstehen. In Anlehnung an Barbara Welter möchte ich die Prozeßhaftigkeit des Begriffs betonen und die Entwicklung in der Präsenz von Frauen im kirchlich-religiösen Leben erfassen. Für die deutschen Verhältnisse läßt sich kaum bestreiten, daß Frauen an der religiösen Erneuerungsbewegung des 19. Jahrhunderts in hohem Maße beteiligt waren.[33]

---

in Amerika, 1800-1860, in: Claudia Honegger/Barbara Heintz (Hg.), Listen der Ohnmacht, Frankfurt a.M. 1981, S. 326-355.)

28 Vgl. Welter, "Frauenwille ist Gottes Wille", S. 326 f, 332 f.

29 Vgl. zuerst Hugh McLeod, Weibliche Frömmigkeit - männlicher Unglaube? Religion und Kirche im bürgerlichen 19. Jahrhundert, in: Ute Frevert (Hg.), Bürgerinnen und Bürger, Göttingen 1988, S. 134-156; Rudolf Schlögl, Sünderin, Heilige oder Hausfrau? Katholische Kirche und weibliche Frömmigkeit um 1800, in: Irmtraud Götz von Olenhusen (Hg.), Wunderbare Erscheinungen, Frauen und katholische Frömmigkeit im 19. und 20. Jahrhundert, Paderborn 1995, S. 13-50; Norbert Busch, Die Feminisierung der Frömmigkeit, in: Ebd., S. 203-219. Weitere Literaturhinweise siehe auch Irmtraud Götz von Olenhusen, Die Feminisierung von Religion und Kirche im 19. und 20. Jahrhundert. Forschungsstand und Forschungsperspektiven, in: dies., Frauen unter dem Patriarchat, S. 9-21 und die Aufsätze in diesem Band; siehe auch den Sammelband von Kraul/Lüth (Hg.), Erziehung.

30 Schieder, Sozialgeschichte der Religion, S. 28.

31 Lucian Hölscher, "Weibliche Religiosität"? Der Einfluß von Religion und Kirche auf die Religiosität von Frauen im 19. Jahrhundert, in: Kraul/Lüth (Hg.), Erziehung, S. 50.

32 Vgl. Baumann, Religion und Emanzipation, S. 172.

33 Michela Giorgio konkretisiert diesen Vorgang mit Blick auf den französischen Katholizismus: "Die Feminisierung der Praktiken, der Frömmigkeit wie auch des Klerus sind offensichtlich." Michela De Giorgio, Das katholische Modell, in: Duby/Perrot (Hg.), Geschichte

3.

Die vorliegende Untersuchung - und damit möchte ich die leitende Fragestellung skizzieren - nimmt die von Welter aufgeworfene Problematik auf und verknüpft sie mit zwei für die Geschichte der Kongregationen zentralen Kontexten, der vieldiskutierten Frauenfrage und der Formierung des katholisches Milieus. Hierdurch wird die Engführung der wenigen vorliegenden Studien zu den Frauenkongregationen, die im wesentlichen kirchengeschichtlich orientiert sind, erweitert.

Um die These von der Verweiblichung des Religiösen im Katholizismus des 19. Jahrhunderts zu belegen, müssen aus meiner Sicht unterschiedliche Aspekte dieses Prozesse differenziert analysiert werden. Gibt es geschlechterspezifische Besonderheiten bezüglich des Kirchenbesuchs[34] und für das organisierte Handeln von Laien in Bruderschaften, Vereinen oder Verbänden? Für die Frauenkongregationen und damit für meine Studie sind die beiden folgenden Themen bedeutsam: Wurden in diesen Gemeinschaften bestimmte Frömmigkeitspraktiken bevorzugt[35] und wer repräsentierte die katholische Kirche sowohl in den Augen der Gläubigen als auch der Anders- oder Nichtgläubigen nach außen? Entgegen gängiger Definition - so meine These - zählten dazu nicht nur die Priester, sondern auch die Frauen in den religiösen Genossenschaften. Obwohl den Männern das Priesteramt bis heute vorbehalten ist, zeigt die vorliegende Arbeit, daß es für Frauen Alternativen gab, Religion aktiv zu gestalten.

Frauen in den Kongregationen begriffen ihre Umgebung als veränderbar. Ihr Engagement lief auf eine gravierende Veränderung der bestehenden sozialen, ökonomischen und politischen Verhältnisse hinaus. Insofern existiert ein Zusammenhang zu den Bemühungen der nicht-katholischen Frauenbewegung. Die

---

der Frauen, Bd. 4, S. 190. (Frz.: La Bonne Catholique, in: Georges Duby und Michelle Perrot (Hg.), Histoire des Femmes en Occident. Le XIXe siécle, Bd. 4, Paris 1991, S. 172.)

34 Zumindest für den Protestantismus im letzten Viertel des 19. Jahrhunderts konnte inzwischen auch empirisch bestätigt werden, daß Frauen häufiger zur Kirche gingen als Männer. Vgl. Lucian Hölscher, Die Religion der Bürger. Bürgerliche Religiosität und protestantische Kirche im 19. Jahrhundert, in: Historische Zeitschrift 250 (1990), S. 610; siehe auch Habermas, Weibliche Religiosität, S. 125. Vergleichbare Informationen über die Zusammensetzung der katholischen Kirchenbesucher liegen für das 19. Jahrhundert nicht vor. Hölscher mutmaßt, daß es eine stärkere Bindung katholischer als protestantischer Männer an ihre jeweilige Kirche gab, wobei regionale und schichtspezifische Unterschiede zu beachten seien. Vgl. Hölscher, "Weibliche Religiosität", S. 49 f.

35 Norbert Busch hat beispielsweise die geschlechterspezifische Zusammensetzung verschiedener Herz-Mariä-Bruderschaften untersucht und kommt zu dem Ergebnis, daß deren Mitglieder zu 69,9 % Frauen waren. Vgl. Norbert Busch, Katholische Frömmigkeit und Moderne. Die Sozial- und Mentalitätsgeschichte des Herz-Jesu-Kultes in Deutschland zwischen Kulturkampf und Erstem Weltkrieg, Gütersloh 1997. S. 118.

Debatten des 19. Jahrhunderts über die sogenannte Frauenfrage kreisten um Themen wie Bildung, Beruf und Existenzsicherung, aber auch um gesellschaftliche und politische Partizipation. Obwohl häufig vergessen, stand auch die Bedeutung von Religiosität und Frömmigkeit in weiblichen Lebensläufen auf der Tagesordnung. Die katholischen Frauen in den Kongregationen agierten im Kontext der Frauenbewegung der zweiten Hälfte des 19. Jahrhunderts - nicht intentional, aber durch die Resultate ihres Wirkens für sich und andere Frauen. Ihrem Selbstverständnis nach bestand zwar eine tiefe Kluft zu den Vorstellungen der Frauenbewegung. Sie beteiligten sich auch nicht an den öffentlichen Debatten um Bildung, Erwerb und gesellschaftliche Partizipation für Frauen. Tatsächlich entstanden in den Kongregationen aber Lebensperspektiven für Frauen, die ihnen jenseits von Ehe und Familie Bildung und berufliche Tätigkeit unter existentiell gesicherten Bedingungen sowie Mitgestaltung ermöglichten. Von Bedeutung ist dabei auch, welchen Anteil die Kongregationen an der Herausbildung neuer weiblicher Berufe im sozialen und erzieherischen Bereich hatten. Die katholischen Frauenkongregationen entfalteten ihre Aktivität - und das ist historisch von besonderem Interesse -, bevor es am Ende des 19. Jahrhunderts auch außerhalb dieser Gemeinschaften für eine größere Gruppe von Frauen ähnliche Optionen gab. Insofern leistet die vorliegende Arbeit einen wichtigen Beitrag zur Frauen- und Geschlechtergeschichte des 19. Jahrhunderts.

Besonders die ältere historische Frauenforschung übersah geflissentlich das Engagement von Frauen in religiösen Kontexten,[36] weil es nicht zu der theoretischen Vorannahme paßte, die von einer progressiven Tendenz in der Entwicklung weiblicher Interessen ausging. Demnach wurde das Handeln der Frauen in Religion und Kirche von vornherein als rückwärtsgewandt bewertet.[37] In diesem Zusammenhang wurde zwar zutreffend konstatiert, daß die Frauen für ihre Arbeit nicht materiell entlohnt wurden und in die Hierarchie der katholischen Kirche sowie der jeweiligen Kongregation eingebunden waren, was der freien Entfaltung des Individuums enge Grenzen setzte. Wählten Frauen also freiwillig eine Lebensform, die nur durch Unterdrückung und Ausbeutung bestimmt war? Mit einem solch vorschnellen Urteil läßt sich die Vielfalt weiblicher Artikulations- und Handlungsmöglichkeiten nicht erfassen. Überträgt man heutige Begrif-

---

36 Als Ausnahme werden in diesem Zusammenhang stets die Frauen in den freireligiösen Gemeinden betrachtet, denen ein substantieller Beitrag zur "Theorie und Praxis der Frauenemanzipation im 19. Jahrhundert" zugewiesen wird. Herrad-Ulrike Bussemer, Frauenemanzipation und Bildungsbürgertum, Sozialgeschichte der Frauenbewegung in der Reichsgründungszeit, Weinheim 1985, S. 80.

37 So beispielsweise urteilt Ute Gerhard: "Ebensowenig ist die Geschichte der Frauen in der Kirche als Erfolgsgeschichte, sondern eher als eine 'Trauergeschichte' zu bezeichnen." Ute Gerhard, Unerhört. Die Geschichte der deutschen Frauenbewegung, Reinbek bei Hamburg 1992, S. 201.

fe, versperrt man sich die Chance zu begreifen, wie sich historische Subjekte selbst unter restriktiven Strukturen entfalten konnten: Es läßt sich aus meiner Sicht nicht bestreiten, daß selbst im konservativen Milieu des ultramontanen Katholizismus Handlungsräume für Frauen existierten, die ihnen in der bürgerlichen Gesellschaft nicht zur Verfügung standen.

Frauen mischten sich mit Nachdruck in das kirchliche Geschehen ein. Ihre Beteiligung an der Konstituierung des katholischen Milieus und am Projekt der "Rechristianisierung"[38] der Gesellschaft, das sich die katholische Kirche ab der Mitte des 19. Jahrhunderts zur Aufgabe erkor, war weitaus mehr als nur eine Randerscheinung der Geschichte des Katholizismus. Warum es im 19. Jahrhundert zu einer "Vitalisierung des Religiösen" (Schieder) kam, läßt sich schlechterdings ohne die Einbeziehung der Kategorie Geschlecht nicht beantworten. Die von der katholischen Kirche stets postulierte strikte Trennung von religiöser und säkularer Welt,[39] die rigorose Rhetorik, mit der gegen alle neuen Entwicklungen polemisiert wurde, sollten nicht darüber hinwegtäuschen, daß die Kirche und ihre Angehörigen in vielfältigen, sich wechselseitig beeinflussenden Beziehungen zur Moderne standen.[40] Die Geschichte der Frauenkongregationen zeigt dies überdeutlich. Frauen suchten, wie Männer im übrigen auch, nach gesellschaftlichen Partizipationsmodellen. Die ständische Konstruktion der Gesellschaft löste sich auf, die Geschlechterbeziehungen wurden neu ausgehandelt. Die Suche nach neuen Formen zur Artikulation von Interessen stand auf der Tagesordnung. Die religiösen Vergesellschaftungsformen stellten hier eine naheliegende Möglichkeit der Orientierung in der Moderne dar, die gestaltbar

38 Josef Mooser, Katholische Volksreligion, Klerus und Bürgertum in der zweiten Hälfte des 19. Jahrhunderts. Thesen, in: Wolfgang Schieder (Hg.) Religion und Gesellschaft im 19. Jahrhundert, Stuttgart 1993, S. 149.

39 Durch die Verkündigung des "Syllabus errorum" von 1864 und des Unfehlbarkeitsdogmas von 1870 wandte sich die römische Kurie gegen die zeitgenössischen Verhältnisse und versuchte, ein "Gegenmodell gegen die moderne Welt" zu sein. Thomas Nipperdey, Religion im Umbruch. Deutschland 1870-1918, München 1988, S. 9.

40 Zum ambivalenten Verhältnis von Religion und Moderne sind in konfessionsvergleichender Perspektive inzwischen einige Studien und Sammelbände erschienen: Gerhard Besier, Religion, Nation, Kultur. Die Geschichte der christlichen Kirchen in den gesellschaftlichen Umbrüchen des 19. Jahrhunderts, Neukirchen-Vluyn 1992; Wilfried Loth (Hg.), Deutscher Katholizismus im Umbruch zur Moderne, Stuttgart 1991; Schieder (Hg.), Religion und Gesellschaft im 19. Jahrhundert; Olaf Blaschke und Frank-Michael Kuhlemann (Hg.), Religion im Kaiserreich. Milieus - Mentalitäten - Krisen, Gütersloh 1996. Zum spezifischen Verhältnis der katholischen Kirche zur Moderne: Wilfried Loth, Der Katholizismus - eine globale Bewegung gegen die Moderne? in: Heiner Ludwig/Wolfgang Schroeder (Hg.), Sozial- und Linkskatholizismus, Frankfurt a.M. 1990, S. 11-31; Arbeitskreis für kirchliche Zeitgeschichte (AKKZG) Münster, Katholiken zwischen Tradition und Moderne. Das katholische Milieu als Forschungsaufgabe, in: Westfälische Forschungen 43 (1993), S. 588-654.

war.[41] Die Frauenkongregationen schufen mit ihrem ab den 1850er Jahren dichter werdenden Netz von Niederlassungen eine wesentliche organisatorische Basis für eine forcierte Neubelebung des religiösen Lebens der katholischen Kirche. Die oft vertretene These, daß es bereits vor dem Kulturkampf ein ausdifferenziertes katholisches Milieu gegeben habe, ist inzwischen mit Blick auf das Vereinswesen revidiert worden. Auszugehen ist vielmehr davon, daß in dieser Zeit besonders der noch nicht dominierende Ultramontanismus beharrlich und schließlich erfolgreich daran arbeitete, die "Herrschaft im katholischen Deutschland" zu erringen.[42] Es wird zu zeigen sein, daß die Frauenkongregationen einen wichtigen Beitrag zur Schaffung des katholischen Milieus leisteten.

4.

Die Geschichte der Kongregationen zu erforschen, ist ein schwieriges Vorhaben. Das ohnehin die historische Frauenforschung von Anfang an begleitende Problem, daß in den von der Geschichtswissenschaft traditionellerweise erschlossenen Quellen Frauen nicht existierten, folglich neue Quellenbestände heranzuziehen und bekannte Quellentexte neu zu lesen sind,[43] verschärft sich bei den auf Abschottung nach außen bedachten Frauenkongregationen in besonderer Weise. Genossenschaftliches religiöses Frauenleben ist bis heute von Geheimnissen umgeben. Das primäre Interesse der Ordensfrauen und Schwestern galt nicht der Anerkennung durch die Welt. Handlungsleitend war für sie eine transzendente Orientierung, innerhalb derer Rechenschaft über das irdische Leben erst im Jenseits abzulegen war und nicht etwa mittels schriftlicher Dokumente im Diesseits. Das Streben nach christlicher Vollkommenheit und die Anerkennung Gottes genoß absolute Priorität. Dies korrespondiert mit der selbst heute oft noch üblichen Gepflogenheit, kirchliche Aktivitäten zu isolieren und insbesondere das Leben hinter den Klostermauern gegenüber der Außenwelt abzuschotten. Die bemerkenswert selbstbewußte Haltung des Sozial-

---

41 Zu den Besonderheiten der katholischen Vergesellschaftung gehört, daß stets eine religiöse Lebensführung angestrebt wurde und daß die Amtskirche die Aktivitäten kontrollierte. Vgl. dazu Josef Mooser. Das katholische Vereinswesen in der Diözese Paderborn um 1900. Vereinstypen, Organisationsumfang und innere Verfassung, in: Westfälische Zeitschrift 141 (1991), S. 447-461 und ders., Das katholische Milieu in der bürgerlichen Gesellschaft. Zum Vereinswesen des Katholizismus im späten Kaiserreich, in: Blaschke/Kuhlemann (Hg.), Religion im Kaiserreich, S. 66 f.

42 Mooser, Das katholische Milieu, S. 72.

43 Vgl. Gisela Bock, Geschichte, Frauengeschichte, Geschlechtergeschichte, in: Geschichte und Gesellschaft 14 (1988), S. 387.

reformers Max Brandts in den 1890er Jahren war damals eine Ausnahme und ist auch heute nicht die Regel: "Oeffnen wir die Thore unserer Anstalten und laden wir zur Besichtigung ein, legen wir die Bücher und Erfahrungen unserer Vereine auf, dann fallen von selbst die alten albernen Vorwürfe des 'unthätigen Klosterlebens' und 'des kritiklosen Almosenspendens'. Veröffentlichen wir die alten Statuten unserer der Armenpflege und Erziehung sich widmenden Orden. Es sind stellenweise wahre Schätze der Weisheit und Erfahrung."[44]

Aus diesen Gründen stießen die Quellenstudien teils auf beträchtliche Hindernisse. Weitere Probleme resultierten aus der Benutzung privater, meist ungeordneter Archive. Nicht nur der Aufbau einer vertrauensvollen Zusammenarbeit erwies sich als außerordentlich zeitaufwendig, auch die technische Ausstattung der Archive erschwerte die Arbeit. Als besonderer Glücksfall erwies sich das Archiv der *Schwestern vom armen Kinde Jesu* (Simpelveld, Niederlande): Konstitutionen, Briefe, Chroniken, Lebensläufe, Schwesternverzeichnisse, sogenannte Kapitelermahnungen, Konferenzen und geistliche Übungen standen zur Verfügung. Auf dieser Grundlage ließ sich der Gründungsprozeß dieser Kongregation vergleichsweise detailliert nachzeichnen. An der Überlieferung der Korrespondenz der Gründerin und späteren Generaloberin der *Schwestern vom armen Kinde Jesu* läßt sich das immanente Quellenproblem verdeutlichen. Clara Fey stand im intensiven Kontakt mit den Mitgliedern der Kongregation; ihre Korrespondenz aus den Jahren 1876 bis 1891 ist in einem kleinem Oktavheft verzeichnet. In der Regel schrieb sie pro Tag zwei bis drei Briefe und erhielt ebenso viele.[45] Rechnet man dies auf fünfzehn Jahre hoch, müßten jeweils über 10.000 versandte bzw. empfangene Briefe existieren. Selbst wenn man Phasen schwächerer Korrespondenz unterstellt, klafft eine Lücke zwischen diesen Schätzungen und dem tatsächlichen Bestand.[46] Darüber hinaus gibt es ein Kompendium von Briefen, die lediglich in Abschrift vorhanden sind,[47] und einige Rundschreiben der Generaloberin an die Mitschwestern.[48] Es muß davon ausgegangen werden, daß nur ein Bruchteil der Korrespondenz

---

44 Max Brandts, Die katholischen Wohlthätigkeits-Anstalten und -Vereine sowie das katholisch-sociale Vereinswesen insbesondere in der Erzdiöcese Köln, Köln (1895), S. XVI.

45 Vgl. ASKJ, Aufzeichnung der Briefe, die Mutter Clara bekam und verschickte.

46 Im zentralen Archiv der Kongregation in Simpelveld sind insgesamt 1.052 datierte und 288 undatierte Briefe von Clara Fey verzeichnet Vgl. ASKJ, Originalbriefe von Mutter Clara.

47 Dabei handelt es sich um die Korrespondenz von Clara Fey mit Pastor Wilhelm Sartorius und Bischof Johann Theodor Laurent zwischen 1844 und 1876, von denen besonders die frühen Briefe für den Gründungsprozeß relevant sind. Vgl. ASKJ, Abschriften der Briefe von Clara Fey an B. Laurent (1844-1848) und Pastor Sartorius (1845-1876).

48 Vgl. ASKJ, Rundschreiben Mutter Claras 1863-1893.

aufbewahrt wurde und dieser in weiten Teilen nicht sehr ergiebig ist. Bereits zu Lebzeiten von Clara Fey nahm deren engste Mitarbeiterin und Assistentin Leocadia Startz Einfluß auf den Quellenbestand, indem sie bestimmte Originale vernichtete.[49]

Der Blick auf die Lebensweise der Frauen in den Kongregationen wird insbesondere durch einen Mangel an autobiographischen Quellen getrübt. Selbstreflexives Schreiben als Ausdruck innerer Besinnung und als Auseinandersetzung mit individuellen Glaubenserfahrungen, wie es im Protestantismus und noch mehr im Pietismus[50] des 19. Jahrhunderts Tradition hatte, fand im Katholizismus nicht statt. Gewiß bieten auch Tagebücher, Briefe und ähnliche Aufzeichnungen nicht ohne weiteres ein höheres Maß an Authentizität. Dennoch wüßte man gern mehr über die inneren Beweggründe dieser Gruppe katholischer Frauen, über Konflikte in den Gemeinschaften und wie diese gelöst wurden. Die überlieferten Quellen sind oft wenig ergiebig, da sie dazu schweigen oder geschönt wurden. Individualität hatte nur eine einseitige Tradition im Katholizismus: Sie bezog sich ausschließlich auf das Verhältnis des glaubenden Menschen zu Gott durch Gebete und Zwiesprache mit ihm. Andere Formen religiöser Praxis verhielten sich konträr dazu: sie fanden zumindest in Regionen mit geschlossenem katholischem Milieu in den Gemeinschaften der Gottesdienste oder als Dokumentation von Katholizität in der Öffentlichkeit als Prozession oder Wallfahrt statt. Schreiben gehörte also nicht zur katholischen Tradition und blieb stets ausgewählten Personen vorbehalten; dies galt auch für die Frauenkongregationen des 19. Jahrhunderts. Der Schriftverkehr der einfachen Mitglieder unterlag der Kontrolle. Argumente gegen das Schreiben lieferte den Kongregationsführungen auch der Mangel an Geld und Zeit, vor allem in der Anfangsphase einer neuen Sozietät. Hinzu kommen Überlieferungsprobleme, da das Archivgut unsystematisch gesammelt wurde oder autobiographische Zeugnisse beim Tod einer Schwester vernichtet wurden.[51] Diese Problematik hat methodologische Folgen.

Über die Lebensführung der Frauen gibt es nur vereinzelt Selbstaussagen. Deshalb ist es erforderlich, die "objektiven" Gegebenheiten zu untersuchen, aus denen sich Rückschlüsse auf die Beweggründe gewinnen lassen. Die Kombination unterschiedlicher Verfahren vermag das quellentechnische Problem zumindest abzumildern. Die Analyse stützt sich auf retrospektive Betrachtungen be-

---

49 Vgl. ASKJ, Vorwort zur Sammlung von Briefen an Bischof Laurent und Pastor Sartorius.

50 Barbara Hoffmann sieht in einem Hang zur Verschlüsselung und zum Geheimnis ein allgemeines Kennzeichen religiöser Texte. Vgl. Barbara Hoffmann, Radikalpietismus um 1700. Der Streit um das Recht auf eine neue Gesellschaft, Frankfurt a.M. 1996, S. 16.

51 So die Aussage der Archivleiterin der *Schwestern vom armen Kinde Jesu* im holländischen Simpelveld.

teiligter Frauen, auf Satzungen und Konstitutionen, auf Briefwechsel mit kirchlichen und staatlichen Behörden sowie in geringem Umfang auch mit den Mitgliedern, auf Schwesternverzeichnisse, Tagesabläufe und Schematismen mit Verzeichnissen der Schwestern in den einzelnen Niederlassungen.

Das Heranziehen und die Interpretation dieser vergleichsweise spröden Quellen ist keineswegs nur eine Notlösung, verweist doch die Existenz gerade solcher Quellen darauf, daß diese Organisationen auf Langlebigkeit und Beständigkeit ausgelegt und somit in einer Weise institutionalisiert waren, wie es nur wenigen weiblichen Organisationen in der Zeit vor der Reichsgründung 1871 gelang. Ihre Ziele und Aufgaben legten die Kongregationen in Konstitutionen und Satzungen fest. Diese geben Auskunft über die Aufnahmebedingungen und -verfahren, die Ausbildung der Schwestern, den Tagesablauf und den institutionellen Aufbau der Gemeinschaft. Auf die Einhaltung dieser strikten Maximen durch die Mitglieder wurde größter Wert gelegt. Die meist in einem kollektiven Verfahren unter Beteiligung von Schwestern und Klerikern erstellten Regelungen waren die wichtigste Grundlage im kirchlichen Anerkennungsverfahren. Quellen zur kirchenrechtlichen und staatsrechtlichen Verankerung des religiösen Genossenschaftswesens ergänzen diese Texte. Sie liefern Informationen, die über die kanonische Verfassung hinausgehen.[52]

Aufschlußreich sind auch statistische Erhebungen, die auf der Diözesanebene erhoben und in sogenannten Schematismen zusammengetragen wurden. Ergiebig sind hier die Schematismen des Bistums Paderborn und des Erzbistums Köln, die von dem Kirchenhistoriker Eduard Hegel bereits aufbereitet zur Verfügung stehen, aber unter einer geschlechtergeschichtlichen Fragestellung neu ausgewertet wurden.[53] Angesichts einer für die gesamten preußischen Verhältnisse äußerst dürftigen innerkatholischen Statistik, die erst zu Beginn des 20. Jahrhunderts entstand,[54] muß auf die Statistiken des preußischen Staates zurückgegriffen werden, um die gesamte Entwicklung des katholischen Genossenschaftswesens im 19. Jahrhundert rekonstruieren zu können.

---

52 Vgl. Bernard Schels, Die neueren religiösen Frauen-Genossenschaften nach ihren rechtlichen Verhältnissen, Schaffhausen 1857; F. Schuppe, Das Wesen und die Rechtsverhältnisse der neueren religiösen Frauengenossenschaften. Zum practischen Gebrauche dargestellt, Mainz 1868.

53 Vgl. Eduard Hegel, Geschichte des Erzbistums Köln, Bd. 5: Das Erzbistum Köln zwischen der Restauration des 19. Jahrhunderts und der Restauration des 20. Jahrhunderts 1815-1962, Köln 1967.

54 Vgl. Hermann Krose (Hg.), Kirchliches Handbuch für das katholische Deutschland, Freiburg i.Br. 1908-1920.

5.

Die Ergebnisse dieser Nachforschungen werden in diesem Buch vorgestellt. Im ersten Teil steht der "Frauenkongregationsfrühling" und seine Einordnung in den sozialen, ökonomischen und (kirchen)politischen Kontext im Mittelpunkt. Dazu wird erstens exemplarisch der Gründungsprozeß der Kongregation der *Schwestern vom armen Kinde Jesu* nachgezeichnet. Für diese Aachener Kongregation sind die Quellen vergleichsweise reichhaltig überliefert. Aachen mit seiner bereits in den 1840er Jahren weit fortgeschrittenen industriellen Entwicklung war eine Stadt des ökonomischen, politischen und sozialen Wandels und zugleich ein Zentrum des preußischen Katholizismus. Wie durch ein Brennglas lassen sich hier die daraus entstehenden Problemlagen betrachten. Zweitens wird das Organisationsprinzip der Frauenkongregationen als Medium zur Durchsetzung weiblicher Interessen untersucht um herauszufinden, warum Frauen auf diese traditionelle kirchliche Vergesellschaftungsform zurückgriffen. Schließlich wird die Vielfalt der Gründungsprozesse beschrieben und nach Gemeinsamkeiten und Unterschieden gefragt.

Im zweiten Teil richtet sich das Interesse auf das Innenleben der Kongregationen als weibliche Lebens- und Arbeitsgemeinschaft. Welchen Frauen standen die Kongregationen offen? Wie waren die Bedingungen des genossenschaftlichen Frauenlebens und wie stellte sich der alltägliche Tagesablauf dar? Ferner wird nach dem Verhältnis von Gleichheit und Differenz der Mitglieder geforscht. Das folgende Kapitel beschäftigt sich mit den Arbeitsfeldern der Frauenkongregationen und mit ihrem Beitrag zur Etablierung neuer weiblicher Berufstätigkeit. Um die Bedeutung der religiösen Lebensführung und deren Beziehung zur weltlichen Arbeit geht es anschließend.

Der dritte Teil dieser Arbeit analysiert die Beziehungen der Frauenkongregationen nach außen. Ohne die sozialen, ökonomischen und politischen Umbrüche im 19. Jahrhundert, die gemeinhin als Moderne gedeutet werden, hätte es keinen Frauenkongregationsfrühling gegeben. Zunächst steht das Verhältnis der Schwestern zum Projekt der christlichen Gesellschaft im Vordergrund. Das nächste Kapitel thematisiert den Zusammenhang zwischen sozialer Frage und der Geschichte der Frauenkongregationen. Im letzten Kapitel wird die Bedeutung des Kulturkampfes für das genossenschaftliche Frauenleben untersucht, der nicht nur negative Folgen für die Kongregationen hatte.

Teil I

Frauenkongregationsfrühling

Kapitel 1

Der Aufbruch bürgerlicher Frauen zu neuen Ufern: Die Gründung der Kongregation der *Schwestern vom armen Kinde Jesu* in Aachen

"Ein sehr fühlbarer Übelstand in der Fabrikstadt Aachen war das Umherlaufen der armen, verwahrlosten Kinder. Viele seufzten, diesem Unfug nicht abhelfen zu können. Da wurde im Jahre 1837 ein kräftiger Entschluß im Hause Fey gefaßt, der bald reif zur Ausführung kam, nämlich selbst eine Armenschule, später mit Nähschule verbunden, zu beginnen. Die zwei guten Fräulein Clara und Netta Fey, Leocadia und ihre Gefährtinnen, mieteten unterstützt von den eifrigen Priestern ein paar große Zimmer auf dem Venn. Der eifrige sel. Herr Kaplan Istas trug auf eigener Schulter Bänke aus der Kirche hin, und nun ging die Jagd auf die Straßenkinder los, die sich leicht für die Schule erwerben ließen. Da hieß es nun, die armen, vernachlässigten Wesen reinigen, bekleiden usw. um sie zu einem gemeinschaftlichen Unterricht zu befähigen, und bei der rasch anwachsenden Zahl war die Aufgabe nicht leicht."[1]

So beschrieb Anna von Lommessen - eine der Beteiligten - 1892 die ersten Aktivitäten in den 1830er Jahren, die schließlich 1844 zur Gründung der Kongregation der *Schwestern vom armen Kinde Jesu* führten.[2] Was bewog die Frauen zu dieser Tätigkeit? Welche Bedingungen fanden sie vor und in welchem Milieu spielten sich die Ereignisse ab? Was waren ihre Motive und Ziele?

---

1 Archiv der Schwestern vom armen Kinde Jesu Simpelveld (ASKJ), Mitteilungen der Madame Anna von Lommessen 1829-1844, Jette, St. Pierre, 22. Jan. 1892.

2 Zur Geschichte der *Schwestern vom armen Kinde Jesu* fehlt bisher eine umfassende Monographie. Lediglich zumeist ältere Biographien der Gründerin Clara Fey geben einen begrenzten Einblick in die Kongregationsgeschichte. Die bis heute bedeutendste Biographie wurde in der ersten Auflage bereits 1907 verfaßt und 1913 in einer zweiten, überarbeiteten Auflage herausgegeben von Otto Pfülf, M. Clara Fey vom armen Kinde Jesu und ihre Stiftung. 1815-1894, Freiburg im Breisgau 1913. Interessanterweise stammen die Vorarbeiten zu diesem Werk von Agnes Maria Breien, einem Mitglied der Kongregation, die wesentliche Teile der Biographie verfaßte, ohne daß ihr Name dort auftaucht. Hierbei handelt es sich um ein durchaus übliches Verfahren; die Schwestern treten nur selten mit ihrem eigenen Namen in Publikationen an die Öffentlichkeit. Kleriker und Ordensmänner veröffentlichten die Arbeiten der Frauen häufig unter ihrem eigenen Namen.

Aachen gehörte zu den Zentren der westdeutschen Industrialisierung. In dieser "Stadt der grellen Gegensätze"[3] ballten sich die Probleme der Zeit in ungewöhnlicher Intensität: Der Übergang von protoindustrieller, heimgewerblicher Produktion zur Fabrikproduktion sowie ein starkes Bevölkerungswachstum forcierten eine massive Pauperisierung, welche mit den Mitteln des traditionellen Armenfürsorgewesens nicht zu bekämpfen war.[4] Die ökonomische und soziale Lage der Unterschichten beschäftigte einige junge Frauen des katholischen Bürgertums der Stadt, sie konnten die Augen davor nicht verschließen, denn in Aachen gab es noch keine scharfen Trennungen der Wohnviertel nach Schichtzugehörigkeit. Dem Bürgertum begegnete die Armut auf Schritt und Tritt. So wohnte etwa die Familie Fey in der Bendelstraße im Stadtkern von Aachen; in der unmittelbaren Umgebung gab es zahlreiche Fabriken, viele Weber- und Nöpperinnenfamilien lebten in bedrückenden Wohnverhältnissen gleich nebenan.[5] Die Segregation der Wohnbezirke nach sozialer Schichtung begann erst in den 1860er Jahren.[6] Allenthalben war die Not sichtbar, die die Frauen bekämpfen wollten. In den 1820er Jahren erhielten 20 % der Einwohner Aachens eine öffentliche Unterstützung, die Zahl sank zwischen 1834 und 1837 auf ein Achtel der Bevölkerung und stieg in den 1840er Jahren wieder stetig an,

---

3 Alphons Thun, Die Industrie am Niederrhein und ihre Arbeiter, Leipzig 1879, S. 62.

4 Zur Geschichte der Industrialisierung im Rheinland vgl. u.a Jeffry M. Diefendorf, Businessmen and Politics in the Rhineland, 1789-1834, Princeton 1980; sowie Rudolf Boch, Grenzenloses Wachstum. Das rheinische Wirtschaftsbürgertum und seine Industrialisierung 1814-1857, Göttingen 1991. Eine umfassende neuere sozialhistorische Monographie zur Geschichte der im Industrialisierungsprozeß bedeutenden Stadt Aachen im 19. Jahrhundert steht bis heute aus. Interessante Einzelaspekte zur ökonomischen und sozialen Situation der Stadt werden in zwei Aufsätzen behandelt. Vgl. Michael Sobania, Das Aachener Bürgertum am Vorabend der Industrialisierung, in: Lothar Gall (Hg.), Vom alten zum neuen Bürgertum. Die Stadt im Umbruch 1780-1820, München 1991, S. 183-228 und Jürgen Herres, "Die geringen Klassen und der Mittelstand" gehen "täglich mehr der Verarmung entgegen". Zur Sozialgeschichte der "Fabrikstadt" Aachen in der ersten Hälfte des 19. Jahrhunderts, in: Zeitschrift des Aachener Geschichtsvereins 98/99 (1993) S. 381-446. Zum Zusammenhang von Katholizismus und sozialer Lage liefert die Dissertation von Jürgen Herres wichtige Informationen. Vgl. Jürgen Herres, Städtische Gesellschaft und katholische Vereine im Rheinland 1840-1870, Essen 1996.

5 Vgl. Elisabeth Jansen, Zur Wohnsitutation Aachener Textilarbeiter um 1830, in: Zeitschrift des Aachener Geschichtsvereins 92 (1985), S. 209-216.

6 In dem Bericht des Nationalökonomen Thun über die Aachener Verhältnisse heißt es: "Modern angelegte Stadttheile mit besonderen Arbeiterhäusern gibt es in Aachen nicht; auch hat weder eine lebensfähige Baugenossenschaft noch eine wohlthätige Actienbaugesellschaft bestanden ... Vor 30 Jahren war Aachen die alte Stadt wie nach dem Brande von 1656; die Wälle umschlossen Arm wie Reich, und der Unterschied des Vermögens kam noch nicht der Trennung der 'fashionablen Welt' von dem Proletariate äusserlich zur Geltung." Thun, Industrie am Niederrhein, S. 62, 56.

so daß 1846 bereits über 20 % der Familien von der Armenunterstützung abhängig waren.[7]

Angesichts solcher prekären Verhältnisse traf sich in Aachen wie in zahlreichen anderen Städten ein Kreis von Katholikinnen und Katholiken - Kleriker wie Laien -, um über Fragen der Armen- und Krankenfürsorge, aber auch des Erziehungswesens zu diskutieren und Vorschläge zur Lösung dieser Probleme zu unterbreiten.[8] Sozialer und ökonomischer Wandel und religiöse Erneuerung waren in Aachen parallel verlaufende Entwicklungen, wobei die sozialen Verhältnisse für die Frauen von zentraler Bedeutung waren. Schulunterricht für Mädchen der verarmten Unterschicht erschien ihnen als eine Möglichkeit zur Bekämpfung der Notstände. Bald stellte sich heraus, daß das Angebot der Armenschule von 1837 im Hause der Familie Fey nicht mehr ausreichte. Mit städtischer Hilfe zog die Schule 1840 ins ehemalige Dominikanerkloster. Neben Unterricht und religiöser Unterweisung erhielten die Mädchen Kleidung und Lehrmaterialien.[9] Allmählich fanden die Frauen heraus, daß den Kindern mit diesen Mitteln allein nicht geholfen war. Viele von ihnen hatten entweder keine Eltern oder lebten in miserablen häuslichen Verhältnissen. Zunächst versuchten Clara Fey und ihre Mitstreiterinnen, diese Kinder in Pflegefamilien[10] unterzubringen oder in den Räumen des Dominikanerklosters unter Aufsicht von Dienstboten zu betreuen. Besonders die letztere Maßnahme erwies sich als problematisch, da sich die Mägde scheinbar keine Autorität bei den Kindern verschaffen konnten.[11] Schließlich kamen die Frauen zu dem Entschluß, eine Art Kinderheim für diese Mädchen zu gründen und zu deren Betreuung als tätige, religiös orientierte Gemeinschaft zusammen zu leben.

Am 2. Februar 1844 bezogen Clara Fey, Leocadia Startz, Wilhelmine Istas und Luise Vossen gemeinsam eine Wohnung, um dieses Vorhaben zu realisieren. Sie legten damit den Grundstein zur Gründung der Kongregation der *Schwestern vom armen Kinde Jesu.* In der Kongregationsgeschichtsschreibung werden die Gründerinnen als "Urmütter"[12] bezeichnet und das Fest Maria

---

7 Vgl. Herres, Städtische Gesellschaft, S. 90.

8 Zur Darstellung dieses Kreises siehe ausführlich Kapitel 1.2. dieser Arbeit.

9 Vgl. Pfülf, M. Clara Fey, S. 34 f.

10 Dieses Verfahren praktizierte auch die Armenkommission der Stadt Aachen mit zum Teil wenig überzeugendem Erfolg, wie der Präsident der Kommission einräumt. Auch die Stadt Aachen ging schließlich zu einer institutionellen Unterbringung der Kinder über und eröffnete 1859 eine neue Anstalt für Findel- und verlassene Kinder, vgl. Carl Anton Salm, Historische Darstellung des Armen-Wesens der Stadt Aachen und der Wirksamkeit (der) Armen-Verwaltungs-Commission daselbst. Mitgetheilt in der Plenar-Sitzung der Armen-Verwaltungs-Commission vom 23. Mai 1870 vom Präsidenten derselben, Aachen 1879, S. 65-70.

11 Vgl. ebd., S. 61 f.

12 Vgl. ASKJ, Regina Vallender (Schwester Joseph a Cruce), Unsere Urmütter, 2 Bände, o. J.

Lichtmess am 2. Februar feiern die Schwestern alljährlich als Gründungstag. Im folgenden interessiert der Lebensweg dieser Frauen. Was mag sie zu ihrem Schritt bewogen haben? Warum wählten sie eine Lebensform jenseits bürgerlicher weiblicher Lebensentwürfe?

1.1. Die Gründerinnen

Clara Fey wurde am 11. April 1815 als viertes Kind von Katharina Schweling und ihrem Ehemann, dem Fabrikanten Peter Louis Joseph Fey, in Aachen geboren. Clara wuchs gemeinsam mit ihren älteren Brüdern Joseph (1805-1881) und André (1806-1887) und den Schwestern Konstantia (1808-1830) und Netta (1816-1880) auf. Ihr Vater starb bereits 1820, als Clara gerade fünf Jahre alt war.[13] Clara Fey hat, im Unterschied zu ihrer Freundin und Gründerin der Kongregation der *Schwestern der christlichen Liebe*, Pauline von Mallinckrodt, keine autobiographischen Zeugnisse hinterlassen.[14] Wir sind somit neben den Informationen aus älteren Biographien[15] auf die Berichte ihrer Zeitgenossinnen angewiesen. Über Clara Feys Leben vor der Kongregationsgründung geben die

---

13 Eine Erbschaft und die Aufteilung des Vermögens, welches die Brüder Ludwig und Josef Fey besaßen, verhinderte den ökonomischen Abstieg der Familie. Die Beschreibungen Heinrich Feys - ein Sohn von Ludwigs Fey - belegen die Wohlhabenheit der Familie: "Die 2 Familien Fey theilten jetzt das Gesamtvermögen in der Weise, dass die ERBEN JOSEF FEY die väterliche Fabrik und Hof in Eupen und das Ludwigs'sche Haus auf dem Seilgraben erhielten, die ERBEN LUDWIG FEY das Hofgut in Vylen, die Rütsch und das Haus in der Bendelstrasse. Das Haus in der Annastrasse und eine Anzahl SEHR GÜNSTIG gelegener Grundstücke in nächster Nähe von Aachen, wurden zur Deckung der Schulden verkauft, (leider recht billig) sie hätten einige Jahre später das 10FACHE eingebracht." Vgl. ASKJ, Erinnerungen aus meiner Jugend an die Familie meines Vaters, besonders dessen beide Schwestern Helena und Louise. Nach Erzählungen meines Vaters, auf Wunsch meines Bruders Jacob im Jahre 1906 niedergeschrieben von Heinrich Fey.

14 Vgl. (Pauline von Mallinckrodt), Kurzer Lebensabriss unserer theuern Würdigen Mutter und Stifterin Pauline von Mallinckrodt bis zu ihrer ersten Gelübdeablegung von ihr selbst verfasst, Paderborn 1889.

15 Vgl. Pfülf, M. Clara Fey; Ignaz Watterott, Mutter Clara Fey, Stifterin der Genossenschaft vom armen Kinde Jesus, Freiburg 19285; Joseph Solzbacher, Die "Heilige Freundschaft" zwischen Clara Fey und Wilhelm Sartorius. Ein Beitrag zur Geschichte der Frömmigkeit, besonders im Aachen des 19. Jahrhunderts, Mönchengladbach 1972; Robert O. Claeßen, Clara Fey (1818-1894), in: Jürgen Aretz u.a. (Hg.), Zeitgeschichte in Lebensbildern, Band 4, Mainz 1980, S. 51-63; Dieter P.J. Wynands, Clara Fey, in: Rheinische Lebensbilder 9. 1982, S. 179-198.

Erinnerungen ihrer Freundin und späteren Mitschwester Anna Maria Lauffs (1828-1901) Auskunft.[16]

Clara und Netta Fey erhielten eine schulische Bildung, wie sie für viele Töchter des Bürgertums üblich war. Während die beiden Söhne der Familie ein Gymnasium besuchten, wurden Clara und Netta von zwei ehemaligen Ordensfrauen des 1645 in Aachen gegründeten Pönitentinnenklosters unterrichtet, welches 1806 von der französischen Besatzung aufgelöst worden war.[17] Die Mädchen lernten lesen, schreiben und die französische Sprache, ein Kleriker unterrichtete Religion, darüber hinaus wurden ihnen Handarbeitskenntnisse vermittelt. Anschließend besuchten die Schwestern die höhere Töchterschule von St. Leonhard in Aachen.[18] Zu ihren Lehrerinnen gehörte Luise Hensel (1798-1876), eine bereits zu ihrer Zeit nicht nur in katholischen Zirkeln bekannte Frau, die sich auch als Dichterin und Krankenpflegerin betätigte.[19] Der Einfluß von Luise Hensel auf ihre Schülerinnen ist geradezu zum Topos in der katholischen Geschichtsschreibung geworden.[20]

---

16 Vgl. ASKJ, Erinnerungen an M. Clara und ihre Gefährtinnen 1843-1878 von Schwester Franziska (Anna Maria Lauffs). Die Autorin hat den Text nach dem Tod von Clara Fey 1894 verfaßt. Sie selbst starb 1901. Anna Maria Lauffs trat 1846 der Kongregation bei und arbeitete dort als Leiterin der Paramentenstickerei. Vgl. ASKJ, Schwesternverzeichnis sowie Vallender, Urmütter, Band II sowie Kapitel 5.3. dieser Arbeit.

17 Zum Pönitentinnenkloster vgl. Heinrich Schiffers, Das katholische Aachen im Wandel der Jahrhunderte, Aachen 1934, S. 78.

18 Vgl. ASKJ, Lauffs, Erinnerungen, S. 36.

19 Luise Hensel, die Tochter eines protestantischen Pfarrers, konvertierte 1818 zum Katholizismus. Bekannt wurde sie auch durch ihre Beziehung zu Clemens Brentano und dem Kreis konservativer Protestanten um den Juristen Ernst Ludwig Gerlach sowie als Dichterin des berühmten Abendgebetes für Kinder "Müde bin ich, geh' zur Ruh'". Im Koblenzer Bürgerhospital begann sie 1825/26 mit ihrem sozialen Engagement, doch wurde sie nie Mitglied eines Ordens oder einer Kongregation. Trotz häufiger Eintrittsüberlegungen und auch Gründungsabsichten wählte sie den für die Generation der um die Jahrhundertwende geborenen bürgerlichen Frauen wohl naheliegenden Weg der aus religiösen Gründen zölibatär lebenden Frau in der Welt, ohne Bindung an eine Kongregation oder einen Orden. Bereits den Zeitgenossen erschien ihr Lebensweg bedeutend, denn schon ein Jahr nach ihrem Tod erschien ihre erste Biographie, der weitere folgen sollten. Vgl. Joseph Reinkens, Luise Hensel und ihre Lieder, Bonn 1877; Franz Binder, Luise Hensel - ein Lebensbild, Freiburg 19042; Oskar Köhler, Müde bin ich, geh' zur Ruh'. Die hell-dunkle Lebensgeschichte Luise Hensels, Paderborn 1991; Relinde Meiwes, "Ich bin des Wechsels so müde." Luise Hensel (1798-1876), in: Gisbert Strotdrees (Hg.), Es gab nicht nur die Droste. Sechzig Lebensbilder westfälischer Frauen, Münster 1992, S. 59 f. Eine umfassendere Biographie Luise Hensels unter Einschluß der neuesten Ergebnisse der Frauen- und Geschlechtergeschichte verspräche aufschlußreiche Erkenntnisse über weibliche Lebenswelten in der ersten Hälfte des 19. Jahrhunderts. Eine Perspektive, die in der Studie von Köhler zu kurz kommt.

20 Beispielhaft hierfür die Bewertung von Erwin Gatz: "Als Luise Hensel 1833 von Aachen schied, ließ sie bei ihren ehemaligen Schülerinnen eine außergewöhnliche Frömmigkeit und

Bereits 1830 nahm Katharina Fey ihre Töchter von der Schule; über die Gründe für diesen Schritt ist nichts bekannt. Anna Maria Lauffs stellt dazu fest: "Für die Heranbildung der zwei jüngeren Töchter hat Frau Fey mehr getan, als es die vornehmsten Pensionate verstehen."[21] Der Maßstab für die Erziehung war die streng katholische Grundhaltung der Mutter, die den Umgang der Töchter auf die Familie und die mit ihr befreundeten Kleriker begrenzt wissen wollte, so Anna Maria Lauffs. Nur allmählich konnte Clara durchsetzen, daß sie zu den sonntäglichen Treffen der Familie mit den Priestern ihre Freundinnen mitbringen durfte. "'In späteren Jahren,' sagte die Würdige Mutter [Clara Fey], 'hat es mir Mühe genug gekostet, Leocadia Startz, Anna von Lommessen und einige andere in unser Haus einzuführen.'"[22] Offen bleibt hier, wer sie daran hinderte, ihre Freundinnen mitzubringen; vielleicht waren die männlichen Mitglieder der Kreise gegen die Aufnahme weiterer junger Frauen.[23]

1837 ergriffen die jungen Frauen die Initiative zur Gründung einer kleinen Armenschule. Sie verließen damit die Ebene der theoretischen Reflexion religiöser Fragen - wie sie im Sonntagskreis üblich war - und wandten sich tätiger Nächstenliebe zu. Dies bedeutete, daß sie die private Sphäre ihrer bürgerlichen Häuser verließen und - wie Anna von Lommessen dies oben so anschaulich beschrieben hat - auf die Straße gingen, also in die Öffentlichkeit traten. Frauen mischten sich ein und wollten besonders den Kindern helfen. "Sie [die Kinder] fanden die liebevollste Aufnahme, lernten beten und den Katechismus, dabei aber auch lesen und schreiben und Handarbeit. Auch sonst wurde in jeglicher Beziehung für sie gesorgt."[24]

---

einen Eifer für karitatives Tun zurück, der wenige Jahre später Großes hervorbringen sollte." Gatz, Kirche, S. 362. Kritisch dagegen der Kirchenhistoriker Oskar Köhler, der Zweifel an den pädagogischen Fähigkeiten und der religiösen Ausstrahlung der Konvertitin äußert, da es ihr nicht gelinge, ihren Pflegesohn zu einem überzeugten Katholiken zu erziehen. Vgl. Köhler, Müde bin ich, S. 69. Ein m.E. fragwürdiger Vergleich, da die Erziehung des Sohnes ihrer verstorbenen Schwester für Luise Hensel eher Last als Herausforderung bedeutete und ihr Engagement in der sozial-reformerischen Bewegung in gewisser Weise hemmte.

21 ASKJ, Lauffs, Erinnerungen, S. 38.

22 So zitiert Anna Maria Lauffs in ihren Erinnerung Clara Fey; ebd., S. 37.

23 Zur Bedeutung dieses sogenannten "Aachener Priesterkreises" (schon der Name eliminiert die Rolle von Laien und Frauen) und anderer sogenannter Karitaskreise vgl. Kap. 9 dieser Arbeit.

24 So urteilt die Zeitzeugin Amalie Hermann, siehe ASKJ, Notizen der Schw. Magdalena (Hermann) über unsere Mutter 1815-1844. Sie wurde 1823 in Aachen als Tochter eines Rechnungsrates geboren und trat 1846 der Kongregation der *Schwestern vom armen Kinde Jesu* bei und nahm den Klosternamen Magdalena an. Die Leitung des gesamte Unterrichtswesen der Gemeinschaft lag in ihren Händen, weshalb Pfülf ihr eine erhebliche Bedeutung zuspricht, "die sie den ersten Mitbegründerinnen beinahe gleichstellt." Pfülf, M. Clara Fey, S. 119. Ihre Erinnerunngen an Clara Fey schrieb sie 1894 nieder. Die Biographinnen der Kongregation würdigen daher ihre Arbeit. Siehe dazu ASKJ, Vallender, Unsere Urmütter, II.

Dieser Schritt sollte weitreichende Folgen für die beteiligten Frauen haben, denn jede von ihnen stand vor der Entscheidung, in welcher Weise und in welchem Umfang diese Arbeit ihr zukünftiges Leben prägen sollte. Am Beispiel der Schwestern Clara und Netta - 1837 23 und 22 Jahre alt - lassen sich die zur Auswahl stehenden Optionen verdeutlichen. Anna von Lommessen - eine einfühlsame Beobachterin - berichtet folgendes über diese persönlichen Entscheidungsprozesse: "Ihre [Clara Feys] Liebe zu Gott und dem Nächsten, die sich so vielfach offenbarte, läßt uns nur einen schwachen Schimmer wiedergeben. Mit jener Herzenseinfalt, wie ihre gerade, treue, so gute Schwester Netta Fey sprach: 'Den Willen Gottes zu erfüllen, ist die Hauptsache, und obgleich ich gerne ins Kloster ginge, so glaube ich doch, Gott will etwas anderes von mir, ebenso klar hatte Clara schon in früher Jugend den Ruf des lieben Heilandes gehört...'"[25] Als gläubige Katholikinnen mußten sich also die Schwestern mit der Frage beschäftigen, welches Leben Gott von ihnen erwartete. Sie mußten sich entscheiden zwischen einem Leben als Ehefrau und Mutter oder als Zölibatärin. Die Antwort hierauf konnten nur sie selbst geben, gleichzeitig verfügten sie damit über ein beträchtliches Maß an Wahlmöglichkeiten, was für Frauen im 19. Jahrhundert längst nicht selbstverständlich war. Welche Lebensform sie auch wählten, sie konnten ihre Entscheidung mit der Berufung auf Gott und dessen Willen legitimieren. Zugleich blieb ihnen die Offenlegung ihrer Motivationen erspart; ob etwa eher religiöse oder stärker profane Erwägungen im Vordergrund standen, blieb ihr Geheimnis.

Obwohl Clara Fey scheinbar schon in ihrer Jugend die Entscheidung für ein zölibatäres Leben getroffen hatte, war damit noch keineswegs klar, wie ein solches Leben konkret aussehen sollte: ob sie etwa einem streng von der Außenwelt abgeschirmten Orden angehören oder als alleinstehende Frau bei Verwandten oder in einer eigenen Wohnung leben wollte.[26] Besonders mit der ersten Möglichkeit beschäftigte Clara sich intensiv. Ihre Schulfreundin Gertrud Geller war einem kontemplativen Orden beigetreten. "Zu dieser, welche sich von Jugend auf zu dem strengen Karmeliterorden hingezogen fühlte, war die würdige Mutter sehr hingezogen. Sie wäre ihr auch zum Karmel gefolgt, wenn der liebe Gott es nicht anders gefügt hätte."[27] Clara wandte sich offenbar gegen ein sol-

---

Band, Mutter Magdalena; 5769 Mutter Magdalena - Amalie Hermann (Lebensbilder einzelner Schwestern von Alberta Weinstock).

25 ASKJ, Lommessen, Mitteilungen, S. 18.

26 Zur Lebenssitution nicht-verheirateter Frauen siehe Bärbel Kuhn, "Das Loos der unverheirateten Mädchen". Die "Singlefrage" in der bürgerlichen Gesellschaft des 19. Jahrhunderts, in: Comparativ, Heft 5/1993, S. 53-76. Zu den anglo-amerikanischen Verhältnissen siehe Lee Virginia Chambers-Schiller, Liberty, A Better Husband, Single Women in America: The Generations of 1780-1840, New Haven und London 1984 und Vicinus, Independent Women.

27 ASKJ, Lauffs, Erinnerungen, S. 36.

ches religiöses Leben, denn es hätte bedeutet, daß sie ihr Engagement zugunsten der Kinder in Aachen nicht hätte weiter verfolgen können.[28] Sie wollte beides, ein religiöses Leben mit Zölibat und die Tätigkeit in der Welt, wie Anna von Lommessen berichtet: "In Claras Seele besonders erwachte der Wunsch, sich Gott ungeteilt und in klösterlicher Form zu widmen, doch ohne die vielen Hilfsbedürftigen zu verlassen und im Vaterland nach den schreienden Bedürfnissen der Zeit ein Kloster zu gründen."[29] Dieser Entschluß fiel in Auseinandersetzung mit Gertrud Geller, die in Brüssel in einem Karmeliterinnenkloster lebte. Diese schrieb im Vorfeld der Heirat von Netta Fey im September 1839 an Clara: "Es freut mich, daß der Herr Ihnen noch nicht ein so schweres Joch auferlegt hat, wie er es der guten Netta tun wird und ich meine, Er werde es allem Anschein nach nie tun."[30] Diese Hoffnung sollte Gertrud Geller nicht trügen.

Gellers Bemerkung zu Netta Feys Zukunft weisen unmißverständlich darauf hin, daß die Heirat für Frauen zu der Zeit auch kein unproblematisches Los bedeutete. Sie gebaren oft zahlreiche Kinder, von denen viele früh starben: Aus Netta Feys Ehe mit dem Apotheker Viktor Monheim gingen neun Kinder hervor, von denen nur zwei das Erwachsenenalter erreichten.[31] Zunächst bedeutete jedoch Nettas Heirat für Clara, daß sie ihre Mutter zu versorgen hatte; die beiden Brüder hatten das Haus inzwischen verlassen. Im Januar 1844 zog Netta Feys Familie ins elterliche Haus und übernahm die Pflege der Mutter. Erst jetzt war Clara frei, ein religiöses tätiges Leben zu realisieren. Auch der Lebensweg anderer Frauen, die ein zölibatäres Leben anstrebten, war durch derartige Verzögerungen geprägt. Sie trafen ihre Entscheidungen, ohne den genauen Zeitpunkt der Umsetzung bestimmen zu können. Von allen Frauen wurde - ganz

---

28 Clara Feys Haltung ist im Kontext einer innerkatholischen Kritik am kontemplatives Ordensleben zu sehen, wie sie in der Aufklärung laut wurde: "Die weltabgewandte Askese der Religionsvirtuosen in den Klöstern lag quer zu einer lebenspraktisch wirksamen Moralisierung der Religon. Das weltflüchtige klösterliche Heiligungsideal wurde zu einem nicht mehr progagierten Modell der Verbindung von Glauben und Lebensbewältigung, zu einem Modell, das dem kirchlichen Versuch, die alltäglich wirksame, verhaltensnormiernde Kraft des Glaubens zu stärken, ebenso zuwiderlief, wie der Gnadenschatz, den die Mönche und Nonnen durch ihr Gebet aufhäuften, dieses Unterfangen störte." Rudolf Schlögl, Glaube und Religion in der Säkularisierung, München 1995, S. 143.

29 ASKJ, Lommessen, Mitteilungen, S. 25.

30 ASKJ, Brief von Schwester Philoméne (Gertrud Geller) an Clara Fey vom 1. August 1839. (Je me rejouis de ce que le Seigneur Vous n'a pas encore imposé un joug si pénible comme il va le faire à la bonne Netta et je crois qu'il ne le fera jamais à juger selon les apparences.) Die Wiedergabe erfolgt hier nach einer Transskription und Übersetzung von Pater Kijm, S.J. aus Simpelveld. Er hat sich der Mühe unterzogen, die in einem äußerst fehlerhaftem Französisch geschriebenen, zum Teil nur schwer lesbaren Briefe zu übersetzen. Ich danke ihm für die Überlassung dieser Texte.

31 Vgl. ASKJ, Personalregister, 7218 Familie Fey.

gleich, welchen Lebensentwurf sie wählten - Rücksichtnahme auf die familiären Umstände erwartet; was häufig zur Konsequenz hatte, daß persönliche Lebensentscheidungen vorübergehend zurückzustellen waren.

In gewisser Weise traf dies auch auf die zweite Gründerin Leocadia Startz zu.[32] Am 9. November 1819 kam sie als viertes Kind von Anna Katharina Maus und Nikolaus Startz in Aachen zur Welt. Die Familie Startz betrieb eine Nadelfabrik und gehörte zum einflußreichen und wohlhabenden Bürgertum der Stadt. Leocadia besuchte wie zahlreiche Bürgertöchter aus Aachen ein Pensionat der *Schwestern von Sacré coeur* in Jette bei Brüssel. Im Herbst 1837 kehrte die 18jährige nach Aachen zurück und führte seit dem Tod von Vater (1837) und Bruder (1839) gemeinsam mit ihrer Mutter die elterliche Fabrik weiter. Leocadia erwarb durch diese Tätigkeit umfassende Kenntnisse in Buchhaltung, Finanz- und Verwaltungswesen, die später für die junge Gemeinschaft von außerordentlichem Nutzen sein sollten. Daneben versorgte Leocadia Startz - wie bereits ihre Mutter - bedürftige Menschen ihrer Stadt; eine Arbeit, die zu den genuinen Tätigkeiten wohlhabender bürgerlicher Frauen gehörte.[33] Seit ihrer Rückkehr aus dem Pensionat 1837 hatte sie Kontakt zu dem Kreis um Clara Fey und beteiligte sich an der Arbeit in der soeben gegründeten Armenschule.[34] Leocadia war also eine vielbeschäftigte junge Frau, die dem gängigen Topos von der unnütz herumsitzenden Tochter aus gutem Hause so gar nicht entsprach. Als 1841 die Mutter starb, dürften ihre Aufgaben eher noch zugenommen haben.

---

32 Zum Leben von Leocadia Startz, die sich in der Kongregation nach Teresia von Avila benannte, vgl. ASKJ, Personalregister Mutter Teresia; 5020 Mutter Teresia - Leocardia Startz (Lebensbilder); Urmütter, Band I, Schwesternverzeichnis I, Nr. 3.

33 Vgl. Michelle Perrot, Ausbrüche, in: Georges Duby/Michelle Perrot (Hg.), Geschichte der Frauen, Bd. 4: 19. Jahrhundert, hg. von Geneviève Fraisse/Michelle Perrot, Frankfurt a.M. 1994, S. 506 f.

34 Erstaunlich nur, daß sie Clara nicht eher kennenlernte, zumal sie in unmittelbarer Nachbarschaft wohnten. Die Biographin der Kongregation erklärt diesen Umstand auch aus der Tatsache, daß Leocadia zur alten patrizischen Familie Startz gehörte, die seit Jahrhunderten in Aachen lebte, während die Familie Fey erst seit Beginn des 19. Jahrhunderts, aus Eupen kommend, hier wohnte. Vgl. Urmütter, S. 13. Rebekka Habermas' Untersuchung des geselligen Umgangs der Familie Merkel bestätigt diese Annahme. Bürgerliche Kreise schotteten sich gegen "Adel, Patriziat, kleinere Kaufleute, Handwerker, Buchhändler und Lehrer" ab. Habermas, Frauen und Männer, S. 266. Zur Kontroverse um das Verhältnis unterschiedlicher "Bürgertümer" zueinander und deren Beitrag zur Etablierung eines "neuen Bürgertums" siehe die Einleitung von Lothar Gall in dem von ihm herausgegebenen Sammelband "Vom alten zum neuen Bürgertum. Die Stadt im Umbruch 1780-1820", München 1991, S. 1-18 sowie Jürgen Kocka, Das europäische Muster und der deutsche Fall, in: Ders. (Hg.), Bürgertum im 19. Jahrhundert, Bd. 1: Einheit und Vielfalt in Europa, Göttingen 1995 (überarbeitete Fassung der Ausgabe München 1988).

Der nun naheliegende Lebensweg einer alleinstehenden Fabrikantin schien für Leocadia jedoch mit Schwierigkeiten befrachtet,[35] jedenfalls beschäftigte sie sich schon bald mit einer gänzlich anderen Lebensperspektive. Gemeinsam mit Clara Fey reiste Leocadia im April 1841 nach Jette, um bei den *Schwestern vom Sacré coeur* - ihren ehemaligen Lehrerinnen - Exerzitien zu halten. Spätestens im September 1841 - Leocadia war 21 Jahre alt - stand der Entschluß fest, nicht zu heiraten, wie ein Brief des Bischofs Laurent vom 26. Sept. 1841 bezeugt: "Und so wünsche ich Ihnen vorerst von Herzen Glück und Segen zu dem grossen Entschluss, den Sie gefasst, sich ganz und allein dem Dienst des Herrn zu weihen."[36] Im Jahr 1843 übergab sie die Fabrik an ihre ältere, inzwischen verheiratete Schwester Maria Luise. Über die Umstände dieses Transfers sind keine Auskünfte überliefert. Leocadia Startz entschied sich für eine religiöse Lebensführung und gegen Ehe und Mutterschaft, obwohl ihre Heiratsaussichten sehr gut gewesen sein dürften. Sie war jung[37] und besaß ein beträchtliches Vermögen. Aber sie beschloß, selbständig darüber zu verfügen,[38] und brachte es in die neue Gemeinschaft mit ein. Im September 1843 mietete sie eine Wohnung in der Aachener Königstraße, in der sie gemeinsam mit Wilhelmine Istas begann, Kinder bei sich aufzunehmen und zu versorgen.

Wilhelmine Istas[39], als Tochter eines Wundarztes am 18. August 1814 in Hülckrath bei Neuß geboren, wuchs nach dem frühen Tod der Mutter mit ihren Brüdern bei der Großmutter in Aachen auf und wollte ursprünglich Borromäerin[40] werden. Diesen Lebensplan konnte sie zunächst nicht verwirklichen, da sie

---

35 Zu Unternehmerinnen in der Frühen Neuzeit siehe Heide Wunder, "Er ist die Sonn' ..." S. 125-130. Eva Labouvie hat unlängst die These vertreten, daß Unternehmerinnen, die im Monopol- und Großhandel tätig waren, im Verlauf der Hochindustrialisierung zunehmend verdrängt wurden bzw. sich männlicher Kontrolle zu unterstellen hatten. Eva Labouvie, Frauen im Monopol- und Großhandel. Eine Regionalstudie im deutsch-französischen Grenzraum, in: L'Homme 6 (1995), S. 60. Vgl. auch Elke Hlawatschek, Die Unternehmerin (1800-1945), in: Hans Pohl (Hg.), Die Frau in der deutschen Wirtschaft, Stuttgart 1985, S. 127-146.

36 ASKJ, Brief von Laurent an Leocadia Startz vom 26. Sept. 1841.

37 Ihre Schwester Marie Luise hatte mit 22 Jahren geheiratet. Vgl. ASKJ, Totenzettel.

38 Mit der Heirat hätte sie nur mit Einschränkungen über ihr Vermögen verfügen können. Im juristischen Sinn behielt sie in Preußen zwar die Geschäftsfähigkeit, mußte aber akzeptieren, daß ihr Ehemann ihren persönlichen Besitz verwaltete. Vgl. Nicole Arnaund-Duc, Die Widersprüche des Gesetzes, in: Duby/Perrot (Hg.), Geschichte der Frauen, Bd. 4, S. 126 f. Nach dem Tod der Mutter hatte Leocadia Startz zunächst Anna von Lommessen als ihre Erbin eingesetzt. Als diese Aachen verließ, entschied sie, daß Clara Fey das Vermögen erben sollte. Vgl. Pfülf, M. Clara Fey, S. 71.

39 Zu ihrer Lebensgeschichte vgl. ASKJ, Vallender, Unsere Urmütter. II. Band: Mutter Dominika v.a.K.J.; 5112 Mutter Dominika - Wilhelmine Istas. (Lebensbilder); Schwesternverzeichnis Nr.2; außerdem Pfülf, M. Clara Fey, passim.

40 Bereits seit 1838 hatten die Barmherzigen Schwestern vom heiligen Carl Borromäus, wie sie auch genannt werden, eine Niederlassung in Aachen. Vgl. Salm, Historische Darstellung, S.

den Haushalt ihres Bruders Josef führte, der als Kaplan an der Aachener Pfarrei St. Paul - dieser Gemeinde gehörte auch die Familie Fey an - arbeitete.[41] Etwa 1840 bekam Wilhelmine Istas durch ihre Tätigkeit Kontakt zum Kreis um Clara Fey. Als Kaplan Istas im Mai 1843 starb, konnte sie ihren früheren Wunsch nach einem religiösen Leben in einer tätigen Gemeinschaft wieder aufgreifen und verwirklichen. Dabei reizte sie das neue Projekt Clara Feys und ihrer Mitstreiterinnen mehr, als der etablierten französischen Kongregation der Borromäerinnen beizutreten. Bereits am 3. August 1843 wechselte sie zu den Kindern der Armenschule ins ehemalige Dominikanerkloster.[42] Im September 1843 zog sie mit den Kindern und Leocadia Startz in die angemietete Wohnung in der Königstraße. Der Grundstein für die neue Gemeinschaft war gelegt. Wilhelmine Istas besorgte den Haushalt und kümmerte sich um die Versorgung der Kinder, die nach dem Schulunterricht hierher kamen. Ihre Erfahrungen als Pfarrhaushälterin halfen ihr bei der praktischen Bewältigung der Arbeit. Auch war sie bei dieser Tätigkeit bereits hinreichend mit den ökonomischen und sozialen Problemen der Industriestadt Aachen konfrontiert worden, denn ihr Bruder Josef zählte zu den karitativ engagierten Priestern. Erwin Gatz bezeichnet ihn als "Schlüsselfigur des Aachener Karitaskreises"[43]. Obwohl Wilhelmine Istas - wie Leocadia Startz - keine berufliche Ausbildung hatte, brachte sie also spezifische Qualifikationen in die neue Gemeinschaft ein.[44]

Zu den Mitgründerinnen zählt schließlich noch Luise Vossen. Sie wurde 1816 als Tochter von Elise Maasen und des Kaufmanns Wilhelm Vossen in Aachen geboren.[45] Wie Clara Fey besuchte sie das St. Leonhards-Institut und

---

77 und Wilhelm Hohn, Die Nancy-Trierer Borromäerinnen in Deutschland 1810-1899. Ein Beitrag zur Statistik und Geschichte der barmherzigen Schwestern, ihres wohlthätigen und sozialen Wirkens, Trier 1899, S. 18-25.

41 Als Schwester des Kaplans konnte sie sich vermutlich mehr Kompetenzen und Einflußmöglichkeiten sichern, als dies gewöhnlichen Pfarrhaushälterinnen möglich war. Vgl. dazu den Aufsatz von William David Bowman, der sich besonders mit den Sexualbeziehungen zwischen Frauen und Priestern beschäftigt. Vgl. William David Bowman, Frauen und geweihte Männer: Priester und ihre Haushälterinnen in der Erzdiözese Wien, 1800 - 1850, in: Edith Saurer (Hg.), Die Religion der Geschlechter, Wien - Köln - Weimar 1995, S. 249.

42 Vgl. ASJK, Urmütter, II. Band, S. 1.

43 Vgl. Erwin Gatz, Kaplan Josef Istas und der Aachener Karitaskreis, in: Rheinische Vierteljahrsblätter, 36 (1972), S. 213.

44 Bowman unterstreicht in seiner Studie zum Verhältnis von Haushälterinnen und Pfarrern die besondere Position, die gerade den weiblichen Verwandten zukommen konnte: "Im Kontext der katholischen Kirche, wo Frauen aus Machtpositionen systematisch ausgeschlossen waren, verweisen weibliche Verwandte in häuslichen Diensten darauf, daß Frauen im 19. Jahrhundert in der katholischen Kirche informelle Macht ausüben konnten." Bowman, Frauen und geweihte Männer, S. 250.

45 Zu den biographischen Informationen vgl. ASKJ: Schwesternverzeichnis I, Nr. 8; 8002 Familie Vossen; Vallender, Urmütter, Band II.

war Schülerin von Luise Hensel. Über ihre weitere Ausbildung und ihre Tätigkeiten gibt es nur spärliche Auskünfte; so ist lediglich bekannt, daß sie ihrer Mutter in Haushalt und Geschäft half. Luise konnte ihren Entschluß, sich an der Gründung der Kongregation zu beteiligen, nur gegen den Widerstand ihrer früh verwitweten Mutter durchsetzen. Die Gründe für diesen Widerstand lassen sich nur erahnen.[46] Elise Vossen wollte ihre Tochter vermutlich aus persönlichen Motiven nicht gehen lassen.[47] 1844 gelang es Luise Vossen doch noch, die Zustimmung ihrer Mutter zu bekommen. Sie war 28 Jahre alt und zog mit Clara Fey zu den schon gemeinsam lebenden Freundinnen Leocadia Startz und Wilhelmine Istas in die Königstraße. Im Gegensatz zu den drei anderen Frauen brachte Luise Vossen keine ausgeprägten Qualifikationen oder Kenntnisse ein, von denen die Gemeinschaft im Gründungsprozeß hätte profitieren können, über die in den Quellen berichtet würde. Dennoch fungierte sie zwischen 1848 und 1866 als Vorsteherin verschiedener Niederlassungen.[48]

1.2. Der Gründungsprozeß

Doch zurück zu den Anfängen. Zusammengefunden hatten sich die vier Freundinnen im Haus der Familie Fey. Hier trafen sich sonntags engagierte Katholikinnen und Katholiken - Laien und Priester - zum Gedankenaustausch. Anfangs führten verwandtschaftliche Bande den Kreis zusammen. Katharina Fey suchte 1820 nach dem Tode ihres Mannes, des Fabrikanten Peter Louis Fey, Unterstützung in der Erziehung ihrer Kinder. Sie lud sonntagabends ihren Bruder Joseph Jakob Schweling und die Familie ihres Schwagers Joseph Fey sowie den Pfarrer

---

46 Elterlicher Widerstand gegen die Entscheidung der Töchter war kein seltenes Phänomen, besonders in bürgerlichen Familien, wobei häufig die Väter Einspruch erhoben, wie etwa bei Franziska Schervier und Pauline von Mallinckrodt. Das Kölner Verlegerehepaar Juliane und Joseph DuMont verhinderte den Eintritt ihrer Tochter in ein Kloster dadurch, daß sie das Klosterinternat verlassen mußte, um anschließend eine gemischtkonfessionelle Schule zu besuchen. Vgl. Thomas Mergel, Die subtile Macht der Liebe. Geschlecht, Erziehung und Frömmigkeit in katholischen rheinischen Bürgerfamilien 1830-1910, in: Götz von Olenhusen (Hg.), Frauen unter dem Patriarchat, S. 37.

47 Ihr ältester Sohn, der Arzt Xaverius Heinrich Bartholomäus, und dessen Frau Johanna Friederika Lambertz scheinen mit der Entscheidung ihrer Kinder zu einem geistlichen Beruf weniger Probleme gehabt zu haben. Von den acht Kindern wurden zwei Söhne Kleriker, eine Tochter ging zu den *Redemptoristinnen* nach Witten, und zwei Töchter traten später den *Schwestern vom armen Kinde Jesu* bei. Emma und Maria Josephine Vossen folgten ihrer Tante bereits 1850 und 1851 mit jeweils 17 Jahren. Vgl. 8002, Luise Vossen, S. 34, 59, 163.

48 1866 übernahm sie das Sekretariat des Vereins der hl. Kindheit Jesu und erhielt damit ihre Lebensaufgabe. Vgl. dazu Kapitel 7 dieser Arbeit.

von St. Paul ein. Sie wollte diese Treffen auf den engeren Kreis der Familie beschränkt wissen und erlaubte zunächst nur die Teilnahme des zuständigen Pfarrers. Allmählich setzten jedoch Clara und ihr Bruder André die Teilnahme von Freunden und Freundinnen durch. André Fey[49], wie sein älterer Bruder Joseph[50] inzwischen zum Priester geweiht, war als Pfarrer in Aachen tätig und lud Kollegen zu den sonntäglichen Treffen ein. Dazu gehörten unter anderem Josef Istas[51], Leonhard Nellessen[52], Johannes Theodor Laurent[53] sowie Claras späterer Beichtvater Wilhelm Sartorius[54]. Darüber hinaus besuchten einige Laien, zumeist Juristen und Ärzte, die Sonntagsgesellschaften,[55] und außerdem Claras Freundinnen: Anna von Lommessen, Leocadia Startz, Wilhelmine Istas, Luise Vossen, Anna Maria Lauffs, Magdalena Hermann, Johanna Pastor und einige andere Frauen sowie Claras Cousinen Luise und Helena Fey. Während ihres Aufenthaltes in Aachen nahmen auch Pauline von Mallinckrodt und Luise Hensel teil. Auffällig bleibt trotz unterschiedlicher Angaben über die Zusammensetzung des Aachener Kreises, daß mit Ausnahme der Gastgeberin Katharina Fey nur nicht-verheiratete Frauen als Teilnehmerinnen genannt werden.

Kreise wie dieser forcierten in der ersten Hälfte des 19. Jahrhunderts einen Wandel des Kirchen- und Religionsverständnisses. Zu den zentralen Elementen dieses Wandels gehörte einerseits eine religiöse Rückbesinnung und Innerlichkeit sowie eine Aufwertung der Volksfrömmigkeit und andererseits - zumindest verbal - die Bereitschaft zur Übernahme kirchlicher Verantwortung für soziale Belange in der Gesellschaft.[56] Aufklärung und Säkularisation forderten von der katholischen Kirche eine neue Positionsbestimmung, um der "Bedrohung ihres

---

49 Vgl. Chrysostomus Lauenroth, Andreas Fey. Ein Priesterbild von gestern für die Tage von heute, Paderborn 1938.

50 Vgl. die biographische Skizze über Joseph Fey in: Kurze Lebensbilder der verstorbenen Redemptoristen der Ordensprovinz von Nieder-Deutschland, Dülmen 1896, S. 89-95.

51 Vgl. Erwin Gatz, Kaplan Josef Istas und der Aachener Karitaskreis, in: Rheinische Vierteljahrsblätter 36 (1972), S. 207-228.

52 Vgl. August Brecher, Oberpfarrer L.A. Nellessen (1783-1859) und der Aachener Priesterkreis, in: Zeitschrift des Aachener Geschichtsvereins 76 (1964), S. 45-205.

53 Vgl. Karl Möller (Hg.), Leben und Briefe von Johannes Theodor Laurent, Titularbischof von Chersones, Apostolischer Vikar von Hamburg und Luxemburg, 3 Bände, Trier 1887, 1888, 1889. Dieses Werk schrieb Josephine von Schaffgotsch, die als Schwester Gertrud Schwester vom armen Kinde Jesu war, 1888 austrat und 1891 die Kongregation der Josephsschwestern in Trier gründete. Vgl. Irmgard Schmidt-Sommer, Von Liebe geleitet. Leben und Werk von Mutter Gertrud, Gräfin Josephine Schaffgotsch, Gründerin der Josefschwestern, Trier (1991), S. 55, 43, 89. Robert O.M. Claessen, Johannes Theodor Laurent. Titularbischof von Chersones. Sein politisches, sozialfürsorgliches und pastorales Wirken, Diss. theol., Bonn 1983.

54 Vgl. Solzbacher, Heilige Freundschaft.

55 Vgl. Brecher, Oberpfarrer L. A. Nellessen, S. 81 f.

56 Vgl. Gatz, Kirche, S. 351-371; zu Beziehungen dieser Kreise vgl. Brecher, Oberpfarrer L.A. Nellessen, S. 84-87.

gesellschaftlichen Einflusses entgegenzutreten". Rudolf Schlögl spricht in diesem Zusammenhang von einer "Zweiten Konfessionalisierung" im 19. Jahrhundert.[57] Begleitet wurde dieser Prozeß von der Zentralisierung der kirchlichen Hierarchie und der Stärkung der päpstlichen Autorität. Diese im frühen 19. Jahrhundert nur von einer Minderheit in der katholischen Kirche vertretene Strömung dominierte nach heftigen innerkirchlichen Auseinandersetzungen ab der Jahrhundertmitte die katholische Kirche. Der wegen seiner Orientierung nach Rom als "ultramontan" bezeichnete Katholizismus prägte die kirchlichen Verhältnisse in Aachen, wo es im katholischen Bürgertum der Stadt im Gegensatz etwa zum benachbarten Köln kaum liberale Katholiken gab.[58] Ähnliche Zirkel wie in Aachen entstanden unter anderem in Bonn, Düsseldorf, Mainz, Koblenz und Paderborn. Die Aktivitäten dieser Gruppierungen ausschließlich auf ihre Bedeutung für innerkatholische Machtkämpfe zu reduzieren, greift allerdings zu kurz.[59] Erstens markieren ihre Initiativen den Beginn des Sozialkatholizismus und zweitens sind sie aus geschlechtergeschichtlicher Perspektive von Interesse. Der informelle Zugang zu diesen Kreisen ermöglichte die Teilnahme von Frauen, während die formelle Mitgliedschaft in einem Verein Frauen häufig ausschloß. Gerade die Partizipation von Frauen an diesen Zusammenschlüssen trug erheblich dazu bei, daß die karitativen und erzieherischen Ansprüche der katholischen Kirche in die Praxis umgesetzt wurden.

In der Kirchengeschichtsschreibung verschwinden die Frauen allerdings häufig im Hintergrund. Dies zeigt sich schon an der Bezeichnung "Priesterkreis"[60] für den Aachener Kreis. Die weibliche Mitwirkung blieb hier im Dunkeln. Eine weibliche Zurückhaltung bei der Bewertung der eigenen Anstrengun-

---

57 Schlögl, Glaube und Religion, S. 137. Schlögl untersucht den Wandel von Religiosität und Kirchlichkeit anhand einer Analyse von Testamenten und Totenzettel über die traditionellen Epochengrenzen von Ancien régime und "Moderne" hinweg. Die mit der Säkularisation einhergehenden Veränderungsprozesse in der katholischen Kirche schufen den Nährboden für die Rechristianisierung im 19. Jahrhundert. Schlögl zeigt, daß religiöser Wandel nicht in "Unglauben oder Atheismus" endete, sondern zu einer stärker individualisierten Frömmigkeit führte. Vgl. ebd. S. 333 f.

58 Zum Begriff "ultramonan" siehe Heribert Raab, Zur Geschichte und Bedeutung des Schlagwortes "ultramontan" im 18. und frühen 19. Jahrhundert, in: Historisches Jahrbuch 81 (1961), S. 159-173. Mit der "geschichtlichen Realität" des Ultramontanismus, die in einer "Verbindung von Kurialismus und Konservatismus" zu suchen sei, beschäftigt sich der einschlägige Aufsatz von Otto Weiss, Der Ultramontanismus. Grundlagen, Vorgeschichte, Struktur, in: Zeitschrift für bayerische Landesgeschichte 41 (1978), S. 821-877, hier S. 826. Thomas Nipperdey konstatiert, daß spätestens mit der Verkündigung des Dogmas von der Unfehlbarkeit päpstlicher Entscheidungen 1870 ein "Sieg des Ultramontanismus" in der katholischen Kirche vollendet gewesen sei. Vgl. Thomas Nipperdey, Religion im Umbruch, S. 9. Zu Aachen vgl. auch Mergel, Klasse und Konfession, S. 111.

59 So beispielsweise Herres, Städtische Gesellschaft, S. 126 f.

60 Brecher, Oberpfarrer L.A. Nellessen, S. 70.

gen mag diese Wahrnehmung begünstigt haben. Anna von Lommessens Bemerkungen legen diesen Schluß jedenfalls nahe: "Wie der liebe Heiland in seinem Gefolge Frauen und Jungfrauen hatte und sie zu manchem Dienste nutzte, so erblicken wir auch hier die bescheidene, aufopfernde Clara [Fey] mit ihren Gefährtinnen, um manches Gut zu beginnen und durchzuführen".[61] Lediglich als "Kreis der 'frommen Fräulein'"[62] werden sie von dem Nellessen-Biographen August Brecher erwähnt. Demgegenüber ist für diese Kreise gerade das Zusammenwirken von Frauen und Männern, Laien und Klerikern charakteristisch,[63] die gemeinsam eine Antwort auf die so offenkundige soziale Frage suchten. So sah es jedenfalls Anna Maria Lauffs, indem sie nach Auflistung der Beteiligten feststellte: "In dieser auserlesenen Gesellschaft wurde dann geplant, was geschehen konnte, um die der hl. Kirche zugefügten Wunden zu heilen."[64]

Hier wie andernorts lag die konkrete Arbeit bei den Frauen.[65] Sie unterrichteten Kinder, organisierten Suppenküchen, pflegten Alte, Kranke und Arme, machten Hausbesuche und betreuten Arbeiterinnen, kurz, sie engagierten sich im weiten Feld der Armen- und Krankenpflege. Allmählich kristallisierten sich Arbeitsschwerpunkte heraus. Clara Fey und einige andere Frauen konzentrierten sich auf Bildung und Erziehung für Mädchen der verarmten Unterschichten. Diese Aktivitäten wurden in den 1840er Jahren verstärkt, außerdem zeigte sich sehr bald, daß die beteiligten Frauen unterschiedliche Interessen verfolgten. Allerdings scheint der Wunsch, die Arbeiten unter dem Dach der Kirche durchführen zu wollen, unstrittig gewesen zu sein. Auch der Gedanke an einen Ordenseintritt war den Frauen nicht fremd, wie Beobachtungen von Amalie Hermann belegen: "Im Verlauf der Zeit traten mehrere junge Mädchen, die den frommen Vereinen entweder für Krankenpflege oder für den Unterricht der Kinder angehörten, in ausländische Klöster ein, da sie ihren Beruf erkannten, sich dem klösterlichen Leben zu weihen, dazu aber im eigenen Lande keine Gelegenheit fanden: denn in Preußen waren nur einige wenige unter Kontrolle der Regierung stehende Klöster geblieben, fast nur für Krankenpflege, einige Ursulinenklöster für die Schulen." Schließlich machte "Anna von Lommessen den Vorschlag, ein Haus, wenn es gut ginge, später eine Genossenschaft zu gründen, wo man alles vereinigte: die Sorge für Kranke, Kinder und Büßerin-

---

61 ASKJ, von Lommessen, Mitteilungen.

62 Ebd., S. 192.

63 Ohne dieses geschlechterspezifische Phänomen zu explizieren, belegt Gatz mit seiner Beschreibung der Kreise in Aachen, Koblenz und Paderborn diesen Eindruck, vgl. Gatz, Kirche, S. 351-371.

64 ASKJ, Lauffs, Erinnerungen, S. 40.

65 Eine vergleichbare geschlechterspezifische Arbeitsteilung findet sich beispielsweise auch in den deutsch-katholischen Gemeinden, die in Opposition zur katholischen Kirche nahezu zeitgleich entstanden. Vgl. Paletschek, Frauen und Dissens, S. 182.

nen." Aber diese Idee fand keine Zustimmung. "Allmählich schieden sich die Wege: diejenigen, welche die Krankenpflege als Arbeit für ihren Lebensberuf wünschten, schlossen sich mehr Franziska Schervier an. Die mehr zum Unterricht und zur Erziehung der Kinder neigten, an Anna von Lommessen und Clara Fey."[66]

Die Differenzierung der Aufgabenbereiche der Kongregationen weist darauf hin, daß unter den beteiligten Frauen und bei den engagierten Teilen des Aachener Bürgertums heterogene Ziele und Prioritäten gab. Einige Frauen verschrieben sich der Unterrichtung und Versorgung insbesondere der Mädchen aus den unteren Schichten, während andere gemeinsam mit einigen Aachener Bürgern sich mehr um die schulische Erziehung wohlhabenderer Mädchen sorgten, wie die Bestrebungen um die Reorganisation des St. Leonhard Instituts in den 1840er Jahren zeigt.[67] Seit 1626 lehrten an dieser Schule Sepulcrinerinnen, die im Zuge der Säkularisation zu Beginn des 19. Jahrhundert ihre Tätigkeit einstellen mußten. Die Schule wurde 1806 städtische Töchterschule unter weltlicher Leitung. Da die Qualität der Ausbildung an St. Leonhard zu wünschen übrig ließ, schickten immer mehr Aachener Familien ihre Töchter auf ausländische, insbesondere belgische Pensionate. Honoratioren der Stadt[68] machten 1843 eine Eingabe an den Bürgermeister, in dem sie darum baten, St. Leonhard einem katholischen Orden zu übergeben, und zwar den aus Frankreich stammenden *Soeurs du sacré coeur*[69]. Dieser Wunsch konnte nicht realisiert werden, da die preußische Regierung die Niederlassung eines ausländischen Ordens nicht genehmigte. Nach langen Verhandlungen gelang es der Stadt, die staatliche Genehmigung für den inländischen, in Ahrweiler ansässigen Orden der Ursulinen zu erhalten und diesen zur Übernahme der Schule zu bewegen. Von November 1848 bis zum Beginn des Kulturkampfes 1872 arbeiteten sie erfolgreich.

Doch ganz zufrieden schienen vor allem die ultramontanen Katholiken mit dieser Entwicklung nicht zu sein, denn der Vater von Anna von Lommessen, Wilhelm von Lommessen[70], kaufte 1846 das Gut Blumenthal im nahe gelege-

---

66 ASKJ, Hermann, Notizen, S. 10.

67 Vgl. dazu im folgenden Wolfgang Schaffer, Schulorden, S. 165-175. Die Festschrift zum 300jährigen Jubiläum der Schule erwähnt diese Vorgänge nur am Rande. Vgl. Maria Otto, 300 Jahre Höhere Mädchenbildung an St. Leonhard Aachen, Aachen (1926), S. 12.

68 Nach Herres ging die Initiative u.a. von dem Justizrat Franz Jungbluth, dem Arzt Dr. med. Heinrich Hahn und dem Apotheker Johann Peter Joseph Monheim aus, die allesamt Mitglieder des katholischen Honoratiorenvereins "Constantia" waren. Vgl. Herres, Städtische Gesellschaft, S. 124 f.

69 Zu den *Damen von Sacré coeur* vgl. Langlois, Le catholicisme, passim sowie zu kanonischen Aspekten die Studie von Alfred Hillengass, Die Gesellschaft vom heiligen Herzen Jesu (Société du Sacré-Coeur de Jésus). Eine kirchenrechtliche Untersuchung, Stuttgart 1917.

70 Wilhelm von Lommessen hatte den katholischen Honoratiorenvereins Constantia 1845 mitgegründet, vgl. Herres, Städtische Gesellschaft, S. 118.

nen holländischem Vaals[71] und schenkte es der Kongregation der *Soeurs du sacré coeur* als Mitgift seiner Tochter. 1844 war Anna dieser Kongregation beigetreten. 1846 legte sie die Gelübde ab und besuchte im September 1846 erstmals Blumenthal, wo sie später Oberin wurde.[72] Im Kloster Blumenthal konnte die Kongregation ihre Arbeit ungehindert von preußischen Eingriffen entwikkeln, vermutlich im eher strengkirchlichen Sinn, denn führende Familien des Aachener Katholizismus schickten ihre Töchter in dieses Internat.[73] So gesehen war die Erziehung derjenigen jungen Frauen gesichert, die später in eine Kongregation eintraten und hier oft Führungsaufgaben wahrnahmen, wie etwa Maria Monheim, die der Kongregation der *Schwestern vom armen Kinde Jesu* beitrat.[74]

Die Gründerinnen der neuen Aachener Kongregationen, Franziska Schervier und Clara Fey, hielten jedoch die Fürsorge für die verarmten Unterschichten für wichtiger als die Erziehung wohlhabender Bürgerstöchter. Sie gingen mit ihren Aktivitäten auf Distanz zu den einflußreichen bürgerlichen Kreisen ihrer Heimatstadt. Clara Fey wehrte sich im Unterschied zu ihren Freundinnen Pauline von Mallinckrodt und Anna von Lommessen lange dagegen, höhere Töchterschulen zu unterhalten. Hierin ist ein Grund zu suchen, warum sich die engagierten Aachener Frauen nicht auf ein gemeinsames Projekt einigen konnten. Die Fülle der Aufgaben ließ vermutlich ein solches Unterfangen nicht sinnvoll erscheinen. Gewichtiger dürfte gewesen sein, daß die Frauen aus einem starken subjektiven Empfinden heraus handelten und daß es unter ihnen Differenzen über den Weg zur Beseitigung sozialer Mißstände und zur Verfolgung des eigenen Seelenheils gab. So sah Clara Fey 1848 in einem Brief an Bischof Johannes Laurent ihre Zielsetzung gefährdet: "Ich sträube mich dagegen; ich wehre mich: zwar mit großer Beschämung meine geringen Fähigkeiten, mein Unvermögen etwas Tüchtiges zu leisten, erkennend. Nun aber stelle ich Ihnen die Frage, hochwürdigster Herr: Ist unser kleines Werk, das allmählichen Fortgang gewinnt, eine Schöpfung des hl. Geistes, muß es dann nicht auf die Weise u. *ganz*

---

71 Vaals gehört zur holländische Provinz Limburg und liegt nur wenige Kilometer westlich von Aachen. Dieser Ort diente den Katholiken wiederholt als Exil bei Konflikten mit dem preußischem Staat. So etwa als Redemptoristen 1835 hier die ersten großen Volksmissionen abhielten, die in Preußen noch verboten waren. Vgl. Erwin Gatz, Rheinische Volksmission im 19. Jahrhundert, Düsseldorf 1963, S. 25. In Vaals befand sich seit 1873 eine Niederlassung der Redemptoristen, die aufgrund des Kulturkampfes Preußen verlassen mußten. Vgl. Kurze Lebensbilder, S. XLIV-XLIX.

72 Vgl. Isa Vermehren, Auguste von Sartorius (1830-1895), in: Elisabeth Fischer-Holz, Anruf und Antwort. Bedeutende Frauen aus dem Raum der Euregio Maas-Rhein, Aachen 1991, S. 97 f.

73 Beispielsweise erhielten Töchter der Familien Hahn, von Lommessen, Cardauns, Monheim und Beissel eine Ausbildung im Kloster Blumenthal. Vgl. ebd., S. 96 f.

74 Vgl. ebd., S. 96.

auf die Weise fortfahren, wie es begonnen? Ich habe den beiden Herrn[75] gesagt, ich würde lieber sehen, wenn der Herr uns so segnet, daß wir mehr als für die Armen hiesigen Stadt wirken könnten, wie uns lieber auf die Nachbar-Dörfer, auf andere Städte, u. wenn es sein müßte bis nach America verbreiteten, um die Armen-Kinder zu pflegen, als daß wir die Erziehung der Reichen übernähmen. Ich meine, sobald man dieses thut, treten die Armen in den Hintergrund; denn für die Reichen müßten ja sicher die besten Kräfte verwendet werden."[76] Weiter fügt sie diesen Bedenken noch hinzu, daß sie sich so starken Persönlichkeiten wie Anna von Lommessen und Pauline von Lommessen nicht gewachsen fühle und daß sich die Ausrichtung der Kongregation verändern würde. Eine Ansicht, die auch Amalie Hermann teilte[77] und Clara Fey dazu brachte, ernsthafte Konsequenzen anzudrohen: "Sollte es dazu kommen, daß Anna und Pauline oder eine derselben hier beiträten, u. die Sache eine andere Gestalt gewänne, so werden Sie wohl einsehen, daß ich an meiner Stelle nicht bleiben kann."[78] Doch soweit sollte es nicht kommen, da jede der Frauen schließlich ihren eigenen Weg ging.

In Paderborn entstand 1849 die Genossenschaft der *Schwestern der christlichen Liebe* mit dem Schwerpunkt der Blindenfürsorge unter Leitung von Pauline von Mallinckrodt.[79] Im Jahr 1851 erhielten die von Franzisca Schervier ins Leben gerufenen *Armen Schwestern vom Hl. Franziskus* die bischöfliche Anerkennung.[80] Die Schwestern Helene und Luise Fey traten 1844 und 1845 der Kongregation der *Schwestern vom Guten Hirten* im belgischen Angers bei und koppelten die Stiftung eines Vermögens von 20.000 Thalern an die Auflage, für

75 Sie meint hier die Herren des Komitees, welches sich um die Errichtung einer höheren Mädchenschule in Aachen bemühten. Vermutlich handelte es sich um Dr. Heinrich Hahn und der Rechtsanwalt Franz Jungbluth. Vgl. Herres, Städtische Gesellschaft, S. 162.

76 ASKJ, Brief von Clara Fey an Bischof Johannes Laurent vom 23. April 1846.

77 Vgl. ASKJ: Hermann, Notizen, S. 12.

78 ASKJ, Brief von Clara Fey an Bischof Johannes Laurent vom 23. April 1846.

79 Pauline von Mallinckrodt schrieb als einzige der Aachener Frauen eine Autobiographie: (Pauline von Mallinckrodt), Kurzer Lebensabriss. Vgl. darüber hinaus u.a.: Cyrenäa Frenke, Pauline von Mallinckrodt. In ihrer Zeit (1817-1881), Paderborn 1984; Alfred Hüffer, Pauline von Mallinckrodt. Stifterin und Generaloberin der Kongregation der Schwestern der christlichen Liebe. Ein Lebensbild, Münster 1902; Käthe Sander-Wietfeld, Pauline von Mallinckrodt. Ein Lebensbild nach ihren Briefen und Aufzeichnungen, Paderborn; Agnes Schmittdiel, Pauline von Mallinckrodt, Paderborn 1949. Barbara Bari, Pauline von Mallinckrodt und die Gründung ihrer Kongregation. Katholische Ordensfrauen als caritative Pioniere des 19. Jahrhunderts, in: Westfälische Zeitschrift 146 (1996), S. 287-312. Eine Monographie zur Geschichte der *Schwestern der christlichen Liebe* steht noch aus.

80 Vgl. Ignatius Jeiler, Die gottselige Mutter Francisca Schervier. Stifterin der Armenschwestern vom hl. Franziscus, Freiburg i. Br. 1897; Erich Kock, Franziska Schervier. Zeugin einer dienenden Kirche, Mainz 1976. Erwin Gatz, Franziska Schervier (1819-1876), in: Aretz u.a. (Hg.), Zeitgeschichte, Bd. 3, S. 50-61.

die Genossenschaft in Aachen eine Niederlassung zu eröffnen, was 1848 geschah.[81] Anna von Lommessen wurde Mitglied der *Gesellschaft vom Heiligsten Herzen Jesu (Sacré-Coeur)* in Jette bei Brüssel.[82] Ihre Mitstreiterin Amalie Hermann bewertete diesen Schritt im Nachhinein als Opfer, da sie befürchtet habe, daß Clara Fey in einen Orden eintrete und somit nicht mehr für Aufgaben in Aachen zur Verfügung gestanden hätte. Der Gedanke des Opfers habe in den Konferenzen von André Fey eine große Rolle gespielt und auf Anna von Lommessen einen tiefen Eindruck gemacht.[83] Angeblich hätten viele der Beteiligten Anna gern in Aachen behalten, fraglich bleibt dann nur, warum ihr Vorschlag, alle erzieherischen und karitativen Aktivitäten in einer Genossenschaft zu vereinen, einhellig abgelehnt wurde.

Der Verlauf des Gründungsprozesses zeigt zweierlei: Erstens steht für alle beteiligten Frauen fest, daß sie eine Verbindung von vita activa und vita contemplativa suchten. Eine Umsetzung ihrer Anliegen ohne kirchliche Anbindung erschien ihnen nicht möglich. Das hinderte sie jedoch zweitens nicht daran, individuelle Vorstellungen von der Realisierung ihrer Projekte zu haben. Clara Fey konzentrierte sich auf die Erziehung und Bildung von Kindern aus der Unterschicht. In Abstimmung mit Vertretern der Kirche entwickelte sie ihre Vorstellungen vom Leben und Arbeiten in einer religiösen Frauengemeinschaft.

1.3. Die kirchliche Hierarchie

Drei Kleriker begleiteten den Gründungsprozeß, ihnen kamen jeweils unterschiedliche Aufgaben zu. Wilhelm Sartorius (1805-1880)[84] stand in intensivem Kontakt mit Clara Fey, war ihr Beichtvater, ihm vertraute sie. Sartorius wurde 1831 Kaplan und 1849 Pfarrer in der Aachener Pfarrei St. Foillan und nahm an den Zusammenkünften im Hause Fey teil. Trotz des Wechsels als Oberpfarrer

---

81 Vgl. Hundert Jahre Guter Hirt in Aachen, Aachen 1948; Brecher, Oberpfarrer L.A. Nellessen, S. 189 ff. Über dem Konflikt um die Erbschaft geben die Aufzeichnungen des Neffen Heinrich Fey Auskunft. Die Oberin in Angers verlangte nämlich die Herausgabe des Erbteils der Schwestern, da sie keine Gründung in Deutschland wünschte. Erst als deren Brüder Stefan und Franz "kategorisch erklärten, sie gäben das Kapital nur dann heraus, wenn es zu Gründung des Hauses in Aachen verwandt würde, weil dies von vorn herein bestimmt gewesen sei, und ihre Schwestern nur deshalb ins Kloster eingetreten seien, habe die Oberin endlich nachgegeben, weil sie es wohl auf einen Prozess vor den preussischen Gerichten nicht ankommen lassen wollte." ASKJ, Erinnerungen aus meiner Jugend (Heinrich Fey).

82 Vgl. Vermehren, Auguste von Sartorius, S. 97 f.

83 ASKJ, Notizen der Schwester Magdalena (Amalie Hermann).

84 Über die Beziehung von Clara Fey und Sartorius vgl. die apologetische Abhandlung von Solzbacher, "Heilige Freundschaft".

ins nahegelegene Burtscheid im Jahre 1849 blieb der Kontakt zwischen Clara Fey und ihm bis zu seinem Tod 1880 erhalten.[85] Sartorius galt später als einer der führenden ultramontanen Geistlichen von Aachen. Bekannt wurde er dadurch, daß er die erste Maiandacht im westdeutschen Raum abhielt. Diese Form der Marienverehrung verband er unmittelbar mit sozialen Belangen, indem er die Andacht in der Suppenküche seiner Gemeinde durchführte.[86] Er vermittelte Clara Fey religiös-theologische Kenntnisse, aber auch eine gewisse spirituelle Fähigkeit, die für das religiöse Innenleben und das Niveau der geistlichen Auseinandersetzung in der Kongregation von größter Bedeutung waren. Beide beeinflußten sich gegenseitig; schon bald gelang es der zehn Jahre jüngeren Clara Fey, eigene Akzente zu setzen. Ihre religiösen Ansichten waren geprägt von einer dem weiblichen religiösen Gemeinschaftsleben adäquaten Marienfrömmigkeit, die sich aus Elementen der privaten Andachtsbücher des 18. Jahrhunderts und der öffentlichen Marienverehrung des 19. Jahrhunderts zusammensetzte. "Infolge dessen ist der Grund sehr intimistisch und geprägt von einer mystischen Brautschaftsfrömmigkeit," wie der Theologe Joachim Schmiedl in seiner Analyse der Feyschen Texte herausgearbeitet hat.[87]

Als zweiter Geistlicher trat Bischof Johannes Theodor Laurent (1804-1884) hinzu[88]. Seine Rolle im Gründungsprozeß bezog sich einerseits auf religiös-theologische Aspekte, andererseits waren seine Aktivitäten in weit stärkerem Maße als bei Sartorius an aktuelle Tagesfragen geknüpft. "Laurent, eine ausgesprochene Kraftnatur und leidenschaftlicher Kämpfer für das als recht Erkannte"[89], gehörte zu den vehementesten Verfechtern des ultramontanen Katholizismus im Rheinland. Er stammte aus Aachen, war zunächst als Pfarrer im benachbarten Gemmenich tätig gewesen und wurde wegen seiner ultramontanen Gesinnung zwischen 1840 und 1848 aus Preußen ausgewiesen. 1839 von der römischen Kurie zum Apostolischen Vikar für Norddeutschland ernannt, widmete er sich fortan - frei von seelsorgerischen Verpflichtungen - auch nach seiner Rückkehr nach Aachen kirchenpolitischen Anliegen.[90] Die Erneuerung des genossenschaftlichen religiösen Lebens gehörte zu seinen Prioritäten, auch um zu dokumentieren, daß sich die Kirche sozialen Belangen der Zeit nicht verschloß. Frauenkongregationen stellten für ihn ein probates Mittel zur Organisa-

85 Vgl. ebd., S. 15, 26, 72; Herres, Städtische Gesellschaft, S. 109.

86 Vgl. dazu Joachim Schmiedl, Marianische Religiosität in Aachen. Frömmigkeitsformen einer katholischen Industriestadt des 19. Jahrhunderts, Altenberge 1994, S. 231 f.

87 Vgl. ebd., S. 251-255, hier S. 254.

88 Vgl. Claßen, Johannes Theodor Laurent; Brecher, Oberpfarrer, L.A. Nellessen.

89 Brecher, Oberpfarrer L.A. Nellessen, S. 80.

90 Vgl. ebd., S. 80; Mergel, Zwischen Klasse und Konfession, S. 336.

tion sozialer Arbeit dar. Laurent forcierte daher eine ganze Reihe von Neugründungen solcher Genossenschaften mit höchst unterschiedlichen Aufgaben.[91]

Schließlich zählte zum Kreis der unmittelbar am Gründungsgeschehen beteiligten Kleriker Claras Bruder André Fey (1806-1887).[92] Nicht zuletzt auf seine Initiative und durch seine Kontakte sind die Treffen im Hause Fey zustande gekommen. Im Gründungsprozeß kam ihm die Rolle des Pragmatikers zu. Er kümmerte sich um Kontakte zu kirchlichen und staatlichen Behörden und wirkte an der Lösung organisatorischer und finanzieller Probleme mit. Insbesondere aus dieser Aufgabe ergab sich ein enges Verhältnis mit Leocadia Startz, die für die Ökonomie der Kongregation zuständig war.

Der Erzbischof von Köln als der zuständige Diözesanbischof wurde erst mehr als ein Jahr nach erfolgter Gründung der Gemeinschaft offiziell informiert.[93] In einem Brief teilten Clara Fey und ihre Freundinnen ihm mit, daß sie "in einer Art klösterlichem Verein" lebten und "mehr als dreißig arme verwahrloste oder verlassene Mädchen" aufgenommen hätten, die sie erzögen und unterrichteten. Alle Frauen seien bereit, "dem Beispiel von Freundinnen zu folgen, die in auswärtigen Klöstern einen ihren Neigungen angemessenen Wirkungskreis" gefunden hätten. Zunächst wollten sie jedoch versuchen, "im eigenen Lande eine klösterliche Gemeinschaft zu errichten und Kräfte und Vermögen lieber der eigenen Vaterstadt zu widmen." Aus diesem Grund baten sie den Erzbischof, ihnen zur Gründung einer "klösterlichen Genossenschaft seine oberhirtliche Approbation zu geben, ihnen eine Regel gnädigst vorzuschreiben, Autorisation zur Eröffnung eines Noviziats zu ertheilen und weiter die hohe Gewogenheit zu haben, ihnen die Staatsgenehmigung zu ihrer Fortexistenz als religiöse Congregation behufs der Fortsetzung der oben angedeuteten Wirksamkeit und die Rechte einer moralischen Person, hochgeneigtest zu vermitteln."[94] Diesen Brief übermittelte Wilhelm Sartorius als "geistlicher Führer der Schwesternfamilie" am 6. Juni 1845 zusammen mit seinen Erläuterungen zur Situation der Kinder in der "Fabrikstadt Aachen" sowie ersten "Vorarbeiten" für Regeln

---

91 U.a. war er auch beteiligt an der Gründung der Armen Franziskanerinnen und den Franziskanerinnen von der Hl. Familie in Eupen. Vgl. Ignatius Jeiler, Die gottselige Mutter Francisca Schervier. Stifterin der Armenschwestern vom hl. Franziscus, Freiburg i. Br. 1897, S. 160 f und Wenceslaus Straußfeld, Elisabeth Koch. Stifterin der Franziskanerinnen von der heiligen Familie, Paderborn 1928, S. 25, 31.

92 Vgl. Lauenroth, Andreas Fey.

93 Vermutlich gab es jedoch zuvor inoffizielle Absprachen, da Wilhelm Sartorius wegen seiner vom Erzbischof in Erwägung gezogenen Versetzung nach Bonn in Verbindung mit diesem stand. Bereits im April 1845 hatte der aus Aachen stammende Weihbischof Anton Gottfried Claeßen die Frauen in ihrem Haus besucht. Vgl. dazu Pfülf, M. Clara Fey, S. 91-95.

94 Brief von Clara Fey, Leocadia Startz, Wilhelmina Istas und Louise Vossen an den Erzbischof vom 31.5.1845. Bischöfliches Diözesanarchiv Aachen (BDA), Gvo Aachen Schwesternklöster 7, I (10093), Bl. 1 f.

und Satzungen.[95] Im Dezember 1845 teilte Erzbischof Geissel Clara Fey und Leocadia Startz mit, daß er das Vorhaben unterstütze, und genehmigte beiden eine Reise nach Berlin.[96] Gemeinsam mit André Fey baten sie die zuständigen Minister für geistliche Angelegenheiten und für Inneres sowie die Königin um Unterstützung ihres Anliegens, die Kongregation zu genehmigen und die sogenannten Korporationsrechte zu gewähren. Mit der Erlangung dieser Rechte war eine Kongregation als juristische Person anerkannt.

Der Oberpräsident der Rheinprovinz forderte in einer Stellungnahme, daß die Frauen sich nicht allgemein der "Erziehung und Unterweisung armer, verlassener Kinder weiblichen Geschlechts"[97] zuwenden, sondern ausschließlich katholische Mädchen erziehen sollten.[98] Die konfessionelle Begrenzung ging also auf eine staatliche Intervention zurück, während die Frauen - ganz im Sinne ultramontaner Glaubensauffassung - ihre Einrichtung für alle Kinder öffnen wollten. In den von Clara Fey, Leocadia Startz, Wilhelmine Istas und Louise Vossen unterschriebenen und vom Erzbischof genehmigten Statuten vom 27. Oktober 1847 findet sich diese Einschränkung ebenso wieder wie Einwendungen des Oberpräsidenten im Hinblick auf die staatliche Zustimmung bei finanziellen Transaktionen, die das "Substanzvermögen" betreffen. Mit Datum vom 11. Dezember 1847 wurden diese Statuten von König Friedrich Wilhelm IV. mit einigen Klauseln genehmigt. So forderte er, daß die Mitglieder nur mit staatlicher Genehmigung eintreten dürften und jederzeit die Gemeinschaft wieder verlassen können müßten.[99]

Trotz dieser Einschränkungen wurde am 28. Januar 1848 die kanonische Genehmigung der Kongregationsgründung mitsamt den Statuten erteilt.[100] Die kirchliche Genehmigung erfolgte also erst, nachdem der Staat seine Zustimmung gegeben hatte. Dieses Vorgehen hing mit einer noch unklaren staatlichen Rechtslage zusammen, denn in Preußen war der Zusammenschluß kirchlicher Gemeinschaften und Vereine nicht uneingeschränkt möglich. Erst die revidierte Verfassung von 1850 schuf hier eine eindeutige Rechtslage. Fast vier Jahre nach

---

95 "Statuten für die Schwestern des h. Dominikus vom armen Kinde Jesus" ohne Datum und einem zweiseitigem Text ohne Überschrift, in dem neben Zielsetzung und Arbeitsweise besonders die religiösen Praktiken und die Tagesordnung festgelegt sind. Vgl. BDA - Gvo Aachen, 7,I, Bl. 3-14.

96 Vgl. Erzbischof an Clara Fey und Leocadia Startz vom 1.12.1845, BDA - Gvo Aachen, 7,I, Bl. 16.

97 BDA - Gvo, 7,I, Bl. 15.

98 Vgl. Oberpräsident an Erzbischof Johannes von Geissel vom 22. Mai 1846. BDA - Gvo, 7,I, Bl. 22 f.

99 Urkunde des Königs vom 11. Dezember 1847. BDA - Gvo, 7,I, Bl. 56.

100 Vgl. Erzbischöfliches Generalvikariat an Clara Fey vom 28. Januar 1848. BDA, Gvo, 7,I, Bl. 58 - 62.

der eigentlichen Gründung schien die Grundlage für die weitere Arbeit geschaffen zu sein, die in der vorrevolutionären Zeit und in einer aufgeladenen Stimmung angefangen hatte.

1.4. Das ereignisreiche Jahr 1844

Die turbulente Vormärzzeit beeinflußte die Aktivitäten der Katholikinnen in Aachen. Zwei bedeutende Ereignisse des Jahres 1844 gehören in diesen Kontext: die Trierer Rockwallfahrt und der Aufstand der schlesischen Weber. Beide Ereignisse symbolisieren auf eindrucksvolle Weise die kirchlichen und sozio-ökonomischen Verhältnisse im Vormärz. Der Rock von Trier, den Jesus getragen haben soll, wurde nur selten der Öffentlichkeit gezeigt, zuletzt 1810. Die Ausstellung von 1844 zog mehr als 500 000 Pilgerinnen und Pilger an. Nach den erbitterten Auseinandersetzungen zwischen katholischer Kirche und preußischem Staat in den 1830er Jahren demonstrierte die Kirche im Spätsommer 1844 ihre Organisationsfähigkeit und lieferte überzeugende Beweise für ihren Rückhalt in der Bevölkerung. Über eine derartige Mobilisierungsfähigkeit verfügte Mitte des 19. Jahrhundert wohl kaum eine andere gesellschaftliche Gruppe.[101] Nach Ansicht von Jonathan Sperber war das Trierer Ereignis das erste Beispiel eines neuen Wallfahrtstyps, da es im Gegensatz zu den zahlreichen anderen Manifestationen der Volksfrömmigkeit des Vormärzes von oben organisiert war.[102] So gesehen, handelte es sich hier eher um ein politisches Ereignis, welches kirchlichen Interessen diente. Es kann in weit geringerem Maße als Anzeichen für originäre Volksfrömmigkeit interpretiert werden. Letztlich muß jedoch festgehalten werden, daß die spektakuläre Wallfahrt von 1844 den Auftakt für zahlreiche Initiativen von Katholiken und Katholikinnen im Umfeld der sogenannten sozialen Frage darstellte.

Der Aufstand der schlesischen Weber im Juni 1844 führte besonders bürgerlichen Kreisen vor Augen, daß Rebellionen der verarmten oder von Verarmung bedrohten Schichten nicht nur in England, sondern auch in Deutschland ins Haus standen, sofern die soziale Frage ungelöst blieb. "Mit der Helligkeit eines

101 Vgl. zu den Auseindersetzungen zwischen Staat und Kirche u.a. Friedrich Keinemann, Das Kölner Ereignis: Sein Widerhall in Rheinprovinz und in Westfalen, 2 Bde., Münster 1974; zur Trierer Rockwallfahrt Wolfgang Schieder, Kirche und Revolution. Zur Sozialgeschichte der Trierer Wallfahrt von 1844, in: Archiv für Sozialgeschichte 14 (1974), S. 419-544.

102 Jonathan Sperber, Popular Catholicism in Nineteenth-Century Germany, Princeton 1984, S. 70.

Blitzes wurde der qualvolle Verfall der Protoindustrie so grell beleuchtet, daß er in das Bewußtsein einer breiten Öffentlichkeit eindrang."[103] Konservative Skeptiker der Industrialisierung sahen sich ebenso bestätigt wie der junge Marx, der die Vorfälle aus dem Pariser Exil verfolgte. Liberale Politiker und Unternehmer gründeten in Berlin den "Centralverein für das Wohl der arbeitenden Klasse" mit der Ziel der Einrichtung von Spar- und Prämienkassen in ganz Preußen, um so Hilfe zur Selbsthilfe zu leisten.[104] Vorbild dieses Vereins war unter anderem der 1834 von dem Unternehmer David Hansemann ins Leben gerufene "Aachener Verein zur Beförderung der Arbeitsamkeit", "dessen Aufgabe es seyn sollte, nicht die bereits Hülfsbedürftigen zu unterstützen, sondern durch Beförderung der Arbeitsamkeit unter der handarbeitenden Volksklasse der Hülfsbedürftigkeit selbst entgegen zu arbeiten."[105]

Clara Feys Motivation zur Gründung der Kongregation sind also nicht nur in religiösen Orientierungen, sondern auch in der unmittelbaren Wahrnehmung des vormärzlichen Pauperismus zu sehen, der 1844 eine gewissen Höhepunkt erreichte. Sie und ihre Freundinnen wollten zumindest die Kinder vor dem Schicksal der Verarmung bewahren. Angesichts eines die bürgerlichen Kreise ängstigenden Pauperismus ergriffen hier wohlhabende Aachener Katholikinnen, unterstützt von Klerikern und Laien, eine Initiative zur Bekämpfung der Not. Mit Hilfe eines beträchtlichen Vermögens in Höhe von 100.000 Talern[106] und vielfältigen Kompetenzen in politischen und kirchlichen Fragen starteten die Frauen ihr Unternehmen.

Offen bleibt die Frage, welche Gründe sie hatten, sich für eine traditionelle religiöse Vergesellschaftungsform zu entscheiden. Warum wählten sie nicht das

---

103 Hans-Ulrich Wehler, Deutsche Gesellschaftsgeschichte, Bd. 2: Von der Reformära bis zur industriellen und politischen "Deutschen Doppelrevolution" 1815-1845/49, München 1987, S. 654.

104 Vgl. Jürgen Reulecke, Sozialer Frieden durch soziale Reform. Der Centralverein für das Wohl der arbeitenden Klassen in der Frühindustrialisierung, Wuppertal 1983. Rudolf Boch warnt jedoch davor, die Bedeutung des Vereins zu überschätzen. Vgl. Boch, Grenzenloses Wachstum? S. 367.

105 J.J. Thyssen, Darstellung der Einrichtung und der Wirksamkeit des Aachener Vereins zur Beförderung der Arbeitsamkeit, Aachen 1845, S. 3. Die Unterstützung von Kinderbewahreinrichtungen gehörte zu den Maßnahmen, die der Verein ergriff.

106 In einer "Zugabe zu der gehorsamsten Bitte um canonische Errichtung einer Congregation für den Schutz und das Wohl der armen weiblichen Jugend" konstatiert Pfarrer Wilhelm Sartorius am 6. Juni 1845, "daß die genannten [Clara Fey und ihre Mitstreiterinnen, R. M.] im Genusse eines Privatvermögens von circa 100.000 Thalern und damit die materielle Grundlage zu sichern bereit sind, sobald ihnen der Staat die Rechte einer moralischen Person gewähren werde, um diese Summe als Congregations-Vermögen anlegen und auch fernere Beträge, Häuser, Güter, Kapitalien usw. als solches acceptiren zu können." BDA - Gvo, 7,I, Bl 9. Zur Finanzierung der neuen Kongregationen im allgemeinen siehe Kap. 5.3. dieser Arbeit.

Mittel des bürgerlichen Vereins, um ihre Arbeit zu organisieren? Welche Möglichkeiten der aktiven Teilhabe bot die katholische Kirche engagierten Frauen im 19. Jahrhundert? Wie verhielt sich der preußische Staat, als Katholikinnen wohltätige Initiativen ergriffen, die den Rahmen privater Almosenverteilung verließ? Das folgende Kapitel beschäftigt sich mit diesen Fragen.

Kapitel 2

Kongregationen als Medium weiblicher Vergesellschaftung in Kirche und Staat

Katholische Frauen suchten im 19. Jahrhundert nicht nur in Aachen nach Möglichkeiten und Wegen zur Teilhabe am religiösen und kirchlichen Leben. Sie hatten dazu auf unterschiedliche Weise Gelegenheit. Bereits seit dem konfessionellen Zeitalter bildeten die Kirchen für Frauen einen "neuen öffentlichen Handlungsraum"[1] - und das nicht nur für Protestantinnen. Auch katholische Frauen beteiligten sich an der Neubestimmung der katholischen Kirche im Gefolge der Reformation.[2] Überhaupt kann über Epochengrenzen hinweg beobachtet werden, daß Frauen entgegen gängiger Geschichtsauffassung gerade im Verlauf von gesellschaftlichen wie kirchlichen Umbruchprozessen und Reformbewegungen besonders aktiv wurden.[3] Auch das 19. Jahrhundert kennzeichnete über weite Strecken epochale, zum Teil parallel verlaufende Transformationsprozesse, die die Arbeits- und Lebensbedingungen von Frauen fundamental veränderten. Der Prozeß der Konstituierung der bürgerlichen Gesellschaft wurde stets von der Geschlechterfrage begleitet, denn bereits von Beginn an stellte sich die Frage nach der Gültigkeit bürgerlicher Gesellschaftsentwürfe für beide Geschlechter. Frauen erhoben Ansprüche auf Bildung, Berufstätigkeit und angemessene Absicherung des Lebensunterhaltes, obgleich ihre Anliegen gern überhört wurden. Für viele Frauen bedeutete das Engagement im kirchlichen Raum eine Alternative zur männlich dominierten bürgerlichen Gesellschaft, die Frauen nur wenige Entfaltungsmöglichkeiten außerhalb familiärer Kontexte ließ. Dies galt für Frauen aller Religionsgemeinschaften des 19. Jahrhunderts bis hin zu den Abspaltungen der großen Kirche.[4]

---

1 Wunder, "Er ist die Sonn', ..." S. 224.

2 Hierauf weist Heide Wunder hin. Vgl. ebd. S. 239.

3 Vgl. beispielsweise die weibliche Beteiligung an Reformation und Gegenreformation oder an der Französischen Revolution.

4 Catherine M. Prelinger gehört zu den ersten, die auf diesen Zusammenhang im deutschsprachigen Raum für den Protestantismus und Deutsch-Katholizismus hinwiesen. Vgl. dazu Catherine M. Prelinger, Die deutsche Frauendiakonie im 19. Jahrhundert: Die Anziehungskraft des Familienmodells, in: Ruth-Ellen B. Joeres/Annette Kuhn (Hg.), Frauen in der Ge-

In der ersten Hälfte des 19. Jahrhunderts betätigten sich Frauen eher vereinzelt oder in kleinen Gruppen in der katholischen Kirche; eine stärkere Bündelung der Aktivitäten läßt sich etwa ab den 1840er Jahren beobachten.[5] Neben dem regelmäßigen Mess- und Andachtsbesuch gewannen Wallfahrten und Prozessionen als öffentliche Demonstration katholischen Bewußtseins zunehmend wieder an Bedeutung.[6] Durch Volksmissionen, die meist von Ordensmännern durchgeführt wurden, versuchte die katholische Kirche, die Menschen zu mobilisieren.[7] Darüber hinaus gewann das innerkirchliche Vereinswesen mit seinen vielfältigen Differenzierungen allmählich Konturen.[8] An all diesen Aktivitäten beteiligten sich Frauen zum Teil in stärkerem Maße als Männer, wie bereits den Zeitgenossinnen ins Auge fiel.[9] Katholikinnen und Katholiken erprobten gerade in den 1840er und 50er Jahren verschiedene Formen des Zusammenschlusses; eine Verbindung traditioneller kirchlicher Assoziationsformen mit Elementen bürgerlicher Vergemeinschaftungsformen stand auf der Tagesordnung. In diesem Zusammenhang muß die Wiederentdeckung gemeinschaftlichen religiösen Lebens und Arbeitens durch Frauen im 19. Jahrhundert gesehen werden. Zwei zeitgenössische Ratgeber klärten über kirchenrechtliche Assoziationsmöglichkeiten für Frauen auf.[10] Der Fürstbischöfliche Konsistorialrat Schuppe aus Breslau gab seinem Werk ausdrücklich den Untertitel "zum practischen Gebrauche dargestellt". Seiner Ansicht nach seien in den letzten Jahrzehnten "apologetische, schildernde Schriften über die Thätigkeit der neueren religiösen

---

schichte VI: Frauenbilder und Frauenwirklichkeiten, Düsseldorf 1985, S. 268-285 und ihre Studie Charity, Challenge und Change. Für den Deutschkatholizismus siehe Paletschek, Frauen und Dissens. Exemplarisch, aber mit einer Würdigung der protestantischen Frömmigkeitswegung um den preußischen König Friedrich Wilhelm IV. zeigt Ursula Röper in ihrer Biographie der Diakonisse Mariane von Rantzau weibliche Handlungsräume und -grenzen in religiösen Kontexten auf. Vgl. Röper, Mariane von Rantzau.

5 Luise Hensel, Karoline Settegast oder Apolonia Diepenbrock handelten individuell, sie schlossen sich nicht zu Vereinen oder Genossenschaften zusammen. Zum Lebenslauf der letztgenannten vgl. Gerta Krabbel (Hg.), "Ein mutig Herz ein redlich Wollen", Münster (1939), S. 51 ff, 71 ff.

6 Vgl. zu Wallfahrten in der Frühen Neuzeit Rebekka Habermas, Wallfahrt und Aufruhr, Zur Geschichte des Wunderglaubens in der frühen Neuzeit, Frankfurt/New York 1991. Für das 19. Jahrhundert vgl. Michael R. Marrus, Pilger auf dem Weg. Wallfahrten im Frankreich des 19. Jahrhunderts, in: Geschichte und Gesellschaft 3 (1977), S. 329-351; Mary Lee Nolan/-Sidney Nolan, Christian Pilgrimage in Modern Western Europe, Chapel Hill 1989 und Sperber, Popular Catholicism, S. 18-30, 63-73.

7 Vgl. Gatz, Rheinische Volksmission.

8 Zur Klassifikation und Bedeutung des katholischen Vereinswesen allgemein vgl. Mooser, Das katholische Vereinswesen. Speziell zu den Frauenvereinen vgl. Kall, Katholische Frauenbewegung.

9 Vgl. ASKJ, Hermann, Notizen, S. 6, und von Lommessen, Mitteilungen, S. 21.

10 Vgl. Schels, Frauen-Genossenschaften, und Schuppe, Wesen.

Frauengenossenschaften"[11] in ausreichender Zahl erschienen. Ihm lag daran, konkrete Hilfen im Gründungsprozeß zu vermitteln. Beide Schriften dienen im folgenden dazu, erstens die Unterschiede zwischen Orden und Kongregationen herauszuarbeiten und hinsichtlich ihrer Bedeutung für die nach Vergesellschaftung strebenden Frauen zu analysieren. Zweitens soll das wichtigste Unterscheidungskriterium von Orden und Kongregationen, nämlich die zentrale Organisation der letzteren, eingehender betrachtet werden. Drittens werden die kirchenpolitische Aspekte beleuchtet, die die Ausbreitung religiöser Frauengenossenschaften beeinflußten.

2.1. Das religiöse Frauengenossenschaftswesen: historische Ausdifferenzierung und rechtliche Unterscheidung

Das religiöse Frauengenossenschaftswesen gehörte seit Jahrhunderten zum wichtigsten Form weiblicher Partizipation am kirchlichen Geschehen. Die gemeinschaftliche religiöse Lebensform wurde von Anbeginn von Frauen und Männern gleichermaßen begründet. Bereits im 4. Jahrhundert entstand in Rom das erste Frauenkloster des Okzidents.[12] Auf vielfältige Weise konnten Frauen ihren christlichen Glauben sichtbar werden lassen. Sie lebten als Ordensfrauen in Klöstern, allein als Reklusen, als Beginen in zum Teil stadtähnlichen Genossenschaften oder als sogenannte Tertiarinnen in der Welt.[13] Dabei wurden Frauen von der höchsten katholischen Lebensform, dem Priesteramt, ausgeschlossen. Im Kontext der religiösen Erneuerung des 19. Jahrhunderts trat das genossenschaftliche Frauenleben wieder stärker ins Bewußtsein von Frauen und katholischen Sozialreformern.

Auffällig ist zunächst ein unsystematischer und verwirrender Sprachgebrauch im Hinblick auf das religiöse Frauengenossenschaftswesen. So sind Bezeichnungen wie "Orden", "Kongregation", "klösterliche Genossenschaft", "religiöse Institute" oder "Klöster und Kongregationen" im 19. Jahrhundert gebräuchlich.[14] Die Mitglieder von Kongregationen werden als "Ordensschwestern", "Barmherzige Schwestern" oder als "Nonnen" bezeichnet. Bei genauerer Betrachtung überrascht der unpräzise Sprachgebrauch jedoch nicht, denn die Form der Kon-

11 Schuppe, Wesen, S. V.

12 Vgl. A. Esser, Art. Nonnen, in: Wetzer und Welte's Kirchenlexikon, Bd. 9, Sp. 438; Heimbucher, Orden und Kongregationen, Band 1, S. 149 f.

13 Vgl. Paulette L'Hermite-Leclercq, Die feudale Ordnung, in: Duby/Perrot (Hg.), Geschichte der Frauen, Bd. 2, S. 257.

14 Vgl. Alkuin Stillhart, Die Rechtspersönlichkeit der klösterlichen Verbandsformen nach kanonischem und schweizerischem Recht, Freiburg (Schweiz) 1953, S. 3.

gregationen entwickelte sich aus der Organisationsform der Orden heraus, und eine kirchenrechtliche Definition erfolgte erst, als die Kongregationen sich schon längst etabliert hatten. Demzufolge konnten die Beteiligten kaum präzise Begriffe anwenden. Eine exakte Terminologie läßt sich - wie häufig in der Geschichtsschreibung - erst ex post ausmachen. Um das verwirrende Nebeneinander verschiedener Bezeichnungen aufzulösen, bedarf es zunächst einer Explikation des theologischen und kirchenrechtlichen Vokabulars und der Einführung möglichst trennscharfer Begriffe.

Das kanonische Recht verstand unter klösterlichen Genossenschaften Gemeinschaften von Gläubigen, in denen sich die Mitglieder mit kirchlicher Genehmigung zu einem gemeinschaftlichen Leben zusammenschlossen und nach bestimmten Grundsätzen lebten sowie "öffentliche, ewige oder zeitliche ... Gelübde ablegen, und so nach evangelischer Vollkommenheit streben."[15] Eine solche Genossenschaft konnte ein Orden oder eine Kongregation sein. Analog zum Kirchenrecht wird in dieser Studie der Begriff "Genossenschaft" als übergeordnete Bezeichnung für Orden und Kongregationen verwandt.[16] Diese Formen unterschieden sich im wesentlichen durch die Art des kirchlichen Genehmigungsverfahrens, die Verbindlichkeit der Gelübde, die Klausurvorschriften sowie durch die Organisation des klösterlichen Lebens[17] und die Aufgabenstellung voneinander.

Als Orden konnte sich nach dem kanonischen Recht nur eine solche Genossenschaft bezeichnen, deren Regeln vom Papst anerkannt wurden. "Ordensperson, beziehungsweise ORDENSFRAU (Religiosa, Monialis) ist also nur diejenige, welche in einer Genossenschaft, die als SOLCHE (qua talis) approbirt ist, die drei wesentlichen Gelübde unwiderruflich abgelegt hat."[18] Dazu gehören die Gelübde der Armut, des Gehorsams und der Keuschheit, auch feierliche Gelübde genannt. Dieser Begriff drückt nicht den Grad der Feierlichkeit der Gelübdeablegung aus, sondern gibt Auskunft über die Verbindlichkeit des Versprechens für das Individuum. Die feierlichen Gelübde von Ordensmitgliedern standen dem "Empfang der höheren Weihen"[19] gleich, also beispielsweise der Priesterweihe, und bedeuteten letztlich eine "unwiderrufliche Bestimmung zum Dienste Gottes."[20] Zur Einhaltung der Gelübde wurde den Ordensfrauen eine strenge päpstliche Klausur auferlegt. Diese Vorschrift hatte die päpstliche Kurie im 16. Jahrhundert nur gegen starken Widerstand der Frauenklöster unter An-

---

15 Wendlandt, Orden und Kongregationen, S. 15.

16 Vgl. Heimbucher, Orden und Kongregationen, S. 13.

17 Zu diesem Aspekt genossenschaftlicher Lebensweise vgl. besonders Teil II dieser Arbeit.

18 Schels, Frauen-Genossenschaften, S. 3.

19 Schuppe, Wesen, S. 93.

20 Leop. Studerus, Art. Orden, in: Wetzer und Welte's Kirchenlexikon, Bd. 9, Freiburg i. Br. 1892, Sp. 985.

drohung der Unterdrückung aller Frauenorden durchsetzen können. Die "strenge Zurückgezogenheit und Abgeschlossenheit von dem Verkehre mit der Aussenwelt"[21] als Folge dieser päpstlichen Klausur setzte der Entfaltung des Frauenordenswesens enge Grenzen. Die feierlichen Gelübde versperrten der Ordensfrau eine Rückkehr ins laizistische Leben; das Keuschheitsversprechen machte eine spätere Heirat unmöglich; das Armutsgelübde bewirkte, daß ihr Vermögen unwiderbringlich dem Orden gehörte. Mit der Gelübdeablegung, der sogenannten Profeß, hatte sie keinerlei Eigentumsrechte, sie war "bürgerlich todt".[22] Darüber hinaus waren Ordensfrauen zur Einbringung einer Mitgift verpflichtet, deren Höhe minderbemittelten Frauen oftmals den Eintritt verwehrte.

Die Gründung neuer Klöster stand unter Kontrolle der kirchlichen Hierarchie, dazu war eine fünffache Einwilligung notwendig. Gemeinde, andere lokale Klöster, Pfarrer, Bischof und Papst waren zustimmungspflichtig. Weiterhin schrieb das kanonische Recht vor, daß mindestens zwölf Ordensfrauen, die über einen gesicherten Unterhalt verfügen mußten, zu einem Kloster gehörten.[23] Ein neugegründetes Frauenkloster eines Ordens war organisatorisch selbständig, "es existiert ausser der gemeinsamen Regel zwischen dem alten und dem neuen Kloster kein Band, beide standen und blieben für sich allein."[24]

Die beschriebenen strengen Regularien waren für die Neugründung von Frauenorden sowie deren Expansion in Mitgliederzahlen und Aufgabenstellung nicht gerade förderlich. Geringere Restriktionen und ein höheres Maß an Flexibilität gegenüber unterschiedlichen Zielsetzungen sahen die kirchlichen Rechtsbestimmungen hinsichtlich sogenannter Kongregationen als Medium zur Organisation religiösen Lebens vor. Bei diesen handelte es sich um "geistliche Gesellschaften, deren Gelübde der Keuschheit, der Armuth, des Gehorsams einfache, nicht solenne sind, d.h. nicht mit der Wirkung des feierlichen verknüpft sind."[25] Die Mitglieder einer Kongregation galten nach dem Kirchenrecht nicht als "personae religiosae", da sie die weiheähnlichen feierlichen Gelübde nicht ablegten, "sondern sie bleiben auch nach erfolgter kirchlicher Anerkennung personae saeculares, mit dem beigegebenen Charakter kirchlicher Personen."[26] Sie standen zwischen Laien und Ordensleuten und "begründen durch eine Art Vermählung des christlich-weltlichen Elements mit dem Ordenswesen einen MITTELSTAND."[27] Die Mitglieder einer Kongregation wur-

21 Schels, Frauen-Genossenschaften, S. 10.
22 Ebd., S. 5.
23 Vgl. ebd., S. 4-7.
24 Schuppe, Wesen, S. 13.
25 von Schulte, Orden und Kongregationen, S. 11.
26 Schels, Frauen-Genossenschaften, S. 9.
27 Ebd., S. 21.

den folglich nicht als "moniales" bzw. Ordensfrauen, sondern als "sorores" bzw. "Schwestern" bezeichnet.[28]

Die Mittelstellung bot den Frauenkongregationen die Möglichkeit, eine Verbindung zwischen religiösem und profanem Leben herzustellen. "Fast im Gegensatz zu einer frühern Zeit, die Klosterwesen als Grundbestimmung und den charitativen Zweck nur als eine Nebenbestimmung in den Frauenklöstern auffaßte, stellen die neuern Fraueninstitute den Lehr- und Hospitaldienst in den Vordergrund, wobei klösterliche Vereinigung und Klosterleben hauptsächlich als Mittel und Hebel zu leichterer Erfüllung des Zwecks angewendet werden."[29] Dieser scharfen Abgrenzung der Kongregationen von den kontemplativen Orden muß jedoch entgegengehalten werden, daß es auch im Ancien régime religiöse Frauengenossenschaften gab, die nicht die Kontemplation in den Mittelpunkt rückten.

So gesehen standen die Frauenkongregationen des 19. Jahrhunderts durch ihr Agieren in den beiden Sphären von Arbeit und Gebet in der Tradition mittelalterlicher Beginen. Sie führten im 13. und 14. Jahrhunderts ein religiöses, aber tätiges Leben ohne rigide Klausur- und Gelübdevorschriften. Schels charakterisierte die Beginen zutreffend in "mancher Beziehung als Vorbild der neuern religiösen Fraueninstitute."[30] Sie lebten nach selbstgewählten religiösen Regeln in sogenannten Beginenhöfen oder nur in Wohngemeinschaften und arbeiteten in der Armen- und Krankenpflege, im Unterrichtswesen oder als Handwerkerinnen. Verließen sie die Beginenhöfe, konnten sie ein normales weltliches Leben führen.[31] Neu an dieser mittelalterlichen Form des Zusammenlebens von Frauen unter dem Dach der Kirche war die oben bereits für die Kongregationen beschriebene Mittelstellung der Beginen in der kirchlichen Standeslehre. Kirchenrechtlich zählte man sie zu den Laien, dennoch konnten sie an Formen monasti-

28 Bezeichnung wie "Barmherzige Schwester" als Eigenname kennt das Kirchenrecht ebenso wenig wie die "Ordensschwester". Nonnen, Chorfrauen, Mendikantinnen oder Ordensfrauen sind hingegen Bezeichnungen für Frauenorden. Vgl. Wendlandt, Orden und Kongregationen, S. 44 f.

29 Schels, Frauen-Genossenschaften, S. 35 f.

30 Ebd., S. 38.

31 Vgl. Brigitte Degler-Spengler, Die religiöse Frauenbewegung des Mittelalters: Konversen, Nonnen, Beginen, in: Rottenburger Jahrbuch für Kirchengeschichte 3 (1984), S. 82-86; Rebekka Habermas, Die Beginen - eine "andere" Konzeption von Weiblichkeit?, in: Die ungeschriebene Geschichte. Historische Frauenforschung. Dokumentation des 5. Historikerinnentreffens 1984, hg. von den Wiener Historikerinnen, Wien 1984, S. 199-207; Martina Wehrli-Johns, Haushälterin Gottes. Zur Mariennachfolge der Beginen, in: Hedwig Röckelein/-Claudia Opitz/Dieter R. Bauer (Hg.), Maria. Abbild oder Vorbild. Zur Sozialgeschichte mittelalterlicher Marienverehrung, Tübingen 1990, S. 149 f; Wehrli-Johns/Opitz, Frauen oder Ketzerinnen.

scher Spiritualität teilhaben, gleichzeitig lebten sie "im Bewußtsein eines kirchlichen Auftrags"[32].

Eine weitere Traditionslinie verweist auf das religiöse Frauengenossenschaftswesen des 16. Jahrhunderts. Nachdem bereits das Konzil von Trient über eine Ordensreform debattiert hatte, erließ Pius V. 1566 die Konstitution "Circa pastoralis", die für Frauengenossenschaften mit feierlichen Gelübden eine strenge päpstliche Klausur vorschrieb. Allerdings ließ diese Verfügung unterschiedliche Interpretationen zu. Unklar blieb, ob sie auch für "semireligiöse Lebensformen" gelten sollte.[33] Dies führte zu Konflikten, als im 16. Jahrhundert allmählich ein neues Ordensideal aufkam, welches das kontemplative Leben zugunsten von Apostolat und Karitas in den Hintergrund stellte. Die Jesuiten mit ihrem Verzicht auf Klausur, Habit und gemeinsamem Chorgebet hatten entscheidenden Einfluß auf diese neue Entwicklung, von der sich Frauen und Männer gleichermaßen angesprochen fühlten.[34] Anne Conrad hat die Bestrebungen von Frauen in der katholischen Reformbewegung des 16. und 17. Jahrhunderts untersucht und nachgewiesen, daß sie sich selbst in eine jesuitische Tradition stellten. Dazu gehören ihrer Meinung nach die *Ursulinen* mit Ursprung in Oberitalien, die lothringische *Congrégation de Notre Dame*, die in Braunsberg im Ermland ansässigen *Katharinerinnen* und die von der Engländerin Mary Ward gegründeten *Englischen Fräulein*. Überdies zeigt die Studie von Conrad, daß die Kirche die hochgesteckten Ziele der Frauen in diesen jesuitischen Frauengemeinschaften nicht honorierte und ihren Aktivitäten in der Welt deutliche Grenzen setzte. Sie übte Druck auf die Frauen aus und erlegte ihren Gemeinschaften ein monastisches Leben mit strenger päpstlicher Klausur auf.[35]

Maßgeblichen Einfluß auf das moderne Frauenkongregationswesen in jener Ausprägung, in der es 1900 von der römischen Kurie im kanonischen Recht verankert wurde, hatten die Aktivitäten der bereits erwähnten Mary Ward. Sie gründete 1611 die Kongregation der *Englischen Fräulein*. In einem langen Kampf mit der römischen Kurie wurden die Voraussetzungen für die kirchliche Anerkennung von Kongregationen geschaffen. Lange nach dem Tod von Mary Ward wurde mit der Bulle "Quamvis iusto" das Institut 1749 als erste Kongregation ohne strenge päpstliche Klausur und nur mit einfacher Gelübdeablegung anerkannt. Darüber hinaus bestätigte Papst Benedikt XIV. in dieser Bulle das Amt der Generaloberin, denn im Unterschied zu den Frauenorden, deren einzel-

32 Wehrli-Johns, Haushälterin Gottes, S. 149. Dieses Bewußtsein kennzeichnet auch die Frauenkongregationen des 19. Jahrhunderts, wie in Kapitel 7 herausgearbeitet wird.

33 Vgl. Conrad, Zwischen Kloster und Welt, S. 250.

34 Vgl. Patrick Braun, Religiöse Männer- und Frauenkongregationen des 16. und 18. Jahrhunderts, in: Helvetia Sacra, Abteilung VIII, Band 1: Die Kongregationen der Schweiz, 16.-18. Jahrhundert, Basel 1994, S. 21 f.

35 Vgl. ebd., S. 265-269.

ne Klöster selbständig waren, wurden die Niederlassungen des Instituts der Englischen Fräulein zentral durch eine Generaloberin mit Sitz im Mutterhaus geleitet.[36] Die päpstliche Entscheidung über die Englischen Fräulein bestimmte die Haltung der römischen Kurie auch im 19. Jahrhundert. Allerdings gab es keine verbindlichen Richtlinien, die sich ausschließlich mit den Kongregationen befaßten, was allem Anschein nach Verwirrung stiftete. Schels beklagte 1857 einen Mangel an gültigen Bestimmungen, der dazu führe, daß häufig die Vorschriften des kanonischen Rechtes für Frauenorden auf die Kongregationen angewandt würden. Aus seiner Sicht ergab sich daher die "Nothwendigkeit der Aufstellung besonderer, rechtlicher Bestimmungen hinsichtlich dieser neuern Genossenschaften."[37] Diesem Anliegen kam die römische Kurie erst mit der Bulle "Conditae a Christo" von Papst Leo XIII. im Jahre 1900 nach.[38] Sie war Ergebnis von Beratungen auf dem Vatikanischen Konzil 1869/70, währenddessen sich "the need for legislation to limit the unbridled multiplication of congregations of simple vows"[39] herausstellte. Bis 1900 entschied der Heilige Stuhl weiterhin von Fall zu Fall, da es noch keine allgemeingültigen kanonischen Regelungen für das Anerkennungsverfahren dieser religiösen Gemeinschaften gab.[40]

Allerdings befaßte sich Rom nicht mit jeder Neugründung. Eine sich neu formierende Kongregation mußte um die Genehmigung des Diözesanbischofs nachsuchen, der ihre Lebensweise, zumeist auch ihre Verfassung oder Konstitutionen approbierte. Eine solche als Diözesankongregation bezeichnete Genossenschaft unterstand der Jurisdiktion des Bischofs und brauchte folglich nicht die päpstliche, sondern nur die sogenannte bischöfliche Klausur einzuhalten. Nach mehrjähriger Tätigkeit und einer größeren Ausbreitung konnte eine Kongregation einen Antrag auf päpstliche Anerkennung stellen.[41] Die römische Kurie vollzog eine solche Anerkennung in vier Stufen, die von der Kongregation jeweils einzeln beantragt werden mußten. Nach einem Belobigungsdekret erfolgte die Approbation des Instituts, anschließend die Gutheißung der Konstitution, und am Ende stand die definitive Approbation der Kongregation als eine solche päpstlichen Rechts. Sie unterstand weiterhin der bischöflichen Aufsicht,

---

36 Vgl. Wendlandt, Orden und Kongregationen, S. 271-285; Schuppe, Wesen, S. 20 f; zur Funktion der Generaloberin siehe auch Paul Wesemann, Die Anfänge des Amtes der Generaloberin, Minden 1954.

37 Schels, Frauen-Genossenschaften, S. 26 f.

38 Vgl. Augustin Arndt, Die kirchlichen Rechtsbestimmungen für die Frauenkongregationen, Mainz 1901, S. 337 ff.

39 Vgl. Francis Callahan, The Centralization of Government in Pontifical Institutes of Women with Simple Vows, Rom 1948, S. 43.

40 Vgl. ebd., S. 48.

41 Vgl. Schuppe, Wesen, S. 22 f, 110.

mußte aber alle Veränderungen innerhalb der Genossenschaft, z.B. die Gründung einer Niederlassung oder die Veränderung der Konstitution vom Papst genehmigen lassen.[42] Hierdurch sicherte sich der Heilige Stuhl umfassende Kontrollrechte. Der Jesuit Arndt begründete die Notwendigkeit dieses Regelwerks mit der starken Ausbreitung der Kongregationen seit der Mitte des 19. Jahrhunderts. "Da die Institute sich nicht unmittelbar an die alten Orden anlehnten, so besassen sie deren Ueberlieferungen nicht und so musste die hl. Kongregation für dieselben eine Einrichtung schaffen, in der Rechte und Pflichten sich gegenseitig das Mass hielten, von allen anerkannt, beobachtet und im Nothfalle selbst verteidigt würden."[43]

Die päpstliche Anerkennung veränderte jedoch nichts an der Art und Weise der bischöflichen Klausur. Diese unterschied sich im wesentlichen dadurch von der päpstlichen Klausur, daß die Schwestern die klösterlichen Gebäude verlassen und Besuche empfangen durften. Nach den Regeln der päpstlichen Klausur konnte die Ordensfrau sich nur in dringenden Ausnahmefällen mit bischöflicher Erlaubnis außerhalb des Klosters aufhalten. Außerdem durfte niemand die klösterlichen Räume betreten. Selbst der Zutritt von Bischof, Beichtvater oder Arzt war streng geregelt, und Verstöße gegen diese Bestimmungen unterlagen dem kirchlichen Strafrecht. Die mildere bischöfliche Klausur der Frauenkongregationen ermöglichte den Schwestern, die Klausur und das klösterliche Gebäude mit Zustimmung der Oberin zu verlassen und außerhalb des Klosters einer Tätigkeit nachzugehen. Dies hatte zur Voraussetzung, daß die Mitglieder von Kongregationen nur die einfachen Gelübde der Armut, der Keuschheit und des Gehorsams ablegen mußten. Die feierlichen Gelübde der Orden hatten eine lebenslange Bindung und die strenge päpstliche Klausur zur Folge; von einfachen Gelübden konnten die Frauen unter gewissen Umständen entbunden werden, gleichzeitig mußte nur die weniger strenge bischöfliche Klausur beachtet werden.

Mitglieder der Frauenkongregationen legten - wie im übrigen auch die Ordensfrauen - zunächst zeitlich befristete Gelübde ab. Erst nach mehrjähriger Zugehörigkeit und gründlicher Vorbereitung kam es zur Ablegung der ewigen Gelübde. Bis zu diesem Zeitpunkt konnten die Frauen ihre Genossenschaft zu jedem Zeitpunkt und ohne ausdrückliche Begründung verlassen. Die Ablegung zeitlich befristeter einfacher Gelübde hatte also keine Auswirkungen auf das spätere Leben außerhalb einer solchen Genossenschaft. Wurde nun eine Frau nach Ablegung der ewigen Gelübde aus ihrer Gemeinschaft ausgeschlossen oder trat sie aus, wurde sie von den Gelübden des Gehorsams und der Armut

---

42 Vgl. Arndt, Rechtsbestimmungen, S. 21, 37.
43 Vgl. ebd., S. 22.

vom zuständigen Bischof befreit, nicht jedoch vom Keuschheitsversprechen, auf dessen Einhaltung sie auch außerhalb der Gemeinschaft zu achten hatte.

Die unterschiedliche Bindewirkung von einfachen und feierlichen Gelübden läßt sich besonders gut am Armutsversprechen verdeutlichen. Da Kongregationen nach dem kanonischen Recht keine Orden waren, traf auf sie nicht das dort vorgeschriebene absolute Privateigentumsverbot zu. Das feierliche Gelübde der Armut bezog sich allerdings auch im Ordenswesen lediglich auf den individuellen Besitz und nicht auf die Ordensgemeinschaft als solche, die Eigentum besitzen und erwerben durfte.[44] Mitglieder einer Kongregation verloren im Unterschied zu den Ordensleuten ihre Rechtsfähigkeit nicht, sie blieben "personae sui juris, d.h. es verbleibt ihnen das Recht, zu besitzen, testiren, acquiriren ex testamento et ab intestato, d.h. das volle Eigentumsrecht."[45] Die einzelne Schwester erklärte sich mit ihrem Eintritt jedoch bereit, ihren Besitz nicht individuell zu gebrauchen, sondern der Kongregation als Gemeingut zur Verfügung zu stellen. Gleichzeitig trat sie das Verfügungsrecht mehr oder weniger an die Oberin ab; entweder entschied diese allein über die Disposition des Vermögens oder die Schwester durfte nur mit deren Zustimmung darüber verfügen. Diese Bestimmungen wurden von den einzelnen Kongregationen in deren Konstitutionen jeweils festgelegt. Im Grundsatz galt jedoch, daß eine Schwester bei Austritt über ihr Vermögen wieder frei entscheiden konnte.[46]

Zu einem solchen Vorgehen gab es für die aus Frankreich stammende Kongregation der *Barmherzigen Schwestern vom Hl. Carl Borromäus*, auch *Borromäerinnen* genannt, eine "dringende Veranlassung"[47] durch die französische Gesetzgebung des Code civil. Hier wurde nicht mehr die Lehre vom bürgerlichen Tod von Ordensleuten aufrechterhalten. Ordensleute konnten ihr Eigentum vor Ordenseintritt veräußern. Erbten sie nach dem Eintritt, so stellte, nach dem Kirchenrecht, bereits die Nichtannahme des Erbes einen Verstoß gegen das Armutsgelübde dar, da hierzu ein Rechtsakt vor einem weltlichen Gericht erforderlich war. Die Gründung von Kongregationen mit einfachen Gelübden bot hier einen Ausweg.[48] Im Gegensatz dazu bestimmte das Allgemeine Preußische Landrecht (ALR), daß Mönche und Nonnen nach Ablegung der feierlichen Gelübde als "bürgerlich tot" anzusehen, also rechtsunfähig seien. Da Kongregationen weder nach dem preußischen Recht noch nach dem Kirchenrecht als Orden zu bezeichnen waren, traf auf sie auch nicht die Rechtsunfähigkeit zu. Dennoch gab es Versuche, Mitglieder von Kongregationen den Ordensleuten

---

44 Vgl. Studerus, Art. "Orden", in: Wetzer und Welte's Kirchenlexikon, Bd. 9, S. 986.

45 Schels, Frauen-Genossenschaften, S. 5.

46 Vgl. Schuppe, Wesen, S. 99, 109.

47 Ebd., S. 100.

48 Ebd., S. 100 f.

gleichzustellen und ihnen die Verfügungsgewalt über ihr Vermögen von staatswegen zu entziehen. Der Fürstbischöfliche Konsistorialrat Schuppe empfahl den Kongregationen, sich gegen eine solche staatliche oder kirchliche Praxis zu wehren, da es sich um einen "erheblichen Irrthume sowohl hinsichtlich des weltlichen wie des canonischen Rechts"[49] handele, der die Existenz der Kongregationen gefährde, da diese auf die finanziellen Mittel ihrer Mitglieder angewiesen seien.

Im Unterschied zu den Frauenorden, die nach kirchlichem Recht von ihren Mitgliedern eine festgeschriebene Mitgift erheben mußten, von der nur durch päpstliche Dispens abgewichen werden konnte, galt für die Frauenkongregationen diese Vorschrift in der Regel nicht. Die Konstitutionen der Kongregationen trafen über die Höhe der von den Mitgliedern einzubringenden Geld- und Sachmittel individuelle Regelungen. So schloß die Genossenschaft mit den "Candidatinen oder deren Anverwandten einen CONTRACT in Betreff des Einzubringenden,"[50] der den jeweiligen Einzelfall berücksichtigte. Schuppe begründete diese Maßnahme damit, daß so mehr "Schwestern und zwar nicht blos fromme und opferwillige, sondern auch intelligente und gebildete in grosser Zahl" gewonnen werden könnten, denn "wenn nur tüchtige Schwestern in genügender Zahl vorhanden sind, ist um die materielle Existenz keine Sorge". Beschränkungen durch strikte Mitgiftregelungen würden das Wachstum der Genossenschaft behindern, denn "hunderte von braven und geistvollen Beamtentöchtern sind nicht im Stande, auch nur fünfzig Thaler Mitgift zu erlegen."[51] Hierin zeigt sich eine deutliche Abkehr von der monastischen Mitgiftregelung, bei der die Absicherung des Klosters auf der Höhe des eingebrachten Vermögens basierte, da andere Einkommensmöglichkeiten nicht vorhanden waren. Die wirtschaftliche Existenz der Kongregationen hing jedoch von der Arbeitskraft und den Fähigkeiten der einzelnen Mitglieder ab. Bei der Auswahl neuer Mitglieder achtete man darauf, daß sie diesen Anforderungen gerecht wurden.

Im Hinblick auf die Gelübde von Gehorsam und Keuschheit unterschieden sich Orden und Kongregationen nur gering. Die Mitglieder aller religiöser Genossenschaften verpflichteten sich zum Gehorsam gegen Vorgesetzte, zur Einhaltung der gemeinsamen Regeln oder Statuten sowie zur Beachtung der Kirchengesetze. Nur wenn der "Befehl offenbar Gesetzes widrig oder unmoralisch ist, ist der Gehorsam sündhaft und muss verweigert werden", ansonsten galt der Gehorsam unbedingt, eine Prüfung auf Rechtmäßigkeit war nicht gestattet, "im Zweifel aber muss die untergebene Schwester gehorchen."[52] Das Gehorsamsge-

49 Ebd., S. 109.
50 Schels, Frauen-Genossenschaften, S. 5.
51 Schuppe, Wesen, S. 57.
52 Ebd., S. 98.

lübde stand im Mittelpunkt der bürgerlich-liberalen Ordenskritik, auf die später noch zurückzukommen sein wird.[53]

Von dem Keuschheitsgelübde konnte nur der Papst auf Antrag der betroffenen Frau dispensieren, und zwar im Wege eines Gnadenaktes und nicht als Rechtsanspruch.[54] Unterschiede zwischen dem feierlichen Gelübde der Ordensfrauen und den einfachen Gelübden der Schwestern kamen allenfalls dann zum Tragen, wenn die Frauen vor der päpstlichen Dispens heirateten. Die Ehe einer ehemaligen Schwester konnte nämlich im Gegensatz zu der einer früheren Ordensfrau nicht für ungültig erklärt werden, denn alles, was den einfachen Gelübden entgegensteht, "ist zwar unerlaubt, sündhaft, aber nicht ungültig und zwar gilt dies speciell von der nachfolgenden Ehe, welche auf Grund des 'einfachen' Keuschheitsgelübdes nicht angefochten werden kann."[55] Die unterschiedliche Bedeutung des Keuschheitsversprechens in Orden und Kongregationen kam also erst mit dem Austritt einer Frau aus der Genossenschaft zum Tragen und hatte, ebenso wie die Einhaltung des Gehorsamsversprechens, keinen Einfluß auf das alltägliche Leben als Ordensfrau oder Schwester.

2.2. Einheitlichkeit und zentrale Leitung als Grundprinzip der Frauenkongregationen

Entscheidend für die Wirksamkeit der Kongregationen im 19. Jahrhundert und zugleich ein wichtiges Unterscheidungsmerkmal zwischen Orden und Kongregationen war die zentrale Leitung und die Organisation der Arbeit in den Kongregationen. "Die neuern Fraueninstitute haben die Schranken der Oertlichkeit durchbrochen und das Band der Einheit um alle von ihnen ausgegangenen, einzelnen Niederlassungen in so enger Weise geschlungen, daß sie wie ein enges an einander geschlossenes Corps, wie ein in lebendiger Verbindung stehendes organisches Ganze, wie EINE große stufenweise sich erweiternde Familie erscheinen."[56] Waren die einzelnen Klöster eines Frauenordens selbständige Einheiten, bildeten die einzelnen Niederlassungen einer Frauenkongregation die unterste Stufe einer Organisation, an deren Spitze das Generalmutterhaus mit der Generaloberin stand. Diese Form schien für die Aufgabenstellung dieser neuen religiösen Frauengenossenschaften geeigneter zu

53 Vgl. dazu Kapitel 9 dieser Arbeit.

54 Vgl. Schuppe, Wesen, S. 112 - 115, 127.

55 Schuppe, Wesen , S. 93.

56 Schels, Frauen-Genossenschaften, S. 61.

sein. "Hier soll für einen bestimmten praktischen Zweck mit sehr geringen Mitteln das Höchste geleistet werden, dies ist nur durch Vereinigung der Kräfte möglich."[57] Im Gegensatz zu den Orden waren die einzelnen Niederlassungen der Kongregationen nicht mehr unabhängig, sondern sie unterstanden einer zentralen Leitung durch das Generalmutterhaus. Hatte eine Kongregation Niederlassungen in verschiedenen Ländern, richtete sie dort oft Provinzialmutterhäuser ein, die die einzelnen Niederlassungen des jeweiligen Landes zusammenfaßten.

An der Spitze einer solchen Kongregation stand die Generaloberin mit ihren Assistentinnen. Ihr untergeordnet waren die Provinzialoberinnen mit deren Assistentinnen und in jeder Niederlassung gab es eine Lokaloberin. Die Generaloberin sowie ihre Assistentinnen wurden von den Mitgliedern gewählt. Eine päpstliche Anordnung aus dem Jahr 1860 verbot die Ernennung durch den Bischof. Die Wahl mußte in geheimer Abstimmung unter Anwesenheit des Bischofs oder seines Stellvertreters durchgeführt werden. Stimmberechtigt waren in der Regel alle Schwestern, die eine gewisse Zeit in der Kongregation lebten. Gewählt wurde nach dem Mehrheitsprinzip. Die der Generaloberin untergeordneten Oberinnen wurden in der Regel von dieser ernannt. Die einzelnen Konstitutionen legten die jeweilige Verfahrensweise fest.[58]

Durch die zentrale Leitung von Kongregationen sollte ein effizienter Einsatz der Schwestern gewährleistet werden. Die Ausbildung der Mitglieder erfolgte zumeist im Generalmutterhaus, hier standen die Ausbilderinnen, auch Novizenmeisterinnen genannt, und die notwendigen Lehrmittel zur Verfügung. Eine solche Ausbildung konnte von den oft aus nur wenigen Schwestern bestehenden Filialen nicht geleistet werden, ihnen fehlten sowohl die finanziellen Möglichkeiten wie auch die Ausbilderinnen. Darüber hinaus konnte nicht immer sichergestellt werden, daß im Einzugsbereich einer Filiale genügend Nachwuchskräfte zur Verfügung standen. Eine zentrale Ausbildungsstätte sicherte daher eher eine ausreichende Versorgung mit Nachwuchskräften[59].

Neben der Ausbildungsfunktion hatte das Generalmutterhaus die Aufgabe, das Vermögen einer Kongregation zu verwalten. Durch die zentrale Verfügung über das Vermögen konnte die Kongregation ohne Risiken im Einzelfall finanziell schwächere, aber qualifizierte Frauen aufnehmen, da die "Armut der Einen durch die Mitgift der Anderen ausgeglichen" wurde.[60] Weiterhin konnte das Generalmutterhaus Filialen gezielt unterstützen, die aus eigener Kraft nicht hätten existieren können oder die unter kurzfristigen finanziellen Schwierigkeiten

---

57 Schuppe, Wesen, S. 14.
58 Vgl. dazu im Detail: Ebd., S. 74-92.
59 Zum Noviziat vgl. ebd., S. 121-124.
60 Ebd., S. 15.

litten.[61] Das Generalmutterhaus hatte allein das Recht auf Vermögensbesitz, welches aus eingebrachtem Vermögen der Mitglieder, deren Mitgift oder auch größeren Schenkungen sowie aus Einkünften aus den Tätigkeiten der Kongregation bestand. Insgesamt lebten die Kongregationen, besonders deren Filialen, "theils von Almosen, welche sie als Geschenke für ihre Leistungen erhalten, theils von erwerbender Thätigkeit durch die Verwaltung von Anstalten, Schulen u.s.w."[62]

Wegen der oft großen Zahl von Schwestern einer Kongregation hielt Schuppe die zentrale Leitung aus einem weiteren Grund für notwendig: "Es ist unerläßlich, dass bei den verschiedenen Geschäften, in Schule und Krankenpflege, im Verkehr mit Geistlichen, Laien und Barden gleichmäßige Principien beobachtet werden, und dies kann nur von einem Centralpunkt aus geschehen, auch fehlt in den kleinen Stationen der grosse Ueberblick und die Geschäftserfahrung; diese können nur Denjenigen beiwohnen, welche alle Fäden in der Hand haben, alle Verhältnisse kennen, mit dem Regierungs- und Verwaltungsgeschäft sich berufsmäßig befassen."[63] Durch die in weit höherem Maße als in den Frauenorden nach außen gerichteten Tätigkeiten der Schwestern in Kongregationen war allem Anschein nach eine stärkere Zentralisierung notwendig.

Eine solche Entwicklung hatte positiven Einfluß auf die Ausbreitung der Kongregationen, trug jedoch gleichzeitig zu einer gewissen Verweltlichung bei, die aus Sicht der Kirche eine Gefahr darstellte. Dem Mutterhaus kam daher die Aufgabe zu, sich um das religiöse Leben der Schwestern zu kümmern, denn es sei, so Schuppe, leicht möglich, "dass Schwestern sich zu sehr diesen Geschäften hingeben, zu wenig an das eigene Heil denken und der Geist ihrer Congregation, welcher Bedingung für die dauernde, gedeihliche Wirksamkeit ist, in Vergessenheit geräth", daher müsse das Mutterhaus auf eine "asketische und ordnungsgemässige Ausbildung" achten.[64] Die Generaloberin hatte darüber hinaus die Pflicht, über das religiöse Leben der Schwestern zu wachen, um zu verhindern, daß "in Betreff des moralischen Wohls durch Erschlaffung der Zucht" die Kongregation Schaden nahm.[65]

Die Organisation der Kongregationen war durch eine hierarchische Struktur auf zwei Ebenen geprägt. Zum einen gab es die zuvor geschilderte innere Hierarchie und Zentralisierung, an deren Spitze die Generaloberin stand. Auf der anderen Seite waren die Kongregationen in die kanonische Hierarchie der Kirche eingebunden. So wirkte die Kirche bereits auf den Gründungsprozeß einer

61 Vgl. ebd., S. 17.
62 Ebd., S. 56.
63 Ebd., S. 17.
64 Ebd., S. 16.
65 Ebd., S. 81.

Kongregation ein. Für Kongregationen galt im Vergleich zu Orden ein vereinfachtes Genehmigungsverfahren, da die Zustimmungspflicht von Pfarrer, Gemeinde, ortsansässigen Orden und Papst entfiel, aber in jedem Fall mußte der zuständige Bischof eine neue Kongregation zulassen.[66] Darüber hinaus waren die Kongregationen dadurch an die kirchliche Hierarchie gebunden, daß sie sich der Kirchengewalt unterzuordnen hatten. Auf diese Weise sicherte sich die Kirche vielfältige Eingriffsmöglichkeiten. In erster Instanz unterstanden alle Kongregationen dem jeweiligen Diözesanbischof. Religiöse Frauengenossenschaften, die sich über mehrere Diözesen ausdehnten oder als Kongregationen päpstlichen Rechts anerkannt waren, mußten sich nach den Anweisungen des Heiligen Stuhls in Rom richten. Er verlangte eine Rechnungslegung sowie Berichte über den Stand der Kongregation; nur mit seiner Zustimmung durften die Konstitutionen geändert werden. Durch die kirchliche Gerichtsbarkeit, die Mitbestimmungsmöglichkeiten in Vermögensfragen und durch die seelsorgerische Tätigkeit von Klerikern in den Kongregationen sicherte sich die Amtskirche ein umfassendes Instrumentarium der Einflußnahme.[67]

Die doppelte hierarchische Struktur der Frauenkongregationen konnte zu Konflikten führen. Nicht immer ließ sich zweifelsfrei klären, welche Kompetenzen den kirchlichen Amtsträgern und welche der Generaloberin zukamen. Es stellt sich hier also die Frage nach der Autonomie der Kongregationen gegenüber den kirchlichen Autoritäten. Die zentralisierte Organisationsform wies der Generaloberin in der Abwicklung der jeweiligen Arbeitsbereiche umfangreiche Kompetenzen zu. Ihr fielen die Ausbildung und der Einsatz der Schwestern zu. Sie konnte entscheiden, ob neue Niederlassungen gegründet oder neue Aufgaben übernommen werden sollten. Größere Probleme entstanden in den Bereichen, in denen die Frauen seelsorgerliche Funktionen wahrnahmen. Dies betraf die religiöse Unterrichtung der Mitglieder, aber auch den Religionsunterricht für Laien, vor allem für Kinder.

Besonders deutlich zeigte sich die Problematik der doppelten hierarchischen Struktur in der Beichtfrage. Die Frauen erhielten von dem jeweiligen Beichtvater die Absolution, mußten aber gleichzeitig der Oberin gegenüber eine sogenannte Gewissensrechenschaft ablegen. Diese Art der Gewissenserforschung erlaubte der Oberin darüber hinaus die Verhängung von Strafen und Bußübungen. Die Oberinnen verfügten mit diesem Instrument über priesterliche Funktionen, die eigentlich nur Klerikern, also Männern vorbehalten waren. Von dieser Möglichkeit der seelsorgerischen Tätigkeit haben die Oberinnen offensichtlich in hohem Maße Gebrauch gemacht, denn im Jahr 1890 sah sich die römische Kurie zu einer Reaktion auf diese Praktiken gezwungen. In einem »Päpstlichen

66 Vgl. Schels, Frauen-Genossenschaften, S. 6 f.
67 Vgl. Schuppe, Wesen, S. 27-32, 53, 63 ff.

Dekret über die Gewissensrechenschaft"[68] wurde diese für Oberinnen und für Obere, die keine Kleriker waren, verboten. Da es vergleichsweise wenige religiöse Männergenossenschaften mit Laienoberen gab, richtete sich das Dekret insbesondere gegen Ordensfrauen und Schwestern.

Zusammenfassend bleibt festzuhalten, daß den Frauenkongregationen insbesondere in der Ausgestaltung ihrer jeweiligen Arbeitsbereiche relativ autonom waren. Die Versuche von Frauen, sich auch im seelsorgerischen Bereich gewisse Kompetenzen anzueignen, wurden von der Kirche jedoch nicht geduldet. Sobald sie die Autorität der kirchlichen Hierarchie, das heißt in der katholischen Kirche immer die Autorität der Männer, antasten, kam es zu Konflikten; und die Kompetenzüberschreitungen der Frauen wurden zu verhindern versucht.

2.3. Preußische Kirchenpolitik und katholisches Genossenschaftswesen

Gründe für einen kontinuierlichen Anstieg der Zahl der neugegründeten Frauenkongregationen in Preußen[69] sind nicht nur in den innerkirchlichen Voraussetzungen zu suchen, sondern auch im Verhältnis von Staat und Kirche. Ein Blick auf die wechselvolle Kirchengeschichte im 19. Jahrhundert belegt dies. Vier Gesetzeswerke regelten das Verhältnis zwischen dem Staat einerseits und den katholischen Orden und Kongregationen andererseits: das Allgemeine Preußische Landrecht (ALR) von 1794, der Reichsdeputationshauptschluß von 1803, die Preußische Verfassung von 1850 und die Kulturkampfgesetzgebung der 1870er Jahre.

Das Allgemeine Preußische Landrecht setzte dem Ordens- und Kongregationswesen enge Grenzen, gefährdete aber seine Existenz nicht. Im 11. Titel des II. Teils beschäftigte sich das Gesetzeswerk ausführlich mit der externen und internen Verfassung geistlicher Gesellschaften, die auf folgende Weise definiert wurden: "Unter geistlichen Gesellschaften, deren Mitglieder sich mit andern Religionsübungen, als der Seelsorge, hauptsächlich beschäftigen, werden die vom Staate aufgenommenen Stifter, Klöster, und Orden verstanden."[70] Neben der Zweckbestimmung und der internen Verfaßtheit wurden beispielsweise auch

68 Abgedruckt in: Cornelius Rechenauer, Seelenleitung, Beichte und Kommunionempfang in Frauenklöstern und den übrigen religiösen Genossenschaften mit Laienoberen, Regensburg 1909, S. 9-18.

69 Vgl. dazu Kapitel 3 dieser Arbeit.

70 ALR II, 11, § 939, in: Allgemeines Landrecht für die Preußischen Staaten von 1794, Textausgabe, Frankfurt a.M. 1970, S. 574.

das Eintrittsalter, die Dauer des Noviziats, die Art und Weise der Gelübdeablegung sowie vermögensrechtliche Festlegungen geregelt.[71] Geistliche Gesellschaften im Sinne dieses Gesetzes bedurften der staatlichen Genehmigung; strittig war unter Kirchenrechtlern, ob sie damit zugleich die staatlichen Korporationsrechte verliehen bekamen.[72] Das ALR definierte Klostergesellschaften als solche, in denen sich deren "Mitglieder zu gemeinschaftlichem Leben und gemeinschaftlicher Religionsausübung, nach gewissen von der Kirche bestätigten Regeln, durch feyerliche Gelübde verpflichtet haben."[73] Damit unterlagen Kongregationen, deren Angehörige nach dem Kirchenrecht nur einfache Gelübde ablegten, eigentlich nicht den Bestimmungen des ALR.[74] Der Kirchenrechtler Paul Hinschius, Mitarbeiter des preußischen Kultusministers Falk, hielt dem 1874 entgegen, daß der Unterschied zwischen feierlichen und einfachen Gelübden im bürgerlichen Recht bedeutungslos sei. In § 1179 des ALR sei ohnehin vorgeschrieben, daß niemand gegen seinen Willen im Kloster festgehalten werden könne. Folglich müßte der Staat seine Aufsichtsrechte auch gegenüber Kongregationen geltend machen.[75] Allerdings berücksichtigte Hinschius hier nicht, daß Kongregationsmitglieder in der Lage waren, ihre Genossenschaft zu verlassen. Diese Interpretation des Allgemeinen Landrechts diente ihm zur Rechtfertigung der Kulturkampfgesetze in den 1870er Jahren, die eine umfassende Kontrolle bis hin zum Verbot katholischer Orden und Kongregationen vorsahen. Trotz der restriktiven Bestimmungen des ALR kommt Erwin Gatz zu dem Schluß, daß in Preußen Klöster zumindest prinzipiell zugelassen waren.

Die Maßnahmen der Säkularisation nach der Jahrhundertwende waren für den Bestand des katholischen Ordenswesens von einschneidender Bedeutung. Zurückzuführen war dies auf ein Edikt aus dem Jahre 1810, in dem in Preußen alle Klöster aufgehoben wurden. Als Folge des Reichsdeputationshauptschlusses (RDH) von 1803, der in den §§ 35 und 36 ohne Differenzierung nach Orden oder Kongregationen die Enteignung aller Stifte, Abteien und Klöster festlegte, erließ Preußen das "Edikt über die Einziehung sämmtlicher geistlicher Güter der Monarchie".[76] Durch Kabinettsordre des Königs wurde jedoch 1816 angeordnet, daß die noch bestehenden Klöster nicht säkularisiert werden sollten; ihnen wurde allerdings verboten, neue Mitglieder auszunehmen: so "war ihr

71 Vgl. ALR II, 11, §§ 940 ff, 1057 ff, 1160 ff.

72 Vgl. Hugo Randebrock, Die Rechtsfähigkeit von Niederlassungen katholischer Orden und Kongregationen in Preußen, Diss. jur., Greifswald 1920, S. 26.

73 ALR II, 11, §§ 1057, S. 578.

74 Vgl. Max Heymann, Der Rechtsfähigkeitserwerb katholischer Niederlassungen in Preußen, Diss. jur., Greifswald 1917, S. 30.

75 Vgl. Paul Hinschius, Orden, S. 109.

76 Vgl. Ernst Rudolf Huber (Hg.), Dokumente zur deutschen Verfassungsgeschichte, Bd. 1, Stuttgart 19783, S. 17, 48.

Ende nur eine Frage der Zeit."[77] Die Maßnahmen gegen das katholische Ordenswesen waren zentraler Bestandteil einer umfassenden Herrschafts- und Vermögenssäkularisation mit der Auflösung zahlreicher Bistümer und der Auswechslung der kirchlichen Führungsschicht. "Die deutschen Kirchenfürsten verloren nicht nur die Landeshoheit und den reichen Grundbesitz: die ganze Organisation der deutschen Kirche, der äußere Rahmen des religiösen Lebens war zerschlagen."[78]

Vor diesem Hintergrund muß die Geschichte der katholischen Kirche gesehen werden. Von der Orientierungslosigkeit in den ersten Jahrzehnten nach dem Machtverlust erholte sich die Kirche erst in den 1840er Jahren, nachdem die 1830er Jahre von harten Auseinandersetzungen zwischen Kirche und preußischem Staat geprägt waren, die als Kölner Wirren Eingang in die Geschichtsbücher fanden. An dem bis dahin eher randständigen Thema der Mischehen zwischen Katholiken und Angehörigen anderer religiöser Bekenntnisse entzündete sich ein fundamentaler Streit um die neue Rolle der Kirche im Staat und ihren Rechten.[79] Entgegen gängigen Topoi katholischer Geschichtsschreibung, die die Säkularisation nur als Verlustgeschichte schreibt, sieht Thomas Nipperdey hierin "auch Befreiung: sie war die Basis einer neuen Spiritualisierung der Kirche, die das Jahrhundert bestimmt."[80] Die Herausbildung eines neuen religiösen Genossenschaftswesens muß als Teil dieser Zeitströmung betrachtet werden, die zu einer breiten religiösen Neuorientierung führte. Die neueren Forschungen zur Religions- und Kirchengeschichte konnten nachweisen, daß die Säkularisationsmaßnahmen zu Beginn des 19. Jahrhunderts keineswegs zu einer allgemeinen Säkularisierung der Lebenswelten führten.[81] Religion und Religiosität behielten als individuelle Lebensanschauung weiterhin eine elementare Bedeutung und kehrten spätestens ab den 1840er Jahren in das gesellschaftliche und politische Leben zurück. Die Aktivitäten der Frauenkongregationen zeigen dies überdeutlich.

Der Regierungsantritt von König Friedrich Wilhelm IV. im Jahr 1840 leitete einen Wandel im Verhältnis von Staat und Kirche ein. Aus der Konfrontationsstellung der 1830er Jahre entwikelte sich im folgenden Jahrzehnt allmählich ein für beide Seiten nützliches Zweckbündnis. Zwar propagierten die Katholiken in

---

77 Gatz, Kirche, S. 37.

78 Schnabel, Deutsche Geschichte, Bd. 4, S. 6.

79 Vgl. Keinemann, Kölner Ereignis.

80 Thomas Nipperdey, Deutsche Geschichte 1800-1866. Bürgerwelt und starker Staat, München 1983, S. 407.

81 Aus der inzwischen umfangreichen Literatur sei lediglich auf die Ergebnisse von zwei Arbeiten hingewiesen. Schlögl, Glaube und Religion sowie Hölscher, Religion des Bürgers. Hölscher kommt zu dem Ergebnis: "Die christliche Überlieferung blieb integraler Bestandteil der bürgerlichen Reflexionskultur." Ebd., S. 627.

der Revolution von 1848/49 die Losung von der "Freiheit der Kirche", gründeten den Piusverein und hielten den ersten großen Katholikentag ab.[82] Zugleich prägte eine tiefsitzende Revolutionsfurcht und die strikte Ablehnung der Forderungen nach bürgerlichen Freiheitsrechten und demokratischer Partizipation die Haltung der katholischen Kirche zum Geschehen von 1848/49. In dieser Frage waren sich der konservative preußische Staat und die katholische Kirche einig. Nach der gescheiterten Revolution gewährte der Staat der Kirche umfassende Assoziationsrechte, ohne jedoch völlig auf seine Kontrollfunktionen zu verzichten. Dies zeigt die Geschichte des Schulwesens[83] ebenso wie die Zulassungspraxis der neuen Frauenkongregationen. Dessen ungeachtet sollte der Wandel im Verhältnis von Staat und Kirche für beide Seiten höchst nützlich sein. Die katholische Kirche war nun eine Verbündete des hochkonservativen Staates im Kampf gegen liberale und demokratische Bestrebungen. Durch die Gewährung der Assoziationsfreiheit erhielt die Kirche die Mittel an die Hand, die sie benötigte, um besänftigend auf die unruhige Bevölkerung einzuwirken und so dem Staat die Durchsetzung der Reaktion zu erleichtern.

Die revidierte preußische Verfassung von 1850 räumte der katholischen Kirche folglich umfassende Rechte ein und setzte damit der einschränkenden Gesetzgebung ein vorläufiges Ende. Für die religiösen Genossenschaften traf sie folgende Festlegungen: "Die Freiheit des religiösen Bekenntnisses, der Vereinigung zu Religionsgesellschaften (Art. 30 und 31) und der gemeinsamen häuslichen und öffentlichen Religionsübung wird gewährleistet." (Art. 12) Im Artikel 13 hieß es weiter: "Die Religionsgesellschaften, so wie die geistlichen Gesellschaften, welche keine Korporationsrechte haben, können diese Rechte nur durch besondere Gesetze erlangen."[84] Der erwähnte Artikel 30 regelte die allgemeine Vereinigungsfreiheit, während in Artikel 31 festgelegt wurde, daß die Bedingungen zur Erteilung von Korporationsrechten durch ein Gesetz erfolgen müsse. Ein solches Gesetz wurde jedoch nie erlassen.

Die preußischen Verhältnisse bewertete Schuppe 1868 wie folgt: "In Preussen findet keine Einmischung der weltlichen Behörden in die inneren Angelegenheiten dieser Genossenschaften, also auch kein Zwang zur Beachtung der Gelübde statt; diese Vereine können auf Grund der Verfassungs-Urkunde sich ohne irgend eine Erlaubniss bilden und niederlassen, wo sie wollen; die land-

---

82 Thomas Mergel vertritt die These, daß der "moderne deutsche Katholizismus selbst ein Kind der Revolution" sei. Vgl. Thomas Mergel, Sozialmoralische Milieus und Revolutionsgeschichtsschreibung. Zum Bild der Revolution von 1848/49 in den Subgesellschaften des deutschen Kaiserreichs, in: Christian Jansen/Thomas Mergel (Hg.), Die Revolution von 1848/49. Erfahrung - Verarbeitung - Deutung, Göttingen 1998, S. 256.

83 Vgl. Sperber, Popular Catholicism, S. 53.

84 Preußische Verfassung von 1850, in: Ernst Rudolf Huber, Dokumente zur deutschen Verfassungsgeschichte, Bd. 1: 1803-1850, Stuttgart 19783, S. 502.

rechtlichen Bestimmungen über die Mitgift, über die Aufnahme von Personen in den Ordensstand und dergl. finden auf sie keine Anwendung, wohl aber bedürfen die vermögensrechtlichen Handlungen der Oberen, als solcher, immer der bischöflichen Genehmigung, wie für alle geistlichen Institute verordnet ist, mit Ausnahme gewisser unbedeutender, laufender Geschäfte."[85] Die Verfassung von 1850 gestattete der katholischen Kirche ein weit größeres Maß an Entfaltungsmöglichkeiten als dies noch im ALR vorgesehen war. Aus katholischer Sicht wurde sie daher als "wahre Magna charta der Religionsfreiheit"[86] gefeiert.

Aus der Perspektive des preußischen Staates machte gerade die Zulassung katholischer Genossenschaften einen Sinn, weil vor allem die Frauenkongregationen durch ihre karitative und erzieherische Arbeit dazu beitrugen, die sozialen Probleme der entstehenden Industriegesellschaft abzumildern. Die Kongregationen füllten hier eine gravierende Lücke staatlichen Handelns. In dieser kirchenpolitischen und verfassungsrechtlichen Konstellation ergriffen zahlreiche Katholikinnen die Iniative, indem sie neue Gemeinschaften ins Leben riefen, die nun zunächst ohne staatliche Genehmigungen tätig werden konnten, solange sie sich auf religiöse Angelegenheiten und bescheidene Wohltätigkeitsdienste beschränkten. Beabsichtigte ein Orden oder eine Kongregation eine Erweiterung der Tätigkeitsbereiche und war zu diesem Zweck etwa ein Grundstücks- bzw. Immobilienerwerb oder die Gründung einer Stiftung erforderlich, so mußte dazu das Korporationsrecht beantragt werden. Durch dessen Verleihung wurde die Genossenschaft als juristische Person anerkannt und erlangte so die Rechtsfähigkeit. Um also im bürgerlich-rechtlichen Leben geschäftsfähig zu sein, mußten sich religiöse Genossenschaften in diesem Sinn staatlich anerkennen lassen, ihre religiösen Aktivitäten blieben davon unberührt. Entgegen den Bestimmungen des ALR wurden Korporationsrechte nach 1850 jedoch häufig nicht an eine Genossenschaft als solche verliehen, sondern zweckgebunden erteilt, etwa zur Gründung und Unterhaltung eines Kranken- oder Waisenhauses oder einer Stiftung für bestimmte Zwecke. Ebenso wie die Errichtung von Kranken- und Waisenhäusern bedurfte auch die Eröffnung von Schulen der staatlichen Genehmigung. Die katholischen Schulen unterlagen darüberhinaus der staatlichen Aufsicht, während gegenüber Krankenhäusern ein solches Recht nicht bestand.[87] Die Erteilung staatlicher Korporationsrechte erfolgte, wie in Artikel 13 der Verfassung vorgeschrieben, durch ein besonderes Gesetz in jedem einzelnen Fall. Dazu war die Zustimmung des Königs und beider Kammern des Parlamen-

85 Schuppe, Wesen, S. 135 f.

86 Johannes B. Kissling, Geschichte des Kulturkampfes im Deutschen Reich, Bd. 1, Freiburg i. Br. 1911, S. 218.

87 Vgl. Schuppe, Wesen, S. 136, 144-148.

tes notwendig.[88] Allerdings gab es im Rahmen der Verwaltungspraxis offensichtlich Abweichungen von dieser Regelung, die Hinschius als "direkte Verletzung der Verfassung"[89] bezeichnete. Er nannte fünf Fälle, in denen die Korporationsrechte nicht zweckgebunden, sondern für die Kongregation oder den Orden als solche verliehen wurden. Weiter seien diese Rechte erteilt worden, obwohl eine klare Trennung zwischen religiöser Genossenschaft und der entsprechenden Anstalt oder Stiftung kaum erkennbar sei. Außerdem gäbe es Genossenschaften, die ihre Aufgaben eigenmächtig erweiterten, ohne dafür erneut die Rechte zu beantragen. Er forderte aus den genannten Gründen gesetzliche Bestimmungen, die die Bedingungen der Erteilung regelten.

Innerhalb dieser von Hinschius kritisierten staatsrechtlichen Bedingungen konnte sich in Preußen insbesondere das Frauenkongregationswesen beträchtlich ausweiten. Sowohl nicht katholisch gebundene Kirchenrechtler als auch katholische Autoren sahen in den Verfassungsbestimmungen von 1850 einen Grund für diesen Aufschwung.[90] Außerdem beförderte der preußische Staat eine Neugründungswelle von Frauenkongregationen indirekt dadurch, daß er besonders restriktiv mit der Genehmigung von Niederlassungen ausländischer Kongregation umging. Diese staatliche Liberalität gegenüber kirchlichen Assoziationsbegehren war nicht von langer Dauer. In den Jahren 1871 bis 1876 beschloß das preußische Parlament zahlreiche Gesetze, welche die durch die Verfassung von 1850 eingeräumten Kirchenrechte zum Teil außer Kraft setzten.[91]

Zusammenfassend kann festgehalten werden, daß die katholische Kirche aus dem Scheitern der Revolution erhebliche Vorteile zog. Ihr Bündnis mit dem hochkonservativen Staat schuf die Grundlage für eine umfassende Neubelegung des religiösen Lebens. Katholikinnen und Katholiken gelang in der zweiten Hälfte des 19. Jahrhunderts die Formierung des katholischen Milieus. Die Gründung zahlreicher religiöser, karitativer und politischer Assoziationen unter dem Dach der Kirche war hierfür eine entscheidende Voraussetzung. Zu den neuen Formen katholischer Vergesellschaftung zählten auch die Frauenkongregationen, obwohl sie in Studien zur Geschichte des Katholizismus im 19. Jahrhundert allenfalls am Rande erwähnt werden. Begleitet wurde diese Phase preußischer Kirchenpolitik von einer innerkirchlichen Liberalität hinsichtlich der Zulassung neuer religiöser Genossenschaften. Kirche und Staat waren also offen für Assoziationswünsche von Frauen. Im folgenden wird davon die Rede sein, wie Frauen sich in diesem spezifischen konservativen Milieu Handlungsräume schufen.

---

88 Vgl. Heymann, Rechtsfähigkeitserwerb, S. 37 ff.

89 Hinschius, Orden I, S. 110.

90 Vgl. Hinschius, Orden I, 110 f.

91 Vgl. Kapitel 9 dieser Arbeit.

Kapitel 3

Gründerinnenzeiten

Aus religiös-karitativen Kreisen und Vereinen sowie aufgrund von Einzelinitiativen entstanden in den 1840er Jahren allmählich Lebens- und Arbeitsgemeinschaften mit religiösen Vorzeichen. Die Bedingungen, unter denen dies geschah, waren oft sehr verschieden. Unter dem Dach der katholischen Kirche begannen Frauen, häufig gemeinsam mit Klerikern, ihre soziale und erzieherische Arbeit zu institutionalisieren und kirchlich wie staatlich anerkennen zu lassen. Katholikinnen in vielen Ländern gründeten im 19. Jahrhundert neue Frauenkongregationen. In Frankreich, Belgien, Italien und Spanien läßt sich das Phänomen der Neugründung und raschen Ausbreitung von Frauenkongregationen ebenso beobachten wie in England und den Vereinigten Staaten.[1] Im Verlauf des 19. Jahrhunderts erhielten weltweit 571 Kongregationen die päpstliche Anerkennung.[2] Wie verhielten sich deutsche Katholikinnen angesichts dieser internationalen Strömung in der katholischen Kirche?

Eine vergleichende Analyse des neuen Frauenkongregationswesens zwischen 1808 und 1875 in Preußen, dem größten deutschen Staat, soll diese Fragen beantworten. Zunächst wird ein Überblick über die quantitative Ausbreitung der neuen Kongregationen gegeben und anschließend nach der Relevanz dieses Phänomens im Vergleich zu anderen religiösen Genossenschaften, insbesondere den Orden, gefragt: Welche Frauenorden und welche anderen Frauenkongregationen gab es? In welchem Umfang organisierten sich im Kontrast dazu Männer in religiösen Genossenschaften? Schließlich richtet sich der Blick wieder auf die neuen Frauenkongregationen. Hierbei interessiert besonders, wann die Kongregationen gegründet wurden, von wem die Initiative ausging und wie die regionale Verteilung aussah. Lassen sich bezüglich dieser Aspekte gemeinsame

1 Zu Frankreich vgl. Langlois, Le catholicisme. Zu den belgischen Verhältnissen vgl. André Tihon, Les religieuses. Zu England und den Vereinigten Staaten von Amerika siehe u. a. O'Brien, Terra incognita; Brewer, Nuns and Education. Ein knapper Abriß der europäischen Verhältnisse findet sich im Handbuch der Kirchengeschichte, Band VI.1, S. 247-259, 650-656; Callahan, Centralization of Government, S. 35-43; De Giorgio, Das katholische Modell.

2 Vgl. Callahan, Centralization of Government, S. 35.

Merkmale bzw. signifikante Häufungen entdecken? Vor dem Hintergrund des bereits geschilderten exemplarischen Falls der *Schwestern vom armen Kinde Jesu* werden anschließend weitere Facetten von Gründungsverläufen untersucht und eine Differenzierung zwischen einfachen Nachbildungen bereits existierender auswärtiger Genossenschaften, der Umwandlung älterer Genossenschaften und schließlich der völligen Neuschöpfung von Kongregationen herausgearbeitet.

3.1. Entwicklung des religiösen Genossenschaftswesens in Preußen 1803-1872/73

Einen Überblick über die Entwicklung des religiösen Genossenschaftswesens zu geben, stößt auf zahlreiche Probleme, denn "die am Abend von der Arbeit ermüdete Hand [einer Schwester] greift nicht zur Feder behufs Niederschrift des Geleisteten, sondern zu Rosenkranz und Gebetbuch."[3] Daher mußte der katholische Sozialreformer Max Brandts noch 1895 resigniert feststellen: "Statistische Mittheilungen zu machen, wie die humanitairen, evangelischen und öffentlichen Veranstaltungen sie von sich haben, ist unsere katholische Charitas nahezu unmöglich."[4] Für das 19. Jahrhundert existieren keine umfassenden Zusammenstellungen über das Ordens- und Kongregationswesen von Seiten der katholischen Kirche. Die jeweiligen Diözesanverwaltungen nahmen die Erfassung des Ordens- und Kongregationswesen nach eigenem Gutdünken vor, so daß die Daten nicht miteinander verglichen werden können.[5] Obwohl in der katholischen Literatur allenthalben von der raschen Ausbreitung des katholischen Ordenslebens die Rede ist, räumt selbst das renommierte Handbuch der Kirchengeschichte ein: "Die genaue Zahl der Gemeinschaften ist nie statistisch erfaßt worden; die Erfassung wäre überdies durch die vielen Fusionen, Spaltungen und die Gleichheit der Bezeichnungen nicht leicht durchzuführen gewesen."[6] Vor diesen Schwierigkeiten, die sowohl aus der wechselhaften Entwicklung der Genossenschaften als auch aus ihrer uneinheitlichen statistischen Erfassung resultieren, soll hier nicht kapituliert werden.

---

3 Max Brandts, Wohlthätigkeits-Anstalten, S. 64.

4 Ebd., S. XI.

5 Erst als es dem katholischen Sozialstatistiker Hermann Krose zu Beginn des 20. Jahrhunderts durch Beharrlichkeit gelang, den Widerstand der Kirchenhierarchie gegen eine Erfassung des kirchlichen Lebens zu brechen, wurde eine sogenannte "Zentralstelle für kirchliche Statistik" eingerichtet, die dafür sorgte, daß nunmehr flächendeckende Angaben möglich waren. Vgl. dazu Krose, Kirchliches Handbuch, 9 Bde., hier insbesondere Bd. 1, S. V f.

6 Jedin (Hg.), Handbuch der Kirchengeschichte, Bd. VI.1, S. 257.

Um die Entwicklung des religiösen Genossenschaftswesens zu rekonstruieren, muß vorrangig auf staatliche statistische Erhebungen zurückgegriffen werden, da nur sie den Blick auf ganz Preußen richten.[7] Neben den Angaben der Preußischen Statistik wurden zwei zeitgenössische Berichte herangezogen, die sich aus unterschiedlicher Motivation mit dem katholischen Genossenschaftswesen beschäftigten. Der Kirchenrechtler und Mitarbeiter des preußischen Kultusministers Falk, Paul Hinschius, verfolgte mit seinen Abhandlungen das Ziel, Orden und Kongregationen staatlich zu reglementieren oder gar zu verbieten.[8] Gleichwohl - oder vielleicht gerade deswegen - bietet Hinschius einen vergleichsweise soliden Überblick über die Orden und Kongregationen in Preußen. Der Kanonist Johann Friedrich von Schulte, im Zusammenhang mit der Verkündigung des Unfehlbarkeitsdogmas 1870 zu einem der bedeutendsten Verfechter des Altkatholizismus geworden, legte in seiner Studie zwar einen Schwerpunkt auf die juristische Seite, versuchte sich dennoch an einem Überblick über das religiöse Genossenschaftswesen.[9] Unentbehrliche Informationsquellen zur Ermittlung der kirchenrechtlichen Verfassung und zur Geschichte einzelner Gemeinschaften sind schließlich die Arbeiten von Wendlandt und Heimbucher.[10]

Verschaffen wir uns zunächst einen Überblick über die Anzahl der neugegründeten Kongregationen und die Zahl ihrer Mitglieder, bevor wir dies ins Verhältnis setzen zu anderen religiösen Genossenschaften (vgl. Tabelle 1). Nach Auswertung der genannten statistischen Materialien ergibt sich, daß in Preußen von 1803 bis 1872/73 insgesamt 23 Frauenkongregationen neu gegründet wurden, ohne in Abhängigkeit zu einer auswärtigen Kongregation zu stehen.

---

7 Die Zahlen basieren auf Veröffentlichungen des Königlichen Preußischen Büros: Statistische Übersicht der im preußischen Staate am Ende des Jahres 1855 vorhanden gewesenen Klöster und Congregationen, in: Königlich Preußischer Staats-Anzeiger, Nr. 306/307, 29./30. Dez. 1857; Preußische Statistik. hg. in zwanglosen Heften vom Königlichen Statistischen Bureau in Berlin, Heft V (1864): Die Ergebnisse der Volkszählung und Volksbeschreibung nach den Aufnahmen vom 3. Dezember 1861, resp. Anfang 1862, S. 46; Heft X (1867): Die Ergebnisse der Volkszählung und Volksbeschreibung, der Gebäude- und Viehzählung nach den Aufnahmen vom 3. Dezember 1864, resp. Anfang 1865, S. 59; Heft XXI (1871): Anhang über Nachweisung der Klöster und Congregationen im preussischen Staate am 3. Dezember 1867, S. 94-103. A. Schwietzke, Die in Preussen vorhandenen Orden und Kongregationen für die Jahre 1872-1873, in: Zeitschrift des Königlich Preussischen Statistischen Bureaus, 14 (1874), Heft IV, S. 357-400.

8 Vgl. Hinschius, Orden, I sowie ders., Die Orden und Kongregationen der katholischen Kirche in Preußen, in: Preußische Jahrbücher 34 (1874), S. 117-148.

9 Vgl. von Schulte, Orden und Congregationen.

10 Vgl. Wendlandt, Orden und Kongregationen und Heimbucher, Orden und Kongregationen.

Tabelle 1: Neue preußische Frauenkongregationen 1803-1872

Gründungsjahr	Name	Niederlassungen 1872/73	Mitglieder 1872/73
1808	Clemensschwestern (Münster)	50	373
1841	Vinzentinerinnen (Paderborn)	41	259
1842	Schwestern von der Göttlichen Vorsehung (Münster)	6	82
1842	Graue Schwestern (Neisse)	62	310
1843	Barmherzige Schwestern von der hl. Elisabeth (Essen)	5	43
1844	Schwestern von armen Kinde Jesu (Aachen)	23	560
1846	Neußer Augustinerinnen	5	48
1848	Krankenschwestern vom hl. Franziskus (Münster/St. Mauritz)	45	400
1849	Schwestern der christl. Liebe (Paderborn)	13	145
1850	Schwestern Unserer Lieben Frau (Coesfeld)	31	226
1851	Arme Schwestern vom hl. Franziskus (Aachen)	28	421
1851	Arme Dienstmägde Jesu Christi (Dernbach bei Limburg)	91	541
1856	Mägde Mariens (Jaszkowo, Provinz Posen)	25	112
1857	Franziskanerinnen v. d. hl. Familie (Eupen)	7	73
1857	Franziskanerinnen (Thuine)	2	39
1857	Schwestern vom hl. Geist (Koblenz)	4	40
1859	Marienschwestern (Breslau)	1	10
1859	Hedwigschwestern (Breslau)	8	58
1860	Schwestern v. d. Barmherzigkeit (Herford)	1	20
1860	Franziskanerinnen von den hl. Herzen Jesu und Maria (Olpe/Salzkotten)	23	135
1862	Schwestern der christlichen Schulen von der Barmherzigkeit (Heiligenstadt)	11	67
1863	Franziskanerinnen von der ewigen Anbetung (Olpe)	4	35
1863	Franziskanerinnen von der allerseligen Jungfrau Maria (Waldbreitbach)	18	125
	Gesamt	504	4122

Quelle: Eigene Berechnungen nach Hinschius, Orden I und II; Wendlandt, Orden und Kongregationen sowie Preuß. Statistik 1872/73

Daß es sich bei diesen Neugründungen um ein auch quantitativ bedeutendes Phänomen handelt, erkennt man unmittelbar, wenn man die Zahl von 4122 Schwestern 1872/73 mit der Gesamtzahl aller Mitglieder in religiösen Genossenschaften vergleicht. Die Tabelle 2 gibt darüber hinaus einen Überblick über die Veränderungen des religiösen Genossenschaftswesens ab 1855 - der ersten Erfassung durch preußische Statistiker - bis kurz vor Beginn des Kulturkampfes. Für die Zeit vor 1872 läßt sich jedoch nicht zwischen Orden und Kongregationen unterscheiden.

Tabelle 2: Mitglieder katholischer Orden und Kongregationen in Preußen 1855-1872/73

	1855	1861	1864	1867	1872/73
Frauen	579	2883	3891	4910	8011
Männer	397	1005	1368	1635	1037
Gesamt	976	3888	5259	6545	9048

Quelle: Eigene Berechnungen nach Hinschius, Orden I und II; Preuß. Statistik 1855, 1861, 1864, 1872/73.

Ab 1855 setzte ein deutlicher Anstieg der Mitglieder in Orden und Kongregationen ein, jedoch mit bemerkenswerten geschlechterspezifischen Differenzen. Die Männergenossenschaften steigerten bis 1867 kontinuierlich die Zahl ihrer Mitglieder, mußten dann aber beträchtliche Mitgliederverluste hinnehmen. Im Vergleich dazu stieg die Zahl der weiblichen Mitglieder in Orden und Kongregationen stetig an. Zwischen 1855 und 1861 verfünffachte sich die Zahl; obwohl sich das Wachstum danach verlangsamte, hatten die Kongregationen 1872/73 über 60 % mehr Mitglieder als 1867.

Schauen wir uns nun die Verteilung zwischen Frauenorden einerseits und Frauenkongregationen verschiedener Art andererseits an. Die neuen Frauenkongregationen umfaßten 1872/73 über die Hälfte der Mitglieder aller religiösen Genossenschaften. Das ist umso erstaunlicher, als die Gründungen zum Teil erst einige Jahre zurücklagen und insofern viele Gründungsprozesse längst nicht abgeschlossen waren. Das Schlagwort des "Ordensfrühlings" stellt so gesehen die wirklichen Verhältnisse auf den Kopf.

Gemäß der Tabelle 3 haben die Orden im Vergleichsjahr 1872/73 nur einen Anteil von einem Sechstel an der Mitgliederzahl aller Frauengenossenschaften, die sich laut Tabelle 2 auf 8011 addiert.

Tabelle 3: Frauenorden in Preußen 1872/73

Gründungs-jahr	Name	preuß.	nicht preuß.	Nieder-lassungen	Mitglieder
1320	Magdalenerinnen Lauban (Diöz. Breslau)	x		2	49
1631	Benediktinerinnen (Fulda)		x	1	18
1641	Augustiner Chorfrauen (Paderborn)		x	3	85
1699	Ursulinen (div. Orte)		x	25	663
1737	Elisabethinnen (Breslau)		x	3	43
1850	Unbeschuhte Karmeliterinnen (div. Orte)		x	4	69
1854	Benediktinerinnen von der ewigen Anbetung (div. Orte)		x	4	98
1857	Klarissen-Coletinnen (div. Orte)		x	2	44
1856	Rekollektinnen (div. Orte)		x	7	52
1860	Salesianerinen (div. Orte)		x	4	174
1870	Beschuhte Karmeliterinnen (Xanten)		x	1	14
	Gesamt	1	10	56	1309

Quelle: Eigene Berechnungen nach Hinschius, Orden I und II; Preuß. Statistik 1872/73, Wendlandt, Orden und Kongregationen.

Erweitern wir gegenüber der Momentaufnahme dieser Tabelle den Blick etwas. Im Verlauf des 19. Jahrhunderts sank die Zahl der Frauenorden. Während in den ersten beiden Jahrzehnten, der "Zeit der Säkularisation",[11] sechzehn Männer- und fünfzehn Frauenorden in Preußen ansässig waren, verringerte sich deren Zahl auf zehn bzw. elf Orden in den Jahren 1872/73. Bezogen auf die Männerorden ist dieser Rückgang auf die preußische Kulturkampfgesetzgebung zurückzuführen, da vier Orden aufgrund des Jesuitengesetzes von 1872 ihre Tätigkeit einstellen mußten.[12] Von den fünfzehn Frauenorden existierten 1872/73 nur noch vier[13], die anderen fielen der Säkularisation zum

11 Hinschius, Orden II, S. 119.

12 Zu diesen Zahlen vgl. Hinschius, Orden I, S. 12-19. Hinschius verzeichnet in seiner Darstellung 14 bzw. 10 Frauenorden, da er die Genossenschaft der *Augustiner Chorfrauen* zu den Kongregationen zählt, obwohl sie aufgrund ihrer Verfassung zu den Frauenorden zu zählen ist. Vgl. Wendlandt, Orden und Kongregationen, S. 244 f.

13 Magdalenerinnen, Augustiner Chorfrauen, Ursulinen und Elisabethinnen.

Opfer. Hinzu kamen zwei Frauenorden, die in den neu zu Preußen gekommenen Städten Eupen und Fulda[14] lange ansässig waren. Fünf Frauenorden eröffneten neue Niederlassungen, wobei die *Unbeschuhten Karmeliterinnen* und der *Klarissen-Coletinnen* nach langer Abwesenheit nach Preußen zurückkehrten. In diesen neuen Orden stand die Kontemplation im Vordergrund, Beschäftigungen anderer Art waren für die Ordensfrauen nachgeordnet. *Ursulinen, Rekollektinnen* und *Augustiner Chorfrauen* unterhielten neben ihrer religiösen Tätigkeit Mädchenschulen und Pensionate, *Magdalenerinnen* und *Elisabethinnen* pflegten Kranke. Die übrigen der 1872/73 existierenden Kongregationen widmeten sich ausschließlich dem religiösen Leben.[15]

Ergänzend zur bisherigen Betrachtung für Preußen insgesamt, richtet sich jetzt der Blick auf regionalspezifische Proportionen von Orden und Kongregationen im Erzbistum Köln und im Bistum Paderborn. Die spezielle Analyse von katholisch geprägten Regionen, in denen vermutlich auch eine Verdichtung religiöser Frauengenossenschaften anzutreffen ist, kann die divergente Entwicklung von Orden und Kongregationen noch deutlicher offenbaren.

Tabelle 4: Frauenorden und -kongregationen im Erzbistum Köln 1827 - 1872

Jahr	Orden	Kongregationen	insgesamt	Ordensfrauen	Schwestern	insgesamt
1827	4	8	12	80	99	179
1840	3	8	11	75	90	165
1846	3	8	11	85	97	182
1850	3	10	13	93	147	240
1854	4	15	19	108	305	413
1857	4	17	21	143	496	639
1860	6	18	24	185	732	917
1863	6	20	26	225	935	1160
1866	6	19	25	236	1181	1417
1869	6	19	25	321	1584	1905
1872	6	19	25	314	1712	2026

Quelle: Eigene Zusammenstellung nach den Zahlen bei Hegel, Erzbistum Köln.

14 Benediktinerinnen und Rekollektinnen.

15 Vgl. Hinschius, Orden I, S. 12-19, Preuß. Statistik 1892/73 sowie Wendlandt, Orden und Kongregationen.

Aus der Tabelle 4 wird die Dynamik in der Entwicklung der Frauenkongregationen im Unterschied zu den Frauenorden ersichtlich. Die Mitgliederzahl der Frauenorden stieg zwar leicht an, hielt aber keineswegs mit der Expansion der Frauenkongregationen in der zweiten Jahrhunderthälfte Schritt. Zwischen 1846 und 1863 konnte sich die Zahl der Frauenkongregationen mehr als verdoppeln. Das Ausmaß des Wachstums wird jedoch erst deutlich, wenn man beachtet, daß sich im selben Zeitraum die Mitgliederzahlen fast verzehnfachten. Dabei handelte es sich nicht ausschließlich um in Preußen neu gegründete Kongregationen, vielmehr sind hier alle Kongregationen erfaßt. Dazu gehörten die älteren, schon vor 1803 ansässigen Kongregationen, Kongregationen mit einem ausländischen Generalmutterhaus sowie neue Kongregationen, die in anderen Bistümern gegründet wurden. Diese unterschiedlichen Typen von Kongregationen werden weiter unten differenzierter betrachtet.

Ähnliche Verhältnisse wie in Köln findet man auch im Erzbistum Paderborn, das zu den größten katholischen Kirchensprengeln Deutschlands zählte. Es umfaßte nach der kirchlichen Neuordnung von 1821 die Provinz Sachsen im Osten, das Kerngebiet mit dem Hochstift Paderborn, ein Diasporagebiet im Norden bis Minden und im Westen weite Teile des Ruhrgebietes.[16] Eine heterogene Sozial- und Wirtschaftsstruktur kennzeichnete also die Diözese.

Tabelle 5: Frauenorden und -kongregationen im Bistum Paderborn 1849-1873

Jahr	Orden	Kongregationen	insgesamt	Ordensfrauen	Schwestern	insgesamt
1849	2	2	4	26	43	69
1855	2	7	9	31	120	151
1858	3	8	11	37	166	203
1863	3	9	12	52	310	362
1868	3	12	15	76	508	584
1873	3	18	21	85	864	949

Quelle: Schematismus der Geistlichkeit des Bisthums Paderborn 1849 und 1855; Schematismus des Bisthums Paderborn 1858, 1863, 1868, 1873.

16 Vgl. Eduard Hegel, Die katholische Kirche. 1800-1962, in: Wilhelm Kohl (Hg.), Westfälische Geschichte, Bd. 2, Düsseldorf 1983, S. 347 ff.

Ein Frauenorden ließ sich neu nieder und insgesamt verdreifachte sich die Zahl der Ordensfrauen zwischen 1849 und 1873. Gleichzeitig verzwanzigfachte sich die Zahl der Schwestern und verneunfachte sich die Zahl der Kongregationen. Hierunter werden wie im Kölner Fall alle Genossenschaften dieser Art gefaßt, also auch solche, die in anderen Diözesen ihr Mutterhaus besaßen. Eine gleichermaßen differenzierte Betrachtung kann für ganz Preußen nicht durchgeführt werden. Eine Vergleichbarkeit der Daten ist insbesondere aufgrund der verwirrenden Namensvielfalt der Kongregationen und Orden, die eine Identifikation und damit auch eine eindeutige Zuordnung über einen langen Zeitraum hinweg verhindern, nicht zu erzielen. Dennoch belegen die Gesamtstatistik für Preußen ebenso wie die speziellen Statistiken für katholische Verdichtungsräume das Übergewicht der Kongregationen gegenüber den Orden. Wie oben bereits erwähnt, kann für 1872/73 eine Differenzierung unterschiedlicher Kongregationstypen vorgenommen werden. In der Tabelle 6 werden solche Kongregationen erfaßt, die bereits vor 1803 in Preußen ansässig waren.

Tabelle 6: Ältere Frauenkongregationen in Preußen 1872/73

Gründungsjahr	Name	preuß.	nicht preuß.	Niederlassungen	Mitglieder
13. Jh.	Frauen vom Stephanshof (Aachen)	x		1	3
14. Jh.	Christenser-Frauen (Aachen)	x		2	15
15. Jh.	Cellitinnen (div. Orte)	x		4	123
1554	Frauen vom St. Salvator-Institut	x		2	19
1583	Katharinerinnen (div. Orte)	x		15	134
1622	Elisabethinnen (Aachen)	x		3	46
1652	Vinzentinerinnen (Kulm)		x	24	208
1733	Englische Fräulein (Fulda)		x	2	34
	Gesamt	6	2	57	582

Quelle: Eigene Berechnungen nach Hinschius, Orden I und II sowie Preuß. Statistik 1872/73

Trotz des Verbotes der Aufnahme von neuen Mitgliedern im Zuge der Säkularisation zu Beginn des 19. Jahrhunderts gelang diesen Gemeinschaften das Überleben. Die krankenpflegenden Vinzentinerinnen stellten die mit Abstand größte Gruppe. Auch die Cellitinnen und Katharinerinnen verfügten über eine beachtliche Zahl von Schwestern. Die meisten dieser Gemeinschaften aber hatten nur lokale Bedeutung, ganz im Gegensatz zu den in Tabelle 7 aufgelisteten Kongregationen mit Mutterhäusern außerhalb des preußischen Staates.

Tabelle 7: Auswärtige Frauenkongregationen in Preußen 1872/73

Niederlassungsjahr	Name	Niederlassungen	Mitglieder
1811	Borromäerinnen (Nancy/Prag)	94	791
1834	Vinzentinerinnen (div. auswärtige Generalmutterhäuser)	40	254
1848	Frauen vom Guten Hirten (Angers/Frankreich)	8	151
1850	Arme Schulschwestern (München)	28	182
1851	Schwestern vom hl. Kreuz (Aspel/Belgien)	15	209
1853	Franziskanerinnen von Heythuysen (Niederlande)	22	352
1857	Schulschwestern des hl. Franziskus (Brixen, Tirol)	7	32
1863	Schwestern vom hl. Kreuz (Ingenbohl/Schweiz)	1	11
1865	Franziskanerinnen (Sießen/Württemberg)	3	6
1867	Schwestern vom hl. Kreuz (Straßburg)	1	4
1867	Arme Franziskanerinnen (Pirmasens/Pfalz)	1	3
1873	Vorsehungsschwestern (Mainz)	1	3
	Gesamt	221	1998

Quelle: Eigene Berechnungen nach Hinschius, Orden I und II sowie Preuß. Statistik 1872/73.

Borromäerinnen und *Vinzentinerinnen* dominieren hier das Bild, sie stellten 1872/73 mehr als die Hälfte der Mitglieder. Bedeutend ist auch der Anteil der im grenznahen belgischen Aspel und im niederländischen Heythuysen gegründeten Kongregationen der *Schwestern vom heiligen Kreuz* und der *Franziskanerinnen.* Die auswärtigen Kongregationen stellten 1872 knapp ein Viertel aller weiblichen Mitglieder in religiösen Genossenschaften, waren also von den Genossenschaften die zweitgrößte Gruppe. Die mit Abstand meisten Frauen - nämlich 51,5 % - gehörten den in Preußen neugegründeten Kongregationen an, die nun im Mittelpunkt stehen sollen. Von besonderem Interesse sind dabei die Gründerinnen respektive bei Gründung durch einen Kleriker die ersten Oberinnen.[17] Beginnen wir mit einer Übersicht der zwischen 1803 und 1872 neu entstandenen Gemeinschaften.

17 Die Mitgliedszahlen ergeben sich aus der Tabelle 1 dieses Kapitels.

Tabelle 8: Gründerinnen und erste Oberinnen der neuen Frauenkongregationen 1808-1872

gegr.	Kongregationen	Gründerinnen/ Oberinnen (*)	Lebens-daten	Alter	Her-kunft
1808 (1858)	Clemensschwestern (Münster)	Maria Alberti*	1767-1812	41	B
1841	Vinzentinerinnen (Paderborn)	Johanna Gabriel*	1809-1855	32	-
1842	Schwestern von der Göttlichen Vorsehung (Münster)	Ludowine v. Haxthausen*	1794-1872	48	A
1842	Graue Schwestern (Neisse)	Dorothea Wolff	1805-1853	37	B
1843	Barmh. Schwestern v.d. hl. Elisabeth (Essen)	Klara Kopp	1805-1883	38	-
1844	Schwestern vom armen Kinde Jesu (Aachen)	Clara Fey	1815-1894	29	B
1846	Neußer Augustinerinnen	Magdalena Etienne	1805-1894	41	-
1848	Krankenschwestern vom hl. Franziskus (Münster/St. Mauritz)	Maria Schlüter*	1824-1851	24	B
1849	Schwestern der christlichen Liebe (Paderborn)	Pauline von Mallinckrodt	1817-1881	32	B
1850 (1855)	Schwestern Unserer Lieben Frau (Coesfeld)	Hilligonde Wolbring u.a.	1828-1889	22	B
1851	Arme Schwestern vom hl. Franziskus (Aachen)	Franziska Schervier	1819-1876	32	B
1851	Arme Dienstmägde Jesu Christi (Dernbach bei Limburg)	Katharina Kasper	1820-1898	31	U
1856	Mägde Mariens (Jaszkowo Provinz Posen)	Franziska Przewoznia*	?	?	U
1857	Franziskanerinen v. d. hl. Familie (Eupen)	Josefine Koch	1815-1899	42	B
1857 (1869)	Franziskanerinnen (Thuine)	Pauline Bopp*	1835-1887	22	B
1857	Schwestern vom hl. Geist (Koblenz)	Anna Maria Hölscher	1835-1858	22	B
1859	Marienschwestern (Breslau)	Mathilde Scholz*	1839-1893	24	U
1859	Hedwigschwestern (Breslau)	?	?	?	?
1860 (1868)	Schwestern von der Barmherzigkeit (Herford)	Maria Walburga Sieber (?)*	1821-?	39	?
1860	Franziskanerinnen von den hl. Herzen Jesu und Maria (Olpe/Salzkotten)	Anna Theresia Pfänder	1827-1882	33	B
1862	Schwestern der christlichen Schulen von der Barmherzigkeit (Heiligenstadt)	Emilie Harleb u.a.	1821-?	41	B
1863	Franziskanerinnen v.d. ew. Anbetung (Olpe)	Aline Bonzel	1830-1905	33	B
1863	Franziskanerinnen von der allersel.gen Jungfrau Maria (Waldbreitbach)	Margaretha Flesch	1826-1906	37	U

Quelle: Eigene Zusammenstellung auf Grundlage von Wendlandt, Orden und Kongregationen; Heimbucher, Orden und Kongregationen; Hinschius, Orden I und II; Preuß. Statistik von 1872/73 sowie unter Heranziehung monographischer Darstellung zu den jeweiligen Kongregationen.

Mit * versehene Namen kennzeichnen die ersten Oberinnen von Kongregationen, die in erster Linie von Klerikern gegründet wurden; Abkürzungen in der Spalte Herkunft: A = Adel, B = Bürgertum, U = Unterbürgerliche Schichten.

Die zwischen 1803 und 1872 von Katholikinnen und Katholiken in Preußen gegründeten 23 neuen Kongregationen entstanden hauptsächlich in den 1840er und 50er Jahren. Einzig die Gemeinschaft der *Clemensschwestern* etablierte sich bereits 1808. Da sie von Anfang an nach denselben Prinzipien wie die später eingerichteten Gemeinschaften organisiert war, ist es nicht von Belang, daß sie formal erst 1858 als Kongregation anerkannt wurde.

Wer ergriff die Initiative zur Gründung einer Kongregation?[18] Nur in neun Fällen beteiligten Kleriker sich stärker an der Gründung neuer religiöser Frauengenossenschaften. In vierzehn Fällen nahmen Frauen die Gründung selbst in die Hand. Zwar begleiteten Geistliche häufig den Gründungsvorgang, aber die Frauen setzten ihre eigenen Vorstellungen vom gemeinschaftlichen Leben und Arbeiten weitgehend durch. Die Entstehungsgeschichte der *Schwestern vom armen Kinde Jesu, Armen Dienstmägde Jesu Christi* oder der *Schwestern der christlichen Liebe* belegen dies.[19] Hier trat stets eine einzige Frau als die Führungsperson hervor. Demgegenüber gelten die Freundinnen Hilligonde Wolbring (1828-1889) und Elisabeth Kühling (1822-1869) als gleichberechtigte Gründerinnen der *Schwestern Unserer Lieben Frau* in Coesfeld; gleich jeweils vier Frauen beförderten gemeinsam die Etablierung der *Schwestern vom hl. Geist* in Koblenz[20] und der Heiligenstädter *Schwestern der christlichen Schulen von der Barmherzigkeit.*[21]

Tabelle 8 nennt auch die ersten Oberinnen der Kongregationen, die auf klerikale Initiative zurückgingen. Diese Frauen waren es, die die konkrete Arbeit leisteten und nicht die Geistlichen. Die Kirchengeschichtsschreibung geht hier bisweilen so weit, die Namen der ersten Oberinnen nicht einmal zu erwähnen.[22] Der klerikale Einfluß konnte unterschiedlich sein. Drei Kongregationen entstanden aufgrund einer engen Kooperation von Frauen und Klerikern, die katholische Historiographie räumte den männlichen Gründern den Vorrang ein

18 Die obige Tabelle nennt die Namen der Gründerinnen.

19 Vgl. dazu die Kapitel 1 und 3.2. dieser Arbeit.

20 Neben Anna Maria Hölscher auch Mathilde Jesse, Anna Hörter und Maria Eigner.

21 Emilie Harleb wurde unterstützt von Emilie Strecker, Pauline Koch und Margarete Engelhardt.

22 Simple Sachverhalte wie die Herkunft, die Lebensdaten oder das Alter dieser Frauen müssen mühsam aus den zum Teil weitschweifigen Darstellungen herausgefiltert werden. Für die Breslauer *Hedwigschwestern* gelingt nicht einmal dies. In der umfangreichen Monographie zur Geschichte der Kongregation wird die Biographie des Gründers und Domherrn Robert Spiske ausführlich behandelt, während der Name der ersten Oberin nicht erwähnt wird. Vgl. Joseph Schweter, Geschichte der Kongregation der Schwestern von der hl. Hedwig seit 1848, Breslau 1932.

und nennt sie häufig als die alleinigen Gründer.[23] Bei vier Kongregationen übernahmen Kleriker die Organisation des gesamten Gründungsprozesses und setzten die ersten Oberinnen ein.[24] Von den *Hedwigschwestern* sind die Namen der beteiligten Frauen nicht zu ermitteln. Die Beteiligung von Geistlichen bedeutete nicht zwangsläufig, daß der weibliche Einfluß geringfügig war, denn eine erfolgreiche Arbeit der neuen Gemeinschaft gelang nur dann, wenn die von den Klerikern eingesetzten ersten Oberinnen die notwendigen Qualifikationen in religiösen und profanen Angelegenheiten mitbrachten.[25]

Frömmigkeit reichte als Kriterium bei der Auswahl der Führungskräfte bei weitem nicht aus. Eine solide Bildung und eine gewisse Selbständigkeit, Erfahrung und besonders Organisationsfähigkeit waren unerläßlich. Qualifikationen dieser Art konnten Frauen unterer Schichten aufgrund der beschränkten Bildungsmöglichkeiten im 19. Jahrhundert nur selten erringen. So verwundert es nicht, daß die Mehrzahl der Gründerinnen bzw. ersten Oberinnen der neuen Kongregationen aus bürgerlichen Kreisen stammten, wenn man nach dem für weibliche Biographien problematischen Kriterium des Vaterberufes urteilen will.[26] Von den 23 in der Tabelle 8 genannten Frauen stammte eine aus dem Adel, dreizehn aus dem Bürgertum und drei aus unterbürgerlichen Schichten. Für drei Frauen ließen sich keine Angaben über die Herkunft ermitteln, drei weitere Namen sind gänzlich unbekannt. Bemerkenswert ist darüber hinaus das jugendliche Alter der meisten Gründerinnen und ersten Oberinnen. Von den siebzehn Frauen, deren Lebensalter bekannt ist, sind nur vier bei der Gründung der Kongregation respektive bei Übernahme des Amtes der Oberin über 40 Jahre, sieben über und sechs unter 30 Jahre. Im Durchschnitt sind die Frauen 32,7 Jahre alt, wenn die Kongregationen von der Kirche offiziell anerkannt sind.

Der regionale Schwerpunkt der Gründungen lag eindeutig in den Städten der katholischen Regionen Preußens, lediglich fünf Kongregationen entstanden auf dem Lande.[27] Sechs neue Frauenkongregationen wurden im Rheinland gegründet, zehn in Westfalen sowie vier in den Provinzen Schlesien und Posen. Die

---

23 Ludowine von Haxthausen und Eduard Michelis (*Schwestern von der Göttlichen Vorsehung*); Elisabeth Schlüter und Johann Georg Müller (*Krankenschwestern vom Hl. Franziskus*); Pauline Bopp und Georg Bernhard Dall (*Franziskanerinnen von Thuine*).

24 Clemens August zu Droste Vischering (*Clemensschwestern*), Paderborner Bischöfe Ledebur und Dammers und deren jeweiligen klerikaler Mitarbeiter Henseler und Freusberg (*Vinzentinerinnen*), vgl. Gatz, Kirche, S. 338-344; Johannes Schneider (*Marienschwestern*); Bernhard Heisig (*Schwestern von der Barmherzigkeit*).

25 Nicht immer ließen die Geistlichen bei der Auswahl der Oberin Geschick walten, wie beispielsweise die Geschichte der *Schwesten von der Göttlichen Vorsehung* lehrt, welche später noch zu schildern sein wird. Vgl. Kapitel 3.2. dieser Arbeit.

26 Zu dieser Thematik vgl. ausführlicher Kapitel 4 dieser Arbeit.

27 Dernbach, Waldbreitbach, Salzkotten, Jaszkowo, Thuine.

verbleibenden drei entstanden in überwiegend katholischen Gegenden der seit 1866 und 1868 preußischen Provinzen Hannover und Hessen-Nassau. In nicht wenigen katholischen Regionen bildete sich so in den 1860er Jahren eine breite Palette von Frauenkongregationen mit unterschiedlichen Arbeitsschwerpunkten[28] und spiritueller Ausrichtung heraus. Dies bedeutete, daß einerseits das kirchliche Angebot an sozialen und erzieherischen Leistungen wuchs und andererseits eintrittswilligen Frauen selbst im lokalen Rahmen unterschiedliche Optionen offenstanden.[29]

Die zunehmende Urbanisierung förderte die Gründung von Frauenkongregationen. In den verdichteten städtischen Räumen bildeten sich Frauenkreise, deren Mitglieder nach Alternativen zur Rolle als Ehegattin, Hausfrau und Mutter außerhalb des häuslichen Rahmens suchten. Die überwiegende Mehrzahl dieser Frauen stammte aus bürgerlichen Kreisen, während Frauen aus den unterbürgerlichen Gesellschaftsschichten sehr viel stärker mit der eigenen Existenzsicherung beschäftigt waren und für darüberhinausgehende Ambitionen keinen Freiraum hatten. Schließlich standen Fragen der weiblichen Bildung angesichts der sich in der zweiten Hälfte des 19. Jahrhundert rasch verändernden städtischen Welt auf der Tagesordnung. Auf der anderen Seite zeigten sich in den urbanen Zentren die Auswirkungen sozialer Mißstände in konzentrierter Form, so daß hier der Wunsch, für Abhilfe zu sorgen, stärkere Quellen hatte als auf dem Lande.

Gleichwohl bewirkten die Kongregationsgründungen einen Austausch zwischen Stadt und Land. Viele Kongregationen rekrutierten ihre Mitglieder aus den umliegenden ländlichen Gebieten und erhöhten so die Attraktivität der Städte. Die Eröffnung von Niederlassungen verstärkte die Beziehungen zwischen Stadt und Land und sorgte dafür, daß die neuen Genossenschaften außerhalb der urbanen Zentren bekannt wurden.[30]

Die Analyse der zeitlichen Verteilung zeigt, daß in Preußen die mit Abstand meisten neuen Kongregationen in den 1840er und 50er Jahre gegründet wurden (vg. Tabelle 1). Erst in den 1890er Jahren etablierten sich einige wenige neue Kongregationen.[31] Die zeitliche Häufung zwischen 1840 und 1860 hat vielfältige Ursachen. Neben dem schon genannten Prozeß der Urbanisierung ist eine wichtige Ursache die Liberalität des preußischen Staates gegenüber kirchlichen Assoziationsbemühungen. Der Regierungsantritt von Friedrich Wilhelm IV.

---

28 Dieser Aspekt wird Gegenstand von Kapitel 5 dieser Arbeit sein.

29 Siehe unten in diesem Kapitel weiteres.

30 Vgl. dazu beispielsweise die Herkunft der *Clemensschwestern*: Therese Sanders, Eine sozialökonomische Untersuchung über die Genossenschaft der Barmherzigen Schwestern (Clemenschwestern), Diss. Münster 1922, S. 32 f.

31 Vgl. zum Stand des religiösen Frauengenossenschaftswesens nach dem Kulturkampf Kapitel 9 dieser Arbeit.

begünstigte den raschen Anstieg der Zahl der Frauenkongregationen nach 1840.[32] Aber auch die katholische Kirche öffnete sich den Wünschen der Frauen. Hinzu kam, daß im Vormärz und in der Revolutionszeit in allen gesellschaftlichen Kreisen Vereinigungen gebildet wurden - die kirchlichen Assoziationsbestrebungen wurden also durch dieses Umfeld begünstigt.

Der Trend zur Gründung neuer Frauenkongregationen blieb den aufmerksamen Zeitgenossen nicht verborgen. Der Kirchenrechtler und Altkatholik Johann Friedrich von Schulte glaubte 1872, die Motive der Katholikinnen zu kennen: "Die Neigung ist bei den Einen wahrer Beruf, bei Anderen das Beispiel, die Mode, bei den Dritten religiöse Ueberspanntheit, bei Einigen religiöser Hochmuth, bei Allen spielt der Subjectivismus. Nicht nach der allgemeinen Form will man selig werden, sondern etwas Apartes haben: ein eigenes Kleid, eigene Regel, eigene Beschäftigung. Man läßt die größte Mannigfaltigkeit der Uniformen zu - es gibt über 50 - der Hausregeln u.s.w. Kann sich aber eine erleuchtete alte Jungfrau mit gar keiner der zahlreichen Formen befreunden, so wird sie Stifterin... Bringt man weiter in Rechnung, welche Verehrung und Sorgfalt die 'geistlichen Schwestern' genießen, wie manche Bischöfe diese für ihre wichtigste Sache ansehen, wie sie einen besonderen ordentlichen und außerordentlichen Beichtvater erhalten, wie der ganze Klerus freiwillig oder unfreiwillig für sie ins Zeug gehen muß: so begreift man das Anziehende des Klosters."[33] Schulte beobachtete die Entwicklung aus der Perspektive eines abtrünnigen Katholiken, der jedoch mit einigem Respekt über die Arbeit der religiösen Frauengenossenschaften schrieb.[34] Auch wurde innerkatholische Kritik an der Vielfalt des Kongregationswesens laut. In einem Handbuch zur Geschichte des Franziskanerordens schlägt dessen Verfasser 1909 vor, daß sich franziskanische Frauenkongregationen mit gleichen Regeln und Aufgaben zusammenschließen mögen: "Die große Zersplitterung schwächt und verschlingt viele Kräfte, die für Besseres verwendet werden könnten."[35] Selbst in neueren historischen Darstellungen über das weiblichen Genossenschaftswesens findet sich eine ähnlich kritische Bewertung.[36]

---

32 Vgl. dazu Kap. 2 dieser Arbeit.

33 von Schulte, Orden und Congregationen, S. 41.

34 Beispielsweise, indem er ihnen eine "ausgiebige Wirksamkeit" in Krankenpflege und Unterricht zuschrieb. Vgl. ebd. S. 34.

35 Heribert Holzapfel, Handbuch der Geschichte des Franziskanerordens, Freiburg im Br. 1909, S. 685.

36 Die Kirchenhistoriker Eduard Hegel führt die Vielfalt der Gründungen auf einen "übertriebenen Individualismus" und eine "partikularistischen Tendenz" zurück. Hegel, Erzbistum Köln, S. 300. In den süddeutschen Diözesen Rottenburg und Freiburg seien die "Neugründungen wie ein Wildwuchs ungelenk aus dem Boden geschossen", ohne daß eine "koordinierende Kraft" die Aktivitäten geordnet hätte. Anton Laubacher, Caritasfrühling in

Im Anschluß an diese kritischen Einwände stellt sich die Frage, ob weniger Kongregationen und dafür größere Organisationen für die zeitgenössischen Umständen angemessener gewesen wären. Retrospektiv mag eine solche Sichtweise ihre Berechtigung haben. Fraglich ist jedoch, ob sie der Eigenart der Gründungsprozesse und dem Erfolg der Gemeinschaften gerecht wird. So sehr die Gründerinnen auch im Sinne der katholischen Kirche auf Veränderungen und Anforderungen aus der komplexer werdenden Welt reagierten, so waren doch die Selbständigkeit, die Eigeninitiative und die subjektiven Präferenzen der Gründerinnen der entscheidende Impuls.

Das Beispiel Aachen zeigt, daß jede dieser Frauen eigene Vorstellungen von ihrem Engagement im Armen- und Krankenwesen sowie in Erziehung und Bildung hatte. In kleinen Kreisen experimentierten die Gründerinnen und ihre Mitstreiterinnen, wie ihr tätiges und religiöses Leben aussehen sollte. Clara Fey stellte die Bildung und Erziehung von Mädchen in den Mittelpunkt, Franziska Schervier widmete sich dem Schicksal junger Frauen und pflegte Kranke, während Pauline von Mallinckrodt sich für Blinde einsetzte und einen Schwerpunkt in der höheren Mädchenbildung setzte. Vermutlich war es gerade diese Spezialisierung, die zum langfristigen Erfolg der Kongregationen führte. Zum einen, weil sich die neuen Gemeinschaften im Lauf der Zeit einen Fundus an Fachwissen aneigneten und daher effektiv arbeiten konnten. Zum anderen erlaubte die Vielzahl von Kongregationen, eintrittswilligen Frauen die Wahl ihren Qualifikation entsprechend zu treffen.[37] Die Kritik an der "Zersplitterung" weist aber noch in eine andere Richtung. Die Gründerinnen handelten hier im Kontext einer zunehmenden Individualisierung, die nach Aufklärung und Französischer Revolution das 19. Jahrhundert durchzog. Mit der Gründung einer Kongregation konnten sie ihre eigenen individuellen Vorstellungen realisieren und gleichzeitig kirchliche Anerkennung dadurch erlangen, daß die zölibatäre Lebensweise im Vergleich zur Ehe nach der katholischen Theologie als höherwertig galt.[38] In der katholischen Öffentlichkeit verschafften sich die Frauen Ansehen durch ihre an karitativer Arbeit orientierte Lebensweise, was wiederum ihr Selbstwertgefühl stärkte. Betrachten wir nun die Gründungsprozesse und ihre Umstände im einzelnen.

---

den Diözesen Rottenburg und Freiburg im 19. Jahrhundert, in: Rottenburger Jahrbuch für Kirchengeschichte 6 (1987), S. 261.

37 Zu den Arbeitsfeldern der Kongregationen siehe Kapitel 5 dieser Arbeit.

38 Vgl. zur religiösen Dimension Kapitel 6 dieser Arbeit.

3.2. Vielfalt der Gründungsprozesse

In der ersten Hälfte des 19. Jahrhunderts kam es bis 1842 zu keiner vollständigen Neugründung einer Frauenkongregation, vielmehr konzentrierten sich die Bemühungen engagierter Katholikinnen und Katholiken darauf, ausländische Kongregationen ins Land zu holen. Besonders im benachbarten Belgien und mehr noch in Frankreich existierten bereits zahlreiche Kongregationen. In den 1820er und 30er Jahren bereisten führende Katholiken Frankreich und veröffentlichten Berichte über die Arbeit der dortigen Frauengemeinschaften.

Ausländische Vorbilder

Die 1831 veröffentlichte Schrift des Romantikers Clemens Brentano "Die Barmherzigen Schwestern in Bezug auf Armen- und Krankenpflege" war besonders einflußreich.[39] Ihm gelang es, einen umfassenden Überblick über Geschichte, Zielsetzungen, Aufgaben und Verfassung der *Borromäerinnen* zu geben, wobei sein Wissen auf persönlichen Eindrücken während des Besuchs einzelner Häuser fußte.[40] Brentano war Mitglied des Koblenzer Karitaskreises, der nach Gatz neben ähnlichen Kreisen in Aachen und Münster zu den Initiatoren der katholischen sozialen Bewegung gehörte. An der Spitze standen Männer, die sich besonders darum mühten, Frauen für die karitative Arbeit zu gewinnen, sei es in Vereinen oder religiösen Genossenschaften.[41] Im zweiten Teil seines Buches berichtete Brentano über das von den *Borromäerinnen* geleitete Bürgerhospital in Koblenz.[42] Zusammen mit dem Koblenzer Stadtrat und Fabrikanten Hermann Josef Dietz und dessen Frau sowie der Dichterin Luise Hensel hatte Brentano wesentlichen Anteil daran, daß sich die *Borromäerinnen* aus Nancy bereit erklärten, das Hospital zu leiten. Der Koblenzer Kreis setzte sich aus katholischen Laien zusammen, die sich um die Armen- und Krankenpflege in ihrer Stadt mühten. Brentanos Buch war eine Anleitung zur Nachahmung: Mit der Gegenüberstellung von Kongregationsgeschichte und Verfassung einerseits und der Beschreibung eines gelungenen Versuchs der Etablierung einer Niederlassung in Koblenz andererseits lieferte er ein Modell für weitere Neugründungen. Der Einfluß dieses Werkes auf katholische Frauen scheint sehr groß gewesen zu sein. So sollen unter anderem zwei

39 Vgl. Clemens Brentano, Die Barmherzigen Schwestern in Bezug auf Armen- und Krankenpflege, Koblenz 1831.

40 Vgl. ebd., S. 2.

41 Vgl. die Beschreibung der einzelnen Kreise bei Gatz, Kirche, S. 351-371.

42 Brentano, Die Barmherzigen Schwestern, S. 124-188.

Frauen aus Böhmen nach der Lektüre nach Nancy gereist sein, um dort ein Noviziat abzulegen. Anschließend seien sie nach Böhmen zurückgekehrt, um dort ein Mutterhaus der *Borromäerinnen* zu gründen.[43]

Das literarisch anspruchsvolle Buch Clemens Brentanos fand in bürgerlichen Schichten großen Anklang. Es gelang dem Dichter, das in der Literatur des letzten Drittels des 18. Jahrhunderts "diffamierte Nonnenleben" zu rehabilitieren. Er tat dies so gründlich, daß auch die kulturkämpferische Polemik bürgerlicher Kreise in der zweiten Hälfte des 19. Jahrhunderts dieses Bild nicht nachhaltig zu korrigieren vermochte.[44] Hinzu kam, daß Brentanos Buch in der Zeit der ersten europäischen Choleraepidemie erschien, die nicht nur den bürgerlichen Schichten die Notwendigkeit der Armen- und Krankenpflege vor Augen führte. Die Schwestern erlangten "mit einem Schlag zu einer ungeahnten Popularität"[45]. Dem Beispiel der Schrift von Brentano folgten bald weitere Abhandlungen über die Arbeit religiöser Frauengenossenschaften.[46]

Die Bemühungen, ausländische Kongregationen nach Preußen zu holen, sind unter anderem für Aachen, Bonn, Koblenz, Trier und Paderborn dokumentiert.[47] In Frankreich waren die *Vinzentinerinnen* und *Borromäerinnen* sehr erfolgreich. Die Errichtung des Bürgerhospitals in Koblenz zeigt, mit welchen Schwierigkeiten bei der Organisierung von Kranken- und Armenpflege zu rechnen war. Vor der Gründung einer eigenen Kongregation schreckten die meisten Initiativen zurück. Allerdings war das Hereinholen von ausländischen Schwestern keineswegs weniger problematisch, denn der preußische Staat achtete streng auf die Einhaltung der Bestimmungen des Allgemeinen Preußischen Landrechts und des Reichsdeputationhauptschlusses, was die Zulassung von ausländischen Genossenschaften außerordentlich erschwerte. Ein Weg, staatliche Hindernisse zu umgehen, konnte die vollständige Trennung der preußischen Niederlassung vom

---

43 Vgl. Wilhelm Hohn, Die Nancy-Trierer Borromäerinnen in Deutschland 1810-1899, Trier 1899. S. IV.

44 Wolfgang Frühwald, Mönch und Nonne in der Literatur der deutschen Romantik, in: Josef Kirmeier und Manfred Treml (Hg.), Glanz und Elend der alten Klöster. Säkularisation im bayerischen Oberland, München 1991, S. 114 f.

45 Vgl. Gatz, Kirche, S. 276. Frühwald bezeichnet in diesem Zusammenhang das Engagement der Schwestern als "Lichtblicke in einer finsteren Zeit". Frühwald, Mönch und Nonne, S. 114. Zu den großen europäischen Cholerawellen vgl. Richard J. Evans, Epidemics and Revolutions: Cholera in Nineteenth-Century Europe, in: Past and Present 120 (1988), S. 123-146.

46 Vgl. unter anderem Clemens Droste zu Vischering, Ueber die Genossenschaften der barmherzigen Schwestern insbesondere über die Einrichtung Einer derselben, und deren Leistungen in Münster, Münster 1833; Franz Josef Buß, Der Orden der Barmherzigen Schwestern, Schaffhausen 1847; J.(osef) R.(einkens), Die barmherzigen Schwestern vom heil. Carl Borromäus, Bonn 1847.

47 Vgl. dazu Tabelle 7: Auswärtige Frauenkongregationen in Kapitel 3.1.

Generalmutterhaus einer ausländischen Kongregation sein. Ein frühes Beispiel für ein derartiges Vorgehen findet sich im westfälischen Münster.

Die Bemühungen zur Gründung der Genossenschaft der *Barmherzigen Schwestern von der allerseligsten Jungfrau und schmerzhaften Mutter Maria*, kurz *Clemensschwestern* genannt, erfolgten im Anschluß an den Reichsdeputationshauptschluß von 1803, obgleich der Staat Maßnahmen von der Behinderung bis zum Verbot von Orden ergriff. Der Gründer - der Kapitelsvikar und spätere Erzbischof von Köln, Clemens August Droste zu Vischering (1773-1845)[48] - schilderte 1833 selbst die Entstehungsgeschichte, um das gemeinschaftliche religiöse Frauenleben bekannt und populär zu machen.[49] Schon durch die Bezeichnung "Krankenwärterinnen-Institut" für die neue Gemeinschaft vermied Droste zu Vischering jede Assoziation zum klassischen Ordenswesen. Er suchte nach Möglichkeiten der Organisation der Krankenpflege in seiner Stadt. Als Vorbild diente ihm die französische Kongregation der *Filles de la Charité*, deren Entstehungsgeschichte er in seiner Abhandlung von 1833 kurz skizziert hatte. Diese Kongregation lernte er durch Berichte katholischer Adeliger aus Frankreich kennen, die nach der Französischen Revolution 1789 in Münster im Exil lebten. Erwin Gatz bezeichnet die *Filles de la Charité* - in Deutschland auch *Vinzentinnerinnen* genannt - als "Urtyp der neuzeitlichen karitativ tätigen Frauengenossenschaften".[50] Die Vinzentinerinnen waren besonders attraktiv, weil sie keine Gelübde ablegten, nicht der Klausur unterworfen waren und sich ganz auf ihre Tätigkeit in der Krankenpflege konzentrierten.

Dieses Konzept benutzte Droste zu Vischering. In den von ihm verfaßten "Verhaltungs-Regeln" definierte er den Status der Mitglieder wie folgt: "Sie unterscheiden sich von Klosterfrauen dadurch, daß ihre Genossenschaft ein Privat-Institut ist, und dadurch, daß sie keine Klosterkleidung, keine Klosterregel

---

48 Zu seiner Person vgl. die neueste Biographie von Markus Hänsel-Hohenhausen, Clemens August Freiherr Droste zu Vischering. Erzbischof zu Köln 1773-1845. Die moderne Kirchenfreiheit im Konflikt mit dem Nationalstaat, 2 Bände, Egelsbach 1993.

49 Vgl. Droste zu Vischering, Genossenschaften der barmherzigen Schwestern. Zur Geschichte der *Clemensschwestern* siehe außerdem: Hans Vahle, Das Ende des Klosters der Barmherzigen Brüder und die Einführung der Elisabetherinnen in das Klemenshospital zu Münster, in: Zeitschrift für vaterländische Geschichte und Altertumskunde 73 (1915), S. 173-212; Bernhard Wilking, Genossenschaft der Barmherzigen Schwestern von der allerseligsten Jungfrau und schmerzhaften Mutter Maria. "Klemensschwestern", Münster 1927; Sanders, Sozialökonomische Untersuchung; Hedwig Schwanitz, Krankheit - Armut - Alter. Gesundheitsfürsorge und Medizinalwesen in Münster während des 19. Jahrhunderts, Münster 1990. Die Bezeichnung *Clemensschwestern* entstand in Anlehnung an die gleichnamige Bezeichnung des ersten Krankenhauses der Gemeinschaft, die an Papst Clemens I. erinnern sollte, und nicht nach dem Gründer Clemens Droste zu Vischering. Vgl. Droste zu Vischering, Genossenschaften der barmherzigen Schwestern, S. 27.

50 Gatz, Kirche, S. 264.

haben und keine Gelübde ablegen, sondern so lange sie in der Genossenschaft d. barmh. Schwestern sind, die sogenannten evangelischen Räthe zu befolgen und der Krankenpflege sich zu widmen den Willen haben... Unterschieden von den Klosterfrauen im AEUSSERN sollen sie INNERLICH jenen Klosterfrauen gleichen, welche von dem ächten Klostergeiste, von dem Geiste unseres Herrn Jesu Christi so durchglühet sind, daß all ihr Thun und Lassen die Gegenwart diese Geistes verkündet..."[51] Vorgestellt wurde hier ein Modell genossenschaftlichen Frauenlebens, welches weder staatliche Eingriffe im Zuge der Säkularisation provozierte noch sich allzu weit von der kirchlichen Vorstellung wahrhaft kontemplativen Lebens entfernte und gleichzeitig praktizierte Nächstenliebe ermöglichte. Die Überlegungen Droste zu Vischerings wiesen weit in die Zukunft und legten quasi programmatisch wesentliche Elemente für das Kongregationsleben fest: "Die barmherzigen Schwestern sollen also ein für allemal so wenig Theil nehmen am Getümmel der Welt, innerlich so abgeschieden seyn von der Welt, als währen sie beständig in einem Kloster, wo strenge Clausur. Ihr Kloster aber sind das SPITAL, die KRANKENSTUBEN, die STRASSEN. Die äußern Gefahren, welche ihre Tugend bedrohen, sollen ihnen so wenig anhaben können, als ob die strengste Clausur sie vor diesen Gefahen gänzlich schützte; ihre Clausur aber ist die GOTTESFURCHT, eine kindliche Furcht Gott zu mißfallen, und der GEHORSAM: Und wie ein ihre ganze Gestalt so verhüllender Schleier, daß kein Frevler gereizt werden könnte, so soll BESCHEIDENHEIT ihr Schleier seyn, und SITTSAMKEIT soll wie eine unüberwindliche, feste Mauer sie umgeben."[52]

Die Tätigkeit der Frauen sollte religiös inspiriert sein, aber der Glaube durfte die Arbeit keineswegs zu stark in Anspruch nehmen. Es ging also pragmatisch um die Organisation der Kranken- und Armenpflege. Dies geschah im Zusammenspiel von Klerus, Bischof und Regierung.

Als erste Oberin berief Droste zu Vischering die Malerin und Konvertitin Maria Alberti (1767-1812)[53]. Sie entstammte einer Hamburger Pfarrersfamilie und hatte zahlreiche Konktakte zu Intellektuellen der Zeit, insbesondere zu den Zirkeln um die Romantiker Novalis, Dorothea und Friedrich Schlegel. Nach einer Ausbildung zur Malerin in Dresden verdiente sie ihren Lebensunterhalt durch verschiedene Auftragsarbeiten. Familiäre Verpflichtungen führten sie ins westfälische Münster. Hier unterhielt sie Verbindungen zu einem Kreis von

51 Droste zu Vischering, Genossenschaften der barmherzigen Schwestern, S. 64.

52 Ebd. S. 85.

53 Eine biographische Skizze siehe in: Heinz Jansen (Hg.), Briefe aus dem Stolberg- und Novalis-Kreis. Nebst Lebensbild und ungedruckten Briefen von Tiecks Schwägerin, der Malerin und Ordensoberin Maria Alberti, Münster 1932. In der Literatur zur Romantik finden sich nur spärliche Hinweise auf Maria Alberti.

Klerikern und weiblichen wie männlichen Laien, der sich mit religiösen und kirchlichen Fragen beschäftigte und unter der Bezeichnung "Familia sacra"[54] in die katholische Geschichtsschreibung einging. Zu diesem Kreis gehörte auch Droste zu Vischering. Maria Alberti beschloß, ihrem Leben eine Wende zu geben und nach Paris zu gehen, um dort Vinzentinerin zu werden. Von diesen Absichten hörte Droste zu Vischering und trug ihr das Amt einer Oberin in der neuen Gemeinschaft an. Am 1. November 1808 bezog sie gemeinsam mit vier anderen Frauen ein Haus in Münster, wurde Oberin der Gemeinschaft und arbeitete mit Droste zu Vischering an der Konzeption. Allerdings blieb ihr nur wenig Zeit in dieser Tätigkeit, denn als die Stadt Münster während der Napoleonischen Kriege von einer Ruhr- und Typhusepedemie heimgesucht wurde, infizierte sie sich während ihrer Arbeit und starb am 1. Februar 1812 im Alter von 44 Jahren. Dieser Gründungsprozeß zu Beginn des 19. Jahrhunderts verdeutlicht die Suche nach neuen Formen genossenschaftlichen Frauenlebens. Staatliche Repressionen und erste Anzeichen eines sozialen wie ökonomischen Wandels lassen in Kirchenkreisen die Erkenntnis wachsen, daß die Rekrutierung von Frauen in dieser Krisensituation nützlich sein könnte. Es sollte jedoch noch ein halbes Jahrhundert dauern, bis 1858 aus dieser Gemeinschaft eine Kongregation im kirchenrechtlichen Sinn wurde.[55] Ungeachtet dieses Umstandes prägten die Clemensschwestern das preußische Kongregationswesen und wurden für viele spätere Gründungen zum Vorbild.

Inspiriert von der Münsteraner Gründung, entstand 1841 im westfälischen Paderborn die *Genossenschaft der barmherzigen Schwestern*, auch *Vinzentinerinnen* genannt.[56] Erste Bestrebungen zur Umwandlung des durch die Säkulari-

---

54 Zu den beteiligten Personen vgl. Ewald Reinhard, Die Münsterische "Familia sacra". Der Kreis um die Fürstin Gallitzin: Fürstenberg, Overberg, Stolberg und ihre Freunde, Münster 1953.

55 Vgl. Gatz, Kirche, S. 322; Sanders, Sozialökonomische Untersuchung, S. 30.

56 Bereits 1909 schrieben Vinzentinerinnen ihre Entstehungsgeschichte nieder, ohne jedoch die Autorin zu nennen. Vgl. Geschichte der Genossenschaft der Barmherzigen Schwestern des hl. Vincenz v. Paul aus dem Mutterhaus in Paderborn, Paderborn 1909. Eine historisch-juristische Abhandlung hatte sich bereits sieben Jahre vorher mit den komplizierten Rechtsverhältnissen des säkularisierten Frauenklosters beschäftigt und zahlreiche Quellen zusammengetragen: Joseph Freisen, Landeshospital, Kapuzinessenkloster, Genossenschaft der Barmherzigen Schwestern zu Paderborn, Paderborn 1902. Zum langwierigen Gründungsprozeß siehe auch die knappe neuere Abhandlung bei Gatz, Kirche, S. 323-348. Aus der Perspektive des Straßburger Ursprungshauses vgl. Emil Clemens Scherer, Die Kongregation der Barmherzigen Schwestern von Straßburg. Ein Bild ihres Werdens und Wirkens von 1734 bis zur Gegenwart, Kevelar 1930.

sation in seinem Wachstum behinderten Kapuzinessenordens[57] in eine Kongregation von Krankenpflegerinnen gab es bereits in den 1820er Jahren. Für das seit 1797 bestehende Landeshospital wurde eine religiöse Frauengenossenschaft gesucht, die die weltlichen Pflegerinnen und Pfleger ablösen sollte. Die ehemaligen Ordensfrauen, von denen 1827 noch acht im Kloster lebten, lehnten dieses Vorhaben zunächst ab, ehe sie sich in langen Verhandlungen mit der Zusicherung ihrer eigenen Versorgung umstimmen ließen. Allerdings wurde vom Direktor des Landeshospitals und dem mit der Aufgabe betrauten Weihbischof Dammers keine Kongregation gefunden, die bereit gewesen wäre, Krankenschwestern nach Paderborn zu schicken. Die *Clemensschwestern* aus Münster lehnten ebenso ab wie die *Borromäerinnen* aus Trier und Nancy, die Prager *Vinzentinerinnen* und die *Grauen Schwestern* aus Neiße. Folglich begann Dammers damit, nach geeigneten Frauen zu suchen. So kam es 1835 zur Gründung einer Kongregation der *Elisabethinerinnen*, allerdings hatte diese Gründung keinen Bestand. Gatz führt das auf den Umstand zurück, daß der preußische Staat das Vermögen des säkularisierten Frauenordens nicht der neuen Kongregation als solcher, sondern dem von der Kirche unabhängigen Hospital zur Verfügung stellte. Das hätte zudem bedeutet, daß nur fünf Krankenpflegerinnen unterhalten werden konnten. Diskrepanzen zwischen dem Direktor des Hospitals und dem Weihbischof führten schließlich dazu, daß die Gründung 1840 scheiterte.[58]

Erst als eine Verbindung zu den in Straßburg ansässigen *Vinzentinerinnen* hergestellt worden war und zwei Paderborner Frauen sich dort ausbilden ließen, gelang im zweiten Anlauf die Gründung einer neuen Kongregation. Gemeinsam mit zwei Schwestern aus Straßburg stellten sie den Kern der *Vinzentinerinnen* von Paderborn, die als selbständige Kongregation 1841 kirchlich bestätigt wurde und 1842 die staatliche Anerkennung als juristische Person erhielt.[59] Johanna Gabriel - eine der in Straßburg ausgebildeten Frauen - übernahm nach dem Tod der ersten, von Straßburg entsandten Oberin noch 1841 das Amt der Generaloberin, welches sie bis 1855 versah. Diese personelle Kontinuität in der Führung beförderte ein schnelles Wachstum der Genossenschaft.[60]

Der rasche Wechsel zu einer ortsansässigen Oberin belegt das Bemühen, sich möglichst schnell von ausländischen Einflüssen unabhängig zu machen und auf die eigene Arbeit konzentrieren zu wollen. Die *Vinzentinerinnen* sahen 1841

---

57 Diesem Orden wurde 1810 von der preußischen Regierung, wie allen Orden, die Neuaufnahme von Mitgliedern untersagt, was letztendlich zur Schließung des Klosters wegen Überalterung führen mußte. Vgl. Gatz, Kirche, S. 328.

58 Vgl. Gatz, Kirche, S. 335 f.

59 Vgl. Geschichte der Genossenschaft, S. 1-14.

60 Vgl. ebd. S. 17 f. Weitere Generaloberinnen waren: 1855 Beata Hoeken, sie starb nach nur wenigen Monaten; 1856-1879 Hilaria Nagel; 1879-1888 Aurelia Reich.

ihre Aufgabe "in der Pflege der in den Krankenhäusern befindlichen Kranken beiderlei Geschlechts ohne Unterschied der Religion, in der Erziehung und dem Unterrichte von Waisen oder andern armen Kindern und in der Pflege hilfsbedürftiger Leute in sonstigen Hospitälern und Armenhäusern."[61] Sie strebten eine hierarchische Gliederung ihrer Organisation an, legten einfache Gelübde ab und bildeten nach dem Vorbild der Straßburger Vinzentinerinnen eine Kongregation.

Die Kongregation der *Schwestern von der Göttlichen Vorsehung* kann ebenso wie die Paderborner *Vinzentinerinnen* auf elsässische Wurzeln verweisen.[62] Sie wurde 1842 in Münster von dem Kleriker Eduard Michelis (1813-1855)[63] gegründet. Die Kongregation sollte ein Waisenhaus für Kinder aus den unteren Schichten betreiben, die im Unterschied zu Waisen aus dem Bürgerstand nicht gemeinsam in einem Haus, sondern in "fremden Familien untergebracht und ... lieblos behandelt und ausgenutzt"[64] wurden. Das Haus wurde am 3. November 1842[65] eröffnet, und Michelis ernannte die ehemalige Stiftsdame Ludowine von Haxthausen (1794-1872) zur Leiterin, die bereits Erfahrungen in der Leitung eines Waisenhaus in Brakel gesammelt hatte und sich auf die Pädagogik des Münsteraner Theologen Bernhard Overberg berief.[66] Darüber hinaus knüpfte Michelis Kontakte zu einer gleichnamigen Kongregation im Elsaß und schickte Frauen aus Münster zum Noviziat nach Ribeauvillé.[67] In dem anfänglich guten Verhältnis zwischen Ludowine von Haxthausen und Michelis kam es bald zu Spannungen. Neben finanziellen Schwierigkeiten hatten beide unterschiedliche Vorstellungen über den Tagesablauf der Schwestern. Die Leiterin bestand darauf, bestimmte Gebetszeiten einzuhalten, während Michelis darauf beharrte, die

---

61 Statut für die Genossenschaft der barmherzigen Schwestern in Paderborn, § 1, zit. ebd. S. 14.

62 Zur Geschichte der Gemeinschaft vgl. die sehr aufschlußreiche Studie von Petra Nettelbusch, Die Genossenschaft der Schwestern von der Göttlichen Vorsehung zu Münster in Westfalen. Ihr Werden, Wachsen und Wirken. 1842-1928, Münster 1928, S. 6. Die neueste Kongregationsgeschichte bietet im Vergleich dazu nur wenig neue Informationen zum Gründungsprozeß. Vgl. Angelika Welzenberg, Die westfälische Provinz der Ordensgemeinschaft der Schwestern von der Göttlichen Vorsehung. Erster Band: 1842 bis 1970, Münster (1992).

63 Michelis wurde als Sekretär des Kölner Erzbischofs Clemens Droste zu Vischerung bekannt, weil er ihn in Festungshaft begleitete, die der preußische Staat im Zuge der Kölner Wirren über den Oberhirten verhängte. 1841 kehrte Michelis vorübergehend nach Münster zurück, gründete in dieser Zeit die Kongregation und verließ 1845 die Stadt wieder, um als Professor für Dogmatik in Luxemburg zu lehren. Vgl. Nettelbusch, Genossenschaft, S. 7-18 sowie Heimbucher, Orden, Bd. II, S. 529.

64 Vgl. Nettelbusch, Genossenschaft, S. 6.

65 Diesen Tag feiert die Kongregation als ihren Gründungstag, obwohl bis zur bischöflichen Anerkennung noch zwei Jahre vergehen sollten. Vgl. ebd. S. 41, 26.

66 Vgl. Apollinaris Jörgens, Ludowine von Haxthausen. 1794-1872, in: Westfälische Zeitschrift 141 (1991), S. 407-438. Zu den Aktivitäten von Ludowine von Haxthausen im Rahmen der Frömmigkeitsbewegung und der Ultramontanisierung vgl. Kap. 7 dieser Arbeit.

67 Vgl. Nettelbusch, Genossenschaft, S. 17.

Kinder ständig zu betreuen. Schließlich trat Ludowine von Haxthausen von ihrer Funktion zurück. "Die stets selbständig handelnde Stiftsdame möchte sich auf Dauer nicht einem geistlichen Direktor unterstellen."[68] Mit der Wahl der Nachfolgerinnen hatte der Kongregationsgründer ebensowenig Erfolg wie mit dem Einsatz der aus dem elsässischen Noviziat zurückgekehrten Frauen. Sie wurden, ohne daß die Situation im Mutterhaus geklärt war, zur Eröffnung von Niederlassungen in die nähere und weitere Umgebung geschickt, was sie überforderte. Dennoch approbierte der Bischof von Münster 1844 die neue Kongregation.[69] Erst als 1847 mit Elisabeth Sarkamp eine qualifizierte Lehrerin für mehr als 20 Jahre die Leitung der Kongregation übernahm und 1850 zur Generaloberin gewählt wurde, konnten die Anfangsschwierigkeiten überwunden werden. Elisabeth Sarkamp wurde 1817 in Ibbenbüren geboren, besuchte ab Herbst 1835 das Münsteraner Lehrerinnenseminar[70], wo sie 1837 das Examen ablegte. Zunächst unterrichtete sie als Aushilfslehrerin, anschließend arbeitete sie fünf Jahre als Privatlehrerin bei einem Gutsbesitzer. Mit 25 Jahren trat sie 1842 den *Schwestern von der Göttlichen Vorsehung* bei.[71]

Ein Grund für die Probleme im Gründungsverlauf lagen offensichtlich in der Person von Eduard Michelis. Sein Freund, der Kaplan Franz Spiegel, charakterisierte ihn: "Sein Geist strebte stets nach erhabenen, edlen Dingen, ohne lange über die wirklichen und möglichen Schwierigkeiten nachzudenken, noch auch zu berechnen, ob die notwendigen Mittel da seien, weil er in seinem Edelmute und festem Gottvertrauen meinte, das komme alles von selbst."[72] Sinn für die realen Erfordernisse eines genossenschaftlichen Lebens und Arbeitens und die notwendige Übersicht brachte Elisabeth Sarkamp in die neue Gemeinschaft ein.

Gemeinsames Merkmal der nach ausländischen Vorbildern gegründeten Frauenkongregationen war es demnach, daß Geistliche die Initiative ergriffen. In ihren Kirchengemeinden versuchten sie, akute soziale Mißstände zu beheben, und richteten angesichts eines Mangels geeigneter inländischer Lösungsmöglichkeiten ihren Blick über die Grenzen. Sie kopierten ausländische Modelle und sicherten sich gleichzeitig den Einfluß auf die neue Genossenschaft, indem sie für eine strikte Unabhängigkeit vom auswärtigen Generalmutterhaus plädierten. Das Beispiel der *Schwestern von der Göttlichen Vorsehung* zeigt überdies, daß

---

68 Jörgens, Ludowine von Haxthausen, S. 432.

69 Vgl. Nettelbusch, Genossenschaft, S. 21, 26.

70 Dabei handelte es sich um das 1832 nach den Ideen des katholischen Bildungsreformers und Klerikers Bernhard Overberg gegründete erste Volksschullehrerinnenseminar in Preußen. Durch den Besuch dieses Seminars erhielten katholische Frauen im Laienstand die Chance, als Lehrerinnen zu arbeiten. Vgl. Stolze, Barbara, Ausbildung und Berufstätigkeit von Volksschullehrerinnen in Westfalen 1832-1926, Pfaffenweiler 1995, S. 37 ff.

71 Vgl. Nettelbusch, Genossenschaft, S. 35 f.

72 Tagebuchaufzeichnungen von Franz Spiegel. Zitiert nach Nettelbusch, Genossenschaft, S. 18.

die alleinige Initiative eines Klerikers, der eine Frau als Oberin der Kongregation nach seinem Ermessen einsetzte, nicht unbedingt zum Erfolg führte. Vielmehr waren der Einsatz und das Engagement der weiblichen Mitglieder der Kongregation gefragt, um ein solches Projekt erfolgreich zu plazieren. Nachbildungen ausländischer Kongregationen sind im übrigen charakteristisch für die frühe Phase der Genossenschaftsbildung unter Frauen. 1850 werden im westfälischen Coesfeld noch die *Schwestern Unserer Lieben Frau* nach dem Vorbild einer gleichnamigen Kongregation aus Amersfoort in den Niederlanden gegründet.[73] Das Verfahren der "Kopie" ausländischer Gründungen war in dieser Zeit durchaus erfolgreich, wie die Mitgliederentwicklung zeigt.[74] Die *Clemensschwestern* und die *Vinzentinerinnen* hatten überdies, wie ihre jeweiligen französischen Ursprungskongregationen, großen Einfluß auf die Entwicklung des preußischen Kongregationswesens und wurden zu Vorbildern für andere Gründungen. Neben den genannten entstanden auch die *Franziskanerinnen aus Thuine*, die *Schwestern von der Barmherzigkeit* aus Herford und die *Schwestern der christlichen Schulen von der Barmherzigkeit* durch Nachahmung ausländischer Gemeinschaften.

Umwandlung älterer Frauengenossenschaften

Die Umwandlung und Erneuerung älterer Frauengenossenschaften bot eine weitere, wenn auch nur wenig genutzte Möglichkeit zur Umgehung restriktiver staatlicher Kirchenpolitik. 1843 und 1846 führte eine solches Vorgehen zur Gründung von zwei neuen Gemeinschaften. Vier in ihrer Existenz bedrohte Beginenkonvente bildeten die Grundlage für eine in Essen gegründete neue Kongregation. Am 18. August 1843 erkannte der zuständige Erzbischof von Köln die neue Gemeinschaft unter dem Namen *Barmherzige Schwestern von der heiligen Elisabeth* an. Die Initiative dazu ging im wesentlichen von der ersten Oberin Klara Kopp (1805-1883) und dem Essener Kleriker Hermann Joseph Butzen aus. Beide prägten den Gründungsprozeß der Kongregation, zu deren vornehmsten Aufgaben die Krankenpflege gehörte. Später widmeten sich die Frauen auch der Kinderfürsorge.[75]

Die *Neußer Augustinerinnen* entstanden als Abspaltung der seit 1650 in Düsseldorf ansässigen Gemeinschaft der *Cellitinnen nach der Regel des hl. Augustinus*, die der Auflösung im Zuge der Säkularisation von 1803 durch Angliede-

---

73 Vgl. Unter dem Banner Unserer Lieben Frau, hg. von den Schwestern der Genossenschaft, Mönchengladbach 1925, S. 23

74 Vgl. Tabelle 1.

75 Vgl. Gatz, Kirche, S. 234-245.

rung einer Krankenanstalt entgangen war. 1844 eröffnete Magdalena Etienne (Schwester Johanna), die bereits seit 1822 als damals siebzehnjährige Frau Mitglied bei den Düsseldorfer *Cellitinnen* war, eine Niederlassung in Neuß und übernahm gemeinsam mit einer Mitschwester dort ein Hospital. 1846 kam es mit Zustimmung des Erzbischofs von Köln zur vollständigen Trennung von Düsseldorf. Die kanonische Errichtung der *Neußer Genossenschaft der Cellitinnen nach der Regel des hl. Augustinus*, kurz *Neußer Augustinerinnen* genannt, erfolgte nach der Erteilung der Korporationsrechte zu Beginn des Jahres 1853.[76] "Kranken-, Armen-, Irren- und Waisenpflege"[77] gehörte zu ihren Aufgaben.

Ältere, in ihrer Existenz gefährdete Gemeinschaften in Kongregationen nach modernem Muster umzuwandeln, war weniger erfolgreich, als sich an ausländischen Vorbildern zu orientieren.[78] Nur einige wenige ältere Gemeinschaften hatten den Wirren der Säkularisation standgehalten. Am Vorabend der Revolution von 1848/49 gab es in Preußen lediglich fünf Frauenorden und acht ältere Frauenkongregationen. Von den Frauenorden konnten die im Unterrichtswesen tätigen *Ursulinen* auf eindrucksvolle Weise ihre Position wahren; 1872/73 gehörten mehr als 600 Ordensfrauen diesem Orden an.[79] Den Frauen genügten offenbar die bereits existierenden Gemeinschaften nicht, Neugründungen fanden zunehmend mehr Interesse.

Neugründungen

Das Verhältnis von Katholikinnen und Katholiken zu ausländischen Kongregationen veränderte sich im Verlauf der 1840er Jahre. Von den 23 zwischen 1808 und 1872 gegründeten Kongregationen entstanden vierzehn ohne Anbindung an schon bestehende aus- oder inländische Kongregationen. In der überwiegenden Mehrheit ging die Initiative von Frauen aus, nur vier verdankten ihre Entstehung Klerikern[80]. Viele Kongregationen orientierten sich zwar an ausländischen Vorbildern, versuchten aber nicht, diese ins Land zu holen. Letzteres galt für die Mehrzahl der Neugründungen in Preußen. Die Kongregationen beeinflußten sich im Laufe der Zeit zunehmend wechselseitig und vermittelten Kenntnisse und Erfahrungen weiter. Eine herausragende Bedeu-

76 Vgl. Karl Kreiner, Geschichte der Neußer Augustinerinnen, Neuß 1958, S. 9-14.

77 Preuß. Statistik 1872/73, S. 366.

78 Den *Barmherzigen Schwestern von der hl. Elisabeth* gehörten 1872/73 lediglich 43 Mitglieder an, den *Neußer Augustinerinnen* 48. Vgl. Tabelle 1.

79 Vgl. Tabelle 5 und 6.

80 Dazu gehörten die *Krankenschwestern des heiligen Franziskus* aus Münster sowie drei Kongregationen aus Schlesien und Posen (*Mägde Mariens, Marienschwestern, Hedwigschwestern*).

tung hatten hierbei Katholikinnen aus dem Aachener Bürgertum, vor allem die schon vorgestellte Clara Fey, Franziska Schervier und Pauline von Mallinckrodt.

Franziska Schervier wurde 1819 in Aachen geboren, entstammte einer wohlhabenden Fabrikantenfamilie und gründete 1851 die Kongregation der *Armen Schwestern vom hl. Franziskus.*[81] Die Entstehungsgeschichte dieser Genossenschaft hat viele Gemeinsamkeiten mit der der *Schwestern vom armen Kinde Jesu,* weist aber auch bemerkenswerte Unterschiede auf. In einem ähnlichen bürgerlichen Milieu zu Hause wie Clara Fey, konnte Franziska Schervier nicht mit der umfassenden Unterstützung ihrer Familie rechnen. Der Vater versuchte zeitlebens, die karitativen und religiösen Aktivitäten der Tochter zu beeinflussen und den Eintritt in eine religiöse Frauengenossenschaft zu verhindern. Franziska begann daher bezeichnenderweise mit der Gründung einer religiösen Frauengemeinschaft 1845, wenige Wochen nach dem Tod des Vaters; zuvor hatte sie den elterlichen Haushalt geführt.[82]

Ende der 1830er Jahre entfaltete die nun 20jährige Frau zahlreiche soziale Aktivitäten. Sie wurde Mitglied in einem Verein zur Pflege der Kranken in ihren Wohnungen und zur Unterstützung von Armen. Bei den seit 1838 ansässigen *Borromäerinnen* erwarb Franziska 1843 Krankenpflegekenntnisse, verwarf aber den Gedanken an einen Eintritt in diese Kongregation, obwohl sie sich von deren Leistungen beeindruckt zeigte. Sie organisierte die sogenannte Johannissuppenküche in der Pfarrei St. Paul.[83] Schon seit langem besuchte sie regelmäßig "Büßerinnen".[84]

Wie Clara Fey versammelte auch Franziska Schervier andere Frauen aus dem Bürgertum der Stadt um sich und gründete mit ihnen am 3. Oktober 1845 eine

81 Wie bei Clara Fey sorgten auch die *Armen Franziskanerinnen* schon bald dafür, daß über ihre 1876 verstorbene Gründerin eine Biographie verfaßt wurde. Der Franziskaner Ignatius Jeiler verfaßte daher 1893 die erste Auflage der 1897 erneut aufgelegten Schrift. Vgl. Jeiler, Francisca Schervier. Erst in den 1970er Jahren entstanden weitere biographische Darstellungen. Vgl. Kock, Franziska Schervier; Erwin Gatz, Für Gott und die Welt. Die selige Franziska Schervier, eine wegweisende Persönlichkeit der karitativ-sozialen Bewegung im 19. Jahrhundert. 1819-1876, Leutesdorf 1978; ders., Franziska Schervier. Eine Monographie zur Geschichte der Kongregation gibt es mit Ausnahme der Skizze bei Gatz, Kirche, S. 373-400 nicht.

82 Die Mutter verstarb bereits 1832, nur ein Jahr später hatte Franziska auch noch den Tod zweier älterer Schwestern zu beklagen. Bereits nach dem Tod der Mutter fürchtete der Vater, daß das 13jährige Mädchen zu fromm werden könne und dann in ein Kloster einzutreten beabsichtige. Vgl. Jeiler, Francisca Schervier, S. 37, 50, 55, 76, 95.

83 Vgl ebd. S. 46-56.

84 Den "an die Sünde verkauften weiblichen Personen" räumte der Aachener Pfarrer Nellessen eine Zufluchtsstätte in der Nähe seines Hauses ein, Franziska unterrichtete sie und erteilte ihnen "Trost und Rath". Ebd. S. 56.

Wohngemeinschaft. Ein Jahr zuvor waren die Freundinnen Mitglied im sogenannten Dritten Orden des heiligen Franziskus geworden.[85] Unklarheit bestand über den Charakter des Projektes. Während Franziska von Anfang an auf eine Verbindung von religiösem und tätigem Leben bestand, fühlte sich eine ihre Mitstreiterin, Gertrud Frank, wie auch Clara Fey, zunächst eher einem kontemplativen Leben verbunden. Franziska setzte sich durch: "Somit sind wir denn jetzt bereit, zu dreien zusammenzutreten, um nach dem Beispiele des göttlichen Heilandes uns den Werken der Barmherzigkeit zu ergeben, soviel unsere schwachen Kräfte es vermögen. Zu dem Zweck wollen wir uns von unseren Familien trennen, vorzüglich aber, um die drei evangelischen Räthe zu beobachten."[86] Krankenpflege und die Arbeit mit "armen Büßerinnen"[87] und weiblichen Gefangenen gehörten zu den zentralen Aktivitäten der Frauen.[88] Besonders mit der letztgenannten Tätigkeit gerieten sie alsbald in Konflikt mit Almosengebern und einzelnen Klerikern, die sich daran stießen, daß Töchter aus gutsituierten Aachener Familien mit Frauen zweifelhaften Rufes unter einem Dach wohnten.[89] Dennoch setzten die Frauen ihre Arbeit fort. Sie sammelten zielstrebig Informationen über religiöse Frauengenossenschaften. Franziska Schervier hielt Kontakt zu den *Borromäerinnen*, zu den *Schwestern vom armen Kinde Jesu* und zu ausländischen Gemeinschaften mit dem Ziel, ihre eigenen Ideen zu realisieren.[90]

---

85 Dabei handelte es sich um eine Vereinigung von Frauen und Männern, die weiterhin als Laien in der Welt lebten, beispielsweise verheiratet sein konnten. Sie verpflichteten sich aber zu besonderen Normen der christlichen Lebensführung, also etwa der Bescheidenheit und Einfachheit im Alltag sowie der Abhaltung bestimmter Gebetsübungen. Die Mitglieder trugen ein Skapulier aus brauner Wolle und einen weißen Gürtel unter ihrer gewöhnlichen Kleidung, außerdem wurden ihnen Ablässe und Privilegien gewährt. Vgl. Heimbucher, Orden, Bd. 2, S.11.

86 So formulierte Franziska Schervier im Juli 1845 erstmals ihre Ziele. Zit. nach Jeiler, Franzica Schervier, S. 105.

87 So nennt der Biograph von Franziska Schervier die Aufgenommenen. Der Kirchenhistoriker des 20. Jahrhunderts wählte die Bezeichnung "besserungswillige Prostituierte", obwohl wenig über diese Frauen bekannt ist. Vgl. Erwin Gatz, Franziska Schervier (1819-1876), S. 53. Die erste "Büßerin", die den Weg zu den Frauen um Franziska Schervier fand, hatte mit einem gutsituierten Mann in "wilder Ehe" gelebt. Nun war der Mann verstorben und sie wußte anscheinend nicht wohin, hier handelte es sich also wohl kaum um eine Prostituierte. Vgl Jeiler, Francisca Schervier, S. 118 f.

88 Vgl. ebd. S. 124-30.

89 Kurz nach der Gründung lebten 20 bis 30 Frauen mit den inzwischen sechs Betreuerinnen zusammen. Vgl. dazu ebd. S. 119-130. Später mußten die *Armen Schwestern* diese Arbeit einschränken, und die Frauen wurden der inzwischen aus Belgien nach Aachen umgesiedelten Kongregation der *Schwestern vom guten Hirten* überführt. Zur lokalen Arbeitsteilung vgl. auch Kap. 5 dieser Arbeit.

90 Zum Beispiel bei den im belgischen Lüttich ansässige *Kreuzschwestern*, wo sie sich im September 1845 für drei Wochen aufhielt. Diese 1832 gegründete Kongregation leitete ein gro-

Anders als bei den *Schwestern vom armen Kinde Jesu* beschränkte sich der Einfluß klerikaler Berater in dieser frühen Phase auf die unmittelbare Seelsorge. Später mischte sich der auch im Gründungsprozeß der *Schwestern vom armen Kinde Jesu* involvierte Bischof Laurent ein und forderte Franziska auf, Konstitutionen zu erarbeiten und sich um eine kirchliche Anerkennung zu bemühen, was im Juli 1851 schließlich auch geschah.[91]

Die gravierendste Differenz im Vergleich zu anderen neuen Kongregationen stellte eine spezifische Auslegung des Armutsgebots dar. In Anlehnung an das franziskanische Armutsprinzip[92] wurde in den Konstitutionen nicht nur die Armut der einzelnen Mitglieder, sondern auch die Armut der Kongregation als solcher festgeschrieben. Die eintretenden Frauen brauchten keine Mitgift mitzubringen. Außerdem verpflichtete sich die Kongregation, nicht von Zinserträgen zu leben, ein beispielsweise bei den *Schwestern vom armen Kinde Jesu* gängiges Verfahren, mit dem eine langfristige Finanzierung der Arbeit erreicht wurde. Franziska Scherviers Biograph Ignatius Jeiler begründet das andere Verfahren der *Armen Schwestern vom hl. Franziskus* - wie sie sich inzwischen nannten - wie folgt: "Die Unterstützung und Pflege der Armen und Kranken ist von der seligen M. Fr. [Mutter Franziska] als eine Hauptaufgabe der Schwestern angesehen; und da hierfür auch reiches Kapitalvermögen nicht ausreicht, und da andererseits nur die Armen bei Armen und Reichen Almosen zu suchen recht geeignet sind, so mußte die Armenpflege der Genossenschaft auf die Vorsehung des VATERS DER ARMEN [der hl. Franziskus als der Namenspatron der Genossenschaft] und dessen unerschöpfliche Schätze und Freigebigkeit gegründet werden."[93] Weniger Skrupel und ein geringeres Maß an Altruismus begleitete die Entstehungsgeschichte einer Kongregation im westfälischen Paderborn.

Unter veränderten lokalen Verhältnissen, aber mit den gleichen Erfahrungen der sozialen und kirchlichen Verhältnisse in einer Industriestadt wie die Aachenerinnen Clara Fey und Franziska Schervier ergriff Pauline von Mallinckrodt 1849 die Initiative zur Gründung der *Schwestern der christlichen Liebe*.[94] Be-

---

ßes Lütticher Frauengefängnis und betrieb seit 1842 ein "Asyl für Büßerinnen". Vgl. Wendlandt, Orden und Congregationen, S. 123, Jeiler, Francisca Schervier, S. 107 f.

91 Vgl. ebd. S. 179 f.

92 Dazu und zur Umsetzung in einem männlichen franziskanischen Orden siehe Gisela Fleckenstein, Die Franziskaner im Rheinland 1875-1918, Werl 1992, S. 200-212.

93 Jeiler, Francisca Schervier, S. 190 f.

94 Die Lebenserinnerungen von Pauline von Mallinckrodts (Kurzer Lebensabriss) zählen zu den seltenen autobiographischen Zeugnissen der Gründerinnen des 19. Jahrhunderts. Vgl. zudem eine Reihe biographischer Abhandlungen, wobei besonders die beiden ersten Arbeiten eine Fülle von Informationen auch zur Kongregationsgeschichte enthalten, aber ebenso - wie die meisten Schriften dieser Art - keinen Anmerkungsapparat besitzen: Hüffer, Pauline von Mallinckrodt; Schmittdiel, Pauline von Mallinckrodt; Alfons Bungert, Pauline von Mallinckrodt. Schwester der christlichen Liebe, Würzburg 1980; Frenke, Pauline von Mallinckrodt;

reits mit achtzehn Jahren habe sie den Entschluß gefaßt, sich "ganz dem lieben Gott zu weihen,"[95] wie sie in ihren Lebenserinnerungen schrieb. Pauline von Mallinckrodt wurde 1817 in Minden geboren. Ihr protestantischer Vater - ein preußischer Beamter - wurde 1824 als Regierungsvizepräsident nach Aachen versetzt, wohin ihm die Familie folgte. Die Mutter stammte aus einer wohlhabenden, katholischen Paderborner Familie.[96] Pauline von Mallinckrodt besuchte die katholische höhere Töchterschule St. Leonhard, später ein "französisches Pensionat"[97] in Lüttich. Sie erhielt Privatunterricht durch Gymnasiallehrer und nahm am Unterricht ihrer Brüder teil.[98]

Wie Franziska Schervier übernahm auch Pauline von Mallinckrodt früh die Arbeiten einer bürgerlichen Hausfrau, da ihre Mutter bereits 1834 starb. Sie erzog die jüngeren Geschwister, organisierte einen großen Haushalt einschließlich der zahlreichen repräsentativen Aufgaben, die sich aus der Stellung des Vaters ergaben. Diese Arbeiten bedeuteten aber nicht nur eine Last, sie förderten das Organisationsgeschick, lieferten pädagogische Erfahrungen und stärkten früh das Selbstbewußtsein dieser Frauen, da sie frei von mütterlichen - nicht von väterlichen - Autoritätsansprüchen tätig waren. Damit erwarben sie sich wichtige Qualifikationen für ihre spätere Aufgabe als Kongregationsgründerinnen.[99] Neben ihren familiären Verpflichtungen nahm Pauline von Mallinckrodt regen Anteil an den kirchenpolitischen Geschehnissen jener Tage. Im Jahr 1838 gründete sie einen religiösen Mädchenverein, der sich dezidiert gegen sogenannte Mischehen zwischen Katholiken und Angehörigen anderer

---

Sander-Wietfeld, Pauline von Mallinckrodt; Bari, Pauline von Mallinckrodt. Für die Geschichte der *Schwestern der christlichen Liebe* gilt, wie für die meisten anderen Kongregationen, daß die Entstehungszusammenhänge aus den biographischen Quellen und Darstellungen der Gründerinnen geschlossen werden müssen. Ein Vorgehen, das Barbara Bari in ihrer neuesten Studie zum Programm erhebt und eindrucksvoll vorführt. In den Hintergrund treten dabei jedoch die Mitstreiterinnen charismatischer Persönlichkeiten. Lediglich eine ältere Arbeit beleuchtet die Kongregationsgeschichte mit Schwerpunkt auf den Niederlassungen in Nord- und Südamerika. Vgl. Genossenschaft der Schwestern der christlichen Liebe. Töchter der allerseligsten Jungfrau Maria von der Unbefleckten Empfängnis, Paderborn 1930 (Erstauflage 1924).

95 (Pauline von Mallinckrodt) Kurzer Lebensabriss, S. 42.

96 Die Herkunft der Mutter und der Umstand, daß Detmar von Mallinckrodt erst 1834 in den Adelsstand erhoben wurde, berechtigen dazu, die Familie dem Bürgertum zuzuordnen. Vgl. ebd. S. 23.

97 Ebd. S. 8. Aus dieser Bemerkung kann geschlossen werden, daß es sich nicht um ein Ordens- oder Kongregationsinternat gehandelt haben dürfte, die es in Belgien zahlreich gab und auf deren Besuch Pauline sicherlich mit besonderer Verve hingewiesen hätte.

98 Vgl. ebd. S. 7. Pauline erhielt im Prinzip eine Erziehung, wie sie für Töchter des Bürgertums üblich war.

99 Auffallend viele Gründerinnen teilten das Schicksal des frühen Todes der Mutter. Neben den beiden genannten gehörten Josefine Koch und Margareta Flesch dazu.

Religionsgemeinschaften wandte.[100] Wie viele andere Frauen des Bürgertums beteiligte sich Pauline an der ehrenamtlichen Armenfürsorge. Dabei beschränkte sie sich nicht auf die Verteilung von Almosen, sondern beteiligte sich an den Diskussionen im Aachener Kreis um die Familie Fey, zu dem sie auch nach ihrem durch die Pensionierung ihres Vaters im Jahr 1839 ins westfälische Paderborn bedingten Umzug weiterhin Kontakt hielt. Hier führte sie die Idee der Karitaskreise ein und setzte ihr soziales Engagement fort. 1839 trat sie dem "Frauenverein zur Hilfe der Armen Kranken in den Häusern der Stadt und Umgebung von Paderborn" bei. Durch Anregungen aus diesem Kreis entwickelte sie weitere Ideen. Ein Jahr später gründete sie eine Kleinkinder-Bewahranstalt für Kinder kranker Mütter und solche aus armen Schichten; seit 1842 betreute Pauline blinde Kinder, deren Fürsorge und Erziehung zum wesentlichen Lebensziel werden sollte.[101]

Der Tod des Vaters 1842 bedeutete eine entscheidende Wende im Leben von Pauline von Mallinckrodt. Bis zu diesem Zeitpunkt zwang die familiäre Situation sie, ihre individuellen Bedürfnisse zurückzustellen. Jetzt konnte sie ihren Lebensentwurf realisieren. Sie entschied sich für ein tätiges religiöses Leben und wie Clara Fey und Franziska Schervier gegen den Eintritt in einen kontemplativen Orden. "Ich schwankte hin und her, ob ich das *beschauliche* oder das *werkthätige* Leben wählen sollte, und konnte darüber nicht völlig klar werden. Indessen seit längerer Zeit scheint es mir, als wenn meine Individualität mehr für ein werktätiges Leben paßte."[102] Die Entscheidung für eine bestimmte Gemeinschaft fiel ihr schwer: In ihrer Autobiographie schilderte sie ausführlich die vergebliche Suche nach einer Genossenschaft, die sich der Pflege blinder Kinder widmete,[103] sowie ihren mißlungenen Versuch, den Paderborner *Vinzentinerinnen* beizutreten.[104] All diese Bemühungen liefen darauf hinaus, die Kongrega-

---

100 Vgl. zu den Umständen der Vereinsgründung Kapitel 7.1.

101 Vgl. (Pauline von Mallinckrodt), Kurzer Lebensabriss, S. 29-32 sowie Gatz, Kirche, S. 368 ff. Bemerkenswerterweise handelte es sich um einen interkonfessionellen Verein, obgleich die meisten Mitglieder katholischer Religionszugehörigkeit waren. Vgl. Bari, Pauline von Mallinckrodt, S. 299.

102 Brief an ihre ehemalige Lehrerin Luise Hensel vom 7. Juli 1840. Zit. nach Hüffer, Pauline von Mallinckrodt, S. 25.

103 Die "französischen Nonnen" in Paderborn, die *Ursulinen* und die *Schwestern vom armen Kinde Jesu* schieden aus ihrer Sicht ebenso aus wie eine Krankenpflegegemeinschaft, da hier der Unterricht zu kurz käme. Vgl. ebd. S. 49-52. Die *Schwestern von Sacré coeur* erhielten als französische Kongregation nicht die Zustimmung der preußischen Regierung. Vgl. ebd. S. 53 f.

104 Als Grund führte sie Bedenken ihrer Verwandten an, ohne diese zu spezifizieren. Vgl. ebd. S. 45-48. Von Eintrittsabsichten in andere ihr nahestehende Kongregationen findet sich in den Erinnerungen nichts, ebensowenig von einem Plan, in Aachen eine Kongregation unter

tionsneugründung als unausweichlich erscheinen zu lassen, die sie dann gründlich vorbereitete.

Auf Reisen informierte sie sich umfassend über die kirchliche und weltliche Armen- und Krankenfürsorge sowie über das Erziehungswesen. Die "Bekanntschaft mit der Einrichtung verschiedener Orden war für mich ein nothwendiges Erforderniss, um nicht ohne alle Erfahrung zu beginnen. Ebenso war es mir nöthig, Anstalten zu kennen und die Grundlagen einer für sie erforderlichen Geschäftsführung."[105] Gleichzeitig sammelte sie Kenntnisse über religiöse Aspekte genossenschaftlichen Zusammenlebens von Frauen; teilweise nahm sie am klösterlichen Leben der von ihr besuchten Gemeinschaften teil[106]. Gespräche mit in Kongregationen lebenden und in Führungspositionen tätigen Frauen ermöglichten ihr tiefe Einblicke in genossenschaftliches religiöses Leben.[107] Pauline unternahm zahlreiche Reisen, die ihr quasi als Studienersatz dienten und es ihr gleichzeitig ermöglichten, ein umfangreiches Netz von Beziehungen zu knüpfen, welches ihr in der weiteren Arbeit von großem Nutzen sein sollte.[108]

Mit Unterstützung des Beichtvaters aus ihrer Kindheit und späteren Weihbischof von Köln, Anton Gottfried Claeßen, betrieb sie schließlich die Gründung einer Kongregation mit dem Schwerpunkt Blindenfürsorge und -erziehung.[109] "Das war also das Resultat alles Suchens und einer so weiten Reise: Der Entschluss, mich ganz Gott und den lieben Blinden und Armen zu opfern, indem ich mit Kraft und Entschiedenheit bei dem einmal begonnenen Werke nach Gottes hl. Willen und Wohlgefallen ausharrte... Ich hatte ein grosses Gefühl der

---

Beteiligung von Clara Fey, Anna von Lommessen, Franziska Schervier u.a. gründen zu wollen.

105 Ebd. S. 66. Sie besuchte unter anderem die Charité, eine Blindenanstalt sowie Einrichtungen der *Borromäerinnen* in Berlin, der *Borromäerinnen* und *Elisabethinerinnen* in Prag und der *Vinzentinerinnen* in Prag und Straßburg. Vgl. (Pauline von Mallinckrodt), Kurzer Lebensabriss, S. 84, 39-42. Der Leiter des Braunschweiger Blindeninstituts lehrte ihr die Blindenschrift und das Gießen von Lese- und geographischen Karten, außerdem informierte sie sich über Beschäftigungsmöglichkeiten für Blinde. Vgl. Schmittdiel, Pauline von Mallinckrodt, S. 91.

106 So besuchte sie den Unterricht im Noviziat der *Ordensfrauen vom Sacre Coeur* und lebte gemeinsam mit den Schwestern. Vgl. (Pauline von Mallinckrodt), Kurzer Lebensabriss, S. 54.

107 "Sehr viel Lehrreiches und Nützliches" habe sie beispielsweise in einem Gespräch mit der Oberin der *Borromäerinnen* in Berlin erfahren. Vgl. ebd. S. 85.

108 Dies zeigt sich besonders in der Zeit des Kulturkampfes. Vgl. dazu Kapitel 9 dieser Arbeit. Auch die Generaloberin der Paderborner *Vinzentinerinnen* unternahm eine "Reise zur weiteren Ausbildung" (Freisen, Landeshospital, S. 206.) In vier Wochen besuchte sie Krankenhäuser in neun Städten.

109 Vgl. Gatz, Kirche, S. 160, 366.

inneren Sicherheit, der Kraft und des Berufes zu dem Werke und beschloss, ganz langsam voran zu gehen."[110]

Zunächst trat sie mit der preußischen Regierung in Verhandlungen um den Charakter einer neuzugründenden Blindenanstalt ein. Nach zähem Ringen einigte man sich darauf, daß unter einem Dach zwei nach Konfessionen, nicht jedoch nach Geschlechtern getrennte Abteilungen als Provinzialblindenanstalt entstehen sollten: neben der protestantischen Abteilung in Soest eine katholische Einrichtung in Paderborn.[111] Diese Einrichtung wurde am 6. Dezember 1847 eröffnet und durch Spenden, aber auch mit Zuschüssen der Regierung finanziert. Pauline von Mallinckrodt fungierte als deren Leiterin.[112] Parallel betrieb Pauline die Gründung der Kongregation, die sie für notwendig hielt, um die Betreuung und Erziehung der Blinden zu gewährleisten.[113] Am 21. September 1848 genehmigte der Paderborner Bischof die von Pauline entworfenen Konstitutionen.[114] Charakteristisch für das Vorgehen der inzwischen 31jährigen Frau war, daß sie sich Zeit für eine gründliche Recherche verschiedener Konstitutionen nahm.[115] Daneben entstanden sogenannte äußere Statuten, die der Regierung zwecks Erteilung der Korporationsrechte vorgelegt wurden. Pauline von Mallinckrodt reiste im Dezember 1848 eigens nach Berlin, um dieses Verfahren zu beeinflussen; am 24. Februar 1849 erfolgte die Erteilung dieser Rechte und damit die staatliche Anerkennung der Kongregation.[116] Als alle Voraussetzungen zur Gründung der neuen Gemeinschaft, die sich *Schwestern der christlichen Liebe* nannte, erfüllt waren, erfolgte am 21. August 1849 - am Fest der heiligen Franziska von Chantal - die Einkleidung von Pauline Mallinckrodt und drei weiteren Frauen[117] in Paderborn.

Charakterisch für diesen Gründungsprozeß war gleichermaßen die intensive Beschäftigung mit den profanen Arbeitsfeldern wie mit der kanonischen Konzeption. Religiöse Entscheidungsprozesse sowie die Suche nach der Lebensbestimmung wirkten nicht unmittelbar auf den Gründungsprozeß und waren dem nicht vorangestellt, wenn man Paulines Autobiographie an diesem Punkt glauben darf.

---

110 (Pauline von Mallinckrodt), Kurzer Lebensabriss, S. 67 f.

111 Vgl. ebd. S. 49 f.

112 Vgl. Sander-Wietfeld, Pauline von Mallinckrodt, S. 43 ff.

113 Vgl. ebd. S. 49.

114 Vgl. Gatz, Kirche, S. 444.

115 So standen ihr u.a. die Konstitiutionen der *Borromäerinnen*, der *Schwestern vom armen Kinde Jesu*, der *Schwestern der Göttlichen Vorsehung* und der *Clemensschwestern* zur Verfügung. Vgl. (Pauline von Mallinckrodt), Kurzer Lebensabriss, S. 61, 78f.

116 Vgl. dazu den Reisebericht, in: Ebd. S. 82-86.

117 Elisabeth Schlüter (starb bereits 1851), Mathilde Kothe (Lehrerin in Dortmund), Maria Rath (Blindenlehrerin in Paderborn). Vgl. Sander-Wietfeld, Pauline von Mallinckrodt, S. 51 f.

Daß Gründungsprozesse auch weniger gradlinig und zielgerichtet verlaufen konnten, zeigt das Beispiel der *Franziskanerinnen von den heiligen Herzen Jesu und Mariae* und die Lebensgeschichte der Gründerin Anna Theresia Pfänder, die nacheinander drei verschiedenen Kongregationen angehörte.[118] Für die 1827 in Hallenberg im Sauerland als Tochter des protestantischen Bürgermeisters der Stadt und dessen katholischer Ehefrau geborene Anna Theresia verband sich mit diesem Eintritt die Möglichkeit, als Lehrerin arbeiten zu können. Zuvor waren alle Versuche gescheitert, ihren Vater dazu zu bewegen, ihr eine Lehrerinnenausbildung zu finanzieren. Er beschäftigte sie zunächst in seinem Büro und erlaubte ihr später, im Büro eines katholischen Pfarrers zu arbeiten. Hier lernte sie Regina Löser, die im Haushalt lebende Schwester des Pfarrers, kennen und erfuhr von der soeben neu gegründeten Kongregation der *Schwestern der christlichen Liebe*. 1850 wurde sie deren Mitglied. Kurz und knapp berührte sie später in ihrem Lebenslauf ihre zähen Auseinandersetzungen mit dem Vater: "Als ich darauf längere Zeit den Wünschen des lieben Vaters entsprochen hatte, bat ich wiederholt und inständig meinen Beruf folgen zu dürfen, und trat darauf mit Bewilligung meiner Eltern in meinem 23ten Lebensjahre einer geistlichen Genossenschaft bei, die sich mit dem Unterrichte und der Erziehung der Jugend beschäftigte." Dieses Leben schien zunächst ihren Vorstellungen entsprochen zu haben, denn sie fuhr fort: "Glücklich, nun endlich das Ziel meiner Wünsche erreicht zu haben und Gelegenheit zu finden, an der Bildung und Erziehung der Jugend arbeiten zu können, wurde ich bald nach erfolgter Einkleidung mit einer Schwester nach Dortmund gesandt, um die dortigen Elementar- und Handarbeits-Schulen zu besorgen."[119] Sie wirkte in verschiedenen Niederlassungen als Lehrerin, besuchte außerdem das kongregationseigene Lehrerinnenseminar, legte 1858 das staatliche Lehrerinnenexamen ab und übernahm danach die Lei-

---

118 Zu den Motiven der Gründerin siehe Mutter Clara Pfänder, Handgeschriebener Lebenslauf von Mutter Clara Pfänder vom 27. Januar 1862, im: Archiv der Kongregation der Franziskanerinnen vom Hl. Herzen Jesu und Mariä, Salzkotten (AFS). Zur Biographie vgl. Brunilde Probst, Das brennende Siegel. Lebensbild der Mutter Maria Clara Pfänder. Stifterin der Franziskanerinnen von Salzkotten 1957. Diese Version der Lebensgeschichte mußte nach Quellenfunden in römischen Archiven über die Rolle der Gründerin im Kulturkampf korrigiert werden. Vgl. dazu Aristide M. Flake, Licht in die Finsternis. Mutter M. Clara Pfänder. Stationen ihres Lebens 1827-1882, Salzkotten 1982. Nur knappe Bemerkungen zum komplizierten Gründungsprozeß enthält die als Manuskript gedruckte Abhandlung "Die Franziskanerinnen von Salzkotten. Töchter der hhl. Herzen Jesu und Mariä. Ein Gang durch die Geschichte und Tätigkeit der Genossenschaft", Paderborn 1925. (AFS). Detaillierte Informationen bietet hingegen die Monographie der später von den Salzkottener Franziskanerinnen unahhängigen Franziskanerinnen von Olpe. Vgl. dazu Lothar Hardick, "Er führt, ich gehe". Muttter Maria Theresia Bonzel. Stifterin der Armen Franziskanerinnen von der ewigen Anbetung zu Olpe, Werl 1965.

119 AFS, Mutter Clara Pfänder, Lebenslauf.

tung einer Schule in Witten.[120] Bereits ein Jahr später bat sie den zuständigen Bischof von Paderborn, Konrad Martin, die Kongregation verlassen zu dürfen, um eine neue zu gründen. Sie fühle "schon mehrere Jahre den Beruf, nach einem strengern, vollkommern Leben, zur größern Ehre Gottes und zum Heile der Seelen".[121] Hier trat ein merkwürdiger Widerspruch auf: einerseits verfolgte Anna Theresia Pfänder mit Beharrlichkeit ihren Berufswunsch der Lehrerin, den sie nur mit dem Eintritt in eine Kongregation realisieren konnte, andererseits befriedigte sie diese Tätigkeit scheinbar nicht in dem gewünschten Maße. Die *Schwestern der christlichen Liebe* orientierten sich - so kann man ihre Äußerungen verstehen - stärker an profanen Gegebenheiten, während religiöse Aspekte dahinter zurücktraten.

Am 23. September 1859 verließ Anna Theresia Pfänder die Genossenschaft. Ein Jahr später gründete sie im sauerländischen Olpe gemeinsam mit der aus einer wohlhabenden Kaufmannsfamilie stammenden Aline Bonzel und ihrer langjährigen Freundin Regina Löser die Kongregation der *Franziskanerinnen vom heiligen Herzen Jesu und Mariae*. In den Konstitutionen - die 1860 vom Bischof genehmigt wurden - wurde der Kontemplation Priorität eingeräumt und dies als ein wesentlicher Beitrag zur Rettung der in "Kämpfen und Bedrängnissen"[122] stehenden katholischen Kirche bezeichnet. Demgegenüber traten Tätigkeiten zurück: "Nebst diesem h. Gebetszweck, den die Schwestern zuerst und vor Allem im Auge haben müssen, werden sie sich auch nach besten Kräften in h. Liebeswerken üben und zunächst ihre freundliche Liebe armen Waisenkindern zuwenden..." Darüber hinaus verpflichteten sich die Schwestern zur "Pflege armer Kranker in den Wohnungen",[123] aber erst nach Erfüllung der ersten beiden Zwecke.

Ein Konflikt mit den ebenfalls in Olpe ansässigen *Vinzentinerinnen* um die Durchführung der Krankenpflege führte zu einem erneuten Ortswechsel für Anna Theresia Pfänder. Das Mutterhaus der *Franziskanerinnen* wurde nach Salzkotten bei Paderborn verlegt, da nur so die Ausübung ambulanter Krankenpflege gewährleistet schien.[124] Die Mitgründerin Aline Bonzel blieb in Olpe und wurde hier Lokaloberin. Diese Konstruktion barg Konflikte in sich, da sich hier zwei unterschiedliche hierarchische Ebenen kreuzten: Obwohl Aline Bonzel gemein-

120 Vgl. ebd.

121 AFS, Anna Theresia Pfänder an Bischof Konrad Martin am Fest der Hl. Thekla, September 1859.

122 AFS, Constitutionen für die Schwestern des heiligen Franziscus, Töchter der heiligsten Herzen Jesu u. Mariae, aufgestellt am Feste des heiligen Ignatius 1860 von der Schwester Clara Pfänder.

123 Ebd.

124 Detailliertere Ausführungen zu diesen Auseinandersetzungen finden sich in Kapitel 5 dieser Arbeit.

sam mit ihrer Familie die Kongregation im wesentlichen finanzierte, war sie gegenüber Anna Theresia Pfänder kraft deren kanonischer Funktion als Oberin zum Gehorsam verpflichtet und konnte nach deren Weggang in Olpe nicht frei agieren.[125] Meinungsverschiedenheiten unter den beiden Gründerinnen waren die Folge.[126] Der Bischof von Paderborn griff in den Konflikt ein und trennte die beiden Niederlassungen voneinander. In Olpe entstand dadurch die Kongregation der *Franziskanerinnen von der ewigen Anbetung* mit der Oberin Aline Bonzel an der Spitze.

Anna Theresia Pfänder fungierte knapp zwei Jahrzehnte als Generaloberin der *Franziskanerinnen von den heiligen Herzen Jesu und Mariae* in Salzkotten. Ein langwieriger Entscheidungsprozeß, der sowohl in der Individualität der Gründerin als auch in äußeren Umständen wurzelte, hatte damit einen vorläufigen Abschluß gefunden.[127] Die Person Anna Theresia Pfänder will so gar nicht zu den Vorstellungen der kirchlichen Hierarchie passen, die von einer eher starren Betrachtungsweise geprägt waren. Scheinbar veränderte Pfänder ihre Meinung, und erst allmählich reiften ihre beruflichen und religiösen Absichten. Immerhin vergingen von ihrer Schulentlassung 1840[128] bis zur Kongregationsgründung in Olpe mehr als 20 Jahre, von denen sie fast zehn Jahre als Lehrerin arbeitete. Diese Tätigkeit ließ ihr einerseits vermutlich wenig Zeit, um ihre religiösen Bedürfnisse zu befriedigen. Andererseits eröffnete ihr das Erleben klösterlichen Lebens die Möglichkeit, über Alternativen zu ihrem gegenwärtigen Lebensentwurf nachzudenken. Komplikationen dieser Art kennzeichneten auch andere Gründungsprozesse.[129]

Bisher konnte der Eindruck entstehen, als sei die Gründung einer Kongregation geradezu ein Privileg bürgerlicher Frauen. Von zwei wichtigen Ausnahmen muß daher noch berichtet werden. Die Entstehungsgeschichte der *Armen Dienstmägde Jesu Christi* und der *Franziskanerinnen von Waldbreitbach* do-

---

125 Die Ernennung von Aline Bonzel zur Lokaloberin in Olpe kann nach Meinung ihres Biographen nicht als Vertrauensbeweis von Anna Theresia Pfänder gewertet werden, sondern sei mit Rücksicht auf die Freunde und Verwandte in Olpe geschehen. Vgl. Hardick, "Er führt,..." S. 75. Später schlägt der Superior der Kongregation, Pfarrer Schmidt, aus dem selben Grund Aline Bonzel als Oberin der Olper Kongregation vor und nicht die gleich qualifizierte Friederike Böhmer (Schwester Franziska), denn er müsse die finanzielle Lage der Gemeinschaft berücksichtigen, da ohne sie das Spendenaufkommen geringer sei. Vgl. ebd. S. 79.

126 Sie gingen soweit, daß sie sich gegenseitig bespitzelten. Vgl. ebd. S. 75.

127 Anna Theresia Pfänder führte als Mutter M. Clara die Kongregation bis zu ihrem Rücktritt mitten in den Wirren des preußischen Kulturkampfes am 14. Juni 1880. Vgl. Flake, Licht in die Finsternis, S. 93 f. Zu den Umständen des Rücktritts siehe Kapitel 9.

128 Vgl. AFS, Mutter Clara Pfänder, Lebenslauf.

129 Vgl. beispielsweise die *Franziskanerinnen* von der heiligen Familie von Josefine Koch und Johanna Etienne von den *Neußer Augustinerinnen.*

kumentieren erstens, daß es Frauen unterer Schichten gelang, eine Kongregation zu gründen, auch wenn betont werden muß, daß es nur zwei Gründungen dieser Art gab. Zweitens unterscheiden sich diese von den anderen dadurch, daß sie nicht in städtischem, sondern im ländlichen Milieu entstanden.

Im ländlichen Westerwald bemühte sich im Vormärz die 1820 geborene Katharina Kasper[130] aus Dernbach um die Kranken und Armen in ihrem Dorf, außerdem arbeitete sie nach dem Tod des Vaters 1842 als Tagelöhnerin, um ihren Lebensunterhalt zu bestreiten. Daneben entstand 1845 auf ihre Initiative ein frommer Verein mit dem Ziel, daß die Mitglieder bestimmte religiöse Übungen gemeinsam absolvierten; gleichzeitig stand praktische Nächstenliebe durch Krankenpflege auf dem Programm des Vereins.[131] Nur allmählich gelang es Katharina Kasper, die Skepsis von Klerikern gegenüber ihrem Tun zu überwinden und sie dazu zu bringen, ihr Werk zu unterstützen. 1851 stimmte der Bischof der Gründung der Kongregation der *Armen Dienstmägde Jesu Christi* zu. Als Aufgaben definierten sie in ihren Konstitutionen: "Spezielle und vorzüglichste Aufgabe der Glieder dieser Genossenschaft ist: Die Erweckung und möglichste Förderung eines wahrhaft christlichen, den Lehren und Grundsätzen unserer heiligen Religion entsprechenden Lebens unter dem Volke, insbesondere dem armen, vielfach so sehr verlassenen Landvolke. Die Verfolgung dieser Aufgabe ist das bewegende Prinzip ihrer gesamten Tätigkeit." Diese wollten sie so gestalten, "daß das eigentliche Ziel aller ihrer Dienste nicht sowohl die äußere Leistung, die leibliche Wohltat, als vielmehr die Hinführung der Seelen zu dem Herrn, die Versöhnung der Unglücklichen mit ihrer Lage und die Aufmunterung und Anleitung der einzelnen zu einem ihren individuellen Lebensverhältnissen angemessenen gottgefälligen Wandel ist."[132] Mit dieser Aufgabenstellung waren

---

130 Die Geschichte dieser Kongregation ist vergleichsweise solide aufgearbeitet, auch wenn eine umfassende Monographie nach wissenschaftlichen Kriterien bisher noch aussteht. Zur Lebensgeschichte von Katharina Kasper siehe Wendelin Meyer, Heiliges Magdtum vor Gott. Mutter Maria Kasper. Stifterin der Genossenschaft der Armen Dienstmägde Jesu Christi, Wiesbaden 1933; Konrad Fuchs, Katharina Kasper (1820-1898). Gründerin der Klostergenossenschaft der Armen Dienstmägde Jesu Christi. Ein Beitrag zur sozialen Frage im 19. Jahrhundert, in: Nassauische Annalen 88 (1977), S. 149-166. Zwei knappe Abhandlungen beschäftigen sich mit der Kongregationsgeschichte vgl. Georg Hilpisch, Die Genossenschaft der Armen Dienstmädge Jesu Christi, in: Geschichte von Dernbach. Jubiläumsschrift 1926; Ida Lamp, Die Kongregation der Armen Dienstmägde Jesu Christi (Mutterhaus Dernbach/Westerwald), in: Archiv für mittelrheinische Kirchengeschichte 41 (1989), S. 319-346. Im "Geschichtlich-juristischen Bericht über die Genosssenschaft der Armen Dienstmägde Jesu Christi" vom Generalat für das Archiv der Schwestern (ADJC) zusammengestellt, sind die wichtigsten Quellen aus der Anfangszeit der Kongregation enthalten.

131 Vgl. Lamp, Kongregation, S. 320 f.

132 Statuten der Genossenschaft der armen Dienstmägde Jesu Christi zu Dernbach in der Diözese Limburg von 1856, zitiert nach dem geschichtlich-juristischen Bericht, S. 24 f.

die Armen Dienstmägde Jesu Christi von Anfang an sehr erfolgreich. In den ersten acht Jahren ihres Bestehens eröffneten sie 39 Niederlassungen in sechs Diözesen, und zwar in erster Linie in Landgemeinden. Der Schwerpunkt ihrer Arbeit lag auf der Armen- und Krankenpflege, in den 1860er Jahren trat verstärkt das Erziehungs- und Bildungswesen hinzu.[133]

Wie Katharina Kasper fand auch Margaretha Flesch, die Gründerin der Kongregation der *Franziskanerinnen* von Waldbreitbach, wenig Unterstützung von dem örtlichen Pfarrer.[134] Jakob Gomm, seit 1851 im nah bei Dernbach gelegenen Waldbreitbach im Amt, sah eine Ursache für die zunehmende Verelendung in seiner Gemeinde im Verfall der Moral. Bekämpft werden sollte dieser Mißstand durch die gemeinsame Ausübung von Frömmigkeitspraktiken in religiösen Vereinen junger Frauen und Männer und nicht durch praktische Hilfeleistungen, etwa durch religiöse Genossenschaften.[135] Margaretha Flesch orientierte sich demgegenüber an konkreten Maßnahmen der Armen- und Krankenpflege. Sie bot beispielsweise den heranwachsenden Mädchen Handarbeitsunterricht an, mit dem sie so viel Zuspruch fand, daß er ab 1853 zunächst in Waldbreitbacher Schulen für Mädchen zur Pflicht wurde. In den umliegenden Dörfen unterrichtete sie in sieben Schulen.[136]

Margaretha Flesch, 1826 als Tochter eines Müllers in Waldbreitbach geboren, verlor mit sechs Jahren die Mutter, und 1842 starben der Vater und vier Geschwister an Typhus. Sie blieb mit zahlreichen Geschwistern und der zweiten Ehefrau ihres Vaters zurück. In den ohnehin ökonomisch und politisch schwierigen 1840er Jahren fand sie in dieser tragischen Familiensituation Orientierung im katholischen Glauben. 1844 nahm sie an der Trierer Rockwallfahrt teil und beschloß im Anschluß daran, "Jungfrau" bleiben zu wollen.[137] Sie baute auf dem elterlichen Grundstück eine Klause und betrieb neben ihren Verpflichtungen für die Familie Krankenpflege. Ihre Biographin Maura Böckeler sieht in den Todesfällen in der Familie einen Grund für Margarethas Engagement in der Krankenpflege.[138] 1851 verließ sie ihre Familie und zog mit ihrer an Epilepsie

---

133 Vgl. Fuchs, Katharina Kasper, S. 156 ff.

134 Für die Entstehungsgeschichte dieser Kongregation wird im folgenden auf die weitgehend fundierte, gelegentlich mit hagiographischen Elementen versehene Biographie der Gründerin zurückgegriffen. Vgl. Maura Böckeler, Die Macht der Ohnmacht. Mutter Maria Rosa Flesch, Stifterin der Franziskanerinnen von Waldbreitbach, Mainz 1962.

135 Bemerkenswerterweise lehnte Gomm auch die Gründung einer entsprechenden Männerkongregation in seiner Gemeinde ab. Vgl. ebd. S. 51 f, 65.

136 Vgl. Böckeler, Macht der Ohnmacht, S. 60.

137 Genau in dieser Zeit meldete sich bei ihr wie auch bei Pauline von Mallinckrodt ein wohlhabender Mann, der um ihre Hand anhielt, was sie nach einer Vision ablehnte. Vgl. ebd. S. 47.

138 Vgl. ebd. S. 39. Unklar bleibt, wie ihr dieses trotz ökonomischer Beschränkungen möglich war.

leidenden Schwester in eine ehemalige Eremitenklause[139] mitten in Waldbreitbach, unweit der Kirche. Das Ziel schien zunächst unklar zu sein: sie verdiente ihren Lebensunterhalt im Tagelohn und mit Handarbeiten, pflegte die Schwester und andere Kranke und Arme. Später wurde Handarbeitsunterricht zur festen Einnahmequelle, außerdem hoffte sie, damit eine "sittlich religiöse Beeinflussung"[140] der Mädchen zu erreichen. Schließlich nahm Margaretha Flesch zwei weitere Frauen[141] in ihre Klause auf, und alle traten wie Franziska Schervier und ihre Mitstreiterinnen dem Dritten Orden des Heiligen Franziskus bei. Sie praktizierten ein gemeinschaftliches Leben und Arbeiten unter religiösen Vorzeichen, die Gründung einer Kongregation schien zunächst nicht anvisiert zu sein. Margaretha entwarf eine Tagesordnung, die neben der Arbeit religiöse Übungen vorsah. Die Frauen betreuten Kinder, pflegten Kranke und unterrichteten. Aus eigener Anschauung kannte Margaretha lediglich die gerade entstehende Kongregation der *Armen Dienstmägde Jesu Christi* im nahen Dernbach, der sie einen kurzen Besuch abstattete. Eine intensivere Verbindung zu deren Gründerin Katharina Kasper scheint nicht bestanden zu haben. Ein Redemptorist, den sie zu Rate zog, schlug ihr vor, nicht der Dernbacher Gemeinschaft beizutreten, sondern ihre Aktivitäten in Waldbreitbach fortzusetzen.[142] Mit gespartem Geld und mit Hilfe einer Schenkung gelang es der kleinen Gemeinschaft, den Bau eines eigenen Hauses zu finanzieren.[143]

Der Umzug und die inzwischen erfolgte Anerkennung des männlichen Pendants - der *Franziskaner* von Waldbreitbach - als Kongregation ermutigte Margaretha Flesch, den Pfarrer verstärkt zu bedrängen, auch den Frauen klösterliches Leben zu gestatten und beim Trierer Bischof eine kanonische Genehmigung zu beantragen. Diese traf schließlich am 17. Januar 1863 ein, außerdem erlaubte der Bischof den Frauen, einen Habit zu tragen. Am 13. März 1863 fand in Waldbreitbach die Einkleidung der drei Frauen mit der Ablegung der Gelübde von Armut, Gehorsam und Keuschheit für fünf Jahre statt.[144] Die Vakanz des bischöflichen Stuhls in Trier führte dazu, daß die Frauen vorerst ohne Konstitutionen nur nach den weltlichen Regeln des Dritten Ordens des heiligen Franziskus lebten. Nach dem Amtsantritt des neuen Bischofs von Trier, Matthias Eberhard, im Jahr 1867 forderte der Domkapitular Schu am 21. März 1868 Konstitutionen.[145] Nun begann für die Gemeinschaft der mühsame Prozeß der

139 Hier hatten seit 150 Jahren fromme Männer gelebt. Vgl. ebd. S. 55.

140 Ebd. S. 61.

141 1856 Maria Bonner und 1859 Gertrud Beißel, vgl. ebd. S. 70.

142 Vgl. ebd. S. 70, 75 f.

143 Vgl. ebd. S. 87.

144 Vgl. ebd. S. 92 f. Die vierte im Bund, Marianne Flesch, war inzwischen verstorben. Vgl. ebd. S. 88.

145 Vgl. ebd. S. 117.

schriftlichen Fixierung bereits eingespielter sozialer und religiöser Praktiken. Im Unterschied zu den Gründerinnen aus dem Bürgertum mangelte es Margaretha Flesch an religiöser Bildung sowie an Kenntnissen über die kanonischen Bedingungen für die Gründung einer Kongregation. Sie las nur wenige Bücher; neben der Bibel gehörten dazu Werke von Alphons von Ligurie und Franz von Sales, bevorzugt habe sie jedoch Heiligenlegenden und Missionszeitschriften.[146] Ungeachtet dieser Schwierigkeiten gelang ihr in Zusammenarbeit mit einem Bruder der Waldbreitbacher *Franziskaner* und dem gemeinsamen geistlichen Rektor beider Gemeinschaften die Abfassung der "Statuten der Franziscaner-Tertiarier-Schwestern von Waldbreitbach", die 1869 vom Bischof genehmigt wurden.[147] Margaretha Flesch hatte ihre Schwierigkeiten mit diesen gesetzten kanonischen Regeln, die entgegen ihren Vorstellungen strenge Fastenregeln, das lateinische Chorgebet und ein kooperatives Leitungsgremium mit Assistentinnen und einer Novizenmeisterin vorsahen.[148]

Gründerinnen wie Pauline von Mallinckrodt oder Franziska Schervier hätte ein solches, gegen ihre eigenen Interessen gerichtetes Vorgehen zu verhindern gewußt. Kirchenrechtliche Kenntnisse, dezidiertes religiöses Wissen über Frömmigkeitspraktiken und ein aus der bürgerlichen Herkunft gespeistes Selbstbewußtsein trugen dazu ebenso bei wie eine gewisse ökomomische Potenz. Humanitäre Ziele oder religiöser Missionseifer, gepaart mit dem Wunsch nach aktiver Gestaltung des eigenen Lebens, reichten allein nicht aus, um eine Kongregation zu gründen. Neben diesen ideellen Quellen benötigten die Frauen selbstverständlich auch materielle Ressourcen. Zu finanzieren waren Wohnungen für die Schwestern und ihre Klientel. Die Frauen brauchten Räumlichkeiten, in denen sie ihre Arbeiten verrichteten, also z. B. Kranke und Arme pflegten oder Unterricht erteilten. Ferner mußten Arbeitsmittel bereitgestellt und gegebenfalls die in den Häusern lebenden Menschen vollständig versorgt werden. Schließlich mußte der Unterhalt der Schwestern gesichert werden, und zwar nicht nur in deren aktiven Zeiten, sondern auch bei Krankheit oder im Alter. Denn die Kongregationen übernahmen mit der Ablegung der lebenslangen Gelübde die Verpflichtung, für ihre Mitglieder in allen Wechselfällen des Lebens gerade zu stehen. Die für diese verschiedenen Aufgaben erforderlichen Mittel trugen die Kongregationen aus diversen Quellen, wobei in der Gründungsphase die von den Gründerinnen eingebrachten Mitgiften, Vermögen und Erbschaften den größten Anteil ausmachten.[149]

---

146 Vgl. ebd. S. 128.
147 Vgl. ebd. S. 130.
148 Vgl. ebd. S. 130 ff.
149 Zur Finanzierung vgl. Kapitel 5.3.

Aus den bescheidenen Anfängen um die Jahrhundertmitte - so kann abschließend resümiert werden - entstand in kurzer Zeit ein weitverzweigtes Netz religiöser Frauengenossenschaften. In Preußen lebten 1872/73 insgesamt 8011 Katholikinnen in Orden und Kongregationen. Davon entschieden sich 1998 für eine der zwölf Kongregationen mit ausländischem Generalmutterhaus, 582 wählten eine der acht vor 1803 bereits bestehenden älteren Kongregationen, und 1309 Frauen gehörten den elf Frauenorden an, wovon die unterrichtenden *Ursulinen* allein 663 Mitglieder stellten. Eine Mehrheit von 4211 gehörte den 23 zwischen 1808 und 1863 gründeten neuen Frauenkongregationen an. Die weitaus meisten Ordensfrauen und Schwestern führten ein aktives religiöses Leben. Die Kopie ausländischer Vorbilder stand am Beginn der Kongregationsbewegung. In der zweiten Hälfte der 1840er Jahre realisierten Gründerinnen und Gründer in Preußen verstärkt ihre eigenen Vorstellungen religiösen Frauenlebens, wobei in sechzehn von 23 Fällen die Initiative von Frauen ausging. In der Regel fand ein langsamer Konstituierungsprozeß stand, nicht immer war gleich klar, welche Form angestrebt wurde. Häufig standen Vereine oder private Wohngemeinschaften am Anfang und erst allmählich erfolgte die staatliche und kirchliche Anerkennung der Vorhaben. Die neuen Kongregationen entstanden der Mehrzahl in Städten, die Gründerinnen stammten aus bürgerlichen Familien. Ihre Beweggründe und die Attraktivität der Kongregationen für die ihnen folgenden Geschlechtsgenossinnen sollen durch einen Blick in das Innere der Kongregationen untersucht werden.

Teil II

Innenansichten: Lebens- und Arbeitsgemeinschaft

Kapitel 4

Genossenschaftliches Frauenleben zwischen Individualität und Gemeinschaft

Die genossenschaftliche Lebens- und Arbeitsweise rückt nun aus der Perspektive der Schwestern in den Blickpunkt des Interesses. Welche Voraussetzungen mußten Frauen mitbringen, die sich zu einem Leben in einer Kongregation berufen fühlten? Welche Frauen waren dazu in der Lage? Wie sah das Aufnahmeverfahren aus und zu welchem Zeitpunkt mußten sich die Frauen für ein Leben in einer Kongregation entscheiden? Was erwartete sie? Wie sah der Alltag in einer religiösen Genossenschaft aus? Welche Positionen nahmen die Frauen ein und in welchem Verhältnis standen sie zu ihrer Herkunft? Gab es eine innere Differenzierung in der Gemeinschaft? Was bedeutete schließlich die kollektive Lebensweise unter religiösen Vorzeichen für Frauen im Vergleich zu einem Leben außerhalb dieses kirchlichen Rahmens?

Mit dieser Fragestellung wird hier Neuland beschritten. Denn die bisherige Kongregationsgeschichtsschreibung orientierte sich zum einen an den Maßgaben der katholischen Hagiographie, zum anderen verfolgte sie die Absicht, die Leistungen in der Armen- und Krankenpflege sowie in der Erziehung herauszustellen und damit die katholischen Reaktionen auf die großen ökonomischen und sozialen Wandlungsprozesse zu dokumentieren.[1] Die Optionen, die sich aus der kollektiven religiösen Lebensweise für weibliche Lebensentwürfe und weibliches Handeln ergaben, werden dort nicht thematisiert. Neuere Forschungsansätze in der Historischen Anthropologie untersuchen dagegen die Erfahrungen und Wahrnehmungen der Menschen und fragen gleichzeitig nach den Beziehungen, die es zwischen dem Handeln der Individuen einerseits und den gesellschaftlichen Bedingungen und Strukturen andererseits gab. Dabei versucht dieser Ansatz die wechselseitigen Beziehungen zwischen beiden Ebenen zu begreifen, d.h. daß die Menschen durch ihr Handeln die Strukturen beeinflussen wie natürlich auch umgekehrt.[2]

---

1 Vgl. dazu beispielhaft die Arbeiten von Gatz, Kirche oder Schaffer, Schulorden.

2 Vgl. Rebekka Habermas, Geschlechtergeschichte und "anthropology of gender". Geschichte einer Begegnung, in: Historische Anthropologie 1 (1993), S. 496 f.

Hinsichtlich der Erforschung der katholischen Frauenkongregationen entstehen hier spezifische Probleme, denn die vermeintlich authentischen Selbstzeugnisse, die Aufschluß über die individuellen Weltsichten geben könnten, fehlen weitgehend.[3] Von den Kongregationsmitgliedern gibt es kaum Äußerungen über ihre inneren Beweggründe für den Eintritt in eine Genossenschaft und ihr Handeln in der Genossenschaft. Nach den Motiven der Frauen kann hier nicht auf der Basis biographischer Quellen, sondern muß auf andere Weise geforscht werden. Die Beschreibung der äußeren Gegebenheiten genossenschaftlichen Frauenlebens verspricht aufschlußreiche Erkenntnisse und gewährt Einblicke in den klösterlichen Alltag. Eine vergleichende Analyse der Eintrittsvoraussetzungen, des Eintrittsalters, des Aufnahmeverfahrens und der Tagesabläufe zeigt, daß die Frauen eine bewußte Entscheidung für diese Lebensweise fällten und es sich nicht um eine Notlösung handelte. Für Frauen aus dem Bürgertum sowie den gehobenen handwerklichen und bäuerlichen Schichten eröffnete der Eintritt in eine Kongregation vielfältige Möglichkeiten, wie sie Frauen aus diesen Kreisen andernorts angesichts beruflicher und gesellschaftlicher Beschränkungen kaum hatten. Dazu gehörte die intensive Beschäftigung mit der eigenen Person im Vorfeld der Entscheidung sowie während des gestuften Aufnahmeverfahrens, ein Leben in Gemeinschaft mit Gleichgesinnten ohne materielle Nöte, ein geregelter Alltag mit festgesetzten Arbeits- und Ruhezeiten und Karriere- und Aufstiegsmöglichkeiten. Kurzum ein Leben, wie es viele Frauen außerhalb religiöser Frauengenossenschaften im 19. Jahrhundert nur selten realisieren konnten.

4.1. Eintrittsbedingungen, Eintrittsalter und Herkunft

Welche Voraussetzungen verlangten die Kongregationen von den beitrittswilligen Frauen? Wie sahen die finanziellen Bedingungen aus? Wurden Vorgaben im Hinblick auf Bildung und Ausbildung sowie bestimmte Normen der Lebensführung gemacht? Durch einen Vergleich der in den Konstitutionen der jeweiligen Frauenkongregationen genannten Aufnahmebedingungen sollen diese Fragen beantwortet werden.[4] Ebenfalls hinzugezogen wird ein erstmals

3 Daß die Existenz dieser Quellengattung die Probleme keineswegs löst, zeigt ein Blick auf die neuere Forschung zur Verwendung sogenannter Egodokumente. Vgl. Winfried Schulze (Hg.), Egodokumente. Annäherung an den Menschen in der Geschichte, Berlin 1996.

4 Die folgenden Konstitutionen wurden herangezogen: Satzungen der Genossenschaft der Armen-Schwestern vom heiligen Franziskus im Anschluss an die Ordensregel, welche Papst Leo X. für die in Gemeinschaft lebenden Tertiarinnen des heiligen Franziskus gegeben hat, Aachen 1865; ASULF, Satzungen und Regeln der Genossenschaft der Schwestern Unserer

1896 erschienener umfassender Leitfaden für eintrittswillige Frauen, in dem ein Großteil, wenn auch keineswegs alle in Deutschland existierenden und einige ausländische Frauenorden und -kongregationen verzeichnet sind. Er gibt Auskunft über die Voraussetzungen für den Eintritt in religiöse Genossenschaften und beschreibt deren Aufgabenstellung.[5]

Eintrittsbedingungen

Die Aufnahmebedingungen formulierten die *Armen Schwestern vom hl. Franziskus* aus Aachen in ihren Konstitutionen von 1865 wie folgt: "Die Aufzunehmenden müssen von gutem Rufe, gesundem Verstande, guter Gemüthsart, nicht kränklich, nicht mißstaltet, von Schulden und bürgerlichen Verpflichtungen frei, nicht unter achtzehn und nicht über dreißig Jahre alt sein."[6] Diese Bestimmungen für Kandidatinnen können als typisch für viele Kongregationen gelten; die jeweiligen Oberinnen hatten aber einen gewissen Spielraum, diese Regeln auszulegen. Oft ohne besondere Erwähnung, wird die Berufung zu einem klösterlichen Leben fast stillschweigend vorausgesetzt. Die *Schwestern vom armen Kinde Jesu* führten eine naheliegende Erklärung für die Forderung nach Gesundheit der Kandidatinnen an, die nicht etwa mit Kosten oder Verlust an Arbeitskraft für die Gemeinschaft argumentierte, sondern feststellte: "Fehlt es Einer, die von schwächlicher Gesundheit ist, daran, so wird sie mehr mit sich und ihrer Gesundheit beschäftigt sein, als mit der klösterlichen Vollkommenheit."[7] Letztere galt als oberstes Prinzip klösterlichen Lebens.

Lieben Frau, Coesfeld 1855; Constitutionen der Congregation der Grauen Schwestern von der heiligen Elisabeth aus dem Mutterhaus in Breslau, Breslau 1898; Constitutionen der Schwestern der christlichen Liebe, Töchter der Allerseligsten Jungfrau Maria von der unbefleckten Empfängniß, Paderborn 1895; ASKJ , Satzungen der Genossenschaft der Schwestern vom armen Kinde Jesu. Aachen 1871; AFS, Constitutionen für die Schwestern des heiligen Franziscus, Töchter der hh. Herzen Jesu u. Mariae, aufgestellt am Feste des h. Ignatius 1860 von der Schwester Clara Pfänder; ADJC, Statuten der Genossenschaft der Armen Dienstmägde Jesu Christi zu Dernbach in der Diözese Limburg, zit. nach dem Geschichtlich-juristischen Bericht, S. 24-33.

5 Dieses war kein leichtes Unterfangen, wie Heinrich Keiter im Vorwort der ersten Auflage von 1896 seinen Leserinnen mitteilt; vgl. Heinrich Keiter, Bedingungen für den Eintritt in die religiösen Frauen-Orden und -Genossenschaften Deutschlands und einiger des Auslands. Nach authentischen Mitteilungen zusammengestellt, Regensburg 1896, Vorwort. Die folgenden Angaben wurden der zweiten, umfassenderen Auflage dieses Werkes aus dem Jahr 1898 entnommen.

6 Satzungen der Armen-Schwestern, 1865, S. 8.

7 Satzungen der Schwestern vom armen Kinde Jesu 1871, S. 170.

Modifikationen dieser allgemeinen Eintrittsbedingungen betrafen den Status der Frau im Hinblick auf ihre Herkunft oder den Familienstand. Ebenso wie die *Armen Schwestern vom hl. Franziskus* oder die *Franziskanerinnen* aus Olpe/Salzkotten nahmen die *Schwestern vom armen Kinde Jesu* Witwen auf. Die Aachener Schwestern verlangten darüber hinaus von den neuen Mitgliedern, von ehelicher Geburt zu sein.[8] Während die *Schwestern der christliche Liebe* beides nicht erwähnten, definierten sie "Hindernisse der Aufnahme", die sich nicht an äußeren Faktoren, sondern am psychischen Befinden der Frauen orientierten. Dazu zählten "nicht zu bändigende Leidenschaften und Neigungen" oder "Unbeständigkeit und Schlaffheit"; hinderlich für eine Aufnahme sei "jede Geistesrichtung und Gemüthsstimmung, welche dem Geiste unserer Genossenschaft sehr hinderlich oder verderblich sein könnte."[9] Diese Formulierungen ließen sicherlich genügend Interpretationsspielraum für die Oberin, eine Kandidatin aufzunehmen oder abzulehnen. Ausgesprochen dezidierte Kriterien hatten die *Grauen Schwestern* von den beitrittswilligen "Jungfrauen" in den ersten Statuten 1844: sie müßten in einer Prüfungszeit beweisen, daß sie nicht nur die nötigen Qualifikationen für die Krankenpflege, sondern auch "alle anderen erforderlichen Eigenschaften besitzen", als da sind "gute Elementarkenntnisse, vornehmlich in der Religion, Gesundheit, Körperkraft, Gewandtheit, Geduld und Ausdauer, Unerschrockenheit u.s.w."[10] Auch die *Schwestern der christlichen Liebe* in Paderborn stellten hohe Anforderungen. Nicht allein, daß nur solche Frauen aufgenommen wurden, "die mit möglichst vielen Gaben der Natur und der Gnade ausgestattet" seien, sondern diejenigen, die als Lehrerinnen arbeiten wollten, mußten "mit einer guten Schulbildung, mit besonnener Ueberlegung in Behandlung der Dinge oder doch mit gutem Urtheil zu deren Erlangung" versehen sein; ferner wurde verlangt, daß ihr Gedächtnis die Kraft habe, zu fassen und das Gesagte treu zu behalten."[11] In der Regel wurden keine spezifischen Schul- oder Berufsqualifikationen vorausgesetzt.[12] Oft wurde von den

---

8 Aber auch dieses Kriterium wurde nicht immer stringent angewandt, so daß die Kongregation den Kölner Erzbischof häufiger um Dispens bat, weil man eine Frau von unehelicher Geburt aufnehmen wollte. Vgl. dazu u.a. ein Gesuch des damaligen Geistlichen Direktors Bischof Laurent an den Erzbischof vom 4. Febr. 1869, in dem er betont, daß die illegitime Geburt von Antonie Claus in der Kongregation nicht bekannt sei. Der Erzbischof genehmigte die Aufnahme umgehend. (BDA, Gvo Aachen, Schwesternklöster 7, IV, (10096), Bl. 10 f.)

9 Constitutionen Schwestern der christlichen Liebe 1895, S. 64.

10 Statuten des Schwesternvereins zur Pflege hilfloser Kranker unter dem Schutze des allerheiligsten Herzens Jesu, 1844, zit. nach Joseph Jungnitz, Die Kongregation der grauen Schwestern von der heiligen Elisabeth, Breslau 1892, S. 13.

11 Constitutionen Schwestern der christlichen Liebe 1895, S. 63.

12 Nach der Zusammenstellung von Keiter setzten in den 1890er Jahren die meisten Kongregationen eine Elementarschulbildung voraus, während zusätzliche Berufsausbildungen lediglich

Kandidatinnen verlangt, daß sie mit "guten geistigen Anlagen"[13] ausgestattet waren oder über "gesunde(n) Verstande"[14] verfügten.

Insgesamt spiegeln diese niedrigen bildungsspezifischen Anforderungen die Situation der weiblichen Bildung im 19. Jahrhundert wider, das Absolvieren und Abschließen formalisierter Bildungsgänge blieb den Frauen weitgehend verwehrt.[15] So gesehen, schloß die Forderung nach einer guten Elementarbildung bereits viele Frauen aus, da im 19. Jahrhundert längst nicht alle Mädchen eine Elementarschule besuchen konnten. Wenn die *Schwestern vom armen Kinde Jesu* für Chorschwestern "(vorzüglich) ... eine gute Erziehung und ordentliche Bildung" forderten, richtete sich ihr Blick sicherlich eher an bürgerliche Kreise. Andere Kongregationen trugen den mißlichen Bedingungen weiblicher Bildung auch dadurch Rechnung, daß sie ihre Mitglieder nach eigenen Vorstellungen qualifizierten. Dessenungeachtet bedeutete eine gute Bildung in der Regel einen Vorteil für die Bewerberinnen, der unter Umständen andere Mängel ausgleichen konnte, beispielsweise geringes Vermögen.

Ähnlich wie in bezug auf die bildungsspezifischen Ansprüche zeigten sich die meisten Kongregationen flexibel hinsichtlich der finanziellen Leistungen, die die Kandidatinnen beim Eintritt einbringen mußten. Die Summe lag unter denen, die von den klassischen Frauenorden erhoben wurde, folglich konnten auch nicht wohlhabende Frauen Mitglied werden. Die Kongregationen - und das war eine der Ursachen ihrer Attraktivität - waren nicht in dem Maße wie die Orden von der Mitgift und dem Vermögen der eintrittswilligen Frauen abhängig. Sie benötigten qualifizierte Kräfte, denn sie erwirtschafteten durch ihre Tätigkeiten selbst in erheblichem Maße Einnahmen, beispielsweise wenn sie in städtischen Einrichtungen Kranke pflegten, an kommunalen Schulen unterrichteten oder religiöse Gegenstände produzierten.[16]

Demgegenüber mußten die Klöster, bei denen jedes für sich wirtschaftete, ihre Existenz im wesentlichen durch eingebrachtes Vermögen der Mitglieder sichern. Darauf waren besonders kontemplative Orden angewiesen, weil sie keine Einnahmen durch Tätigkeiten erzielten. Der *Orden der hl. Birgitta* aus Aichach in Oberbayern forderte beispielsweise im Jahre 1844 3000 Gulden, erst nach der Konsolidierung erklärte man sich bereit, "auch etwas weniger Bemittelte" auf-

---

erwünscht waren, aber auch in der Kongregation erworben werden konnten. Vgl. Keiter, Bedingungen.

13 Constitutionen Schwestern des hl. Franziskus, XXXXVI.

14 Satzungen der Armen-Schwestern, S.8.

15 Vgl. zur weiblichen Bildungsgeschichte im 19. Jahrhundert u.a. Juliane Jacobi, Zwischen Erwerbsfleiß und Bildungsreligion - Mädchenbildung in Deutschland, in: Duby/Perrot, Geschichte der Frauen, Band 4, S. 267-281 sowie Elke Kleinau/Claudia Opitz (Hg.), Geschichte der Mädchen- und Frauenbildung, 2 Bde., Frankfurt a.M. 1996.

16 Zur Finanzierung der Kongregationen vgl. Kapitel 5.3.

zunehmen.[17] Die Konstanzer *Dominikanerinnen* verlangten bei Eintritt neben der Aussteuer 100 Mark, bei der Profeß eine Mitgift von 2500 Mark für Ordensfrauen und immerhin noch 1000 Mark für Laienschwestern.[18] Eine vermögende Frau im westfälischen Paderborn, die als Lehrerin ein religiöses Leben führen wollte, hatte beispielsweise in den 1890er Jahren die Wahl zwischen dem Orden der *Chorfrauen des heiligen Augustinus* oder der Kongregation der *Schwestern der christlichen Liebe*. Den Chorfrauen hätte sie neben der Aussteuer 3000 Mark zahlen müssen, während sie mit der Oberin der *Schwestern der christlichen Liebe* eine Vereinbarung über die Höhe des Einzubringenden treffen konnte.[19] Ihre weniger wohlhabende Geschlechtsgenossin hatte bei den *Chorfrauen des hl. Augustinus* nur dann eine Chance, wenn sie das Lehrerinnenexamen vorweisen konnte.

Konnten sich aufgrund der Höhe der Mitgift nicht alle Frauen leisten, einem Orden beizutreten, so boten die Kongregationen hier einen Ausweg. Da die Kongregationen auf diverse Finanzierungsquellen zurückgreifen konnten, nahmen viele von ihnen auch unbemittelte oder weniger bemittelte Bewerberinnen auf, wenn sie Kompetenz und Qualifikation in dem jeweiligen Arbeitsfeld mitbrachten. Dennoch achteten die Kongregationen in der Regel darauf, daß die Bewerberinnen einen Beitrag zur finanziellen Ausstattung leisteten, was auch bedeutete, daß untere Schichten ausgeschlossen blieben. Im allgemeinen erwarteten sie von den eintrittswilligen Frauen deren Aussteuer oder Mitgift.[20] Die Kongregationen praktizierten dies sehr unterschiedlich.

Die *Grauen Schwestern* in Neisse handhabten finanzielle Angelegenheiten sehr konsequent, wenn man den Äußerungen der Generaloberin zum Beitrittswunsch einer Frau Glauben schenken darf: "Ich bin gar nicht abgeneigt, die betreffende Jungfrau aufzunehmen, im Falle sie erstens fromm und gut ist und zweitens 240 Taler Vermögen nebst einer vollen Ausstattung zusammenbringen kann. Laut unseren Statuten ist dies das Mindeste, das jede Schwester haben soll ... Vielleicht schickt ihr der liebe Gott Wohltäter, die das noch Fehlende (140 Taler) zusammenlegen."[21] Wir wissen nicht, ob es der Frau gelang, diese finan-

---

17 Keiter, Bedingungen, S. 8.

18 Vgl. ebd., S. 18. Der Begriff der Laienschwestern wird in Abschnitt 4.4. dieser Arbeit erläutert.

19 Vgl. ebd., Bedingungen, S. 25, 21.

20 Besaß eine Frau Vermögen, behielt sie zu Lebzeiten gemäß den kanonischen Bestimmungen ein Verfügungsrecht darüber; nach ihrem Tod ging dieses in den Besitz der Kongregation über. Vgl. dazu Kapitel 2 dieser Arbeit.

21 Brief von Maria Merkert an den Kleriker Hugo Lämmer, der für sein "armes Beichtkind Maria Kuhn" um Aufnahme in die Kongregation bat, vom 8. September 1863, zit. nach Joseph Schweter, Geschichte der Kongregation der Grauen Schwestern von der heiligen Elisabeth, Bd. I, Breslau 1937, S. 85 f.

zielle Hürde zu überwinden oder ob sie es vielleicht bei einer anderen Kongregation versuchte. Wie bei den *Schwestern der christlichen Liebe* übertrugen viele Gemeinschaften die Entscheidung über die Höhe des Einzubringenden der Oberin und trafen darüber eine exakte Festlegung.[22] Bei den *Franziskanerinnen von den heiligsten Herzen Jesu und Mariae* mußten Chorschwestern mindestens 300 Taler und Hausschwestern mindestens 100 Taler einbringen.[23] Die Paderborner *Vinzentinerinnen* gingen einen anderen Weg: "Die einzukleidende Postulantin hat an die Oberin die Summe von 200 Thl. Courant zu zahlen. Davon werden die Kosten der üblichen und für alle Schwestern möglichst gleichförmig einzurichtenden Aussteuer bestritten." Die Reduzierung dieses Betrages hing "theils von dem Zustande des Klosterfonds, theils von der Würdigkeit und Qualifikation, sowie von den Vemögens-Verhältnissen der betreffenden Postulantinnen ab."[24] Die *Armen Dienstmägde Jesu Christi* bestimmten, daß die Mitgift je zur Hälfte bei Eintritt und bei Profeßablegung fällig und außerdem davon das Ordenskleid zu bestreiten sei.[25] Einige Kongregationen stellten den Anwärterinnen die Kosten für den Unterhalt während der Probezeit - dem sogenannten Postulat - in Rechnung.[26] Die Kongregation der *Armen Schwestern vom heiligen Franziskus* "fordert von keiner Eintretenden eine Mitgift, sondern nur eine bestimmte Aussteuer zur Bestreitung der Kosten der Kleidung und sonstiger Anschaffungen für Noviziat und Profession."[27]

Am Beispiel der *Schwestern vom armen Kinde Jesu* läßt sich zeigen, daß es sich bei einer Aussteuer um durchaus relevante Beträge handelte, die nur von Frauen aus bürgerlichen Schichten respektive wohlhabenden bäuerlichen oder

---

22 "Es ist Sache der Oberin, jedoch unter Zustimmung der Assistentinnen, mit jeder Aufzunehmenden wegen der Aussteuer und Mitgift ... das nöthige Uebereinkommen zu treffen." Constitutionen der Schwestern der christlichen Liebe 1895, S. 61.

23 Vgl. Constitutionen Schwestern des hl. Franziskus, S. 19, 81. Zur Einordnung dieser Beträge sei vermerkt, daß die Kölner Armenverwaltung 1846 bestimmte, daß eine Arbeiterfamilie mit drei Kindern im Jahr mindestens 157 Taler benötigte. Selbst die Handlanger am Kölner Dom verdienten weniger. Vgl. Herres, Städtische Gesellschaft, S. 55. Um zur verschwindenden Minderheit der Wahlberechtigten zur Stadtverordnetenversammlung - in Köln und Bonn waren dies bis in die 1890er Jahre hinein unter 10 % der Bevölkerung - zu gehören, mußten Männer in den rheinischen Städten über ein Mindesteinkommen von 300 bis 400 Taler im Jahr verfügen können. Vgl. ebd. S. 56 sowie Mergel, Klasse und Konfession, S. 376 f.

24 Instruktion über die Aufnahme in die Genossenschaft vom 17.12.1845, zit. nach Freisen, Landeshospital, S. 190.

25 Der Betrag belief sich auf insgesamt 300 Gulden. Vgl. Statuten der Arme Dienstmägde Jesu Christi, § 23.

26 "Jede Postulantin" der *Schwestern Unserer Lieben Frau* muß beim Eintritt ins Noviziat neben der "Aussteuer, welche aus den nötigen Kleidungsstücken besteht, auch die Summe Geld mitbringen, welche erforderlich ist, um die Unkosten des Noviziats zu bestreiten." Vgl. Satzungen der Schwestern Unsere Lieben Frau, S. 7.

27 Satzungen der Genossenschaft der Armen-Schwestern 1865, S. 17.

handwerklichen Kreisen aufzubringen war. Die Liste der Aussteuerstücke für Chorschwestern glich der für bürgerliche Frauen.[28] Sie reichte von der gesteppten Decke aus violettem Kattun über wollene Bettdecken, Leintücher, Handtücher, Tisch- und Unterwäsche bis hin zu Kleidern, einem Regenschirm und einer silbernen Taschenuhr. Für die Laienschwestern wurde die Liste erheblich gekürzt, so fehlt Bett- und Tischwäsche gänzlich. Zusätzlich verlangte die Kongregation für die Anschaffungen im Zusammenhang mit der Einkleidung für Chorschwestern 150 Mark und für Laienschwestern 75 Mark. Angehende Chorschwestern hatten überdies bis zur Profeß ein jährliches Kostgeld von 300 Mark zu entrichten.[29] Wie die meisten Kongregationen erlaubten die *Schwestern vom armen Kinde Jesu* Ausnahmen von dieser Praxis; gleichwohl läßt sich resümieren, daß Frauen aus den unteren Schichten wenig Chancen auf Aufnahme hatten.

Die Beispiele haben gezeigt, daß die meisten Kongregationen auf die starre Aufnahmepraxis der klassischen Frauenorden verzichteten und sich in erster Linie von den konkreten Notwendigkeiten der jeweiligen Genossenschaft leiten ließen. Das bedeutete nicht, daß sie vorschnell auf den Besitz der Frauen verzichteten, aber für sie gab es noch andere Kriterien, wie beispielsweise Bildung und Ausbildung der Kandidatinnen. Kurzum, wenn Frauen nicht genug Vermögen einbringen konnten, war dies allein kein Grund, sie nicht in eine Kongregationen aufzunehmen. In den 1860er Jahren konnten die Frauen aus einer Vielzahl von Kongregationen diejenige wählen, die ihren Möglichkeiten und Neigungen am ehesten entsprach. Zu betrachten ist nun, welche Frauen sich für diesen Lebensentwurf entschieden. Dazu wird zunächst untersucht, in welchem Alter sie Mitglied einer Kongregation wurden; denn das Alter als Indikator gibt Aufschluß darüber, in welcher Lebensphase und unter welchen Lebensumständen ein solcher Entschluß reifte. Anschließend wird die oben aufgeworfene Frage nach der Herkunft der Frauen thematisiert.

Eintrittsalter

Einer religiösen Frauengenossenschaft beizutreten, hieß für Katholikinnen, sich für einen alternativen Lebensentwurf zu entscheiden, der gleichberechtigt neben Ehe und Familie stand. Der Katholizismus schuf nicht nur, wie der Protestantismus, Leitbilder, Räume und Handlungsbereiche für verheiratete

---

28 Zur Bedeutung der Aussteuer noch im 20. Jahrhundert vgl. Agnes Fine, Die Aussteuer - Teil der weiblichen Kultur? in: Michelle Perrot (Hg.), Geschlecht und Geschichte. Ist eine weibliche Geschichtsschreibung möglich? Frankfurt a.M. 1989, S. 161-198.

29 Vgl. ASKJ, Gebräuche der Genossenschaft der Schwestern vom armen Kinde Jesus, Simpelveld, Haus Loreto 1891, S. 23-25.

Frauen, sondern auch für unverheiratete. Nach einer weitverbreiteten Meinung - besonders in nicht-katholischen Kreisen - wurde der Eintritt in eine Kongregation als eine zweitbeste Lösung angesehen, da das eigentliche Ziel, zu heiraten und eine Familie zu gründen, von den betreffenden Frauen verfehlt wurde. Diese Annahme stützt sich insbesondere auf die Behauptung eines "Frauenüberschusses" im 19. Jahrhundert, mit der Konsequenz, daß manche Frauen wegen schlechter Heiratschancen auf eine Alternative wie das Leben in einer Frauengenossenschaft auswichen. Durch einen Vergleich zwischen dem durchschnittlichem Heiratsalter und dem Alter, in dem Frauen in das Postulat einer Kongregation eintraten, soll die These geprüft werden, ob die Frauen vor ihrem Eintritt den "Heiratsmarkt" eingehend erkundeten, bevor sie sich zu einer aus religiösen Gründen zölibatären Lebensweise entschlossen.

In der Analyse des Eintrittsalters ist zweierlei zu berücksichtigen: erstens ist das Eintrittsalter in eine Kongregation in der Phase der Konstituierung ein anderes als während der Zeit der Konsolidierung (s.u.), zweitens ist das von der Kongregation angestrebte Eintrittsalter nicht unbedingt identisch mit den tatsächlichen. Die meisten Kongregationen wünschten sich Mitglieder zwischen dem 17. und 26. Lebensjahr, teilweise konnten die Frauen bis zum 30. Lebensjahr Aufnahme finden.[30]

Die älteste preußische Genossenschaft, die *Clemensschwestern* in Münster, legte ein Eintrittsalter zwischen 19 und 30 Jahren fest,[31] und in der Tat traten die meisten Frauen unter 26 Jahren ein.[32] Das durchschnittliche Eintrittsalter bei den *Clemensschwestern* betrug zwischen 1861 und 1910 23,4 Jahre, am niedrigsten lag es zwischen 1881 und 1890 mit 23,1 Jahren und am höchsten zwischen 1871 und 1880 mit 24,5 Jahren. Letzteres muß als Folge der Kulturkampfbestimmungen gewertet werden, da hier die Aufnahme vom preußischen Staat reglementiert wurde und so aufgrund aufgeschobener Eintritte eine leichte Überalterung eintrat.

Ein etwas niedrigeres Eintrittsalter verzeichnen die *Schwestern Unserer Lieben Frau* in Coesfeld. Zwischen 1850 und 1853 traten 67 Frauen als Postulantinnen der Kongregation bei. Lediglich vier von ihnen waren älter als 30 Jahre, während 14 jünger als 20 waren. Wie schon bei den *Clemensschwestern* zog es die meisten Frauen zwischen dem 20. und 24. Lebensjahr in eine religiöse Ge-

---

30 Vgl. Keiter, Bedingungen.

31 Die folgenden Zahlen sind der Dissertation von Sanders, Sozialökonomische Untersuchung, entnommen; hier S. 31.

32 Die folgenden Zahlen beruhen auf eigenen Berechnungen nach den Angaben bei Sanders, Sozialökonomische Untersuchung, Anhang, Tabelle 4.

meinschaft. In diesem Fall waren es 34, also gut die Hälfte aller neuen Mitglieder. Das Durchschnittsalter betrug zu Beginn der 1850er Jahre 22,9 Jahre.[33]

Bei der Paderborner Kongregation der *Schwestern der christlichen Liebe* sank das Eintrittsalter in den 1860er Jahren im Vergleich zum Jahrzehnt nach der Gründung von 1849 leicht ab. Die Gründerinnengeneration war bei Eintritt zwischen 21 und 42 Jahren alt. Das durchschnittliche Eintrittsalter lag 1855 bei etwa 25 Jahren.[34] In den Jahren 1863 und 1868 wurden die Frauen im Durchschnitt mit 22 bzw. mit 24 Jahren Mitglied der Kongregation.

Für die Kongregation der *Schwestern vom armen Kinde Jesu* aus Aachen lassen sich die Verhältnisse über einen längeren Zeitraum beobachten.[35] In der Konstituierungsphase der Gemeinschaft lag das durchschnittliche Lebensalter der Eintrittsjahrgänge 1843 bis 1849 bei 25,3 Jahren und zu Beginn der 1850er Jahr gar bei 26,3 Jahren. Für die Eintrittsjahrgänge 1859/60 sank es auf 21,7 sowie 1870/71 auf 22 Jahre, 1880/81 betrug es 20,9. Die "Verjüngung" setzte mit den Eintrittsjahrgängen 1859/60 ein. Eintritte nach dem 30. Lebensjahr kamen kaum noch vor, während Beitritte von Frauen unter 20 Jahren geringfügig zunahmen.[36] Das relativ hohe Eintrittsalter zu Beginn erklärt sich aus den besonderen Umständen in der Gründungsphase.[37] Die vier Gründerinnen arbeiteten bereits sieben Jahre vor der offiziellen Gründung 1844 zusammen, als sie zwischen 24 und 29 Jahre alt waren. Freundschaftliche Kontakte, finanzielle Erwägungen und Qualifikationsanforderungen bestimmten die Auswahl der Frauen in der Anfangsphase stärker als das jeweilige Lebensalter, danach

---

33 Vgl. ASULF, Schwesternverzeichnis. Die Berechnungen erfolgten auf der Grundlage dieses Schwesternverzeichnises zwischen 1850-1857.

34 Die nachfolgenden Berechnungen basieren auf den Angaben der Schematismen des Erzbistums Paderborn zwischen 1849 und 1868. Vgl. Schematismus der Geistlichkeit des Bisthums Paderborn, hrsg. 1849, 1855, 1863, 1868. Hier werden alle Niederlassungen aufgelistet und in diesem Zeitraum auch alle Mitglieder namentlich mit Geburtsdatum und Alter zur Zeit der Profession angegeben. Um das Eintrittsalter ermitteln zu können, müssen hiervon einige Monate für das Postulat und zwei Jahre für das Noviziat abgezogen werden. Vgl. Schmittdiel, Pauline von Mallinckrodt, S. 151.

35 Die folgenden Zahlen ergeben sich aus der Auswertung des Schwesternverzeichnisses der Gemeinschaft. Beginnend mit dem Jahr 1843 wurden zu jedem Dekadenwechsel 30 neu eingetretene Frauen im Hinblick auf ihr Lebensalter bei Eintritt analysiert. Dieses Verfahren erschien angesichts der großen Zahl von Eintritten notwendig, denn bis 1875 traten 946 Frauen der Kongregation bei. Das Eintrittsalter wurde für die Zeit von 1843 bis 1890 ausgewertet. ASKJ, Schwesternverzeichnis (1843-1908).

36 Diese Entwicklung kann mit der Einführung einer dritten Kategorie Schwestern neben den Chor- und Laienschwestern in Zusammenhang stehen: den sogenannten Kleinen Schwestern. Dabei handelte es sich um Mädchen, die in den Häusern der Kongregation erzogen und ausgebildet worden waren und denen durch die Schaffung dieses Sonderstatus ein Zugang zum religiösen Genossenschaftsleben eröffnet werden sollte. Vgl. dazu Kapitel 5.3 dieser Arbeit.

37 Vgl. dazu Kapitel 1.

scheint diese Flexibilität einer stärkeren Normierung gewichen zu sein. Aber auch für diese Entstehungsphase galt, daß Eintritte vor dem 18. und nach dem 30. Lebensjahr eher eine Ausnahme darstellten.

Die Relativität des Kriteriums Eintrittsalter in der Konstituierungsphase läßt sich am Beispiel zweier *Schwestern vom armen Kinde Jesu* eindrucksvoll zeigen. Die 18jährige Anna Maria Lauffs (1828-1901)[38] erhielt Zugang über freundschaftliche Kontakte zu den Gründerinnen, darüber hinaus war die Familie Lauffs in das Milieu des katholischen Bürgertums in Aachen eingebunden. Anna Maria Lauffs Vater, der Arzt Joseph Lauffs, zählte zu den führenden Mitgliedern des katholischen Bürger- und Wahlvereins Constantia.[39] Zu diesem Kreis zählte ebenfalls die Familie der bei ihrem Eintritt 56jährigen Theresia Beissel.[40] Ungewöhnlich war nicht nur das Alter; auch der Umstand, daß sie eine Witwe war, stellte ein Novum dar. Ihre Verbundenheit mit den Gründerinnen und insbesondere das beträchtliche Vermögen, was sie in die Gemeinschaft einbrachte, wog scheinbar stärker als das hohe Alter.[41] Beide Frauen gehörten bis zu ihrem Tod 1904 bzw. 1867 zur Führungsgruppe.[42]

Für die vier erwähnten Kongregationen kann zusammenfassend festgestellt werden, daß die überwiegende Mehrzahl der Frauen bis zu ihrem 24. Lebensjahr Mitglied wurden. Nach dem 30. Lebensjahr traten nur vereinzelt Frauen ein. Ältere Frauen hatten kaum eine Chance, in einer religiösen Genossenschaft aufgenommen zu werden. Was kann aus diesem Ergebnis für den eingangs thematisierten Entscheidungsprozeß der Aspirantinnen geschlossen werden? Katholikinnen, die einen Eintritt erwogen, mußten sich frühzeitig mit dieser Frage beschäftigen, denn der Weg in eine religiöse Gemeinschaft nahm unter Umständen viel Zeit in Anspruch. Zunächst mußte eine individuelle Entscheidung über den persönlichen Lebensweg getroffen werden,[43] wobei allerdings die Umsetzung keineswegs ausschließlich von den Wünschen der Frauen abhing. Vielmehr mußten sie ihre Lebensentwürfe mit familiären Belangen in Einklang bringen. Dies betraf Versorgungsansprüche von Eltern und Geschwistern, aber auch die

---

38 Vgl. ASKJ, Lauffs, Erinnerungen; 5750 Anna Maria Lauffs (Lebensbilder).

39 Vgl. Phil. Wahrmuth, Zur Geschichte des Aachener katholischen Bürger- und Wahl-Vereins Constantia, Aachen 1894, S. 4.

40 Vgl ASKJ, 8101 Therese Beissel.

41 So verkaufte sie der Kongregation eines ihrer Häuser zu einem besonders günstigen Preis. Vgl. Pfülf, M. Clara Fey, S. 130 ff. Außerdem brachte sie ein beträchtliches Barvermögen ein. Vgl. ASKJ: Buch der Doten, verzeichnet 1849 und 1856 insgesamt 10 000 Thaler. Abgesehen von den Gründerinnen stellten nur drei Frauen ähnlich hohe oder höhere Doten der Kongregation zur Verfügung.

42 Anna Maria Lauffs leitete die Paramentenabteilung im Mutterhaus, die zur wesentlichen ökonomischen Grundlage der Gemeinschaft wurde; Theresia Beissel fungierte als Assistentin der Generaloberin.

43 Vgl. zu diesen religiösen Aspekten einer derartigen Entscheidung Kapitel 6 dieser Arbeit.

Regelung finanzieller Fragen. Zu klären waren gegebenenfalls die Höhe der Erbschaft und die Ansprüche, die die jeweilige Kongregation im Hinblick auf Mitgift, Aussteuer oder Vermögen stellte. Die Überlegungen um den Eintritt in eine Kongregation unterschieden sich mithin nicht von den Erwägungen, die eine Frau anstellen mußte, die heiraten wollte.

Dem tatsächlichen Eintrittsdatum konnte unter Umständen eine lange Zeit der Verhandlungen mit Familie und Kongregation vorausgegangen sein, so daß die grundsätzliche Entscheidung zu einem klösterlichen Leben lange vorher getroffen worden war. Zu berücksichtigen ist ferner, daß zumindest in den 1860er Jahren eine eintrittswillige Frau unter verschiedenen Kongregationen auswählen konnte, wobei ihre Neigungen und Interessen, die lokalen Angebote, aber auch bestimmte Eintrittsvoraussetzungen entscheidend sein konnten. Die Mehrzahl der Frauen beschäftigte sich folglich im Alter von etwa 20 bis 22 Jahren mit dieser Entscheidung und den damit verbundenen Konsequenzen für den weiteren Lebensweg. Dieser Befund zeigt, daß zumindest theoretisch zwei Wahlmöglichkeiten bestanden: Heirat und Mutterschaft oder zölibatäres Leben.[44] Letzteres war im übrigen nicht zwangsläufig an den Eintritt in eine religiöse Frauengenossenschaft gebunden, sondern konnte auch "in der Welt" als freiwilliger Verzicht auf Ehe und Sexualität praktiziert werden.

Angesichts des niedrigen durchschnittlichen Eintrittsalters kann die schon von Zeitgenossen vorgetragene These, bei den Mitgliedern von Frauenkongregationen handele es sich um Frauen, die schlechtere Chance auf dem Heiratsmarkt gehabt hätten,[45] nicht aufrecht erhalten werden. Denn im Verlauf des 19. Jahrhunderts blieb das durchschnittliche weibliche Heiratsalter bis in die 1890er Jahre konstant hoch zwischen 25,1 und 28,8 Jahren.[46] Adelheid von Nell beispielsweise weist in ihrer Studie für Niedersachsen nach, daß im Unterschied zum 18. Jahrhundert eine frühe Eheschließung auch für bürgerliche Frauen seltener wurde.[47] Frauen unterer Schichten heirateten nach Nipperdey unter Um-

---

44 Ich verwende den Terminus Zölibat zur Vermeidung des heute eher inkriminierten Begriffs der Jungfräulichkeit. Letzterer weckt Assoziationen, die an einen unzulänglichen, nur aus der Not geborenen Lebensentwurf erinnern. Dieses Vorgehen steht allerdings im Widerspruch zur katholischen Lehre, wonach der Begriff der "Jungfräulichkeit (virginitas)" geschlechtsneutral "sowohl eine Tugend des christlich-sittlichen Lebens, als einen Stand in der Kirche Christi" bezeichnet. Prunner, Art. Jungfräulichkeit, in: Wetzer und Welte's Kirchenlexikon, Art. Jungfräulichkeit, Bd. 6, Freiburg i.Br. 18892, Sp. 2016. Im Unterschied dazu sind im streng kanonischen Sinn an den Zölibat nur katholische Kleriker gebunden. Vgl. Fritz, Art. Cölibat, in: Wetzer und Welte's Kirchenlexikon, Bd. 3, Freiburg i.Br. 18842, Sp. 584.

45 So beispielsweise Hinschius, Orden I, S. 9.

46 Vgl. Hans-Ulrich Wehler, Deutsche Gesellschaftsgeschichte, 3. Bd. 1849-1914, München 1995, S. 8, 495.

47 Vgl. Adelheid von Nell, Die Entwicklung der generativen Strukturen bürgerlicher und bäuerlicher Familien von 1750 bis zur Gegenwart, Diss. Bochum 1973, S. 70.

ständen etwas früher, aber auch relativ spät; Ehefrauen von Arbeitern waren durchschnittlich zwischen 25,5 und 26,5 Jahren alt. Auch in bäuerlichen Kreisen wurden Ehen in der Regel erst zwischen Mitte und Ende Zwanzig geschlossen, bei einem vergleichsweise geringen Altersunterschied der Ehegatten.[48] Diese Zahlen lassen es kaum vorstellbar erscheinen, daß junge Frauen im allgemeinen erst ihre Chancen am Heiratsmarkt eruierten, bevor sie sich zum Kongregationseintritt entschlossen. Nur wenn das durchschnittliche Eintrittsalter deutlich über 25 Jahre liegen würde, gewänne diese Annahme an Plausibilität.

Gegen die Annahme von den "übriggebliebenen Frauen" spricht darüber hinaus, daß der hierfür ins Feld geführte "Frauenüberschuß" bei weitem überschätzt wurde.[49] Bärbel Kuhn bezeichnete die These vom Frauenüberschuß als Mythos. Die zeitliche Verschiebung von Heiraten aufgrund ökonomischer Bedingungen hätte allenfalls zu einer leichten Erhöhung des Anteils der ledigen Frauen geführt. Hierbei handele es sich aber vornehmlich um ein bürgerliches Phänomen. Und genau in diesen Kreisen wurden aufgrund eigener Erfahrungen - so Kuhn - die Vorurteile und Befürchtungen hinsichtlich des Verhaltens lediger Frauen artikuliert. Diese Vorbehalte gegenüber dem weiblichen Heiratsverhalten war insofern nicht unberechtigt, als es in der zweiten Hälfte des 19. Jahrhunderts dank intensiver Debatten um die Frauenfrage und die Frauenbewegung erstmals auch für nicht-katholische Frauen eine Wahlmöglichkeit zwischen Ehe und Nichtehe gab.[50] Ob allerdings Kuhns Behauptung, daß sich bereits um die Jahrhundertwende die Dinge verkehrten und schon bald die "braven Ehefrauen" geringer geschätzt wurden als die "alten Jungfern"[51], sei einmal dahingestellt. In diesem Kontext jedenfalls stellte der Eintritt in eine religiöse Frauengemeinschaft eine Option dar, die der grundlegenden Veränderung weiblicher Lebensentwürfe Rechnung trug.[52]

Monokausale Begründungen für weibliches Handeln helfen im übrigen nicht weiter. Adäquat sind nur Erklärungsansätze, die die Vielfältigkeit der Motive betonen. Hinzukommt, daß die Entscheidungen der Frauen ernstzunehmen sind und nicht vorab als Notlösungen diskreditiert werden sollten. Ein vergleichbarer Vorwurf wurde im übrigen nicht gegenüber Männer erhoben, die den Beruf des katholischen Priesters ergriffen. Frauen konnten durchaus handfeste Gründe

---

48 Vgl. Thomas Nipperdey, Deutsche Geschichte 1866-1918, 1. Bd.; Arbeitswelt und Bürgergeist, München 1990, S. 21 f, 62, 67.

49 Vgl. Herrad-Ulrike Bussemer, Frauenemanzipation und Bildungsbürgertum, S. 23-29, 265 f.

50 Vgl. Kuhn, "Das Loos...", S. 55 f.

51 Vgl. ebd., S. 57.

52 Bärbel Kuhn unterschätzt in ihrer Studie die Bedeutung der religiösen Frauengemeinschaften im Katholizismus wie im Protestantismus, wenn sie argumentiert, daß ein Klostereintritt für Protestantinnen ohnehin nicht zur Debatte stand und "wohl auch insgesamt in der modernen säkularisierten Gesellschaft etwas aus der Mode gekommen" sei. Ebd., S. 61.

haben, von einer Heirat abzusehen. Das Leben als Ehefrau und Mutter stellte oft harte Anforderungen an Frauen, zahlreiche Schwangerschaften, Todesängste bei den Geburten, der Tod von Kindern begleiteten ihr Leben, von den auch für bürgerliche Frauen beschwerlichen Haus- und Reproduktionsarbeiten ganz abgesehen.[53] Die Entscheidung für ein zölibatäres Leben läßt sich mitnichten als defizitäre Wahl beschreiben. Bei denjenigen Frauen, die einer Kongregation beitraten, handelte es sich also in der Mehrheit um vergleichsweise junge Frauen. Aus welchen Gesellschaftsschichten kamen die angehenden Schwestern?

Herkunft

Die Ermittlung der Schichtzugehörigkeit der Frauen, die einer Kongregation angehörten, stößt auf quellentechnische und konzeptionelle Hindernisse. Die Kongregationen führten sogenannte Schwesternverzeichnisse oder Personalbücher. In der Regel wurden hier die Eintretenden mit ihrem bürgerlichen und klösterlichen Namen, dem Namen der Eltern, dem Geburts- und Eintrittsdatum sowie dem Geburts- oder Herkunftsort verzeichnet.[54] Die schichtenspezifische Herkunft kann meist nicht ermittelt werden, weil die Berufe der Eltern nur selten überliefert sind.[55] Sollten dennoch Statistiken dieser Art vorhanden sein, werden sie von den Kongregationen nur ungern für eine Auswertung freigegeben.[56] Darüber hinaus beinhalten vermeintlich verläßliche sozialstatistische Verfah-

---

53 Erfahrungen dieser Art machten viele verheiratete Frauen. Katholikinnen des 19. Jahrhunderts mußten überdies aufgrund katholischer Sexualmoral eine große Kinderschar auch dann noch als wahre Erfüllung ihres Lebens begreifen, wenn dies nur unter schweren körperlichen wie psychischen Beeinträchtungen für sie zu bewältigen war. Netta Fey erging es so, aber auch Julie Engelen. Zum Amüsement ihres späteren Ehemannes, des einflußreichen Zentrumspolitikers Ludwig Windthorst, hatte sie beschlossen, nicht zu heiraten, und hegte Sympathien für ein klösterliches Leben. Sie gab jedoch dem beharrlichen Werben Windthorsts nach, heiratete ihn schließlich 1838 und bekam acht Kinder, von denen nur eine Tochter überlebte. Vgl. Margaret Lavinia Anderson, Windthorst. Zentrumspolitiker und Gegenspieler Bismarcks, Düsseldorf 1988, S. 24 ff, 76.

54 In folgenden Archiven wurden die Personalverzeichnisse eingesehen: ASKJ, Schwesternbuch der Schwestern vom armen Kinde Jesu Aachen/Simpelveld; AFS, Personalbuch der Franziskanerinnen v.d. hl. Herzen Jesu und Mariä Salzkotten; AFA, Schwesternverzeichnis der Arme Schwestern vom heiligen Franziskus Aachen; AFO, Schwesternverzeichnis der Franziskanerinnen von der ewigen Anbetung Olpe; ASULF, Schwesternverzeichnis der Schwestern Unserer Lieben Frau Mülhausen..

55 Lediglich die Personalverzeichnisse der *Franziskanerinnen von der ewigen Anbetung* und der *Schwestern Unserer Lieben Frau* verzeichnen die Berufe der Väter. Dazu unten mehr.

56 Darauf weist auch Claude Langlois hin, dem trotz umfassender Recherche lediglich für vier Kongregationen eine schichtenspezifische Zuordnung der Mitglieder gelungen ist. Vgl. Langlois, Le catholicisme, S. 611.

rensweisen immanente Schwierigkeiten, wie Sylvia Paletschek in ihrer Studie über die Frauen im Deutsch-Katholizismus zeigt. Eine differenzierte Zuordnung einzelner Personen im Spektrum von Adel bis Unterschicht gelingt in einer Gesellschaft des Übergangs von einer Stände- zur Industriegesellschaft - wie sie sich noch in der Mitte des 19. Jahrhunderts beobachten läßt - nur sehr schwer.[57]

Außerdem hätte selbst eine vollständige Erfassung aus geschlechtergeschichtlicher Perspektive nur einen begrenzten heuristischen Wert, da - wie Gisela Bock konstatiert - Klassenzuhörigkeit für Männer und Frauen anhand ungleicher Kriterien gemessen wird. So orientiert sie sich "bei Männern an deren Verhältnis zu Kapital, Produktion, Markt, Beruf, bei Frauen hingegen an den Männern ihrer Familie, meist an Ehemännern und Vätern (nur selten auch an ihrem Beruf)."[58] Diese Vorgehensweise vernachlässigt außerdem den materiellen wie ideellen Beitrag von Frauen für die gesellschaftliche Stellung der Familie und die Zukunftsaussichten von Familienmitgliedern.

Illustrieren wir dieses analytische Problem an einem Beispiel. Hilligonde Wolbring (1828-1889)[59], eine der Gründerinnen der Coesfelder Kongregation der *Schwestern Unserer Lieben Frau*, bestritt ihren Lebensunterhalt nach dem frühen Tod der Eltern aus dem mütterlichen Vermögen, absolvierte 1846-1848 eine Lehrerinnenausbildung[60] und legte die finanziellen Basis zur Gründung der Erziehungskongregation. Der Vater war Kunstschlosser, die Mutter entstammte einer wohlhabenden Familie aus Rotterdam und brachte das Vermögen mit in die Ehe.[61] Zu welcher Schicht gehört Hilligonde Wolbring? Zum Kleinbürgertum aufgrund der handwerklichen Tätigkeit des Vaters? Zum Bürgertum angesichts des mütterlichen Vermögens oder etwa qua eigener Ausbildung?

Angesichts dieser Problematik können die folgenden Angaben nur eine Annäherung darstellen, um zumindest eine Vorstellung von den sozialen Unterschieden oder Gemeinsamkeiten der Frauen in den Kongregationen zu bekommen. Die Schwesternverzeichnisse der *Schwestern Unserer Lieben Frau* aus Coesfeld[62] und der *Franziskanerinnen von der ewigen Anbetung* aus Olpe[63]

---

57 Vgl. Paletschek, Frauen und Dissens, S. 85.

58 Gisela Bock, Geschichte, Frauengeschichte, Geschlechtergeschichte, in: Geschichte und Gesellschaft 14 (1988), S. 385.

59 Vgl. ASULF, Soli Deo. Lebensbilder der SCHWESTER MARIA ALOYSIA, Gründerin der Kongregation der SCHWESTERN UNSERER LIEBEN FRAU, Mutterhaus und Generalat Rom und ihrer ersten Gefährtin SCHWESTER MARIA IGNATIA, Rom 1958 sowie die neuere Kongreationsgeschichte von M. Raphaelita Böckmann und M. Birgitta Morthorst, Geschichte der Kongregation der Schwestern Unserer Lieben Frau von Coesfeld, Deutschland (1850-1975), Erster Teil (1850-1855), MS Mühlhausen 1992.

60 Vgl. Böckmann/Morthorst, Kongregation der Schwestern Unserer Lieben Frau, S. 11.

61 Es soll sich um 50.000 Gulden gehandelt haben. Vgl. ASULF, Soli Deo. Lebensbilder, S. 2.

62 Vgl. ASULF, Schwesternverzeichnis 1850 ff.

63 Vgl. AFO, Schwesternverzeichnis 1860-1886.

gehörten zu den wenigen, die die Berufe der Väter der Mitglieder aufnahmen. Deren Verzeichnisse wurden entsprechend der von Peter Lundgreen, Margarete Kraul und Karl Ditt vorgeschlagenen Feingliederung der Berufe im 19. Jahrhundert analysiert.[64]

Für die ersten 70 Frauen, die den *Schwestern Unserer Lieben Frau* zwischen 1850 und 1857 beitraten, ergibt sich anhand der Berufe der Väter folgendes Schichtungsmodell:

Tabelle 9: Schichtungsmodell der *Schwestern Unserer Lieben Frau*

Teilschicht	Oberschicht	Mittelschicht	Unterschicht
untere/obere	3	13	-
obere	4	25	6
untere	1	15	1
Summe	8	53	7

Quelle: Eigene Auswertung nach ASULF, Schwesternverzeichnis 1850 ff

Die sektorale Verteilung ergab, daß gemäß dem Vaterberuf 31 dem agrarischen Sektor, 22 dem gewerblichen Sektor und 11 dem Dienstleistungsbereich zuzuordnen sind. Der Rest verteilt sich auf das Militär und sonstige Bereiche. Die überwiegende Mehrheit der Frauen stammte also aus agrarischen Mittelschichten, was angesichts der ländlichen Umgebung der münsterländischen Kleinstadt Coesfeld nicht überrascht. Die mit Abstand meisten Frauen kamen aus Familien, deren Väter als Ökonomen tätig waren, wobei betont werden muß, daß sich dahinter ein breites Spektrum wirtschaftlicher Lagen verbergen konnte. Frauen der Ober- oder Unterschicht stellten eine Minderheit dar.

Für die Kongregation der *Franziskanerinnen von der ewigen Anbetung* aus Olpe wurden 300 Schwestern untersucht, die zwischen 1860 und 1896 eintraten. In 227 Fällen sind Angaben über den Beruf des Vaters vorhanden. Daraus ergibt sich folgende Verteilung:

64 Vgl. Peter Lundgreen, Margret Kraul und Karl Ditt, Bildungschancen und soziale Mobilität in der städtischen Gesellschaft des 19. Jahrhunderts, Göttingen 1988, S. 324-351.

Tabelle 10: Schichtungsmodell der *Franziskanerinnen von der ewigen Anbetung*

Teilschicht	Oberschicht	Mittelschicht	Unterschicht
untere/obere	1	34	1
obere	-	119	34
untere	7	16	15
Summe	8	169	50

Quelle: Eigene Auswertung nach AFO, Schwesternverzeichnis 1860-1886

In diesem Fall ergab die sektorale Verteilung, daß gemäß dem Vaterberuf 123 dem agrarischen Sektor, 74 dem gewerblichen Sektor und 29 dem Dienstleistungsbereich zuzuordnen sind; ein Fall konnte nicht bestimmt werden. Die Mehrzahl der *Franziskanerinnen* kam also aus Mittelschichtfamilien des agrarischen Sektors. Die Dominanz dieses Sektor erklärt sich vermutlich auch in diesem Fall aus der ländlichen Prägung der Kleinstadt Olpe im Sauerland. Der Anteil der Väter, die einem Beruf nachgingen, der von Lundgreen, Kraul und Ditt der Unterschicht zugeordnet wird, ist höher als bei den *Schwestern Unserer Lieben Frau*. Eine Ursache hierfür liegt darin begründet, daß letztere durch ihre Lehr- und Erziehungstätigkeit im Elementar- und Höheren Mädchenschulwesen qualifizierten Nachwuchs benötigten.

Eine ähnliche Sozialstruktur wiesen die nicht zu den in Preußen neugegründeten Kongregationen zählenden, aber für die Entwicklung der hiesigen Gemeinschaften bedeutenden, aus Frankreich stammenden *Borromäerinnen* auf. Wilhelm Hohn untersuchte bereits 1899 die Herkunft der Postulantinnen des Trierer Provinzialmutterhauses für die Jahre 1869 bis 1898. Nach seinen Ergebnissen[65] nahm der agrarische Bereich hier ebenfalls einen bedeutenden Anteil ein, wobei er nicht zwischen unterschiedlichen Berufsgruppen und Einkommenssituationen in der Landwirtschaft differenzierte. Postulantinnen aus den Mittelschichten stellten ein gutes Drittel. Freilich können sich dahinter höchst unterschiedliche Lebensverhältnisse für die Familien verbergen. Arbeiter und andere Berufe dieser Art finden sich hier nicht, weil Töchter aus diesen Familien nicht aufgenommen wurden.[66] Clemens Brentano listete einige Gruppen auf, die nicht aufgenommen werden sollten, darunter solche "von Eltern der

65 48,5 % Landwirtschaftliche Berufe (Gutsbesitzer, Landwirt, Gärtner etc.); 8,4 % Handwerkerstand sowie 8,2 % Handwerk und Gewerbe verbunden mit Handel; 13,0 % Kaufmannsstand; 10,56 % Beamtenschaft, inkl. Militär; 2,9 % Elementarlehrerstand und 0,6 % höheres Lehrfach; 0,77 % Ärzte, Apotheker; 5,39 % freie Berufe; 1,78 % Rentner; vgl. Hohn, Nancy-Trierer Borromäerinnen, S. 196 f.

66 Vgl. ebd., S. 195 f.

niedersten Classe, oder von Eltern, die von wohlthätigen Anstalten unterstützt werden."[67] Es müsse nämlich unter allen Umständen verhindert werden, daß die Kandidatinnen die Kongregation als "Versorgungsanstalt"[68] betrachteten. Auch Christine von Hoiningen-Huene äußerte sich zu dieser Frage und begründete den "Ausschluß der dienenden Klassen" mit den Erfahrungen beim Verfall der älteren Orden; daraus hätte "die katholische Kirche gelernt, daß der Geist der Aufopferung ... auf die Dauer nur dann in einer kirchlichen Genossenschaft rein und lebendig erhalten ist, wenn ihre Mitglieder durch keinerlei irdischen Vorteil zum Eintritt bestimmt werden."[69] Frauen aus den Unterschichten könnten durch den Eintritt eine "Verbesserung ihres Lebensloses" erwarten, was einhergehe mit dem "Sinken des Opfergeistes. ... Töchter wohlhabender, angesehener Familien" treten dagegen aus "opferwilliger Hingabe an diesen Beruf und nicht um der 'anständigen Versorgung' willen" bei.[70]

Mit aller gebotenen Vorsicht angesichts der geringen Quellenbasis läßt sich zusammenfassend über die Herkunft der Schwestern festhalten, daß sie in der Regel weder aus den Oberschichten noch aus den untersten Schichten der Gesellschaft stammten. Angesichts des Umstandes, daß Adel und gehobenes Bürgertum nur einen verschwindend geringen Anteil an der Bevölkerung ausmachten,[71] stellt die geringe Zahl von Frauen aus diesem Spektrum zunächst keine Besonderheit dar. Auffallend ist da schon eher, daß nur sehr wenige Schwestern aus Unterschichtsfamilien stammten, mehr als drei Viertel aller Frauen hatte somit kaum die Möglichkeit, Mitglied in einer Kongregation zu werden.[72] Sie brachten sowohl hinsichtlich ihrer finanziellen Möglichkeiten als auch ihres Ausbildungsstandes ungünstige Voraussetzungen für einen Eintritt in eine Kongregation mit. Daraus kann freilich nicht ohne weiteres auf eine bürgerliche Herkunft der meisten Schwestern geschlossen werden. Gutsituierte Familien von Handwerksmeistern oder Bauern waren häufig ebenfalls imstande, ihren

---

67 Brentano, Die barmherzigen Schwestern, S. 21.

68 ebd.

69 Christine von Hoiningen-Huene, Erinnerungen an Amalie von Lasaulx, Schwester Augustin, Oberin der Barmherzigen Schwestern im St. Johannishospital zu Bonn, Gotha 1891, S. 51.

70 Ebd., S. 51.

71 Wehler beziffert den Anteil der adeligen Bevölkerung in der zweiten Hälfte des 19. Jahrhunderts auf 0,3 bis höchstens 1% der Bevölkerung, während Bildungsbürgertum und "Bourgeosie" zum selben Zeitpunkt gemeinsam etwa 5 % der Bevölkerung stellen; vgl. Wehler, Deutsche Gesellschaftsgeschichte, Bd. 3, S. 167, bzw. Jürgen Kocka (Hg.), Bürgertum im 19. Jahrhundert, Deutschland im europäischen Vergleich, Bd. 1, München 1988, S. 12.

72 Noch zu Reichsgründungszeiten zählten 82,8 % der erwerbstätigen Bevölkerung zu den Unterschichten. Vgl. ebd., S. 141.

Töchtern eine Aussteuer zu stellen, sie am Familienerbe teilhaben zu lassen oder ihnen eine vergleichsweise solide Ausbildung zu gewähren.[73]

4.2. Aufnahmeverfahren: Vom Postulat zur Profeß

Für die Kandidatin begann der Kongregationseintritt mit der Abwicklung von Formalitäten. Neben den erwähnten finanziellen Absprachen mußten die Frauen in der Regel ihren Taufschein, ein Zeugnis des zuständigen Pfarrers und ein Gesundheitsattest beibringen. Waren sie noch minderjährig, verlangten die Kongregationen eine schriftliche Einwilligung der Eltern.[74] Ein zeitlich gestuftes Aufnahmeverfahren, das im folgenden beschrieben werden soll und vom Postulat über das Noviziat zur Ablegung zeitlicher und später unbefristeter Gelübde führte, mußte nun durchlaufen werden. Dieses bezweckte die Prüfung der Neuaufgenommenen durch die Kongregation; gleichzeitig bot es der Kandidatin die Möglichkeit, sich ihrer Entscheidung zu vergewissern. In dieser Zeit war der Austritt ohne Konsequenzen für den weiteren Lebensweg möglich. Bis eine Kandidatin sich auf eine lebenslange Bindung an die Kongregation verpflichtete, konnten bis zu zehn Jahre vergehen.

Das Postulat dauerte zwischen drei Monaten und etwa einem Jahr und diente dem Kennenlernen der genossenschaftlichen Lebensweise, gab einen Einblick in die Tagesordnung und die Regeln der Gemeinschaft. Diese Zeit diente besonders der Selbstvergewisserung der Kandidatin, während sie im Noviziat von der Kongregation im Hinblick auf ihre Eignung geprüft wurde.[75] Die Postulantinnen trugen weltliche Kleidung, sie wurden im Mutterhaus wie in den Niederlassungen eingesetzt. Die Konstitutionen der *Schwestern der christlichen Liebe* ließen Verkürzung, aber auch Verlängerung des Postulats zu, schon um Entlassungen aus dem Noviziat zu vermeiden.[76] Am Ende des Postulats fand eine Abstimmung unter den Schwestern statt, ob die Kandidatin ins Noviziat aufgenommen werden sollte. Dies wiederholte sich am Ende des Noviziats und vor der Ablegung der ewigen Gelübde.

---

73 Frauen aus diesen Kreisen gehörten zu denjenigen, denen die Kongregation Karrierechancen eröffneten. Siehe dazu weiter unten in Kapitel 4.4.

74 Beispielsweise nach den Statuten der Schwestern vom armen Kinde Jesu vom 27. Okt. 1847 in: BDA, Schwesternklöster 7,1 (10093), Bl. 52-54r oder in dem "Statut der Genossenschaft der Schwestern der christlichen Liebe zum Unterricht und zur Pflege der Blinden, Paderborn 1848", abgedruckt in: F. W. Woker, Die Vinckesche Provinzial-Blinden-Anstalt für Westfalen 1847-1897, Münster 1897, S. 224.

75 Vgl. Satzungen Schwestern vom armen Kinde Jesu 1871, S. 174.

76 Vgl. Constitutionen der Schwestern der christlichen Liebe 1895, S. 65.

Die Kongregationen wählten hierzu unterschiedliche Verfahren. Die *Schwestern der christlichen Liebe* legten fest, daß über die Aufnahme einer Kandidatin nach Anhörung eines Gutachtens geeigneter Schwestern - die nicht näher bestimmt werden - die Oberin mit ihren Assistentinnen über die Zulassung zum Noviziat oder später zur zweistufigen Gelübdeablegung entschied.[77] Allein der Generaloberin sowie deren Assistentinnen oblag die Auswahl der neuen Mitglieder bei den *Schwestern Unserer Lieben Frau* in Coesfeld.[78] Die *Franziskanerinnen von der ewigen Anbetung* ließen die Oberin, die Assistentinnen und die Novizenmeisterin über die Aufnahme von Postulantinnen entscheiden. Über die Zulassung von Kandidatinnen zur Profession stimmten alle Profeßschwestern ab.[79] Schon bei deren Vorläuferin, den *Franziskanerinnen von den hl. Herzen Jesu und Maria*, wurde eine "geheime Stimmensammlung aller Profeßschwestern"[80] praktiziert, wenn es um die Zulassung zum Noviziat und zur Profession ging. Auch bei den *Schwestern vom armen Kinde Jesu* wählten zunächst die Profeßschwestern die neuen Mitglieder aus, wobei es durchaus vorkam, daß Frauen abgelehnt wurden.[81] In größeren Kongregationen wurde für dieses Abstimmungsverfahren ein Delegationsprinzip angewandt. Die *Schwestern vom armen Kinde Jesu* legten daher fest, daß die Oberin, die vier Assistentinnen, die Novizenmeisterin, die Meisterin der Erstprofessen und sieben im Mutterhaus von allen Profeßschwestern gewählte sogenannte Vokale über die Zulassung der Kandidatinnen entscheiden sollten.[82]

Nach einer positiven Abstimmung bat die Kongregation in der Regel den Bischof um Zustimmung zur Einkleidung der Postulantinnen.[83] Sie trugen im Unterschied zu den Profeßschwestern einen weißen statt eines schwarzen oder braunen Schleiers. Sie nahmen jetzt eine neue Identität an, erhielten einen Klosternamen. Der Namenswechsel symbolisiert darüber hinaus die Trennung von der Familie, selbst das Bindeglied des gemeinsamen Namens entfiel mit diesem Akt.

---

77 Vgl. ebd., S. 65 f.

78 Vgl. ASULF, Satzungen der Schwestern Unserer Lieben Frau 1855, S. 5.

79 Vgl. AFO, Statuten der Franziskanerinnen 1865.

80 AFS, Constitutionen der Schwestern des hl. Franziskus 1860, §§ 46/47.

81 In einem Protokoll über die Zulassung zur damals praktizierten zweiten Profession mit der Ablegung lebenslänglicher Gelübde wurde am 15. September 1873 vermerkt, daß Sr. Hilda (Catharina Dreps) und Sr. Fabiana (Antonetta Claus) keine Stimme erhalten hätten und folglich die Kongregation verlassen mußten. Die Gründe hierfür werden nicht angegeben. Vgl. BDA, Schwesternklöster 7, IV, (10096), Bl. 171.

82 Vgl. ASKJ, Regelbuch der Schwestern vom armen Kinde Jesu, Aachen (1881), S. 15 ff.

83 Wobei es sich um eine reine Proforma-Zustimmung handelte, die die Akten der Generalvikariate füllten. Vgl. dazu beispielsweise die Akten zu den Schwesternklöstern im BDA.

Nun begann das Noviziat und damit die eigentliche Ausbildungszeit für die Kandidatinnen. Das Noviziat dauerte im Durchschnitt zwei Jahre, die Novizinnen lebten zumeist in gesonderten Abteilungen unter der Leitung einer Novizenmeisterin in den Generalmutterhäusern. Einige Kongregationen sahen vor, daß die Novizinnen einen Teil der Ausbildung in den Niederlassungen absolvierten; andere schlossen dieses generell aus.[84] Die Ausbildung des Nachwuchses gehörte jedoch in jedem Fall zu den zentralen Aufgaben des Generalmutterhauses, denn die oft sehr kleinen Niederlassungen konnten diese Funktion kaum übernehmen. Außerdem wurde so sichergestellt, daß für den gesamten Einzugsbereich der Gemeinschaft genügend Nachwuchskräfte zur Verfügung standen.

Die *Armen Schwestern des hl. Franziskus* wählten folgende Form der Ausbildung: "Sie [die Novizinnen] bleiben soviel wie möglich von den Professen abgesondert, haben ihre eigene Erholung und befolgen überhaupt eine besondere Tagesordnung; nur in der Kirche und im Speisesaal sind sie mit den Professen zusammen. Sie werden von ihrer Meisterin unterrichtet und geübt in den Tugenden und Pflichten ihres Standes, in der Regel und in den Satzungen, sowie im Chorgebet. Zur Uebung im Armen- und Krankendienste und in Haus- und Handarbeiten werden die Postulanten und Novizen den mit den verschiedenen Aemtern betrauten Schwestern zur Aushülfe beigegeben, und sollen dieselben sich fort und fort bemühen, durch die That den Beweis zu liefern, daß Beruf vorhanden ist, und sie mit beharrlich gutem Willen in der Ausbildung für die Erfüllung der Berufspflichten fortschreiten, und daraus erkennen zu lassen, ob sie zur größern Annährung und schließlich vollständigen Einverleibung in den Orden würdig sind."[85]

Die Noviziatsausbildung hatte also zwei Funktionen: zum einen diente sie der Einübung der Normen christlicher Lebensführung in religiöser Gemeinschaft, zum andern der Wissensvermittlung mit Blick auf die profanen Aufgaben. Am Ende stimmten wiederum die Mitglieder der Kongregation bzw. deren Delegierte über die Aufnahme der Novizin in die Kongregation ab. Anschließend fand die sogenannte Profeß statt, innerhalb derer sich die Novizin zu den drei Gelübden der Armut, des Gehorsams und der Keuschheit bekennen mußte. Einige Kongregationen verpflichteten ihre Mitglieder auf ein viertes Gelübde, welches die jeweilige Tätigkeit beinhaltete; so verlangten die *Schwestern Unse-*

84 Zu den Niederlassungen der *Armen Dienstmägde Jesu Christi* gehörte in der Regel auch eine Novizin. Vgl. Statuten der Armen Dienstmägde Jesu Christi 1856, § 19. Die Schwestern der christlichen Liebe schlossen eine solche Entsendung aus. Vgl. Schmittdiel, Pauline von Mallinckrodt, S. 157.

85 Satzungen der Arme Schwestern 1865, S. 35f.

rer Lieben Frau eine Verpflichtung zum Unterricht.[86] Die Profeß wurde in den meisten Kongregation nach einigen Jahren wiederholt und dann ewige Profeß genannt, was eine lebenslange Bindung an die Gemeinschaft ausdrücken sollte, ohne den weiheähnlichen Charakter der feierlichen Gelübde in den Frauenorden zu haben. Eine *Schwester vom armen Kinde Jesu* legte drei Jahre nach der ersten Profeß die ewigen Gelübde ab;[87] eine *Arme Schwester vom hl. Franziskus* nach fünf Jahren, während eine *Graue Schwester* insgesamt viermal die Gelübde ablegte, bis sie vollständig in die Kongregation aufgenommen war.[88]

Bis zur Profeß konnten die Frauen zu jeder Zeit die Kongregation verlassen oder von dieser entlassen werden; sie erhielten in jedem Fall ihr Vermögen zurück, falls sie es nicht erst mit der Profeß einbrachten, meist wurde ihnen ein Teil der Aussteuer oder der Mitgift unter Anrechnung der Kosten für Postulat und Noviziat zurückgegeben. Problematisch wurden Austritt oder Entlassung erst nach der Profeß. Hier zeigt sich, daß die Bindungen der sogenannten einfachen Gelübde oft fester waren, als der Ausdruck nahelegt. Entbunden werden konnte nach der Profeß nur von den Gelübden der Armut und des Gehorsams, nicht jedoch der Keuschheit.[89] Dies hatte zur Folge, daß eine gültige Ehe nicht mehr möglich war. Allerdings änderte man unter besonderen Umständen diese Regelung, wie der Austritt von Cäcilia Veit - einer *Schwester vom armen Kinde Jesu* - zeigt. Mit päpstlicher Dispens wurde sie vom Keuschheitsgelübde entbunden und heiratete später.[90]

Daß Frauen, die bereits die ewigen Gelübde abgelegt hatten, wieder austraten, kam jedoch selten vor. Zwischen Gründung der Kongregation 1844 und dem Tod von Clara Fey 1894 verließen lediglich zehn Frauen nach der zweiten und damit ewigen Profeß die Kongregation. In diesem Zeitraum wurden 1713 Mitglieder aufgenommen, wobei 230 Frauen (13,4 %) im Laufe der Zeit wieder austraten, davon 137 (8 %) noch im Noviziat und 93 (5,4 %) nach Ablegung der zeitlich befristeten Gelübde.[91] Die individuellen Gründe für einen Austritt lassen

86 Vgl. Satzungen der Schwestern Unserer Lieben Frau 1855, S. 11.

87 Vgl. Satzungen der Schwestern vom armen Kinde Jesu 1871, S. 182 f.

88 Das erste nach dem Noviziat, zweimal nach jeweils drei Jahren und schließlich nach weiteren drei Jahren die ewigen Gelübde. Vgl. Constitutionen der Graue Schwestern 1898, S. 8 f.

89 Vgl. Satzungen der Arme Schwestern 1865, S. 12 f oder Satzungen der Schwestern vom armen Kinde Jesu 1871, S. 183.

90 Vgl. ASKJ, 8006 Schwester Alphonsa - M. Fr. Cäcilia Veit sowie BDA, Gvo Aachen, Schwesternklöster 7, IV, (10096), Bl. 83.

91 ASKJ, Auswertung des Schwesternverzeichnis 1844-1893 (bis zum Tod von Clara Fey 1894).

sich kaum rekonstruieren, in Schreiben an das zuständige Generalvikariat wurden "Kränklichkeit" oder "Mangel an Beruf" am häufigsten genannt.[92]

Die Münsteraner *Clemensschwestern* verzeichneten ebenfalls eine geringe Austrittsquote. In dem langen Zeitraum von 1861 bis 1921 wurden nach den Angaben in der Studie von Therese Sanders insgesamt 3575 Frauen Mitglied der Kongregation. Noch während des Postulats verließen 440 Frauen die Gemeinschaft wieder, das waren 12,3 %, im Noviziat waren es 84, also nur 2,3 %; und nach Ablegung der Gelübde verringerten sich die Austrittsgesuche abermals, danach traten nur noch 2 % aus.[93] Nach nur wenigen Wochen stellte sich also für die allermeisten *Clemensschwestern* heraus, ob sie an diesem Ort bleiben wollten.

4.3. Tagesordnung zwischen Arbeit, Religion und Rekreation

In allen Kongregationen galt ein geregelter Tagesablauf. Für Generalmutterhäuser und größere Niederlassungen mit teilweise über 100 Mitgliedern und einer oft weit darüber hinausgehenden Zahl von Kranken oder Schülerinnen oder Waisen war dies allein schon unter praktischen Gesichtspunkten nötig. Eine Regelung des Tagesablaufes gehört zu den wichtigsten Normen einer christlichen Lebensführung, als deren oberstes Ziel ein gottgefälliges Leben und das Streben nach individueller Vollkommenheit galt. So formulierten die *Schwestern vom armen Kinde Jesu* in ihren Satzungen 1871: "Indem man sein Tageswerk nach einer festgestellten Ordnung verrichtet, wird man der einst wegen verlorener Zeit nicht bestraft werden, sondern den vollen Lohn für volle Tage empfangen."[94]

Die Rekonstruktion der Tagesabläufe dient hier nicht dazu, diese religiöse Spur zu verfolgen, sondern soll einen Einblick in den Kongregationsalltag geben. Standen religiöse Praktiken im Vordergrund oder nahm die Berufsarbeit

92 Vgl. u.a. BDA, Gvo Aachen, Schwesternklöster 7,II (10094), Bl. 120, 124, 142, 149. Im Jahr 1867 wurde gemeldet, daß 12 Schwestern im Laufe des Jahres "theils wegen Kränklichkeit, theils wegen Mangel an Beruf" ausgetreten waren. BDA, Gvo Aachen, Schwesternklöster 7,IV (10096), Bl. 2 R.

93 Diese Zahlen wurden auf der Tafel V. "Das Eintrittsalter aller ausgetretenen Postulantinnen" im Anhang bei Sanders, Sozialökonomische Untersuchung berechnet. Nicht auszuschließen ist bei allen Angaben über Austritte, daß die Kongregationen versuchten, die reale Zahl zu beschönigen, weil sie die Fakten auch heute noch, aus nicht immer nachvollziehbaren Gründen, verbergen wollen. So wurden mir beispielsweise von einer Kongregation die keineswegs überproportional hohen Austrittszahlen nur als Hintergrundinformation genannt - mit der Bitte, sie nicht zu veröffentlichen.

94 Satzungen der Schwestern vom armen Kinde Jesu 1871, S. 66.

einen größeren Platz ein? In der Tabelle 11 werden die Ergebnisse der vergleichenden Analyse der Tagesabläufe hinsichtlich der Verteilung von profaner Arbeitszeit, religiöser Praxis und Phasen der Rekreation dargestellt. Einschränkend muß jedoch vermerkt werden, daß die strikte Unterscheidung von Profanem und Religiösem hier lediglich aus analytischen Gründen erfolgt. Im Bewußtsein der einzelnen Schwestern waren die aus heutiger Sicht profanen Elemente in ein religiöses Deutungsmuster eingebettet, denn die profane Arbeit diente religiösen Zwecken. Hierin spiegelt sich das monastische Prinzip, in dem von einer engen Verbindung von "ora" und "labora" ausgegangen wird. Im Unterschied zu den kontemplativen Orden paßten die Kongregationen ihren Tagesablauf ihren Tätigkeiten an und stellten die Religionsausübung in den Hintergrund.

Tabelle 11: Zeitverteilung nach dem Tagesplan für Frauenkongregationen

	profane Arbeit	religiöse Praxis	Spalte 1+2	Rekreation	Gesamtzeit
Schwestern vom armen Kinde Jesu 1844	5	6,75	11,75	5,5	17,25
Schwestern vom armen Kinde Jesu 1871	8,75	3	11,25	3,75	15
Franziskanerinnen v. h. Herzen Jesu und Mariä 1860	7,5	6,5	14	3	17
Franziskanerinnen v. h. Herzen Jesu und Mariä 1880	8	4,25	12,75	3,25	16
Graue Schwestern 1898	7,75	5,25	13	3,5	16,5
Krankenschwestern des hl. Franziskus 1847	9,5	2,75	12,25	4	16,25
Franziskanerinnen von Waldbreitbach 1863	8,75	4,5	13,25	2,75	16
Arme Schwestern des hl. Franziskus 1865	7,5	4,75	12,25	4,75	17

Quelle: Eigene Zusammenstellung auf der Grundlage von Konstitutionen und Satzungen der Kongregationen; Zeitangaben in Stunden.

Ein Vergleich dieser Zeitverteilung mit derjenigen anderer weiblicher Lebensgemeinschaften erleichtert die Interpretation dieser Daten und zeigt Unterschiede oder Gemeinsamkeiten in den Zeitstrukturen der jeweiligen Gemeinschaften. Der kontemplative Frauenorden der *Unbeschuhten Karmeliterinnen*, das für die westlichen preußischen Provinzen einflußreiche staatliche katholische Lehrerinnenseminar in Münster und die Diakonissen von Kaiserswerth werden in Bezug auf ihre Tagesabläufe untersucht.

Tabelle 12: Zeitverteilung anderer Frauengemeinschaften

	profane Arbeit	religiöse Praxis	Spalte 1+2	Rekreation	Gesamt-zeit
Unbeschuhte Karmeliterinnen 1840er Jahre	3	12,75	11,75	3	18,75
Münsteraner Lehrerinnenseminar 1874	9,5	1	10,5	5,5	16
Kaiserswerther Diakonissen 1830er Jahre	11,5	1	12,5	3,5	16

Quelle: Zusammenstellung aus: Brief von Gertrud Geller an Clara Fey vom 7. Juni 1844 (ASKJ); Stolze, Ausbildung, S. 331; Sticker, Theodor und Friederike Fliedner, S. 108 ff.; Zeitangaben in Stunden.

Die *Schwestern vom armen Kinde Jesu* veränderten im Laufe der Zeit ihre Tagesplanung. Clara Fey verfaßte gemeinsam mit ihrem Beichtvater Wilhelm Sartorius 1844 die ersten Statuten der neuen Gemeinschaft einschließlich einer ersten Tagesordnung.[95] Für die profane Arbeit der Gemeinschaft sahen sie fünf Stunden und für alle Tätigkeiten im Rahmen der unmittelbaren Reproduktion und Zeit der Rekreation fünfeinhalb Stunden vor. Die Zeiten für religiöse Praxis nahmen einen bedeutenden Teil des Tages in Anspruch: knapp sieben Stunden waren vorgesehen. Diese Tagesordnung erweckt Assoziationen an die Ordnungen in den traditionellen Frauenorden, und in der Tat dürfte die Tagesordnung der *Unbeschuhten Karmeliterinnen* hier Vorbild gewesen sein. Clara Fey stand in engen Kontakt mit Gertrud Geller, die dem Orden in Brüssel angehörte. Den Ordensfrauen dieses Klosters standen täglich jeweils drei Stunden für ihre Rekreation und für profane Arbeit zur Verfügung, während religiöse Übungen und Messbesuche fast dreizehn Stunden am Tag in Anspruch nahmen. Die Tagesordnung ließ keinen Raum für Reproduktionsarbeiten jedweder Form, was den Schluß nahelegt, daß Laienschwestern oder Personal diese Arbeiten übernahmen. Alle anderen Arbeiten der Ordensfrauen hatten einen religiösen Hintergrund, beispielsweise das Anfertigen von Kreuzen oder Wachsfiguren.

Doch zurück zu den *Schwestern vom armen Kinde Jesu.* Wie konnten sie mit einem Aufwand von nur fünf Stunden täglich eine große Schar von Kindern im Haus versorgen? Wie selbstverständlich brachten die Frauen um Clara Fey, als sie 1843 die kollektive religiöse Lebensweise aufnahm, Mägde mit, "man benötigte deren Kräfte zum Putzen, Einrichten und Kochen."[96] Diese Form der hier-

95 Vgl. dazu Statuten der Schwestern vom armen Kinde Jesu in Aachen, 2. Febr. 1844 (BDA, Gvo Aachen, Schwesterklöster 7.1, (10093), Bl. 15 R.)

96 Pfülf, M. Clara Fey, S. 71.

archischen Arbeitsteilung weist auf bürgerliche wie bäuerliche Traditionen hin. Anknüpfend an monastische Geflogenheiten, wurden bei den *Schwestern vom armen Kinde Jesu* und anderen Kongregationen Arbeiten dieser Art später an Laien- oder Arbeitsschwestern übertragen. Religiöse Praktiken, die mehr als die Hälfte der gesamten Arbeitszeit beanspruchten, konnten die Schwestern langfristig nicht aufrechterhalten. Die 1871 in der Satzung fixierte Tagesordnung setzte andere Prioritäten: Achteinviertel Stunden eines Tages dienten der "Berufsbeschäftigung"[97]; für religiöse Übungen und Gebete standen nur noch etwa drei Stunden des Tages zur Verfügung, zur Reproduktion und Rekreation waren knapp vier Stunden vorgesehen. Diese Veränderung spiegelt den Verlauf eines Findungsprozesses bei Clara Fey, denn zu Beginn des genossenschaftlichen Lebens schwankte sie zwischen einem kontemplativen oder einem tätigen religiösen Leben. Am Ende fiel die Entscheidung zugunsten des aktiven Engagements in der Kirche.

Eine ähnliche Entwicklung bezüglich der Zeitverteilung durchliefen die *Franziskanerinnen von den hl. Herzen Jesu und Mariä* in Olpe, die später ihren Sitz in Salzkotten hatten (siehe Tabelle 11). Wertet man die jeweils ersten Tagespläne der *Schwestern vom armen Kinde Jesu* und der Salzkottener *Franziskanerinnen* als Versuch, der in der Praxis nicht durchzuhalten war, so bleiben dennoch Unterschiede im Zeitraster der Kongregationen bestehen. Ins Auge fällt die lange Arbeitszeit der *Krankenschwestern vom hl. Franziskus* aus Münster, die jedoch bemerkenswerterweise nicht mit einer geringeren Rekreationszeit, sondern einer kürzeren Phase religiöser Praxis kompensiert wurde. Im Vergleich dazu scheinen die Arbeitsbelastungen bei den gleichfalls in der Krankenpflege engagierten *Armen Schwestern des hl. Franziskus* geringer gewesen zu sein. Religiöse Übungen und Erholungsphasen hielten sich die Waage. Demgegenüber räumten die *Grauen Schwestern* bei ähnlicher Arbeitsbelastung dem Gebet und der Kontemplation mehr Zeit ein. Die geringste Zeit zur Entspannung gewährten die *Franziskanerinnen* aus Waldbreitbach ihren Mitgliedern.[98] Anzumerken ist jedoch, daß die in den Konstitutionen fixierten Arbeitszeiten nicht unbedingt mit den tatsächlichen übereinstimmen mußte. Dies betraf in erster Linie die krankenpflegenden Kongregationen, bei denen die normierte Arbeitsdauer überschritten wurde.

Rechnet man die profanen Arbeiten und die Zeiten religiöser Praxis zusammen, ergibt sich, daß die Frauen in den Kongregation im Durchschnitt zwölf bis dreizehn Stunden beschäftigt waren. Diese Dauer entsprach den im gewerblichen Sektor üblichen Arbeitszeiten, worin auch Erholungsphasen von bis zu

97 Satzungen der Schwestern vom armen Kinde Jesu 1871, S. 66 ff.

98 Ein Umstand, der der nicht-bürgerlichen Herkunft der Gründerin Margareta Flesch geschuldet sein dürfte.

zwei Stunden enthalten waren.[99] Betrachtet man nur den Zeitaufwand für profane Tätigkeiten, so lag dieser bei den Schwestern mit durchschnittlich acht bis neun Stunden niedriger als etwa bei den Kaiserswerther Diakonissen.

Kompensation für die anstrengende Arbeit boten Zeiten der Kontemplation sowie der Rekreation. Im Verlauf des Tages wechselten sich Phasen intensiver Arbeit mit religiösen Übungen ab, die die Aufmerksamkeit der Frauen verlangten, aber körperlich und geistig weniger strapaziös waren als die beruflichen Tätigkeiten etwa als Krankenpflegerin oder Lehrerin. Zudem stellten die festgesetzten, täglichen Phasen der Rekreation - eine freie Zeit ohne Arbeit - für weibliche Lebensentwürfe eine Besonderheit dar und erhöhten die Attraktivität genossenschaftliches Leben. Selbst bürgerlichen Frauen blieb kaum Zeit für sich selbst.[100]

4.4. Gleichheit und Differenz der Mitglieder

Wie sah der interne Status der Mitglieder aus? Nach welchen Kriterien erfolgte eine interne Differenzierung? Welche Position nahm eine junge Frau beim Eintritt ein, und veränderte sich der einmal eingenommene Platz im Laufe der Zeit? Die Schichtzugehörigkeit vor dem Eintritt könnte Hinweise geben, doch angesichts der Schwierigkeiten bei der Zuordnung von Frauen zu einer bestimmten Schicht erscheint eine differenziertere Herangehensweise und eine Ausweitung derjenigen Kriterien notwendig, die eine spezifisch weibliche Schichtzugehörigkeit konstituieren. Dazu gehört, den Blick weg von den familiären Bindungen und Ursprüngen hin zur aktuellen Lebenssituation zu lenken. Innerhalb der Kongregation entstand ein spezifisches Schichtungsmodell, welches Kontinuitäten und Brüche zur bürgerlichen Welt aufwies - so die Hypothese. Aus der Trennung in Chor- und Laienschwestern, wie sie einige Kongregationen vornahmen, und die vordergründig nur die Grenzen der ohnehin sozial undurchlässigen Gesellschaft des 19. Jahrhunderts widerspiegelte, ergaben sich Aufstiegs- und Karrierechancen für Frauen, denen sich außerhalb der Kongregationen kaum eine ähnliche Möglichkeit bot. Das kongregationsinterne Wahlrecht gewährte den Frauen überdies einen Handlungs- und Entscheidungsraum, wie sie ihn im nicht-kirchlichen Bereich nicht vorfanden.

Nach dem Selbstverständnis der Kongregationen richtete sich das Hauptaugenmerk auf das Leben in den Gemeinschaften, demgegenüber trat die Schicht-

---

99 Vgl. Nipperdey, Deutsche Geschichte, 1800-1866, S. 238 f und ders. Deutsche Geschichte, 1866-1918, Bd. 1, S. 302 f.

100 Vgl. dazu Habermas, Frauen und Männer, S. 399-407.

zugehörigkeit in der bürgerlichen Welt zurück. Genossenschaftliches Frauenleben in den Kongregationen war durch ein Geflecht egalitärer wie hierarchischer Beziehungen der Mitglieder untereinander geprägt. Hervorstechend sind zunächst die Bemühungen um Egalität aller Angehörigen. Die christliche Vorstellung von der Gleichheit aller Menschen vor Gott fand ihren symbolischen Ausdruck in der Gleichförmigkeit von Kleidung, Alltag und religiösen Praktiken. Der Habit vereinheitlichte das Erscheinungsbild der Kongregationsmitglieder sowohl untereinander als auch nach außen.[101] Der einheitliche Tagesablauf mit gemeinsamen Mahlzeiten und der kollektiven Ausübung religiöser Übungen vermittelte allen Mitgliedern ein Zugehörigkeits- und Gemeinschaftsgefühl. Trennendes unter den Frauen wurde zunächst nivelliert: Herkunft, Beruf, Bildung, Alter oder Status in der Gemeinschaft sollten nicht erkennbar sein. Mit anderen Worten, sie versuchten, ihre Vergangenheit vor dem Eintritt abzustreifen. Folglich bedurfte es keines Rückbezugs auf die Herkunft. Dies hatte Auswirkungen auf die interne Mobilität und die Aufstiegschancen, denn zumindest theoretisch sind alle Frauen nicht nur vor Gott gleich, sondern auch in der Kongregation. Quer dazu verlief aber ein feinstruktiertes System von Ungleichheit und Hierarchie im klösterlichen Alltag. Der normative Anspruch von der Gleichheit aller Mitglieder wurde vielfach unterlaufen. Am offensichtlichsten noch, indem die Kongregation unterschiedliche Statusgruppen innerhalb einer Gemeinschaft einführte. In Anlehnung an das Organisationsprinzip der Frauenorden unterschieden einige Kongregationen zwischen Chor- und Laienschwestern oder bildeten gesonderte Abteilungen innerhalb der Gemeinschaft.[102]

Die Gründerin der *Franziskanerinnen von den heiligsten Herzen Jesu und Mariä*, Anna Theresia Pfänder, führte die Unterscheidung zwischen Chor- und Hausschwestern ein, die sie von den *Schwestern der christlichen Liebe* kannte, deren Mitglied sie ehemals gewesen war. Zu den vornehmsten Aufgaben der Chorschwestern gehörte das Gebet, dem sich die "angewiesenen Liebeswerke", wie die profanen Aufgaben der Gemeinschaft genannt werden, unterzuordnen hatten. Im täglichen Wechsel wurde jeweils eine Schwester von ihrer Tätigkeit freigestellt, um "Tag und Nacht das hl. Sakrament der göttlichen Liebe anzubeten und für die streitende und leidende Kirche unaufhörlich zu beten." Im Unterschied dazu hatten die Hausschwestern die "häuslichen Arbeiten" zu verrichten, außerdem hatten sie "weder AKTIV- noch PASSIV-Stimme und sind zum Chorgebet nicht verpflichtet... Sie wohnen täglich WO MÖGLICH (Hervor-

101 Auch wenn im Detail - in Farbe oder Länge des Schleiers - Differenzen für eingeweihte Personen erkennbar waren. Siehe dazu weiter unten.

102 Beispielsweise bei den *Schwestern vom armen Kinde Jesu*, den *Franziskanerinnen von den hl. Herzen Jesu und Mariä* oder *den Schwestern der christlichen Liebe*.

hebung, R.M.) dem h. Meßopfer bei, sowie den übrigen Gottesdiensten an Sonn- und Feiertagen".[103] Die Prioritäten und damit die unterschiedliche Bedeutung des jeweiligen Status sind erkennbar, die Chorschwestern genossen Privilegien, die Hausschwestern hatten ihre Arbeit zu verrichten, ihr Beitrag zum Gelingen des Gesamtprojektes wurde nicht besonders betont. Symbolisch fand diese geringere Wertschätzung ihren Ausdruck in einem kürzerem Schleier für Hausschwestern. Die Nichtbeteiligung an der Auswahl neuer Mitglieder und an der Wahl der Generaloberin sowie ihrer Assistentinnen, was auch das passive Wahlrecht einschloß, manifestierte zusätzlich die Ungleichheit, die jedoch im zeitgenössischen Kontext keine Besonderheit darstellte.[104]

Nach der Teilung der Kongregation 1863 schufen die in Olpe verbleibenden *Franziskanerinnen von der ewigen Anbetung* einen einheitlichen Status für alle Mitglieder,[105] führten jedoch gleichzeitig eine neue Unterscheidung in Form einer gesonderten Klausurabteilung mit folgender Begründung ein: "Da jedoch in den Augen der heil. Kirche das rein beschauliche Leben höher steht und das erwähnte hohe Ziel der Anbetung auf Erden nie vollkommen genug erreicht werden kann, so strebt die Genossenschaft mit Gottes Gnade es zu ermöglichen, einige Mitglieder, die in der Tugend erprobt sind, Beruf und Verlangen zum rein beschaulichen Leben haben, zu klausurieren, nach der Regel der heil. Clara, gemäß der Reform der heil. Coleta, lebend."[106]

Die *Franziskanerinnen von den heiligsten Herzen Jesu und Mariä* behielten im Gegensatz dazu die abwechselnde Anbetung bei und verzichteten in den neuen Konstitutionen von 1880 auf eine explizite Benennung von Chor- und Laienschwestern. Dennoch wurde die unterschiedliche Zuweisung von Aufgaben nicht aufgegeben. So ist von Schwestern die Rede, die die Aufgaben der früheren Chorschwestern verrichteten, und von anderen, die die Hausarbeit übernahmen. Allerdings wurde die Einschränkung des Stimmrechtes aufgehoben, ebenso wie der Ausschluß bestimmter religiöser Praktiken für die zuletzt genannten Schwestern.[107]

Die kollektive religiöse Lebensweise schuf also neue Differenzierungen. Die Einteilung in Chorfrauen und Laienschwestern diente als Mittel zur Übertragung weltlicher Standesunterschiede auf das religiöse Genossenschaftswesen; zum anderen sorgte es paradoxerweise für eine gewisse Durchlässigkeit innerhalb der

---

103 Constitutionen der Schwestern des hl. Franziskus 1860, III. Zusammensetzung der Genossenschaft.

104 Zum Wahlverfahren vgl. den Schluß dieses Abschnitts 4.4.

105 Vgl. AFO, Statuten der armen Franziskanerinnen von der ewigen Anbetung 1865.

106 Ebd., § 8

107 Vgl. Constitutionen der Genossenschaft der Schwestern des h. Franziscus, Töchter der hh. Herzen Jesu und Mariae. Taschenbuchausgabe für die einzelnen Schwestern, Paderborn 1880, S. 28 ff. sowie ebd. S. 59.

Kongregationen, da Frauen unterer Schichten Aufstiegsmöglichkeiten erhielten, die ihnen im profanen Leben kaum offengestanden hätten. Am Beispiel der *Schwestern vom armen Kinde Jesu* läßt sich die ambivalente Funktion der Trennung von Chor- und Laienschwestern belegen.

Die Kongregationen benötigten zur Bewältigung der täglichen Arbeit nicht nur fromme und gebildete Frauen, sondern auch solche, die manuelle Arbeiten im Haushalt, in Garten- und Landwirtschaft ausüben konnten. Im April 1852 schrieb Clara Fey an ihre Assistentin von einer Visitationsreise aus Koblenz: "Man braucht hier dringend noch eine Schwester, ich habe eine für Laienschwestern hier gesehen, ... könnten wir uns zufrieden geben, wenn die fünfzig Thaler statt der Aussteuer brächte, so könnte ich die gleich herkommen lassen zur Probe, sie gefällt mir sehr gut, ist erst 22 Jahre alt und in Handarbeit erfahren."[108] Zwischen 1844 und 1851 nahm die Kongregation insgesamt 20 Laienschwestern und 38 Chorschwestern auf.[109]

Das Schichtungsmodell in der Kongregation spiegelte hier die gesellschaftliche Realität des 19. Jahrhunderts mit den allgegenwärtigen Klassengrenzen wider. Frauen aus bürgerlichen Kreisen brachten oftmals bessere Voraussetzungen mit und bekamen von vornherein qualifiziertere Aufgaben zugewiesen, Frauen aus den Unterschichten mußten sich zumeist mit niedrigeren Arbeiten begnügen. Dennoch legten die Kongregationen stets größten Wert darauf, daß alle Mitglieder gleich seien. Dieses religiös begründete Postulat gewinnt jedoch in Kontrast zu den zeitgenössischen politischen Verhältnissen für Männer und Frauen eine nahezu revolutionäre Bedeutung: Individuen unterschiedlicher Herkunft und noch dazu Frauen bildeten hier eine Gemeinschaft gleichberechtigter Personen.[110] Wir sehen hier bürgerliche Prinzipien realisiert, denn Kriterien wie Leistung und Qualifikation führten zum Aufstieg, nicht etwa Herkunft oder Frömmigkeit. Die *Schwestern vom armen Kinde Jesu* bemühten sich, diesen normativen Anspruch in die Realität umzusetzen. So wurden bei entsprechender Befähigung Kandidatinnen nicht als Laienschwestern, sondern als Chorschwester aufgenommen, oder sie wechselten nach dem Eintritt in den Status der Chorschwester. Der geistliche Direktor der *Schwestern vom armen Kinde Jesu* bat den Kölner Erzbischof am 3. März 1854 um Genehmigung eines solchen Wechsels: "Die Schwestern Adelgundis Agnes Freialdenhoven und Stephana (Barbara Ostbender) sind als Laienschwestern in das Noviziat eingetreten,

---

108 ASKJ, Brief von Clara Fey an Schwester Teresia, April 1852 aus Koblenz. Kurz danach schrieb Clara Fey einen weiteren derartigen Brief, vgl. ASKJ, Brief von Clara Fey an Schwester Teresia, 23. April 1852 aus Köln.

109 Vgl. ASKJ, Schwesternverzeichnis I.

110 Hierin unterschieden sich die neuen Frauenkongregationen auch von den klassischen Frauenorden.

haben sich aber durch ihre ganze Haltung und den Grad ihrer Bildung so vortheilhaft gestellt, daß die Genossenschaft im Interesse der Sache den Wunsch hegt und die gehorsamste Bitte ausspricht, die genannten beiden Novizen unter die Zahl der Chorschwestern aufnehmen zu dürfen."[111] Bereits am 9. März genehmigte das Generalvikariat diesen Wechsel. Agnes Freialdenhoven erfüllte die in sie gesetzten Erwartungen in vollem Umfang. Sie wurde 1876 Vorsteherin des Bonner Waisenhauses, baute im Kulturkampf die Niederlassung in Roermond auf und wurde 1877 Vorsteherin des neuen Generalmutterhauses im niederländischen Simpelveld, dem Exilort der Kongregation nach dem Verbot in Preußen.[112]

Daß die Kongregationen gesellschaftliche Unterschiede nicht einfach reproduzierten und daß sie sich von ständischen Prinzipien abwendeten, wie sie ehedem in den Frauenorden praktiziert wurden, läßt sich daran zeigen, welche Frauen Führungsfunktionen in der Kongregation übernahmen. Schauen wir uns dazu die Biographien von vier *Schwestern vom armen Kinde Jesu* genauer an. Emma Vossen und Maria Johaentgen wurden 1850 und 1855 in die Kongregation aufgenommen, sie hatten zuvor das staatliche Lehrerinnenexamen absolviert. Aus bürgerlichen Kreisen stammend, machten beide rasch Karriere. Als siebzehnjährige trat Emma Vossen (1833-1881),[113] Tochter eines Aachener Kaufmanns und Nichte der Mitgründerin Luise Vossen, der Gemeinschaft bei. Mit nur 21 Jahren wurde sie als Schwester Gertrud 1850 Vorsteherin der Niederlassung in Burtscheid, später eine der größten Niederlassungen der Kongregation, die sogar die Kulturkampfzeiten überstand und in dieser schwierigen Zeit alten und kranken Schwestern zur Verfügung stand. Dieses Amt behielt sie mit einer Unterbrechung bis zu ihrem Tod 1881 inne. Einen ähnlichen Weg ging Maria Johaentgen (1832-1914).[114] Sie stammte aus einer Bonner Juristenfamilie, wuchs in Köln auf, wo sie 1854 die Lehrerinnenprüfung bestand. Mit 23 Jahren trat sie 1855 den *Schwestern vom armen Kinde Jesu* bei. Sie arbeitete in Aachen, Koblenz und Echternach als Lehrerin, bevor sie 1870 Vorsteherin des

---

111 Andreas Fey an Erzbischof vom 3. März 1854 (BDA, Gvo Aachen, Schwesternverzeichnis, 7, 2, (10094), Bl. 5). Hierbei handelt es sich um einen standardisierten Brief, den Fey auch für andere Fälle schrieb.

112 Vgl. ASKJ, Verzeichnis der Lokaloberinnen (Personalregister); Pfülf, M. Clara Fey, S. 441, 497. Ob dieser Aufstieg von Agnes Freialdenhoven durch die Zahlung einer Dote in Höhe von 500 Talern beeinflußt wurde, kann hier nicht beurteilt werden. ASKJ, Buch der Doten. Zum Kulturkampf vgl. Kap. 9 dieser Arbeit.

113 Vgl. zu ihrem Lebenslauf: ASKJ, Schwesternverzeichnis, Nr. 38; 8002, Schwester Cyrenia, Familie Vossen. Im "Buch der Doten" des Archivs wurde 1853 vermerkt, daß sie 2000 Taler als Dote einbrachte.

114 Vgl. ASKJ, 5772 Mutter Anna Garzias - Maria Johaentgen (Lebensbilder), S. 459-483. Nach dem "Buch der Doten..." brachte sie 500 Taler ein.

Knabenwaisenhauses in Düsseldorf wurde und im Kulturkampf 1877 das Amt der Vorsteherin im französischen Nancy übernahm; diese Aufgabe versah sie über siebzehn Jahre. Beide Lebensläufe nahmen - legt man Herkunft und Ausbildung zugrunde - einen erwartbaren Verlauf.

Auch nicht-bürgerlichen Frauen gelang es, in die Führungsspitze der Kongregation vorzudringen, wie die Lebensläufe von Maria Anna Niemann (1817-1902) und Anna Elisabeth Gaupel (1823-1893), die aus der Provinz Westfalen nach Aachen kamen, belegen. Maria Anna Niemann,[115] 1817 als Tochter eines Küsters in Telgte geboren, besuchte das Münsteraner Lehrerinnenseminar, absolvierte 1841 nach zwei Jahren Ausbildung die Prüfung, arbeitete anschließend als Privatlehrerin und später als Elementarschullehrerin in Gescher. Im September 1849 trat sie nach achtjähriger Berufstätigkeit als nunmehr 32jährige der jungen Kongregation der *Schwestern vom armen Kinde Jesu* in Aachen bei.[116] Zwei Jahre später fungierte sie als Schwester Xaveria bereits als Vorsteherin der Bonner Niederlassung, wo sie bis 1868 blieb. Anschließend ging sie für zwei Jahre als Vorsteherin nach Peterswaldau in Schlesien und für sieben Jahre nach Köln. Mitten im Kulturkampf übernahm sie von 1877 bis 1884 das für die Existenz einer Kongregation bedeutende Amt der Novizenmeisterin. Ab 1884 betreute sie die sogenannten Erstprofessen, d. h. Schwestern, die ihre ersten Gelübde abgelegt hatten.

Der 1823 als Tochter eines Warendorfer Schlossermeisters geborenen Anna Maria Gaupel[117] gelang eine ähnlich beeindruckende Karriere. Auch sie besuchte das Lehrerinnenseminar von Münster, legte 1845 das Examen ab und arbeitete anschließend neun Jahre in ihrem Beruf. Diese Tätigkeit befriedigte sie allem Anschein nach nicht mehr, so daß sie 1854 mit 31 Jahren den *Schwestern vom armen Kinde Jesu* beitrat. Sie unterrichtete zunächst in Aachen, bevor sie von 1861 bis 1870 als Vorsteherin der Kölner Niederlassung arbeitete. Am 2. Juli 1870 wählte das Generalkapitel der Kongregation[118] Schwester Liboria, wie

---

115 Vgl. ASKJ, Schwesternverzeichnis Nr. 24; Personalregister sowie 5751 Schwester Xaveria - Maria Anna Niemann, (Lebensbilder) S. 53-76.

116 In den 1850er und 60er Jahren traten weitere Absolventinnen des Münsteraner Lehrerinnenseminars dieser Kongregation bei, die durchweg aus unterbürgerlichen Schichten stammten. Zu ihnen gehörten u.a. Caroline Borgmann (1822-1899), Elisabeth Voss (1821-1895), Gertrud Specht (1836-1898), Gertrud Stenbrock (*1836). Sie traten zwischen 1851 und 1864 bei. Vgl. ASKJ, Lebensbilder 5752, 5760, 5753 (Lebensbilder). Zwischen 1857 und 1874 wurden 32 Absolventinnen dieses Seminars Mitglieder in religiösen Frauengenossenschaften, was einem Anteil von 11 % entsprach. Vgl. Stolze, Ausbildung, S. 173.

117 Vgl. ASKJ, Personalregister; 5754 Mutter Liboria - Anna Elisabeth Gaupel, (Lebensbilder), S. 109-121.

118 Vgl. zum Wahlmodus in Frauenkongregationen den Schluß dieses Abschnitts 4.4.

Anna Maria Gaupel nun hieß, zur Generalassistentin. Sie gehörte von nun an für mehr als 20 Jahre zu den einflußreichsten Persönlichkeiten der Gemeinschaft.

Beide Frauen wurden unabhängig vom gesellschaftlichen Status ihrer Herkunftsfamilie aufgenommen, das Lehrerinnenexamen und ihre intellektuellen Fähigkeiten waren für die Kongregation relevanter und ersetzten daher eine Dote.[119] Überdies geben diese Fälle einen Hinweis darauf, daß weibliche Bildung keineswegs nur Frauen aus bürgerlichen Schichten vorbehalten blieb.[120] In gewisser Weise folgten die Frauenkongregationen hier also ihrer eigenen Logik, die sich an den Bedürfnissen der Gemeinschaft und nicht an gesellschaftlichen Hierarchien orientierte. Langlois stellt zwar eine Diskrepanz zwischen der Herkunft der Gründerinnen und den Mitgliedern einer Gemeinschaft fest, nämlich dahingehend, daß erstere in der Regel aus einer gehobeneren Schicht stammen.[121] Dies galt auch für Preußen. In der Phase der Konsolidierung der neuen Gemeinschaften gelangten jedoch zunehmend Frauen in Führungspositionen, die aus nicht-bürgerlichen Schichten kamen, jedoch über eine qualifizierte Bildung verfügten, die sie sich teilweise in der Gemeinschaft angeeignet hatten.[122]

Die Aufnahme in den Kreis der Chorschwestern und ein möglicher Aufstieg führten nicht zwangsläufig dazu, daß alle das gleiche Prestige genossen. Auch in Kongregationen ohne Unterteilung in Chor- und Laienschwestern entstanden hierarchische Beziehungen unter den Mitgliedern. Die Unterschiede bezogen sich auf den ausgeübten Beruf und auf die Stellung in der Führung der Kommunität. Herkunft, Vermögen und Qualifikation beeinflußten den Rang in einer Kongregation. Die Beharrlichkeit, mit der die Chronistinnen darauf hinwiesen, daß sich adelige Frauen innerhalb der klösterlichen Hierarchie unterordneten, und die Genauigkeit, mit der auf das Vermögen von Mitgliedern hingewiesen

---

119 Beide Frauen werden im "Buch der Doten" nicht genannt.

120 Dieses Phänomen ist m. W. bisher kaum untersucht, daher muß auch der Ansicht von Heinz-Gerhard Haupt vorerst widersprochen werden, daß der "Radius, in dem Frauen aus dem Bürgertum ihre zukünftige Rolle konzipieren konnten, deutlich weiter gespannt als dies unter den Kindern von Arbeitern, Handwerksmeistern oder Detaillisten etwa der Fall war." Heinz-Gerhard Haupt, Männliche und weibliche Berufskarrieren im deutschen Bürgertum in der zweiten Hälfte des 19. Jahrhunderts: Zum Verhältnis von Klasse und Geschlecht, in: Geschichte und Gesellschaft 18 (1992), S. 147.

121 Vgl. Langlois, Le catholicisme, S. 620.

122 Die Gastwirtstochter Antonie Happ avancierte 1900 zur Generaloberin der Kongregation der *Schwestern vom armen Kinde Jesu*. Nach der 50jährigen Amtszeit der Gründerin Clara Fey, die 1894 mit ihrem Tod endete, wählten die Chorschwestern zunächst Elisabeth Braun in dieses Amt. Die Lehrerin und Tochter eines Landrichters aus dem pfälzischen Landstuhl fungierte für sechs Jahre als Generaloberin. Bereits bei der nächsten Wahl 1900 spielte die Herkunft allem Anschein nach keine ausschlaggebende Rolle mehr. Vgl. ASKJ, Buch der Wahlen sowie 5300 Schwester Innozentia - Elisabeth Braun und 5311 Schwester Franziska Chantal - Antonie Happ (Lebensbilder).

wird, zeigen, daß diese Frauen durchaus einen besonderen Status genossen oder reklamierten. Als Emilie Weckbecker 1850 den *Schwestern vom armen Kinde Jesu* beitrat, wurde berichtet, sie habe Geld "schürzenvoll" eingebracht;[123] dies entsprach den Tatsachen.[124]

Das hierarchische Strukturprinzip innerhalb der neuen Gemeinschaften entwickelte sich oft bereits im Gründungsprozeß. Aus einer Gruppe von Frauen kristallisierte sich bald diejenige heraus, die von den anderen als Oberin anerkannt wurde. Dieser Status wurde in der Regel in einem formellen geheimen Wahlverfahren bestätigt. Die Oberin sammelte einige Schwestern um sich herum, die zur Führungsgruppe gehörten und mit denen sie unter Umständen über Jahrzehnte zusammenarbeitete. Clara Fey, Pauline von Mallinckrodt oder Franziska Schervier zählten zu diesen charismatischen Persönlichkeiten, deren Autorität nicht angegriffen wurde. Den *Franziskanerinnen* von Olpe gelang dieser Prozeß nicht. Aline Bonzel und Theresia Pfänder brachten unterschiedliche Kompetenzen in die neue Kommunität ein. Die finanziellen Ressourcen der ersten allein reichten nicht, um ihren Status in der Gemeinschaft zu stabilisieren. Mit Hilfe außenstehender Personen, nämlich Teilen der wohlhabenden Olper Bürgerschaft, gelang es Aline Bonzel, ihre Position zu sichern und durch Spaltung der Kongregation an die Spitze zu gelangen. Diese Beispiele zeigen wie andere,[125] daß ökonomische Potenz nur in Verbindung mit anderen Qualifikationen eine Führungsposition in der Kongregation sicherte. Der Umgang mit den Schwestern und Kompetenz in religiösen Angelegenheiten gehörte ebenso dazu wie fachliches Wissen in Bezug auf die jeweiligen Arbeitsgebiete der Kongregation. Die Schwestern entschieden selbst darüber, welche Schwester diesen Ansprüchen genügte, indem sie eine aus ihren Reihen zur Oberin wählten.

Das Wahlrecht in Kongregationen leiteten die Kirchenrechtler des 19. Jahrhunderts aus dem weiblichen Ordensrecht ab. Seit dem Tridentinum konnten Ordensfrauen ihre Oberinnen selbst wählen. Nach dem kanonischen Recht hätten die Oberinnen in Kongregationen auch von der Kirche ernannt werden können. Schels räumte 1857 der Wahl den Vorzug ein: "Erfahrungsgemäß sind die ERNENNUNGEN durch die oberste Kirchengewalt nicht beliebt oder doch oft

---

123 ASKJ, 8019 Schwester Hildegard - Emilie Weckbeker, S. 5.

124 Neben den Gründerinnen verzeichnet das Dotenbuch zwischen 1844 und 1875 nur drei weitere Frauen, die mehr als 10.000 Taler brachten: 1856 Weckbecker, Emilie - Schw. Hildegard: 10.000 Taler; 1857 Robiano, Gräfin Antonia - Schw. Mathilde: 13.330 Taler; 1870 Prinzessin Ratzivill Elisa - Schw. Hedwigis: 10.000 Taler. Vgl. ASKJ, Buch der Doten, Stiftungen und Vermächtnisse (1844-1875).

125 Zum Beispiel blieb Luise Vossen, obwohl sie die *Schwestern vom armen Kinde Jesu* mitbegründet und wesentlich finanziert hatte, immer eher im Hintergrund und nahm wenig Einfluß auf die Ausgestaltung des genossenschaftlichen Lebens.

Irrthümern unterworfen. Die Ordensleute, welche selber die beste Kenntniß der Personen und Verhältnisse besitzen, wählen am zweckmäßigsten ihre Oberen selbst."[126] Die Oberin eines Frauenordens - genauer gesagt eines Klosters - verfügte jedoch über geringere Kompetenzen als die Generaloberin einer Kongregation. Letztere besaß das Recht zur Visitation, übten in gewissem Umfang kirchliche Rechte aus und konnte vor allen Dingen alle Ämter in der Gemeinschaft besetzen.[127]

Daß in den Kongregationen Frauen ihre Vorgesetzten selbst auswählen - oder auch abwählen - konnten, ist ein Novum nicht nur im 19. Jahrhundert. Allerdings waren nicht alle Mitglieder gleichermaßen zur Wahl der Generaloberin zugelassen. Durch ein Delegationsprinzip bezogen die meisten Kongregationen zumindest alle Chorschwestern in das Wahlverfahren ein. Die Frauen konnten - wenn auch beschränkt - ihre Interessen wahrnehmen, und zwar zu einem Zeitpunkt, als das allgemeine Wahlrecht für Frauen noch in weiter Ferne lag. Selbst auf der kommunalen Ebene wurde ihnen das Recht zur Wahl der Stadtverordneten verwehrt.[128] In politischen Vereinen durften sie sich nicht organisieren und in den zahlreichen Wohltätigkeitsvereinen mußten sie in Kauf nehmen, daß Männer als Vorstandsmitglieder fungierten.[129]

Nicht erst angesichts neuerer Wahlrechtsforschung aus geschlechtergeschichtlicher Perspektive ergeben sich aus diesem Sachverhalt weitergehende Fragestellungen. Bereits die Zeitgenossen stellten einen Zusammenhang zum politischen Wahlrecht her. Schuppe deutete dies schon 1868 an - freilich ohne weitere Belege zu nennen: "Es ist eine müssige Frage, ob die Verfassung der neueren Congregation republikanisch oder monarchisch ist, doch hat man sich Mühe gegeben, diese Verfassungen, sowie die der Orden, einer politischen Kategorie einzureihen."[130] Seit der Französischen Revolution stand die Wahlrechtsfrage auf der politischen Tagesordnung. Im Ergebnis war das Wahlrecht mannigfaltigen Beschränkungen ausgesetzt. Das preußische Dreiklassenwahlrecht zum Beispiel gewichtete die Stimmen der Wahlberechtigten nach der Hö-

---

126 Schels, Frauen-Genossenschaften, S. 160.

127 Vgl. Wendlandt, Orden und Congregationen, S. 46 f.

128 Zum Wahlrecht vgl. Ute Frevert, "Mann und Weib, und Weib und Mann". Geschlechter-Differenzen in der Moderne, München 1995, S. 61-132, und Gisela Bock, Frauenwahlrecht - Deutschland um 1900 in vergleichender Perspektive, in: Michael Grüttner, Rüdiger Hachtmann, Heinz-Gerhard Haupt (Hg.), Geschichte und Emanzipation. Festschrift für Reinhard Rürup, Frankfurt/New York 1999, S. 95-136.

129 So verlangte beispielsweise die Berliner Zentrale des Vaterländischen Frauenvereins noch in den 1880er Jahren eine gemischtgeschlechtliche Zusammensetzung der Vorstände der lokalen Vereine; waren dort nur Frauen vertreten, wurden sie nicht anerkannt. Vgl. Ute Daniel, Die Vaterländischen Frauenvereine in Westfalen, in: Westfälische Forschungen 39 (1989), S. 169.

130 Schuppe, Wesen, S. 74.

he seiner Steuerzahlungen (Zensuswahlrecht) und schloß Frauen gänzlich aus. Auch im Deutschen Reich wurde das volle Wahlrecht 1867/1871 nur für Männer eingeführt.[131] Angesichts der erst im letzten Drittel des 19. Jahrhunderts nur zögernd vorgetragenen Bestrebungen zur Einführung des Frauenwahlrechts stellen die Wahlmöglichkeiten in den Frauenkongregationen eine Besonderheit dar. Hier konnten - wie sonst allenfalls in einigen Frauenvereinen - Frauen ein Wahlrecht ausüben.

Die *Schwestern vom armen Kinde Jesu* wählten bereits bei ihrer Gründung 1844 Clara Fey zu ihrer Oberin. Alle Chorschwestern, die ewige Profeß abgelegt hatten, waren zur Wahl zugelassen, die ab 1850 alle fünf Jahre durchgeführt wurde. Im Juli 1860, als die dritte Wahl zur Generaloberin und ihrer Assistentinnen anstand, hatten sich im Aachener Mutterhaus 121 Frauen versammelt. Mit 120 Stimmen wählten die Frauen Clara Fey erneut zur Generaloberin, auch die drei Assistentinnen - Leocardia Startz (Schwester Teresia) mit 118 Stimmen, Wilhelmine Istas (Schwester Dominica) mit 111 Stimmen und Therese Beissel (Schwester Augustin) mit 107 Stimmen - wurden von fast allen Schwestern gewählt.[132] Aufgrund des schnellen Wachstums der Kongregation[133] wurde das direkte Wahlverfahren so nicht aufrecht erhalten, denn die Wahlberechtigten mußten zum Teil lange und kostspielige Reisen unternehmen, außerdem waren die Unterbringungsmöglichkeiten im Mutterhaus erschöpft. Aus diesem Grund fand 1865 eine Briefwahl statt, an der sich insgesamt 195 Schwestern beteiligten, und 1870 wurde erstmals nach einem Delegiertenprinzip gewählt.[134] Am 2. Juli 1870 trafen sich so 45 Wählerinnen im Mutterhaus in Aachen, um Clara Fey zum fünften Mal mit 44 Stimmen zur Generaloberin zu wählen. Die Assistentinnen wechselten dagegen häufiger.

Diese Wahlverfahren wurde in den Regeln und Satzungen der Kongregation spezifiziert und 1881 vom Papst gutgeheißen.[135] Wahlberechtigt waren demnach die Generaloberin, ihre vier Assistentinnen, die Meisterinnen der Novizinnen und der Erstprofessen und sieben sogenannte Vokalen oder Stimmschwestern, die von den Chorschwestern des Mutterhauses mit ewiger Profeß gewählt wurden. Hinzu kamen die Provinzialoberinnen und aus den Tochterhäusern

---

131 Ute Frevert hat die Mühen beschrieben, die die Männer im 19. Jahrhundert darauf verwandten, Frauen vom Wahlrecht auszuschließen. Vgl. Frevert, "Mann und Weib ...", S. 83-95, 109-125. Über die Einführung des Frauenwahlrechts in anderen Ländern informiert Bock, Frauenwahlrecht, und der von Caroline Daley und Melanie Nolan herausgegebene Sammelband Suffrage and Beyond. Internationalist Feminist Perspectives, Auckland 1994.

132 Vgl. ASKJ, 3910,1 Wahlen der General-Oberin und ihrer Assistentinnen.

133 Im Jahre 1866 gehörten bereits 526 Mitglieder dazu, von denen 214 Chorprofessen waren. Vgl. ASKJ, Copirbuch, S. 155.

134 Vgl. Pfülf, M. Clara Fey, S. 334.

135 Vgl. ASKJ, Regelbuch 1881.

jeweils eine gewählte Schwester beziehungsweise zwei, falls dort mehr als zwölf Chorschwestern wohnten. Sie alle wurden beim Tod der Generaloberin oder alle sechs Jahre zusammengerufen. Mehrere Tage vor der Wahl kamen sie zur Beratung zusammen, wobei Wahlwerbung für ein Mitglied unter Androhung des Ausschlusses von der Wahl und für die eigene Person mit Verlust des Stimmrechts bestraft wurde. Unter Vorsitz des Bischofs oder seines Stellvertreters wurde die Generaloberin mit Zweidrittel-Mehrheit gewählt, bei den Assistentinnen reichte die absolute Stimmenmehrheit aus.[136]

Ähnlich dem Zensuswahlrecht konnten in den Kongregationen nicht alle Mitglieder gleichermaßen wählen, Laienschwestern blieben grundsätzlich vom aktiven und passiven Wahlrecht ausgeschlossen. Die Kongregationen begründeten dies damit, daß sie ihnen nicht zutrauten, ihr Recht verantwortlich wahrzunehmen. Die *Schwestern der christlichen Liebe* legten dazu 1895 in ihren Konstitutionen fest: "Die Hausschwestern sind um der Sorge für die Regierung der Genossenschaft befreit, weshalb sie keine Stimme erhalten." Das Wahlverfahren entsprach demjenigen bei den *Schwestern vom armen Kinde Jesu*; allerdings wurde ein Delegationsverfahren erst in den Konstitutionen von 1895 eingeführt. Auch bei den *Schwestern der christlichen Liebe* trafen sich die Wahlberechtigten einige Tage vorher. Am ersten Tag wurden sie von der Oberin darauf hingewiesen, eine gute Wahl zu treffen. In den folgenden drei Tagen hatten sie Zeit, "um sich Gott zu empfehlen und besser zu erwägen, wer aus der ganzen Genossenschaft am besten tauge, indem sie sich, sofern es ihnen nothwendig scheint, Erkundigung bei Jenen schöpfen, welche solche gut geben können. Hierbei sind Klugheit und Verschwiegenheit zu empfehlen."[137]

Die Einübung gewisser demokratischer Spielregeln stand hier ebenso auf der Tagesordnung wie Überlegungen, die sich am Gesamtwohl der Kongregation orientierten; letzteres betraf religiöse wie profane Angelegenheiten gleichermaßen. Hier zeigt sich die Bedeutung kollektiven religiösen Lebens für die einzelnen Frauen: Obwohl sie verpflichtet waren, Gehorsam gegenüber ihren Oberinnen zu leisten, konnten sie Einfluß nehmen. Ohne dieses Bewußtsein wären diese großen Organisationen weniger erfolgreich gewesen. Das bezieht sich jedoch nicht nur auf die Wahl der Generaloberin, sondern auch auf die Auswahl der Assistentinnen, deren Wirken für die praktische Arbeit oftmals sehr bedeutend war. Die *Franziskanerinnen von der ewigen Anbetung* definierten deren Funktionen in den Statuten: "In allen wichtigen und außergewöhnlichen Fällen, wird die Mutter [d.h. die Generaloberin] die Rathsschwestern [wie hier die Assistentinnen genannt werden] berufen, und diese werden, nach vorhergegangener Anrufung des heil. Geistes, in den ihnen vorgelegten, fraglichen

136 Vgl. ebd, S. 30-35.

137 Constitutionen der Schwestern der christlichen Liebe, Paderborn 1895, S. 82.

Punkten, offen und frei ihre Meinung äußern und mitentscheiden."[138] Das strikte Gehorsamsprinzip wurde in diesem Punkt zugunsten eines gemeinschaftlichen Prinzips gebrochen.

Im Vergleich zu den Möglichkeiten, die Frauen in anderen Vereinigungen gegeben waren, hatte das Wahlrecht in den Kongregationen in beachtlicher Weise partizipatorischen Charakter. So wundert es nicht, daß hieran von nichtkatholischer Seite Kritik geübt wurde und die Kirchen diesen Umstand eher herunterzuspielen versuchten. Paul Hinschius, Kirchenrechtler und einer der Urheber der Kulturkampfgesetze, kritisierte am Wahlverfahren, daß es zum Teil ein beschränktes sei, daß es zwar als eine "liberale Institution" erscheine, was es aber de facto nicht sei. "Denn die Wahlberechtigung ruht entweder in den Händen der älteren, genügend im klerikalen Sinne vorbereiteten Schwestern, oder gar eines kleinen Kreises von ausgesuchten Mitgliedern der Genossenschaften und bedarf überdies noch vielfach der Bestätigung der geistlichen Oberen."[139] Von Hinschius ist nicht bekannt, daß er sich mit gleicher Vehemenz für ein allgemeines Frauenwahlrecht eingesetzt habe. Auch Kirchenvertreter begründeten das Wahlverfahren mit einer interessanten Wendung. Arndt diskutierte die Frage, ob nicht die Generaloberinnen ihre Ämter lebenslang übertragen bekommen sollten und lehnt dies mit folgender Begründung ab: "Es ist eine gefährliche Sache, einer Frau eine lebenslängliche Autorität zu verleihen... Die Erfahrung zeigt, wie grossen Nutzen die Nothwendigkeit des Wechsels für das innere Wohl und das äussere Gedeihen der Congregation hat."[140]

Ungeachtet dieses misogynen Untertons und der sozialdisziplinierenden Absicht des Jesuiten Arndt erwies sich die Organisationsform der Kongregation als vorteilhaft für deren Entwicklung, weil diese so flexibel auf Veränderungen und Wandlungen reagieren konnten. Aus geschlechtergeschichtlicher Perspektive gewinnen dabei partizipatorische Elemente, wie sie in den Wahlverfahren zum Ausdruck kommen, eine herausragende Bedeutung. Frauen - zugestandenermaßen nicht alle, was aber aufgrund der Allgegenwart sozialer Ungleichheit im 19. Jahrhundert keine Besonderheit darstellt - gewannen dadurch einen Gestaltungsspielraum über ihr gesamtes tätiges wie religiöses Leben.

Mit Hilfe der Wahlverfahren in den Kongregationen gelang es den Frauen unter dem Dach der Kirche, ein gewisses Maß an weiblicher Selbstbestimmungsmöglichkeit umzusetzen, und zwar ungeachtet dessen, daß Frauen sich der Autorität der Kirchenmänner zu beugen hatten. Selbstbestimmung meint hier weniger die autonome Entfaltungsmöglichkeit einzelner Frauen, sondern

---

138 AFO, Statuten der armen Franziskanerinnen von der ewigen Anbetung 1865.

139 Hinschius, Orden I, S. 48.

140 Arndt, Rechtsbestimmungen, S. 281 f.

die autonome Auswahl der Leitung der Gemeinschaft sowie eine Selbstverwaltung und -organisation der Kongregation als Ganzer.

Zum hervorstechendsten Merkmal genossenschaftlichen Frauenlebens in der zweiten Hälfte des 19. Jahrhundert gehörte das ständige Trachten danach, erprobte traditionelle mit neuen Elemente zu verbinden. Es lassen sich verschiedene Ausprägungen dieser Integration von Tradition und Moderne finden. Da wäre zunächst die Orientierung am Leistungsprinzip der bürgerlichen Gesellschaft, verbunden mit einer gewissen sozialen "Durchlässigkeit" einerseits und der Rückbesinnung auf religiöse Traditionen andererseits. Als zweites ist das Spannungsverhältnis unterschiedlicher Strukturen auf der Organisationsebene zu nennen: einerseits das hierarchische Organisationsprinzip sowie die rigide Durchsetzung des Gehorsamsversprechens gegenüber Vorgesetzten und andererseits die egalitäre Komponente, daß die Führungsspitze der Kongregationen durch die Mitglieder nach einem bestimmten Verfahren gewählt und nicht etwa durch die Kirche eingesetzt wurde.

Kapitel 5

Arbeitsfelder zwischen Barmherzigkeit und neuer weiblicher Berufstätigkeit

"Die Schwestern dürfen nie vergessen, dass die Werke der Barmherzigkeit für sie nicht rein mechanische äusserliche Handlungen sein sollen, sondern ihnen ein Mittel werden müssen, sich selbst zu heiligen."[1] Der Jesuit Augustin Arndt beschreibt hier die idealtypische Vorstellung genossenschaftlichen Frauenlebens aus der Perspektive eines Klerikers. Das religiöse Ziel rückt fraglos an den Anfang, die Aktivitäten der Frauen im Sozial- und Erziehungsbereich treten dahinter zurück, werden zum bloßen Werkzeug stilisiert. Auch andere zeitgenössische Schriften, die sich mit den Gründungsmodalitäten der Kongregationen befassen, beleuchten die profanen Tätigkeiten der Frauen in den neueren religiösen Instituten nur am Rande. Im Mittelpunkt stehen die kanonischen Bestimmungen für das gemeinschaftliche religiöse Leben.[2]

Diese Gewichtung der klerikalen Ratgeber, die auch deren mangelnde Kompetenz in Fragen der profanen Arbeitsgebiete belegt, eröffnete einen Gestaltungsspielraum für die Frauenkongregationen. In der Zeit des Gründungsbooms konnten sie den Umstand nutzen, daß die Amtskirche sich zwar intensiv mit religiösen Fragen, aber vergleichsweise wenig mit den konkreten Tätigkeitsfeldern der Kongregationen beschäftigte. Im folgenden soll erstens analysiert werden, welche Aufgaben sie wahrnahmen, wie sie die Arbeit organisierten und welche Mittel sie dazu benötigten. Waren sie in der Lage, angesichts der gravierenden ökonomischen, technischen und sozialen Umbruchprozesse neue Felder karitativen und erzieherischen Engagements zu erschließen? Zweitens wird die Frage erörtert, ob sich hieraus Gründe für die Attraktivität der Kongregationen für Katholikinnen ableiten lassen, denn hier wurden Berufsfelder für Frauen geschaffen - so die These -, für die es im weltlichen Bereich noch kein Äquivalent gab.

Welche Aufgaben versahen nun die Kongregationen? Wo lagen die Schwerpunkte? Da sie sich in ihren Arbeitsschwerpunkten von spezifischen lokalen

---

1 Arndt, Rechtsbestimmungen, S. 89.

2 Vgl. Schels, Wesen; Schuppe, Frauen-Genossenschaften sowie Arndt, Rechtsbestimmungen.

Anforderungen beeinflussen ließen, standen zum Teil sehr unterschiedliche Arbeitsfelder nebeneinander. Ferner ergab sich manchmal aus der Tätigkeit in einem Bereich ein zusätzliches Engagement in einem verwandten Sektor. Gleichwohl konzentrierten sich die meisten Kongregationen auf ein Haupttätigkeitsgebiet, dem sie sich in besonderer Weise verpflichtet fühlten und dem sich andere Bereiche unterordneten. Die Praxis der möglichst breit angelegten Aufgabenfelder, die nach der Beschreibung der wichtigsten Arbeit häufig mit der Feststellung endete, daß kein Bereich ausgeschlossen sein sollte,[3] wurde vom kanonischen Recht zu Beginn des 20. Jahrhunderts erschwert. Arndt gab die Empfehlungen der römischen Kurie weiter und empfahl den Kongregationen, dieses "für jedes Institut eigenartige Ziel muss in den Constitutionen genau begrenzt, mit klaren Ausdrücken erklärt und in bescheidenen Worten dargelegt werden."[4]

Im folgenden wird zunächst die Krankenpflege als ein für die neuen preußischen Kongregationen zentrales Aufgabengebiet untersucht. Danach geht es um die Sektoren Erziehung, Bildung und das weite Feld der Fürsorge und Armenpflege. Schließlich werden die Arbeitsbereiche betrachtet, die sich aus den Aufgaben der Leitung und Versorgung der Kongregationen ergaben.

5.1. Krankenpflege

Die stationäre Pflege kranker Menschen wurde im 19. Jahrhundert zu einem zentralen Arbeitsfeld der preußischen Frauenkongregationen. Ein ständig wachsender Bedarf an qualifiziertem Pflegepersonal, nicht zuletzt aufgrund der Expansion des Krankenhauswesens im 19. Jahrhundert, ermöglichte diese Entwicklung.[5] Zwar blieb die Familie wie im Mittelalter und in der Frühen Neuzeit der wichtigste Ort der Krankenpflege, aber die außerhäusliche Pflege - zuvor integraler Bestandteil der Armenpflege und nur von einer Minderheit Familien- oder Mittelloser in Anspruch genommen - breitete sich aus. In den Armenhäusern und Spitälern des Ancien régime wirkten in den katholischen

3 Die *Franziskanerinnen der hl. Herzen Jesu und Mariae* bestimmten beispielsweise 1860 dies: "Übrigens soll aber keine Art von Liebeswerken, wozu ihnen der Herr Gelegenheit gibt, von ihrer Liebe ausgeschlossen sein, es sei an Kindern oder Erwachsenen, an Gesunden oder Kranken." AFS, Constitutionen der Schwestern des heiligen Franziskus 1860.

4 Arndt, Rechtsbestimmungen, S. 86.

5 Claudia Bischoff nennt noch einen weiteren Grund für den wachsenden Bedarf an Pflegekräften, und zwar die zahlreichen Kriege des 19. Jahrhunderts. Vgl. Claudia Bischoff, Frauen in der Krankenpflege. Zur Entwicklung der Frauenrolle und Frauenerwerbstätigkeit im 19. und 20. Jahrhundert, Frankfurt a.M. 1992, S. 74. Zu dieser Problematik, die für die katholischen Genossenschaften im Kulturkampf virulent werden sollte, vgl. Kapitel 9 dieser Arbeit.

Gegenden Orden und Kongregationen, während in den protestantischen Ländern dazu bezahlte Wärterinnen und Wärter herangezogen wurden.[6]

Wachsender Bedarf an Krankenpflegekräften

In den 1820er und 30er Jahren wurde nicht nur für katholische Zeitgenossinnen und Zeitgenossen offenkundig, daß durch das Verbot katholischer Orden in der Säkularisation krankenpflegendes Personal fehlte. In protestantischen Zirkeln stellte sich eine ähnliche Frage, denn hier mangelte es an unbezahlten Krankenpflegerinnen schon seit der Auflösung der religiösen Genossenschaften in der Reformation. Amalie Sieveking (1794-1859) gehörte wie Friederike und Theodor Fliedner und der spätere preußische König Friedrich Wilhelm IV. zu denjenigen, die jeweils eigene Überlegungen zur Gründung einer den katholischen Pflegekongregationen nachempfundenen protestantischen Frauengemeinschaft anstellten.[7] Nicht zuletzt der Ausbruch der in Europa bis dahin unbekannten Cholera führte engagierten Frauen und Männern vor Augen,[8] daß es neuer Konzepte für die Krankenpflege bedurfte.

Fortschritte in der Medizin, die sich in einer Verfeinerung der Untersuchungsmethoden ausdrückten, stellten eine weitere Herausforderung der Krankenpflege dar. Im häuslichen Rahmen der Patientinnen und Patienten ließen sie sich kaum mehr durchführen. Überdies benötigte man dazu medizinisch ge-

---

6 Vgl. Anna Sticker (Hg.), Die Entstehung der neuzeitlichen Krankenpflege. Deutsche Quellenstücke aus der ersten Hälfte des 19. Jahrhunderts, Stuttgart 1960, S. 13-16. Zu Recht weist Anna Sticker darauf hin, daß die großen krankenpflegenden Kongregationen der Borromäerinnen und Vinzentinerinnen, die seit langem in Frankreich wirkten, in den deutschen Ländern nicht tätig waren und auch vor 1800 keine Nachahmung fanden. Ebd. S. 15.

7 Zu den protestantischen Bestrebungen siehe Sticker, Entstehung der neuzeitlichen Krankenpflege; Paul Philippi, Die Vorstufen des modernen Diakonissenamtes (1979-1848) als Elemente für dessen Verständnis und Kritik. Eine motivgeschichtliche Untersuchung zum Wesen der Mutterhausdiakonie, Neukirchen-Vluyn 1966; und die neuesten Studien von Jutta Schmidt und Ursula Röper. Schmidt beschäftigt sich in ihrer Studie mit den Wurzeln des evangelischen Mutterhauswesens - im Unterschied zu Paul Philippi - aus geschlechtergeschichtlicher Perspektive, vgl. Schmidt, Beruf: Schwester. Röper fragt besonders nach den Motiven des kirchenfreundlichen preußischen Königs Friedrich Wilhelm IV, vgl. Röper, Mariane Rantzau. Vergleichbare Debatten um die Etablierung der jüdischen Krankenpflege werden erst ab den 1880er Jahren geführt, vgl. Hilde Steppe, "... den Kranken zum Troste und dem Judenthum zur Ehre ..." Zur Geschichte der jüdischen Krankenpflege in Deutschland, Frankfurt a. M. 1997, S. 132-135.

8 So beispielsweise für Amalie Sieveking: "Die Cholera brach herein, im Spätherbst 1831: das schien mir ein Zeichen von oben herab ... Nun darfst du!" Bericht über die Leistungen des weiblichen Vereins für Armen- und Krankenpflege, 10, Hamburg 1842, zit. nach Sticker, Entstehung, S. 176.

schultes Personal. Eine Diskrepanz bestand jedoch - so Reinhard Spree - zwischen medizinischer Wissenschaft und Praxis in den Krankenhäusern, da die therapeutischen Erfolge häufig nicht mit dem Erkenntnisstand Schritt hielten. Im Vergleich dazu bot die Chirurgie bereits größere Heilungschancen. Dennoch konnte die Skepsis der Laien gegenüber der Krankenhausmedizin nicht eingedämmt werden. Naturheilverfahren gewannen in den 1870er Jahren viele Befürworter, und wer es sich leisten konnte, mied das Krankenhaus.[9]

Die Armengesetzgebung der 1840er Jahre bewirkte, daß die Zahl der in Krankenhäusern zu behandelnden Menschen dennoch stieg. Für Preußen hieß dies, daß es den Gemeinden nach dem "Gesetz über die Verpflichtung zur Armenpflege" von 1842 oblag, für verarmte oder erkrankte Mitglieder zu sorgen. Dies betraf auch den Personenkreis, der durch das gleichzeitig erlassene "Gesetz über die Aufnahme neu anziehender Personen" erfaßt wurde. Außerdem wurden die Gemeinden zur Krankenpflege eines von der Freizügigkeit ausdrücklich ausgeschlossenen Kreises der "Dienstboten, Handwerksgesellen, etc." verpflichtet.[10] Letztlich ging es also um die Versorgung der armen oder von Armut bedrohten Arbeitskräfte, die im Zuge des Industrialisierungsprozesses massenhaft darauf angewiesen waren, daß ihre Arbeitskraft schnell wiederhergestellt wurde. Dieser Umstand forcierte eine Differenzierung des Hospitalwesens durch eine Funktionstrennung zwischen Krankenhaus und Armenhaus, wobei ersteres den heilbar Kranken vorbehalten werden sollte und letzteres nunmehr nur noch für die unheilbar erkrankten Personen offenstand. Die Multifunktionalität der Hospitäler als Armen-, Kranken-, Alten- und Siechenanstalten wurde so allmählich aufgehoben.[11] Im 19. Jahrhundert stammten 90 bis 95 % aller Kranken im Krankenhaus aus der Unterschicht, ohne daß es sich um eine "echte Armutspopulation"[12] gehandelt hätte, da diese Menschen ein eigenes Einkommen erwirtschafteten, von dem sie allerdings einen Krankenhausaufenthalt selbst nicht

---

9 Vgl. Reinhard Spree, Krankenhausentwicklung und Sozialpolitik in Deutschland während des 19. Jahrhunderts, in: Historische Zeitschrift 260 (1995), S. 82 ff.

10 Vgl. Spree, Krankenhausentwicklung, S. 85 f sowie Christoph Sachße und Florian Tennstedt, Geschichte der Armenfürsorge in Deutschland. Vom Spätmittelalter bis zum 1. Weltkrieg, Stuttgart 1980, S. 276-280, hier S. 280. Eine Interpretation dieser Vorschriften mit Blick auf eine geschlechterspezifische Differenz kann hier nicht weiterverfolgt werden. Zu prüfen wäre, ob eine Frau gemäß § 1 des Gesetzes von 1842 als "selbständige(r) Preußische(r) Untertan" galt und in welchem Maße Frauen und Männer vom § 32 (Verpflegung kranker Dienstboten, Handwerksgesellen etc.) betroffen waren.

11 Vgl. Bischoff, Frauen in der Krankenpflege, S. 74 f sowie Bernd Wagner, Zur Geschichte des Krankenhauses - Preußen im 19. Jahrhundert, MS Bielefeld Dezember 1991, S. 5 ff.

12 Reinhard Spree, Quantitative Aspekte der Entwicklung des Krankenhauswesens im 19. und 20. Jahrhundert, "Ein Bild innerer und äußerer Verhältnisse", in: Alfons Labisch/Reinhard Spree (Hg.), "Einem jeden Kranken sein eigenes Bett". Zur Sozialgeschichte des Allgemeinen Krankenhauses in Deutschland im 19. Jahrhundert, Frankfurt/Main 1996, S. 71.

finanzieren konnten. Hinzu kam, daß sich dieser Personenkreis nicht von weiblichen Familienmitgliedern pflegen lassen konnte, weil diese an anderen Orten lebten oder selbst einer Arbeit außer Haus nachgingen. Städte und frühe Versicherungsinstitute standen für diese Personen ein.[13]

Der Anteil der Frauen an allen Kranken im Krankenhaus lag während des 19. Jahrhunderts bei ca. 30-40 %.[14] Wenn in Rechnung gestellt wird, daß die Expansion des Krankenhauswesens zu einem Gutteil auf die Armengesetzgebung zurückzuführen ist, verwundert dies nicht, wurden doch mit diesem Gesetz in erster Linie erwerbstätige Personen erfaßt, was im übrigen auch für die Bismarckschen Sozialreformen der 1880er Jahre galt. Eine für alle Versicherten gültige Familienversicherung, die dann auch die nicht erwerbstätigen Ehefrauen erfaßte, wurde erst 1930 gesetzlich verpflichtend eingeführt. Allerdings konnten die Krankenkassen bereits 1883 den Angehörigen auf freiwilliger Basis Leistungen gewähren. Im Ersten Weltkrieg wurde diese Praxis allgemein üblich.[15]

Inwieweit die Gemeinden ihrer Verpflichtung zur Krankenpflege nachkamen, kann auf Grund der Forschungslage nicht beurteilt werden. Da das Gesetz keine Auflagen in Bezug auf die Form der Pflege enthielt, scheinen zumindest kleinere Kommunen ihre Obliegenheit durch ambulante Pflegeleistungen erfüllt zu haben. In jedem Fall entstand aufgrund der Gesetzeslage ein Handlungsbedarf für die Kommunen. Unabhängig von diesen staatlichen Initiativen erkannten vor allem Frauen das Problem der Pflege kranker Menschen frühzeitig.[16]

Tätigkeit der Kongregationen in der Krankenpflege

Eine der bekanntesten Schwestern, die sich der Krankenpflege widmete, war Katharina Kasper. Wie sie gingen Mitte des 19. Jahrhunderts auch andere Frauen von Haus zu Haus, pflegten Kranke, kümmerten sich um den Haushalt, versorgten, falls nötig, die Kinder. Aus diesen Anfängen bildeten sich viele

---

13 Spree, Krankenhausentwicklung, S. 70 f.

14 Vgl. ebd., S. 80.

15 Vgl. Karin Hausen, Arbeiterinnenschutz, Mutterschutz und gesetzliche Krankenversicherung im Deutschen Kaiserreich und in der Weimarar Republik. Zur Funktion von Arbeits- und Sozialrecht für die Normierung und Stabilisierung der Geschlechterverhältnisse, in: Ute Gerhard (Hg.), Frauen in der Geschichte des Rechts. Von der Frühen Neuzeit bis zur Gegenwart, München 1997, S. 740 f. Zum Zusammenhang von Armut und Geschlecht im späten 19. und in der ersten Hälfte des 20. Jahrhunderts vgl. Gisela Bock, Weibliche Armut, Mutterschaft und Rechte von Müttern, in: Perrot/Duby (Hg.), Geschichte der Frauen, Bd. 5: 20. Jahrhundert, Frankfurt a. M. 1995, S. 427-461.

16 Die Aktivitäten der Vaterländischen Frauenvereine - ursprünglich zur Versorgung verwundeter Soldaten ins Leben gerufen - sind hier ebenso zu nennen wie die Bestrebungen im Umkreis von Amalie Sieveking. Vgl. Daniel, Vaterländische Frauenvereine, Sticker, Entstehung.

Tabelle 13: Krankenpflegende Kongregationen 1872/73

1. Arme Dienstmägde Jesu Christi
a) Krankenpflege (ambulant, ab 1870 stationär)
b) Erziehungs- und Lehrtätigkeit (Kleinkinder, Elementar- und höhere Mädchenschule, "berufsbildende" Schulen)

2. Barmherzige Schwestern von der heiligen Elisabeth
a) Stationäre Krankenpflege
b) Erziehungs- und Lehrtätigkeit (Waisen/Kleinkinder)

3. Franziskanerinnen von den heiligsten Herzen Jesu und Mariä/ Salzkotten
a) Krankenpflege (ambulant, ab ca. 1873 stationär)
b) Erziehungs- und Lehrtätigkeit (Waisen)

4. Franziskanerinnen/Waldbreitbach
a) Ambulante Krankenpflege
b) Erziehungs- und Lehrtätigkeit (Waisen, Kleinkinder, Mädchen)

5. Graue Schwestern/Neisse
a) Krankenpflege (ambulant, später stationär)
b) Erziehungs- und Lehrtätigkeit (Waisen/Kleinkinder/Mädchen)

6. Krankenschwestern vom heiligen Franziskus/Münster
a) Ambulante und stationäre Krankenpflege
b) Erziehungs- und Lehrtätigkeit (Waisen)

7. Neußer Augustinerinnen
a) Krankenpflege (besonders geisteskranke Frauen)
b) Erziehungs- und Lehrtätigkeit (Waisen, Mädchen, Kleinkinder)

8. Vinzentinerinnen/Paderborn
a) Stationäre Krankenpflege
b) Erziehungs- und Unterrichtstätigkeit (Waisenhäuser)

9. Arme Schwestern vom heiligen Franziskus/Aachen
a) Krankenpflege (ambulant, später stationär; für Arme und Bemittelte)
b) "Sozialarbeit für Mädchen"
c) Armenpflege (Suppenküchen, Hausbesuche)

10. Clemensschwestern/Münster
a) Stationäre Krankenpflege
b) ambulante nur in Ergänzung

Quelle: Eigene Zusammenstellung auf der Grundlage von Wendlandt, Orden und Kongregationen, Preußische Statistik und verschiedenen monographischen Darstellungen.

krankenpflegende Kongregationen. Die Tabelle 13 gibt einen Überblick über die zehn bis 1875 in Preußen entstandenen Kongregationen, die die Krankenpflege ins Zentrum ihrer Aktivitäten stellten; sie nennt gleichzeitig die nachgeordneten Arbeitsgebiete.

Häusliche Krankenpflege als Teil der allgemeinen Armenfürsorge stand bei vielen Kongregationsgründungen am Beginn der Tätigkeit. Zu den wenigen Ausnahmen gehörten die *Vinzentinerinnen* aus Paderborn, die ihren Schwerpunkt in der stationären Pflege von Kranken sahen und dies in ihrem Statut von 1842 fixierten.[17] Größere Bedeutung hatte jedoch zunächst noch die häusliche Pflege, wie etwa bei den *Armen Franziskanerinnen.* Oft wurden sie von vermögenden Laien oder Klerikern gebeten, in ihren Gemeinden eine Niederlassung zu eröffnen.[18] Die *Armen Dienstmägde Jesu Christi* betrieben etwa 1870 in den meisten ihrer 27 Niederlassungen ambulante Krankenpflege.[19] Die ambulante Krankenpflege spielte sich in der lokalen Öffentlichkeit ab: Die Schwestern verbargen sich nicht hinter klösterlichen Mauern, sondern schritten durch die Stadt oder durch das Dorf, um die Kranken aufzusuchen. Sie versahen ihre Arbeiten in Familien, die bekanntlich im Gegensatz zu den Kernfamilien des 20. Jahrhunderts aus vielen Personen bestehen konnten. Familienangehörige im weitesten Sinne, Knechte, Mägde, Nachbarn bekamen Einblicke in die Arbeit der Schwestern. Konfrontiert mit dem alltäglichen Leben, mit den Nöten und Sorgen der Kranken, entstanden für die Kongregationen spezifische Probleme. Sie mußten darauf bedacht sein, daß ihr Ruf nicht litt.

Die *Armen Dienstmägde Jesu Christi* erhielten Auflagen im Hinblick auf die ambulante Krankenpflege: ihnen wurde das Einnehmen von Mahlzeiten in der Regel verboten, sie sollten sich nicht in Familienangelegenheiten einmischen und Stillschweigen über ihre Informationen wahren.[20] Auch die *Grauen Schwestern* legten in ihren Konstitutionen die Modalitäten der ambulanten Krankenpflege genau fest, damit die "größte Sittsamkeit und Wohlanständigkeit gewahrt werde und das Seelenheil und die Tugend der Schwestern in keiner Weise Schaden leide." Jüngere Schwestern sollten daher möglichst keine Männer pflegen, wie überhaupt bei nur leicht erkrankten oder rekonvaleszenten Männern keine Nachtwachen durchgeführt wurden. Außerdem sollten sie sich in keinem Fall in familiäre Angelegenheiten der Kranken einmischen und auf Reinlichkeit und Ordnung im Krankenzimmer bedacht sein.[21]

---

17 Vgl. Geschichte der Genossenschaft, S. 14.

18 So beispielsweise in den Niederlassungen in Jülich, Bonn, Köln, Mainz oder Koblenz. Vgl. Jeiler, Francisca Schervier, S. 194 f, 215 f.

19 Vgl. Gertrud Wopperer, Die neuen Formen sozial-caritativer Arbeit in der Oberrheinischen Kirchenprovinz 1834-1870, Freiburg i.Br. 1957, S. 235 f.

20 ADJC, Statuten der Armen Dienstmägde Jesu Christi 1865, § 8 und 9.

21 Vgl. Constitutionen der Grauen Schwestern 1898, S. 37-42.

Die meisten Kongregationen beschränkten sich nicht auf die Krankenpflege. Häufig nahmen sie auch Erziehungs- und Lehrtätigkeiten wahr, wobei die Kombination von Krankenpflege und Waisenfürsorge und -erziehung als typisch gelten darf. Die *Armen Dienstmägde Jesu Christi* legten fest, daß beide Aufgabenbereiche gleichermaßen wahrgenommen werden sollten. Kranke wurden in ihren Wohnungen gepflegt, kurzfristig übernahm man die Krankenpflege etwa bei Epidemien, je nach lokalen Verhältnissen widmeten sich die Schwestern auch der stationären Krankenpflege. "Mit Vorliebe" versahen sie "den Dienst an ARMEN Kranken", obwohl "auch den leidenden höherer Stände ... jederzeit die etwa gewünschte Hilfe bereitwilligst gewährt" wurde.[22] Zweites Standbein dieser Genossenschaft war die Erziehung von Kindern, die sie bei sich aufnahmen. Sie erhielten eine religiöse Erziehung und Elementarunterricht sowie eine Anleitung "zu allen häuslichen Beschäftigungen, welche sie befähigt, nach ihrer Entlassung in einen Dienst einzutreten."[23] In den Niederlassungen unterwiesen die Schwestern die Kinder lediglich in "häuslichen und weiblichen Handarbeiten."[24] Priorität hatte, wie auch in anderen Kongregationen, die Pflege kranker Menschen.

Von der ambulanten zur stationären Pflege

Der ständig steigende gesellschaftliche Bedarf nach medizinisch geschulten Krankenpflegerinnen wird durch verstärkte Anfragen bei den verschiedenen Kongregationen belegt. So konnten die *Armen Schwestern vom Hl. Franziskus* keineswegs alle Bitten erfüllen, die an sie wegen der "vielen Uebelstände, welche die Entwicklung des modernen Lebens, namentlich die überstürzte Anhäufung der Arbeiter an einem Platz" herangetragen wurden. Die meisten Gesuche wurden aus Personalmangel verschoben oder abschlägig beschieden.[25] Außerdem - so 1857 die Generaloberin Franziska Schervier in einem Ablehnungsbescheid an einen Wiener Kleriker - "scheuen wir die Uebernahme öffentlicher, vom Staate abhängiger Hospitäler, wo mit dem Despotismus der Bureaukratie die ganze Arroganz der Medicin zu walten pflegt und der christlichen Krankenpflege, wie Ordensfrauen sie üben sollen, geschweige der klösterlichen Lebensweise, vielfältige Hindernisse" gesetzt würden.[26] Der Wunsch nach Unabhängigkeit und Freiheit von staatlichen Restriktionen

---

22 ADJC, Statuten der Armen Dienstmägde Jesu Christi 1865, § 4.

23 Ebd. § 10.

24 Ebd. § 11.

25 Jeiler, Francisca Schervier, S. 216.

26 Zit. nach ebd., S. 218.

prägte die Entscheidungen; insgesamt lehnte die Kongregation 28 Anfragen mit der Bitte um Eröffnung von Niederlassungen ab.

Im Unterschied dazu hatten die seit 1857 in Breslau ansässigen *Grauen Schwestern* weniger Berührungsängste gegenüber staatlichen oder kommunalen Instanzen. Neben ambulanter Krankenpflege übernahmen sie in zahlreichen städtischen Krankenhäusern die Pflege der Kranken.[27] Gatz konstatiert, daß im allgemeinen in mehrheitlich katholischen Städten die Kongregationen eher bereit waren, die Pflege in kommunalen Anstalten zu übernehmen.[28] Städtische wie kirchliche Aktivitäten führten im Rheinland und in Westfalen zu einer verstärkten Gründung von Krankenhäusern. In Köln, Aachen und Bonn entstanden Häuser in katholischer Trägerschaft, was dann auch die protestantischen Gemeinden herausforderte, Parallelgründungen durchzuführen, beispielsweise unter der Regie von Diakonissen.[29]

Die Beteiligung der Frauenkongregationen an der Etablierung neuerer Krankenpflegekonzepte in Form der Krankenhauspflege belegt die Studie von Labisch und Tennstedt. Die "religiösen Gemeinschaften", wozu nach ihrer Definition "Religionsgemeinden" und "religiöse Orden und Genossenschaften" zählen, konnten ihren Anteil an der Trägerschaft Allgemeiner Krankenhäuser in Preußen von unter einem Viertel 1879 auf gut ein Viertel 1903 steigern. Nach diesen Angaben stieg die Zahl der Krankenhäuser der Religionsgemeinschaften um 157 %, die der Betten um 241 % und die der Verpflegten sogar um 361 %.[30] Diese Zahlen können nur als eine Annäherung an die tatsächlichen Verhältnisse betrachtet werden, denn die Abgrenzung zwischen den verschiedenen Krankenhäusern war nicht stringent und eindeutig. Auf ein Problem weisen die Autoren selbst hin. So galten die "konfessionell-karitativen Krankenanstalten" im juristischen Sinn als "Privatanstalten", waren dennoch "keine gewerblichen Unternehmungen im Sinne der Gewerbeordnung", sondern sie dienten "öffentlichen Zwecken". Wie verwickelt die Verhältnisse auf der lokalen Ebene sein konnten, zeigen Labisch und Tennstedt am Beispiel Düsseldorf, wo konfessionelle Krankenanstalten als "quasi städtische Krankenhäuser" definiert wurden.[31] Die Stadt hatte 1860 beschlossen, sich aus der Krankenhausplanung zurückzuziehen und gleichzeitig die Gründung konfessioneller Krankenhäuser zu befürworten. In der Folge eröffnete 1867 die evangelische Kirchengemeinde ein Krankenhaus, 1868

---

27 Beispielsweise in Hirschberg, Liebau, Freistadt oder Cosel. Vgl. Jungnitz, Kongregation der Grauen Schwestern, S. 91-109.

28 Vgl. Gatz, Kirche, S. 469.

29 Vgl. ebd. S. 464-471

30 Vgl. Alfons Labisch/Florian Tennstedt, Die Allgemeinen Krankenhäuser der Städte und Religionsgemeinschaften Ende des 19. Jahrhunderts, in: Labisch/Spree (Hg.), "Einem jeden Kranken", S. 306 f.

31 Vgl. Labisch/Tennstedt, Allgemeine Krankenhäuser, S. 307 ff.

wurde die Krankenpflege im ehemals städtischen Max-Josephs-Hospital den *Armen Schwestern des heiligen Franziskus* aus Aachen übertragen.[32] Gatz vertritt die These, daß aufgrund der konfessionellen Konkurrenz in Düsseldorf der Einstieg in dieses neue Tätigkeitsfeld vergleichsweise schnell umgesetzt wurde.[33] Die Kongregation versah nun erstmals die Krankenbetreuung in einem großen Haus mit Platz für 200-300 Personen. Die unmittelbare Konkurrenz zu den Diakonissen aus Kaiserswerth, die im evangelischen Krankenhaus tätig waren, stellte eine beträchtliche Herausforderung für die Aachener Frauen dar.[34] Im Laufe der Zeit gewann die stationäre Pflege eine immer größere Bedeutung für die Gemeinschaft. 1896 arbeiteten die *Armen Franziskanerinnen* in sechzehn Hospitälern. Dennoch pflegten sie - wie die meisten anderen Kongregationen auch - Kranke weiterhin auch ambulant.

Die städtische Politik eröffnete den Schwestern hier Arbeitsfelder, indem sie religiösen Trägern Zuschüsse gewährte und die Versorgung armer Kranker bezahlte, für die eigentlich städtische Anstalten zuständig gewesen wären. Gleichzeitig bot dieses Verfahren den Städten - so Labisch und Tennstedt - erhebliche Einsparpotentiale.[35] Die Städte profitierten aber noch in einer anderen Weise von der religiösen Krankenpflege. In zahlreichen "Heilanstalten der Selbstverwaltung" - darunter werden von den Autoren kommunale Verbände und politische Gemeinden zusammengefaßt - übernahmen Frauenkongregationen die wirtschaftliche Leitung und die Organisation der Pflege. Die *Clemensschwestern* in Münster besaßen beispielsweise kaum eigene Anstalten, sondern führten Krankenhäuser, deren Träger sie nicht waren. Ähnliches trifft auf die *Grauen Schwestern* in Schlesien zu.

Insgesamt gesehen muß die Beteiligung der Religionsgemeinschaften an der stationären Krankenpflege zumindest für die in dieser Studie untersuchten Frauenkongregationen höher bewertet werden als an den aggregierten Zahlen abzulesen ist. Die auf äußerst mühsame Weise von der historischen Krankenhausfor-

---

32 Vgl. Gatz, Kirche, S. 524-534.

33 Vgl. ebd. S. 524-534. Den Wettstreit der Konfessionen betrachtet Schmidt als eine wesentliche Antriebskraft für die Entstehung der evangelischen Mutterhausdiakonie. Vgl. Schmidt, Beruf, S. 72, 110, 121.

34 Vgl. Jeiler, Francisca Schervier, S. 328, 335. Eine ähnliche Konkurrenzsituation wie in Düsseldorf beförderte auch die Entwicklung des Krankenhauswesens in Mönchengladbach. 1855 wurde das evangelische Krankenhaus Bethesda unter der Leitung von Diakonissen aus Kaiserswerth gegründet, wodurch die Katholiken der Stadt in Zugzwang gerieten. 1860 eröffnete schließlich ein katholisches Krankenhaus unter der Leitung von Franziskanerinnen aus dem holländischen Heythuysen bei Roermond; vgl. Norbert Klinkenberg, Sozialer Katholizismus in Mönchengladbach, Mönchengladbach 1981, S. 109 f. Auch die Mutterhausdiakonie betrachtete die Konkurrenz als Motiv für ihre Aktivitäten; vgl. Schmidt, Beruf: Schwester, S. 110.

35 Vgl. Labisch/Tennstedt, Allgemeine Krankenhäuser, S. 307 ff.

schung zusammengetragenen Daten beleuchten die lokalen Verhältnisse nur unzureichend. Erwin Gatz kann für das überwiegend katholische Rheinland und die katholischen Regionen der Provinz Westfalen das überlegene Engagement der Frauenkongregationen belegen, die katholischen Männer beteiligten sich hieran nur marginal.[36] Die Kirchengemeinden traten allenfalls als Träger von Krankenhäusern in Erscheinung, die Organisation des Krankenhausbetriebes sowie die Pflege der Kranken übernahmen die Mitglieder der Kongregationen.[37]

Die Etablierung der stationären Krankenpflege war unter den Frauenkongregationen nicht unumstritten. Einige Gemeinschaften spezialisierten sich auf stationäre Pflege. In Anlehnung an die französischen Vorbilder der *Borromäerinnen* und *Vinzentinerinnen* gehörten dazu die *Clemensschwestern* in Münster und die *Paderborner Vinzentinerinnen*. Andere wie die *Franziskanerinnen* aus dem sauerländischen Olpe verteidigten die ambulante Pflege, wie der folgende Konflikt zeigt. In einem Bericht an den zuständigen Paderborner Bischof vom 8. März 1861 reklamierte die Gründerin der *Franziskanerinnen* in Olpe, Anna Theresia Pfänder, daß nur ihre Gemeinschaft für die ambulante Pflege armer Kranker in der Stadt zuständig sei, den örtlichen *Vinzentinerinnen* überlasse man die stationäre Pflege ebenso wie die Versorgung bessersituierter Kranker in ihren Wohnungen.[38] Damit waren die *Vinzentinerinnen* nicht einverstanden, sie sahen 1841 ihre zentrale Aufgabe ihrem Statut entsprechend "in der Pflege der in den Krankenhäusern befindlichen Kranken beiderlei Geschlechts ohne Unterschied der Religion,"[39] in Olpe pflegten sie auch Kranke in ihren Häusern.[40] Die stationäre Krankenpflege blieb ihr vorrangiges Anliegen, welches sie zügig umsetzten, so daß kurz vor Beginn des Kulturkampfes 1873 insgesamt 22 Hospitäler, 8 Krankenhäuser, 5 Waisenhäuser und 6 weitere Anstalten für spezifische Gebiete der Armen- und Krankenpflege im Bistum Paderborn unterhalten wurden.[41] Das Kuratorium des von ihnen geleiteten Olper Martinus-Hospitals sah die Existenz der Niederlassung der *Vinzentinerinnen* durch die *Franziskanerinnen* gefährdet; zum einen durch eine Verringerung des Kollektenaufkommens,

---

36 Gatz beachtet diese Phänomen jedoch kaum. Vgl. Gatz, Kirche. Von den achtzehn Männerorden und -kongregationen, die die preußischen Statistiker für das Jahre 1872/73 erfaßten, übten lediglich fünf Krankenpflege aus, und zwar ausschließlich für Männer. Vgl. Preußische Statistik 1872/37, S. 358-361.

37 Über die Verhältnisse in protestantischen Provinzen oder in Städten und Regionen mit einem hohen jüdischen Bevölkerungsanteil gibt es m.W. keine vergleichbare Studie.

38 Vgl. AKFS, Anna Theresia Pfänder an den Bischof vom 8. März 1861 "Bericht über den Fortgang der 'kleinen Congregation'".

39 Statut für die Genossenschaft der barmherzigen Schwestern in Paderborn, § 1, zit. nach Geschichte der Genossenschaft, S. 14.

40 Vgl. ebd., S. 235.

41 Vgl. Schematismus des Bisthums Paderborn, 1873, S. 225 ff.

zum anderen durch Konkurrenz um die Versorgung der Kranken. Weitere Argumente waren, daß die *Franziskanerinnen* keine Ausbildung in der Krankenpflege hätten und weder vom Magistrat noch von der Armenkommission zur ambulanten Pflege aufgefordert worden seien.[42]

Der hier skizzierte Konflikt ist Ausdruck der Veränderung der Krankenpflege im 19. Jahrhundert und zeigt, daß die gesellschaftlichen Auseinandersetzungen zwischen Tradition und Moderne an den Frauenkongregationen nicht spurlos vorübergingen. Zu einem Zeitpunkt, als die *Vinzentinerinnen* den Trend zu einer verstärkten stationären Krankenpflege erkannten und an der Gestaltung dieser neuen Art der Pflege kranker Menschen aktiv teilnahmen, beharrten die *Franziskanerinnen* auf der traditionellen Form der Hauspflege. Dessenungeachtet hatten die Frauenkongregationen nach Ansicht von Sachße und Tennstedt erheblichen Anteil daran, daß sich die "spezialisierte Krankenpflege als eigener Fachbereich der Armenpflege" etablieren konnte.[43] Elementare Voraussetzung dazu war die getrennte Versorgung heilbarer und unheilbarer Kranker. Die Pflege der ersteren galt beispielsweise als vorrangiges Ziel der *Grauen Schwestern*, letztere sollten nur dann gepflegt werden, wenn es freie Kapazitäten gäbe.[44]

Die Abschaffung der geschlechterspezifischen Krankenpflege in getrennten Häusern gehört auch in diesen Kontext, denn zu den vieldiskutierten Problemen in den Krankenpflegedebatten des 19. Jahrhunderts zählte die Frage: wer pflegt die kranken Männer? Das Konzept des Gründers der *Clemensschwestern* in Münster, Droste zu Vischering, sah vor, daß die Krankenpflegerinnen sich "der Pflege der Kranken, insbesondere der armen Kranken, wessen Standes, Geschlechts, Alters, Glaubensbekenntnisses, und welcher Krankheit sie befallen seyn mögen,"[45] widmen sollten. Droste zu Vischering gelangte zu der Überzeugung, daß der weiblichen Pflege der Vorzug vor der männlichen Pflege zu geben sei, da nur Frauen beide Geschlechter pflegen könnten.[46]

Im Prinzip pflegten alle Frauenkongregationen Kranke beiderlei Geschlechts, wenn auch mit gewissen Einschränkungen. So versorgten die *Armen Dienstmägde Jesu Christi* Frauen und Männer, letztere allerdings nur, insofern es "schicklich" für "weibliche Pflegerinnen" sei.[47] Die Beteiligung nahezu aller

---

42 Bistumsarchiv Paderborn (BAP), XIII, 21, Die Genossenschaft der Schwestern des hl. Franziskus zu [Mülheim] Olpe I, Brief des Pfarrers Hengstebeck an Bischof Konrad Martin vom 4. April 1861, Bl. 78 r.

43 Sachße/Tennstedt, Geschichte der Armenfürsorge, Bd. 1, S. 227.

44 Vgl. Konstitutionen der Grauen Schwestern 1898, S. 38.

45 Droste zu Vischering, Genossenschaften der barmherzigen Schwestern, S. 65.

46 Darüber hinaus argumentierte er, daß der Krankenpflegeberuf "zwar überaus schön, aber ein so schwerer Beruf (ist), daß derselbe nach meiner Ansicht zu gefährlich, zu schwer seyn würde, wenn nicht die Krankenpflegerinnen in Genossenschaften leben"; vgl. ebd. S. 17, 14.

47 Satzungen der Armen Schwestern 1865, S. 15 f.

Krankenpflegekongregationen an der Lazarett- und Feldkrankenpflege im Rahmen der kriegerischen Auseinandersetzungen des 19. Jahrhunderts belegt jedoch, daß die Schwestern wenig Scheu davor hatten, Männer zu pflegen.[48]

Gebärende Frauen und Wöchnerinnen konnten im Unterschied zu kranken Männern seltener auf den Beistand der katholischen Schwestern hoffen. Die römische Kurie sah in der Geburtshilfe kein Betätigungsfeld für die Frauenkongregationen: "Keinem Institut [also keiner Kongregation] aber können unter welchen Umständen immer, ständige Aufgaben zugewiesen werden, welche dem Geiste des Berufes aus sich die schwersten Gefahren bringen. So kann kein Institut es als seine Aufgabe ansehen, sich dem Beistande gebärender Frauen zu widmen."[49] In seiner Anleitung zur Gründung neuer Kongregationen kam Schuppe 1868 zu dem Schluß, daß die Pflege von Wöchnerinnen und Syphiliskranken für Schwestern ungeeignet sei.[50] Warum wurde hier einer hilfsbedürftigen Gruppe die Unterstützung nur unzureichend gewährt?

Die Tätigkeit in der Geburtshilfe tangierte das Keuschheitsgelübde, welches von den Schwestern verlangte, auf die Reinheit von Körper und Seele zu achten und ihre eigene Körperlichkeit völlig zu negieren.[51] Obgleich die katholische Kirche im 19. Jahrhundert tradierte Ansichten von der Unreinheit des Blutes von gebärenden oder menstruierenden Frauen offiziell ablehnte, waren derartige Ansichten aus der kirchlichen Praxis keineswegs verbannt. In der Symbolik und Durchführung des Aussegnungsritus, dem sich katholische Frauen sechs Wochen nach der Niederkunft bis weit ins 20. Jahrhundert hinein zu unterziehen hatten, finden sich nach Eva Labouvie Elemente traditioneller Reinlichkeitsvorstellungen, die beinhalten, daß junge Mütter von "Schuld und Befleckung durch

---

48 Ausführlicher dazu Kap. 9 dieser Arbeit.

49 Arndt, Rechtsbestimmungen, S. 11.

50 Vgl. Schuppe, Wesen, S. 142. Die Wöchnerinnenpflege avancierte so zu einem Betätigungsfeld für katholische Frauen außerhalb von Kongregationen. Bereits 1830 gründeten Katholikinnen in Aachen eine Entbindungsanstalt, die von einer Hebamme geleitet wurde und die auch Frauen in der Geburtshilfe ausbildete. Vgl. Eugène Beaucamp, Zum hundertjährigen Jubiläum des Mariannen-Instituts in Aachen, in: Zeitschrift des Aachener Geschichtsvereins 51 (1929), S. 299 - 319.

51 Ähnlich wie andere Kongregationen legten die *Grauen Schwestern* in ihren Konstutionen fest: "Sie [die Grauen Schwestern] müssen daher äußerst behutsam wandeln, Gefühl, Auge, Ohr und Zunge sorgsam bewachen und auf das eifrigste alles meiden, was der Reinheit des Leibes und der Seele zuwider ist oder ihr Gefahr bringen könnte. Wie die heiligen Engel Gottes werden sie keine Berühung oder Befleckung seitens der Sinne, des Fleisches und der Welt dulden, damit die Schönheit ihrer Seele den himmlichen Bräutigam beständig erfreue und anziehe." Constitutionen der Congregation der Grauen Schwestern 1898, S. 12. Ähnliche Formulierungen finden sich beispielsweise in den Statuten der *Franziskanerinnen von der ewigen Anbetung* 1865, § 3, und in den Satzungen der Genossenschaft der *Armen Schwestern vom heiligen Franziskus*, S. 22.

die Geburt gereinigt werden".[52] Daher verwundert es nicht, daß die kirchliche Hierarchie im Berühren von Gebärenden eine Gefahr für die Reinheit der Schwestern sah.

Theoretische Überzeugungen und dogmatische Verkündigungen nahmen allerdings wenig Rücksicht auf den Arbeitsalltag der Schwestern. Häusliche Armen- und Krankenpflege ließ sich ohne die Betreuung von Wöchnerinnen schwerlich durchführen. Die *Grauen Schwestern* pflegten Wöchnerinnen, wenn diese krank waren.[53] Andere Kongregationen kooperierten mit wohltätigen Frauenvereinen, in deren Auftrag sie beispielsweise Wöchnerinnen besuchten.[54] Darüber hinaus war die Geburtshilfe kein Teilgebiet der Krankenpflege, schon gar nicht der stationären Pflege.[55] Im übrigen gab es im 19. Jahrhundert flächendeckend eine gute Versorgung der Bevölkerung mit Hebammen; es bestand daher vermutlich keine Notwendigkeit für die Kongregationen, Hebammendienste zu leisten.[56] Insgesamt handelte es sich um ein marginales Aufgabengebiet der Kongregationen.[57]

Katholische Krankenschwestern als Pionierinnen moderner Krankenpflege

Die Arbeit der Krankenpflegerinnen hatten im 19. Jahrhundert eine wichtige Funktion für die Gesundung von Kranken. Wenn Forderungen der modernen Krankenpflege darauf hinauslaufen, daß die Komplementarität von ärztlicher Heilkunst und pflegerischem Engagement anerkannt werden soll, und gefordert wird, daß medizinischer Fortschritt nur durch die Verschränkung beider

---

52 Vgl. Eva Labouvie, Andere Umstände. Eine Kulturgeschichte der Geburt, Köln/ Weimar/ Wien 1998, S. 255.

53 "Die Pflege von Wöchnerinnen ist nur im Notfalle statthaft, sofern nämlich eine Krankheit hinzutritt und die Kranke, da sonst niemand zu erlangen ist, gänzlich verlassen wäre. Dabei müssen gewisse Handleistungen, die nur den Ärzten und Chirurgen zu kommen, abgelehnt werden." Constitutionen der Congregation der Grauen Schwestern, 1898, S. 38.

54 So beispielsweise die *Armen Dienstmägde Jesu Christi* in Mönchengladbach oder die *Armen Franziskanerinnen* in Kalk. Vgl. Brandts, Wohlthätigkeits-Anstalten, S. 69.

55 Nach Nipperdey handelte es sich 1880 bei 5 % aller Geburten um Klinikgeburten. Vgl. Nipperdey, Deutsche Geschichte 1866-1918, Bd. 1, S. 158.

56 Für diesen Hinweis danke ich Eva Labouvie, deren Buch: Beistand in Kindsnöten. Hebammen und weibliche Kultur auf dem Land (1550-1910), Frankfurt 1999, soeben erschienen ist.

57 Erst mit der zunehmenden Medikalisierung der Geburt und einem verstärkten Trend zur stationären Entbindung wurde das geringe Engagement der Frauenkongregationen am Ende des 19. Jahrhunderts zu einem Problem. Die Übertragung dieser Aufgaben an weltliche Pflegerinnen erschien als Lösung. Hierin sieht Liese ein wichtiges Motiv zur Gründung weltlicher katholischer Schwesterngemeinschaften. Vgl. Wilhelm Liese, Geschichte der Caritas, Bd. II, Freiburg i.Br. 1922, S. 22.

Bereiche erreicht werde,[58] so muß historisch in Rechnung gestellt werden, daß die allermeisten Krankenanstalten zwar ohne Ärzte funktionierten, aber nicht ohne Pflegepersonal. Bernd Wagner geht so weit zu behaupten, daß bis ins 19. Jahrhundert hinein ein "therapeutischer Nihilismus" vorherrschend war, "der auf die Selbstheilungskräfte der Natur setzte und, in letzter Konsequenz gedacht, den Arzt im Krankenhaus überflüssig machte."[59] Krankenpflege erschöpfte sich häufig in der Bereitstellung eines sauberen Bettes sowie einer ausreichenden Nahrungsversorgung. Wenn es trotzdem zu Heilungserfolgen kam - so Wagner -, dann sei das "vor allem der altruistischen Arbeitsauffassung der Krankenpflegerinnen zuzuschreiben."[60] Das bedeutet, daß die Krankenpflegerinnen, trotz der Weisungsgebundenheit gegenüber ärztlichen Anordnungen, wegen der geringen Präsenz der Ärzte im Krankenhaus über ein hohes Maß an Autonomie verfügten. Dies sollte sich im Verlauf des 19. Jahrhunderts mit der Verfestigung des Berufsstandes der Ärzte und der Ausweitung ihrer Kompetenzen ändern, das Maß an Unabhängigkeit der Schwestern dürfte insgesamt gesehen abgenommen haben.[61] Gleichzeitig schritt jedoch der Prozeß der Qualifizierung des krankenpflegenden Personals fort. Welchen Beitrag leisteten die Frauenkongregationen zur Ausgestaltung eines Berufsbildes der Krankenschwester und zu diesem Prozeß der weiblichen Verberuflichung?

Die Erfahrungen und Kenntnisse in der stationären Krankenpflege eigneten sich die meisten Kongregationen durch ihre Aktivitäten im Rahmen der häuslichen und der ambulanten Krankenpflege an, auch hier in der Regel ohne ärztliche Anleitung.[62] Die Kongregationen waren überdies imstande, dieses Wissen zu vertiefen, weiterzugeben und es auf die stationäre Pflege zu übertragen. Durch ihre zentrale Organisation und Verwaltung konnten die teilweise einige hundert Mitglieder zählenden Kongregationen Kontinuität und eine gleichförmige Qualifikation ihrer Angehörigen gewährleisten, was für weltliche Krankenwärterinnen und -wärter ohne institutionalisierte Ausbildungswege nicht zutraf.

---

58 Vgl. Bischoff, Frauen in der Krankenpflege, S. 94-99, bes. S. 98.

59 Wagner, Geschichte des Krankenhauses, S. 14 f.

60 Ebd. S. 15.

61 Vgl. Claudia Huerkamp, Der Aufstieg der Ärzte im 19. Jahrhundert, Göttingen 1985.

62 Wenn also vom "Ende der weiblichen Heilkunde" (so beispielsweise Bischoff, Frauen in der Krankenpflege, S. 40) die Rede ist, sollte zumindest, was den Zeithorizont anbetrifft, genauer untersucht werden, wann dieser Prozeß einsetzte. Forderungen ärztlicher Standesvertreter spiegeln den Alltag der Patientinnen und Patienten nicht unbedingt richtig wider. Möglicherweise beeinflußten die Krankenpflegerinnen den Zustand der Kranken stärker als ärztliche Heilkunst.

Die krankenpflegenden Kongregationen unterhielten vielfältige Kontakte zu ähnlich ausgerichteten Gemeinschaften in anderen Städten oder im Ausland. Die *Borromäerinnen* aus dem französischem Nancy, die Münsteraner *Clemensschwestern* sowie die *Elisabethinnen* aus Essen galten in den 1840er Jahren als vorbildlich in der Krankenpflege. Der Münsteraner Bischof empfahl daher den in Gründung befindlichen *Krankenschwestern des Hl. Franziskus*, eine Schwester aus einer dieser Gemeinschaften vorübergehend als Vorsteherin einzusetzen, um von ihr die Krankenpflege zu erlernen.[63] Franziska Schervier sorgte in den 1850 und 60er Jahren durch ihre Mithilfe bei der Gründung einiger Kongregationen auch für die Weitergabe krankenpflegerischen Wissens. Sie ließ beispielsweise Olper *Franziskanerinnen* in ihrer Genossenschaft in der Krankenpflege ausbilden.[64] Die *Borromäerinnen* und die *Vinzentinerinnen* übten den größten Einfluß auf die preußische Krankenpflege aus, ihnen folgten die in Anlehnung an diese Vorbilder gegründeten preußischen Kongregationen.[65] Die Münsteraner *Clemensschwestern* und die Paderborner *Vinzentinerinnen* adaptierten diese Ideen und paßten sie ihren eigenen Vorstellungen an.

Die hierarchische Organisationsstruktur der Kongregationen hatte entscheidenden Einfluß auf die Wirksamkeit und Effizienz der Kongregationen. Die besondere Eignung dieses Systems für die Krankenpflege läßt sich auch daran erkennen, daß es Vorbild für die protestantischen Bestrebungen zur Etablierung der weiblichen Krankenpflege[66] war und selbst die nicht-religiös orientierte Krankenpflege der Jahrhundertwende Elemente hiervon aufnahm.[67] Das Mutterhaus bildete den Mittelpunkt des genossenschaftlichen Lebens in einer Kongregation. Von hier aus wurden alle Initiativen der Gemeinschaft gesteuert, die Ausbildung des Nachwuchses begonnen, eine religiöse wie profane Fortbildung ermöglicht und später ältere Schwestern, die nicht mehr arbeitsfähig waren, aufgenommen. Das Modell des Mutterhauses ging zurück auf eine Initiative im 17. Jahrhundert. Die Engländerin Mary Ward beabsichtigte zu Beginn dieses Jahrhunderts, in Anlehnung an jesuitische Prinzipien eine religiöse Gesellschaft für Frauen mit dem Ziel der Mädchenerziehung und -bildung ins Leben zu rufen. Die Gründung der sogenannten *Englischen Fräulein* konnte jedoch erst 1749 realisiert werden. Zu den wesentlichen Elementen zählte hier neben der Abkehr

---

63 Vgl. Salesius Elsner, Die Genossenschaft der Krankenschwestern des hl. Franziskus von St. Mauritz-Münster, Münster 1948, S. 39.

64 Vgl. Hardick, "Er führt, ...", S. 93, 106.

65 In der ersten Hälfte des 19. Jahrhunderts waren die *Borromäerinnen* in den westlichen Teilen Preußens mit ihren Niederlassungen in Koblenz oder Aachen von Bedeutung, während die *Vinzentinerinnen* nur vermittelt über deren Straßburger Zweig im deutschsprachigen Raum wirkten. Vgl. Gatz, Kirche, S. 264.

66 Vgl. Philippi, Vorstufen des modernen Diakonissenamtes, S. 100-116.

67 Vgl. Bischof, Frauen in der Krankenpflege, S. 125.

von der strengen päpstlichen Klausur die zentrale Leitung der gesamten Gemeinschaft durch eine Generaloberin.[68]

Das "Mutterhaussystem" hat nach Claudia Bischoffs Auffassung die Aufgabe, die Nichtbezahlung von Frauenarbeit zu kaschieren: "Die Auffassung der Krankenpflege als unbezahlte Liebestätigkeit, als Nicht-Beruf war der Hintergrund der Unversorgtheit der Schwestern und machte ihre Versorgung durch das Mutterhaus notwendig."[69] Eine derartige Betrachtungsweise beschreibt zwar die Auswirkungen korrekt, vernachlässigt aber den historischen Kontext. Erstens steckte der Prozeß der Etablierung regulärer Berufe für Frauen, was eine institutionalisierte Ausbildung und eine existenzsichernde Bezahlung voraussetzte, noch in den Anfängen. Selbst für Berufe, die nicht in dem Maße den Nimbus der unterbewerteten Frauenarbeit hatten, wie beispielsweise die Lehrtätigkeit, konnte dies im 19. Jahrhundert kaum sichergestellt werden. Um wieviel schwerer war dies für den Bereich der Krankenpflege zu erreichen! Zweitens muß berücksichtigt werden, daß für eine nicht unbedeutende Zahl von Frauen dieser Weg der Berufstätigkeit durchaus attraktiv war, denn die nichtreligiös gebundene Krankenpflege mit einem weniger rigiden Organisationsprinzip konnte sich nur schwer durchsetzen.[70]

Neben der Sicherstellung der eigenen Existenz bot die Lebensweise in einer religiösen Frauengemeinschaft auch Sinnstiftung und Unterstützung bei der psychisch wie physisch anstrengenden Arbeit - ein Umstand, der auch bei der Herausbildung der säkularen Krankenpflege eine herausragende Rolle spielen sollte. Hinzu kam für die Schwestern, daß ihre Arbeit und ihre Lebensform ein hohes Prestige in der katholischen Öffentlichkeit genoß. Ein Redner auf dem Katholikentag in Innsbruck 1867 formulierte es mit Pathos, aber keineswegs untypisch, so: "Mehr als Fasten, Bußgeißel und Schweigen eines Mönchsordens, bewundere ich diesen Lebensberuf [der Krankenschwester in einer Kongregation], dieses in der Flamme der Liebe sich verzehrende Körnlein des Weihrauchs."[71] Diese Form der Wertschätzung stärkte einerseits die Identität der einzelnen Schwester in der Gruppe, legitimierte andererseits die Ausbeutung weiblicher Arbeitskraft, indem diese idealisiert wurde.

Kongregationsleitung, Krankenhausverwaltung und Ärzte nahmen oft wenig Rücksicht auf die Bedürfnisse der Pflegerinnen. Sie litten angesichts langer Arbeitszeiten und zahlreicher Nachtwachen oft unter Schlafmangel. Die asketische

---

68 Vgl. Conrad, Zwischen Kloster und Welt, S. 84-94.

69 Bischoff, Frauen in der Krankenpflege, S. 126.

70 Noch 1907 stellte sie nur knapp ein Drittel des Krankenpflegepersonals. Vgl. ebd., S. 103.

71 Baron von Oberkamp aus München, Verhandlungen der 18. General-Versammlung der katholischen Vereine Deutschlands und Österreichs in Innsbruck am 9., 10., 11. und 12. September 1867, Amtlicher Bericht, Innsbruck 1867, S. 183.

Lebensweise mit strengen Fasten- und Abstinenzvorschriften, beschränkte Wohnverhältnisse und unangemessene Arbeitskleidung beeinträchtigten die Gesundheit der Schwestern und führten zu Überforderungen.[72] Ein weiteres kam hinzu: Krankenschwestern waren ständig der Gefahr ausgesetzt, sich bei den Patienten und Patientinnen zu infizieren. Der Berliner Arzt Georg Cornet belegt in seiner 1890 veröffentlichten Studie, daß die Tuberculose die mit Abstand häufigste Todesursache der Schwestern der vorangegangenen 25 Jahre war.[73] Die geringere Sterblichkeit der Diakonissen führte Cornet auf den Umstand zurück, daß diese der Gemeinschaft häufig nicht ein Leben lang angehörten, also eine spätere Erkrankung nicht erfaßt würde. Viele erkrankte Diakonissen verließen darüber hinaus das Mutterhaus, ihre Lebenswege ließen sich also nicht bis zum Ende weiterverfolgen.[74] Cornet diskutierte auch die Ansicht, die starke Anfälligkeit der Schwestern für Infektionskrankheiten stünde im Zusammenhang mit der klösterlichen Lebensweise. Er hielt dem entgegen, daß die Schwestern lediglich in Bezug auf Infektionskrankheiten eine höhere Sterblichkeit aufwiesen, während bei ihnen hinsichtlich anderer Erkrankungen eine geringere Todesrate zu verzeichnen sei als für die übrige Bevölkerung. Die Ursache hierfür sah er im "Fehlen zahlreicher socialer und moralischer Missstände" in den krankenpflegenden Gemeinschaften.[75]

Dessen ungeachtet läßt sich die Vorbildfunktion der Frauenkongregationen für die Herausbildung von Frauenberufen für kaum ein anderes Berufsfeld so deutlich belegen wie für die Krankenpflege. Überlegungen, wie eine nichtreligiöse Krankenpflege aussehen könnte, orientierten sich stets an dem Modell der Kongregationen. Die Arbeit der Schwestern als solche kritisierte man selten, wohl aber die Motivation und ganz besonders die Organisation der Genossenschaften. In der Frauenbewegung wurden im Kontext der Suche nach adäquaten Erwerbsmöglichkeiten für bürgerliche Frauen Ende der 1860er Jahren Forderungen nach Etablierung des Berufs der Krankenpflegerin ohne religiöse Bindungen laut. Diesen Diskurs begleiteten Forderungen von Ärzten nach qualifiziertem Pflegepersonal, welches den gestiegenen Ansprüchen der Krankenhausmedizin eher gerecht werden konnte als das herkömmliche Wartepersonal. Beide Forderungen richteten sich an Krankenpflegerinnen aus den "besseren Ständen"[76].

---

72 Vgl. u.a. Sanders, Sozialökonomische Untersuchung, S. 61-66; Frese/Peters, Kongregation der Krankenschwestern, S. 109.

73 Vgl. Georg Cornet, Ueber Tuberculose. Die Verbreitung der Tuberkelbacillen ausserhalb des Körpers. Die Sterblichkeitsverhältnisse der Krankenpflegeorden, Leipzig 1890, S. 175.

74 Vgl. Cornet, Ueber Tuberculose, S. 164, 192.

75 Ebd., S. 180 f, 190 f.

76 Luise Büchner, Die Frauen und ihr Beruf, Leipzig 18724, S. 239.

Luise Büchner - Mitglied im Allgemeinen Deutschen Frauenverein - stellte die Verbindung zwischen den Interessen von Frauen und Ärzten heraus. Da sich mit dem Fortschritt der Medizin "die Nothwendigkeit herausstellte, die Kunst des Arztes durch eine vernünftige und zweckmäßige Pflege zu unterstützen," mußte dieser sich "nach einer Hülfe umsehen, die dies zu leisten vermochte, die mehr bieten konnte als die gewöhnliche Wärterin." Die Mitglieder religiöser Genossenschaften seien hier wie schon im Mittelalter eingesprungen, urteilte Büchner. Es müsse dem Vorurteil entgegengetreten werden, daß die "Krankenpflege als etwas Untergeordnetes" betrachtet werde und daß "nur religiöse Schwärmerei es den Höhergebildeten möglich mache, ohne sichtbaren Entgelt, sich diesem Berufe voll Aufopferung und Entsagung zu widmen."[77] Sie vertrat demgegenüber die Auffassung, daß Frauen die Krankenpflege als "Erwerbszweig, als dauernden Lebensberuf" ergreifen sollten, der jedoch eine "möglichst gründliche, wissenschaftliche Ausbildung" benötige.[78]

Louise Otto - eine der führenden Vertreterinnen der Frauenbewegung im 19. Jahrhundert - entwickelte ihre Vorstellungen einer profanen Krankenpflege aus einer scharfen Kritik an den Diakonissen und der gleichzeitigen Anerkennung der Arbeit der katholischen Frauengenossenschaften.[79] Die Diakonissen waren ihrer Ansicht nach "nur eine matte und halbe Nachahmung jener barmherzigen Nonnen und es ist durch diese Schöpfung eines jener Mitteldinge entstanden, wie sie unsere Uebergangszeit kennzeichnet; es sind moderne und veraltete Principien und Einrichtungen darin seltsam untereinander vermischt." Man habe darin "zwei Elemente hinzugemischt, die sich eigentlich schnurstracks entgegenlaufen und deren Zusammenstellung noch mehr befremden müßte, wenn man sich nicht durch die Erfahrung das Erstaunen über eine solche abgewöhnt hätte - wir meinen das frömmelnde, wie das gewerbliche Element. Man verlangt von den Diaconissinnen, daß sie nonnenhaft eingekleidet werden, irdischen Freuden entsagen, den Tag mit Gesang und Gebet beginnen und beschließen und indeß man ihnen und Andern ihr ganzes Thun und Wirken als solches um 'Gottes Willen' darstellt, gehen diese Diaconissinnen doch nicht wie ihre katholischen Schwestern um 'Gottes Willen', d.h. unentgeltlich in die Hütten der armen Kranken, oder wohin man sie überhaupt verlangt, sondern sie werden bezahlt und meist so, daß es nur den Wohlhabenden möglich ist, ihren Beistand in Anspruch zu nehmen ... Daß die Diaconissin das Geld, was für die Pflege bezahlt wird, nicht selbst erhält, sondern daß es in die Anstalt geliefert wird, die dafür eben für die Existenz Derer sorgt, die sich ihr gewidmet haben, ihnen Wohnung, Nah-

---

77 Ebd. S. 235 f.

78 Ebd. S. 237 f.

79 Vgl. Louise Otto, Der Genius der Menschheit. Frauenwirken im Dienste der Humanität, Pest, Wien, Leipzig 1870, S. 92 ff.

rung und Kleidung gibt, ändert der leidenden Menschheit gegenüber nichts."[80] Louise Otto forderte: "Es sollte daher das Streben unserer Zeit dahin gehen, ähnliche Anstalten, aber ohne das für Viele doppelt störende Beiwerk des Pietismus in's Leben zu rufen und es wäre die Aufgabe der Reichen, die ja so oft große Summen zu öffentlichen, nur dem Vergnügen oder minder wichtigen Dingen gewidmeten Instituten verschwenden, diese Anstalten so zu dotiren, daß es möglich wäre, nicht nur bezahlte Pflegerinnen in die Häuser der Wohlhabenden, sondern auch unbezahlte in die Häuser der Armen zu senden, und daß sie nicht nur Reiche, sondern auch Arme zur Pflege in die Anstalt selbst aufnehmen könnten."[81]

Louise Ottos Modell der Krankenpflege orientierte sich also ebenfalls an der Struktur der Kongregationen und der Diakonissenhäuser, allerdings ohne religiöse Einbettung. Sie ging im Prinzip von einer kollektiven Organisation und nicht von einer individuellen Verberuflichung in der Krankenpflege aus. Trotz ihrer Kritik am Diakonissenwesen, insbesondere wegen der ihrer Meinung nach unverträglichen Mischung von religiösen und materiellen Prinzipien, räumte sie letzteren nicht unbedingte Priorität ein. Bei der Abwägung zwischen dem System von Krankenwärterinnen und Krankenwärtern auf der einen Seite und den religiösen Genossenschaften auf der anderen Seite schlug Louise Otto sich nicht auf eine Seite, sondern nahm in ihrer Konzeption Elemente aus beiden Formen der Krankenpflege auf; dabei blieben jedoch manche ihrer Vorstellungen diffus. Der Beruf einer angestellten Krankenpflegerin, in ihrem Status den Lehrerinnen vergleichbar, schien auch der Frauenrechtlerin fremd zu sein.

Ebenso wie die Vertreterinnen der Frauenbewegung wandte sich die Ärzteschaft an die bürgerlichen Frauen. Das Ziel, besonders "gebildete(n) Frauen" die "Krankenpflege als Feld weiblicher Erwerbstätigkeit" nahezubringen, verfolgte der Arzt Dr. Ferdinand Runge in einer Abhandlung aus dem Jahr 1870.[82] Er diskutierte die Vor- und Nachteile der Krankenpflege in den religiösen Genossenschaften und den Beruf der Krankenpflege als Erwerbsquelle. Halb resigniert stellte er fest, "daß der Beruf der Krankenpflege einer der schwersten, die größte Aufopferung erfordernden sei, so können wir keine Mitglieder der gebildeten Stände dazu einladen, indem wir ihnen vielleicht nur dasselbe bieten, was eine barmherzige Schwester oder eine Diaconissin erhält."[83] Vorbildlich sei an den religiösen Gemeinschaften die "Erziehung der Pflegerinnen", kritikwürdig dagegen die religiöse Ausrichtung und die zentralisierte Organisation mit der

80 Ebd. S. 93.

81 Ebd. S. 94.

82 Vgl. Ferdinand Runge, Die Krankenpflege als Feld weiblicher Erwerbstätigkeit gegenüber den religiösen Genossenschaften, Berlin 1870.

83 Ebd. S. 16 f.

Oberin an der Spitze.[84] Das Gehorsamsgebot für die Schwestern führe überdies zu Streitigkeiten, wobei sich hinter diesem Argument wohl eher ein Unbehagen über eine weitere hierarchische Struktur im Krankenhaus neben der ärztlichen verbarg. Runge strebte eine konfessionslose Ausbildung an; da der Staat sie nicht finanziere, müsse dafür gesammelt werden.[85]

Der Berliner Arzt und einflußreiche liberale Politiker Rudolf Virchow stellte am Thema Krankenpflege eine Verbindung zwischen den in dieser Sache engagierten Ärzten und den frauenbewegten Frauen her. Auf der Berliner Frauen-Vereins-Conferenz von 1869 hielt er ein Referat mit dem Thema "Die berufsmäßige Ausbildung zur Krankenpflege auch außerhalb der bestehenden kirchlichen Organisationen", das Koreferat übernahm die hier bereits erwähnte Luise Büchner.[86] Virchow appellierte an die Versammlung: "Organisiren wir ganz und gar außerhalb der kirchlichen Organisation, organisiren wir ganz innerhalb der bürgerlichen Gesellschaft als solcher nach rein menschlichen Aufgaben, ohne irgend einen weiteren Nebenzweck." Er räumte ein, daß hierfür "die Vorbilder in hohem Maße" fehlten.[87] Zwei wesentliche Elemente kirchlicher Krankenpflege gelte es adäquat zu ersetzen: die aus der religiösen Grundhaltung gespeiste Handlungsmotivation der Krankenpflegerinnen und die Gewährleistung kontinuierlicher Arbeit, bei geringer oder keiner Entlohnung. Die Vermittlung eines hohen Maßes an "Sittlichkeit" diente Virchow quasi als Religionsersatz, während der letzte Punkt für ihn problematischer war: "Ja, meine geehrten Damen, meiner Meinung nach ist allerdings darauf hinzuarbeiten, daß ein Stamm von Personen in dieser Arbeit herangezogen wird, wie er jetzt noch nicht existirt, ein Stamm von Personen, welcher, nicht gerade ohne Lohn - denn das würde ja eine sonderbare Zumuthung sein - aber ohne entsprechenden Lohn, hauptsächlich mit der Aussicht auf innere Befriedigung, mit der Aufgabe, ihrer Kraft und Thätigkeit ein dankbares Feld zu schaffen, in diese Arbeit eintritt. Es handelt sich darum, in andere Kreise der Gesellschaft zu gelangen als bisher, und von daher Material zu beziehen."[88] Für diese Ideen müsse in den "sogenannten besseren Kreise(n)" nach geeigneten Personen gesucht werden.

Virchows Haltung zur Pflege kranker Männer wirft ein bezeichnendes Bild auf seine Intentionen, qualifizierte, billige weibliche Arbeitskräfte aus bürgerlichen Kreisen zu rekrutieren. Er möchte diese Pflege Frauen übertragen[89] und

---

84 Vgl. ebd., S. 22.

85 Vgl. ebd. S. 28.

86 Abgedruckt in: Die Berliner Frauen-Vereins-Conferenz am 5. und 6. November 1869. Stenographische Aufzeichnungen, Berlin 18692, S. 84-104.

87 Virchow, Die berufsmäßige Ausbildung, S. 85.

88 Ebd. S. 86.

89 Eine Entwicklung, die im katholischen Bereich schon früher einsetzte. Bereits die 1808 in Münster gegründeten Clemensschwestern übernahmen die Krankenpflege im gleichnamigen

"nicht etwa, um damit dem weiblichen Geschlechte ein neues Monopol zu schaffen, wo es Verdienst und Stellen würde finden können - das würde ja verschwindend klein sein - sondern weil in der Hand einer gebildeten weiblichen Person die Sorge auch für einen Mann sicherer ruht, sicherer einer solchen Frau überlassen werden kann, als je einem Manne."[90] Luise Büchner stellte in ihrem Koreferat die Aktivitäten des Alice-Vereins zur Ausbildung weiblicher Krankenpflegerinnen in Darmstadt vor und übernahm dabei wesentliche Elemente der Virchowschen Vorstellungen. Seine Vorschläge faßte Virchow zu einer Resolution zusammen, die von der Versammlung widerspruchslos verabschiedet wurde.[91] Teilnehmerinnen wie Emmy Wüstenfeld, Marie Calm, Auguste Schmidt oder Alice Salomon, die zu den prominenten Mitgliedern der Frauenbewegung zählten, stimmten also Vorschlägen zu, die eine unbezahlte Arbeit von Frauen aus bürgerlichen Kreisen zur Konsequenz hatten.[92]

Doch all diese Bemühungen um die Etablierung einer nicht-religiös gebundenen Krankenpflege kamen nur schleppend voran, wie sich anhand der Ausbildungszahlen belegen läßt, die das Ministerium der geistlichen, Unterrichts- und Medizinalangelegenheiten seit 1880 erhob (siehe Tabelle 14).

Tabelle 14: Zahl der ausgebildeten Krankenpflegerinnen in Preußen 1880-1885

	1880	1881	1882	1883	1884	1885
Schwestern und Ordensfrauen	94	295	482	460	507	680
Diakonissen	216	213	229	227	284	270
Schwestern vom Roten Kreuz	61	56	89	94	105	124
Selbständige Krankenpflegerinnen	67	69	64	67	59	92
Gesamt	438	633	864	848	955	1166

Quelle: Eigene Zusammenstellung nach Guttstadt, Krankenhaus-Lexikon, 1886, S. 170-179.

Hospital von den durch Säkularisationsmaßnahmen behinderten Barmherzigen Brüdern aus Bayern. 1855 gaben die Alexianerbrüder in Aachen die Krankenpflege der Männer im städtischen Hospital an die Elisabethinnen ab, die nun Männer und Frauen gleichermaßen betreuten. Vgl. Albert Guttstadt, Krankenhaus-Lexikon für das Königreich Preußen. Die Anstalten für Kranke und Gebrechliche und das Krankenhaus-, Irren-, Blinden- und Taubstummenwesen, hrsg. vom Königlichen statistischen Bureau, II. Teil, Berlin 1886, S. 111 f.

90 Virchow, Die berufsmäßige Ausbildung, S. 87 f.

91 Vgl. ebd. S. 92, 103. Es regte sich auf der Versammlung keinerlei - protokollarisch festgehaltene - Kritik an den Virchowschen Überlegungen. Die Mehrheit stimmte diesen wohl zu.

92 Vgl. die Liste der Teilnehmerinnen, ebd. S. 4 f.

Kulturkampfbedingte Restriktionen konnten nicht verhindern, daß die katholischen Kongregationen und Orden ihren Anteil an der Ausbildung von Krankenschwestern mehr als verdreifachten und so deutlich ihre wichtige Funktion im Rahmen einer qualifizierten Krankenpflege unterstrichen. Im Vergleich dazu sank der Anteil der Diakonissen erheblich und der der nicht-religiös gebundenen Rotkreuzschwestern in geringerem Maße, obwohl beide ihre Ausbildungskapazitäten in absoluten Zahlen leicht steigern konnten. Die Ausbildungszahlen für die freien Krankenpflegerinnen stiegen nur sehr langsam an. Diese Zahlen belegen insgesamt die absolute Dominanz der religiös geprägten Krankenpflege in Preußen. Bei einem katholischen Bevölkerungsanteil von etwa einem Drittel in Preußen bildeten sie 1885 58 % aller Krankenpflegerinnen aus, während lediglich 23 % von Diakonissenanstalten gestellt wurden, nur etwas mehr als die nicht-religiöse Krankenpflege mit gut 18 %.

Der Beruf der Krankenpflegerin in einer katholischen Genossenschaft verlor nach 1885 nicht an Attraktivität für katholische Frauen, wie ein Blick auf die Zahl der berufstätigen Krankenpflegerinnen im Deutschen Reich zeigt. Allerdings sind ab der Jahrhundertwende deutliche Schritte in Richtung einer Säkularisierung des Krankenpflegeberufes erkennbar.

Tabelle 15: Zahl der "berufsmäßigen" Krankenpflegerinnen im Deutschen Reich 1876-1909

	1876	1887	1898	1909[93]
Ordensfrauen/Schwestern	5763	7088	12840	21552
Diakonissen	1760	3456	7576	12890
Schwestern vom Roten Kreuz	525	1465	3613	8986
Freiprakt. Pflegerinnen	633	962	2398	12461
Jüdische Verbände	-	-	-	40
Gesamt	8681	12971	26427	55937

Quelle: Zusammenstellung nach den Berechnungen von Hummel, Probleme der Berufsfindung, S. 7, 33-36

Die Tabelle 15 zeigt, daß erst 1909, deutlich nach der Jahrhundertwende, der Anteil der nicht-religiösen Krankenpflege nach oben sprang, und zwar auf 38 %, und damit genauso hoch war wie derjenige der katholischen Krankenpflege.

93 In diesem Jahr wurde erstmals zwischen häuslicher Krankenpflege und der Krankenpflege in Heil- und Pflegeanstalten unterschieden, wobei zur letzten Kategorie immerhin 65,7 % aller Krankenpflegerinnen gehörten. Von allen Pflegerinnen waren knapp 35 % staatlich anerkannt. Vgl. dazu Hummel, Probleme der Berufsfindung, S. 36.

Noch 11 Jahre zuvor stellten die nicht-religiösen Krankenpflegerinnen knapp 23 % gegenüber fast 49 % der katholischen, knapp 29 % der protestantischen und einem verschwindend geringen Anteil der jüdischen Krankenpflege.[94] Gegenüber dem Vergleichsjahr 1887 hatten sich nur leichte Verschiebungen ergeben. Die Tabelle zeigt, daß die religiöse Krankenpflege und hier insbesondere die Kongregationen auch noch lange Zeit nach Beginn des Kulturkampfes die Krankenpflege dominierten; ein Umschwung kann erst für 1909 konstatiert werden. Die Bestrebungen zur Organisation einer nicht-religiösen Krankenpflege konnten erst zu diesem Zeitpunkt nennenswerte Erfolge vorweisen.[95]

Die immer wieder auflebende öffentliche Diskussion über die Säkularisierung der Krankenpflege belegt einerseits die Zählebigkeit und starke Sogkraft der religiösen Krankenpflegeorganisationen, insbesondere der großen Frauenkongregationen, und andererseits die Schwierigkeit, eine nicht-religiöse Krankenpflege aufzubauen, die mit den Kongregationen in der Leistung und der Attraktivität für die Frauen mithalten konnte. Ein Vergleich beider Pflegeformen erklärt diesen Umstand. Gordon Uhlmann beschreibt für Hamburg einen Strukturwandel in der Zusammensetzung des Pflegepersonals im letzten Viertel des 19. Jahrhunderts.[96] Aufgrund ihrer eher proletarischen Herkunft genossen die Lohnwärter und Lohnwärterinnen nicht die notwendige Autorität bei den Kranken, mangelnde Bildung behinderte die Umsetzung medizinischen Fortschritts in die Praxis der Krankenpflege. Das Wartepersonal wurde durch Krankenschwestern ersetzt, die seit 1895 an einer Krankenpflegeschule unterrichtet wurden und dem Hamburgischen Schwesternverein mit einer Oberin an der Spitze angeschlossen waren. Die Schwestern stammten aus "gebildeten Ständen".[97] Uhlmann vergleicht die Arbeitsverhältnisse beider Gruppen miteinander und stellt fest, daß die für das Wartepersonal charakteristischen rigiden Arbeitsbedingungen und die miserable Bezahlung bei den Krankenschwestern nur geringfügig verbessert wurden; allerdings wurde bei ihnen durch die Schaffung von Pflegegemeinschaften und das Insistieren auf einem an Aufopferung orientierten Pflegebild die Diskrepanz zwischen dieser Realität und weitergehenden Ansprüchen verwischt.[98]

---

94 Zur jüdischen Krankenpflege vgl. Steppe, "... Den Kranken zum Troste".

95 Vgl. Martin Mendelsohn, Die Krankenpflege als Feld weiblicher Erwerbstätigkeit gegenüber den religiösen Genossenschaften, in: Die Krankenpflege, 2 (1901-1902), S. 849-864.

96 Vgl. Gordon Uhlmann, Leben und Arbeiten im Krankenhaus. Die Entwicklung der Arbeitsverhältnisse des Pflegepersonals im späten 19. und frühen 20. Jahrhundert, in: Labisch/Spree, "Einem jeden Kranken ...", S. 399-419.

97 Vgl. ebd. S. 401 f.

98 Beispielsweise wurde das Pflegepersonal nicht in die Sozialversicherung einbezogen. Vgl. ebd. S. 406 sowie 401, 413.

Vergleicht man die Ergebnisse von Uhlmann zur Arbeits- und Lebensweise der Krankenschwestern um die Jahrhundertwende mit denen der in Kongregationen lebenden Krankenschwestern, so zeigen sich überraschende Parallelen. Beide arbeiteten nicht nur gemeinsam, sondern lebten auch zusammen. Im Eppendorfer Krankenhaus schliefen sie zwar nicht mehr wie noch das Wartepersonal im Krankensaal, sondern in einem kleinen Wohn- und Schlafraum neben dem Krankensaal. Ihr Arbeitstag begann um 5.30 Uhr und endete um 21 Uhr und sah neben der Arbeit gemeinsame Mittagessen vor. Innerhalb einer Sieben-Tage-Woche gab es einen halben freien Tag. Jährlich konnten die Schwestern einen mehrwöchigen Urlaub in einem Haus des Schwesternvereins unternehmen.[99]

Auffällig an diesem Modell der Organisation der Krankenpflege in einem der führenden Krankenhäuser des Deutschen Reiches ist die Anlehnung an die Arbeits- und Lebenssituation in Kongregationen. Ein Vergleich der Tagesabläufe zeigt, daß die Frauen in den Kongregationen häufigere Ruhepausen hatten, wenn man die Zeit der Ausübung der religiösen Praxis zumindest als "Nichtarbeitszeit" wertet.[100] Auch der immer wieder erhobene Vorwurf an die religiösen Genossenschaften, daß sie ihre Mitglieder entmündigten und ihrer Freiheit beraubten, erscheint vor dem Hintergrund der Lebensbedingungen der Hamburger Krankenschwestern in einem anderen Licht. Auch für die weltlichen Krankenpflegerinnen gehörten Entsagung, Aufopferung und Verzicht zu den zentralen Kategorien, unter denen ihre Tätigkeit beurteilt wurde. Dazu zählte die Kontrolle der Lebensführung ebenso wie der Verzicht auf Familiengründung und Sexualität.[101]

Einen erneuten Versuch, die Krankenpflege als Beruf für bürgerliche Frauen zu etablieren, ohne derartige Arbeitsbedingungen zu konservieren, unternahm die Lehrerin und Krankenpflegerin Marie Cauer (1861-1950)[102] um die Jahrhundertwende. In einer Aufsatzsammlung[103] bekundete sie, im Gegensatz zu Virchow, daß die "neu entstehende Form der Krankenpflege neben der durch

---

99 Vgl. ebd. S. 403 f. Ähnliche Zustände beschrieb Marie Cauer - eine der Protagonistinnen einer nicht-religiös gebundenen Krankenpflege - noch für die Jahrhundertwende. Vgl. Marie Cauer, Weibliche Krankenpflege auch ein bürgerlicher Beruf. Gesammelte Aufsätze, Leipzig 1906, S. 22.

100 Vgl. zum Tagesablauf in den Kongregationen Kapitel 4.

101 Vgl. Uhlmann, Leben und Arbeiten, S. 407 f.

102 Marie Cauer war die Stieftochter der Frauenrechtlerin Minna Cauer aus deren zweiter Ehe mit Eduard Cauer. Knappe biographische Hinweise finden sich bei Hummel, Probleme der Berufsfindung, S. 185.

103 Vgl. Cauer, Weibliche Krankenpflege. Die Autorin arbeitete zu diesem Zeitpunkt als Oberin des Kaiser-Friedrich-Krankenhauses in San Remo.

kirchliche Gemeinschaften, (nicht etwa STATT ihrer) nötig" seien.[104] Sie plädierte für eine Arbeitsteilung zwischen kirchlicher und freier Krankenpflege. Die unentgeltliche "Gemeindepflege und Armenpflege, sowie die Pflege in Wohltätigkeitsanstalten" sollte den religiösen Genossenschaften vorbehalten bleiben. "Privatpatienten und Privatkliniken, vor allem öffentliche Anstalten, städtische oder Kreis-Hospitäler und Universitätskliniken, können die Pflegearbeit, derer sie bedürfen, genau so gut bezahlen wie ihren übrigen Bedarf."[105]

Cauers Reformvorstellungen bezogen sich auf diese Gruppe von Pflegerinnen, die auch sie gern aus sogenannten guten Häusern rekrutieren wollte. Allerdings bedürfe es großer Anstrengungen, um die Krankenpflege für diese Schichten attraktiv zu machen, denn ihnen würde anders als den kirchlichen Schwestern eine Entschädigung und Ausgleich für die harte Arbeit fehlen.[106] Sie strebte eine Begrenzung der Arbeitszeiten, eine effektivere Organisation der Krankenpflege in den Krankenhäusern und die Einführung einer regulären staatlichen Ausbildung an. Diese Forderungen stellte sie auf der Generalversammlung des Bundes Deutscher Frauenvereine 1902 gemeinsam mit anderen hier engagierten Krankenschwestern erfolgreich zur Abstimmung.[107] 1903 entstand auf Initiative dieser Frauen die "Berufsorganisation der Krankenpflegerinnnen Deutschlands" (B.O.K.D.), Agnes Karll übernahm den Vorsitz.[108] 1906 wurde die fakultative Prüfung aller Krankenpflegerinnen eingeführt.[109] Eine einheitliche Regelung der Krankenpflegeausbildung konnte erst in der Weimarer Republik durchgesetzt werden.[110]

Betrachtet man die Entwicklung der Krankenpflege etwa von der Mitte bis zum Ende des 19. Jahrhunderts insgesamt, so ist die herausragende Bedeutung der Kongregationen für diesen Sektor unabweisbar. Durch die Frauenkongregationen wurde die stationäre Pflege kranker Menschen als moderne Form der Krankenpflege erst etabliert. Die krankenpflegerische Tätigkeit der Kongregationen war nicht nur das Vorbild schlechthin für die Herausbildung von Frauenberufen, sondern auch Referenzmodell für weltliche Pflegekonzepte. Alle Versuche in der zweiten Hälfte des 19. und Anfang des 20. Jahrhunderts, eine weltliche Krankenpflege aufzubauen, hatten sich mit den spezifischen Eigenschaften

---

104 Ebd. S. IV.

105 Ebd. S. 11.

106 Vgl. ebd., S. 22-25.

107 Vgl. Hummel, Probleme der Berufsfindung, S. 87 ff.

108 Dazu gehörten Helene Meyer, Elisabeth Strop und Marie Cauer. Vgl. Hummel, Prägung der sozialen Rolle, S. 153.

109 Vgl. Brigitte Kerchner, Beruf und Geschlecht. Frauenberufsverbände in Deutschland. 1848-1908, Göttingen 1992, S. 177.

110 Uhlmann, Leben und Arbeiten, S. 414 unter Berufung auf Hummel, Probleme der Berufsfindung, S. 116 f.

der Krankenpflege in den katholischen Kongregationen auseinanderzusetzen. Dazu gehörte erstens die Ambivalenz von hoher Motivation und niedriger materieller Gratifikation, zweitens die gemeinschaftliche Lebensform als Effizienzgarant und drittens die religiöse Sinnstiftung als Kompensation für die harte Arbeit.

Die kollektive und hierarchische Organisationsstruktur der Kongregationen, insbesondere das Mutterhausprinzip, hatte maßgeblichen Einfluß sowohl auf ihren Erfolg in der Krankenpflege als auch der Kongregationen überhaupt. Umso verständlicher ist es, daß gerade diese Organisationsform aus heutiger Sicht einer scharfen Kritik ausgesetzt ist.

5.2. Erziehung, Bildung, Karitas

Eine außerordentliche Spannbreite der Aufgaben kennzeichnete die Arbeiten der meisten Kongregationen, die sich nicht primär mit der Krankenpflege befaßten. Sie reichten von der höheren Mädchenbildung bis hin zu zahlreichen karitativen Initiativen und berührten zentrale Themen der später im Kulturkampf kulminierenden Auseinandersetzungen zwischen katholischer Kirche und Gesellschaft. Die Breite dieses Spektrums beweist gleichzeitig die Flexibilität der Kongregationen, die für lokale Besonderheiten offen waren. Lassen sich in dieser Vielfalt gemeinsame Motive und Strukturen der Arbeit herauskristallisieren? Welche Beziehungen bestanden zwischen den Arbeitsschwerpunkten der Kongregationen und ihrer kirchlichen oder weltlichen Umgebung?

In der Tabelle 16 sind die dreizehn Kongregationen, die sich nicht vorrangig in der Krankenpflege engagierten, nach ihren Hauptarbeitsfeldern aufgelistet. Erstaunlicherweise beschäftigte sich nur eine kleine Gruppe von fünf Gemeinschaften hauptsächlich mit Erziehung und Bildung, indem sie Schulen und Pensionate unterhielten. Hierin unterschieden sich die preußischen Verhältnisse fundamental von denen anderer Länder. Im konfessionell homogeneren Bayern[111]

111 Zwei Drittel aller Mitglieder in bayerischen Orden und Kongregationen befaßten sich 1875 mit Lehr- und Erziehungstätigkeiten. Vgl. Heinrich Dürrschmidt, Die klösterlichen Genossenschaften in Bayern und die Aufgabe der Reichsgesetzgebung, Nördlingen 1875, S. 188. Zu den bayerischen Verhältnissen in der ersten Hälfte des 19. Jahrhunderts aus der Perspektive der staatlichen Schulpolitik siehe die Studie von Christl Knauer, Frauen unter dem Einfluß.

Tabelle 16: Kongregationen mit Schwerpunkten in Bildung, Erziehung und Fürsorge 1872/1873

I. Erziehungs- und Lehrtätigkeit

1. Schwestern der christlichen Liebe
Erziehungs- und Lehrtätigkeit (Blinde, Kleinkinder, Elementarschule, höhere Mädchenschule, "berufsbildende" Schulen)

2. Schwestern Unserer Lieben Frau/Coesfeld
Erziehungs- und Lehrtätigkeit (Kleinkinder, Elementarschule, höhere Mädchenschule, "berufsbildende" Schulen)

3. Schwestern vom armen Kinde Jesu/Aachen
Erziehungs- und Lehrtätigkeit (Kleinkinder, Waisen, Elementarschule, höhere Mädchenschule, "berufsbildende" Schulen)

4. Schwestern von der göttlichen Vorsehung/Münster
Erziehungs- und Lehrtätigkeit (Elementar, höhere Mädchenschule, "berufsbildende" Schulen)

5. Schwestern der christlichen Schulen von der Barmherzigkeit/Heiligenstadt
Unterricht und Erziehung der weiblichen Jugend

II. Erziehungs- und Lehrtätigkeit mit Krankenpflege

6. Arme Schwestern von der Barmherzigkeit/Herford
a) Erziehungs- und Lehrtätigkeit (Kommunionkinder in Diaspora)
b) ambulante Krankenpflege

7. Franziskanerinnen von der ewigen Anbetung/Olpe
a) Erziehungs- und Lehrtätigkeit
b) Krankenpflege

8. Hedwigschwestern/Breslau
a) Erziehungs- und Lehrtätigkeit (Arme Kinder/Waisen)
b) Kranken- und Armenpflege

9. Schwestern vom heiligen Geist/Koblenz
a) Lehrtätigkeit im Elementarschulwesen
b) ambulante und stat. Krankenpflege

III. Erziehung und Fürsorge

10. Mägde Mariens/Jaszkowo
a) Erziehungstätigkeit (Kinderbewahranstalten) auf dem Land
b) Existenzsicherung durch Landwirtschaft

11. Marienschwestern/Breslau
Fürsorge für weibliche Dienstboten

IV. Tätigkeit in verschiedenen Sektoren

12. Franziskanerinnen von der heiligen Familie/Eupen
ambulante und stat. Krankenpflege, Armenpflege (Notküchen), Geisteskranke, Erziehungs- und Lehrtätigkeit

13. Franziskanerinnen von Thuine
Krankenpflege, Waisenerziehung, einschließlich Unterricht, Armenpflege, Haushalts- / Handarbeitsunterricht, Küster- und Organistendienste

Quelle: Eigene Zusammenstellung auf der Grundlage von Wendtland, Orden und Kongregationen; Preußischer Statistik 1872/73 sowie verschiedenen monographischen Darstellungen.

und in Frankreich[112] oder in Belgien[113] beherrschten die unterrichtenden religiösen Genossenschaften die Szenerie, während in Preußen die krankenpflegenden Kommunitäten dominierten. Die geringe Beteiligung in Preußen hatte unterschiedliche Gründe. Im Unterschied zu den genannten Ländern erklärte das protestantisch dominierte Preußen die Elementarschulbildung frühzeitig zu einer zentralen Staatsaufgabe, was dazu führte, daß schon 1816 immerhin 50 % der Kinder eine Elementarschule besuchten. Diese Zahl stieg um die Mitte des 19. Jahrhunderts auf über 80 % an.[114] Hieraus ergab sich, daß dieser Bereich als ein vorrangiges Betätigungsfeld für die Kongregationen bereits durch das Engagement von Staat und Kommunen besetzt war.

Zweitens betätigten sich die wenigen verbliebenen klassischen Frauenorden bereits im Bildungsbereich: 1872/73 unterrichteten 663 Ursulinen und 174 Salesianerinnen an Klosterschulen. Im Vergleich dazu zählten die neuen Schulkongregationen im selben Jahr insgesamt 1080 Mitglieder.[115] Ältere und auswärtige Kongregationen vernachlässigten diesen Sektor.[116] Insgesamt kann man davon ausgehen, daß etwa 10 % aller Ordensfrauen und Schwestern mit Bildungsaufgaben im engeren Sinne betraut waren.

Ein drittes kam hinzu: In Preußen war die Unterrichtung von Jungen und Mädchen nicht Angehörigen des jeweils eigenen Geschlechtes vorbehalten; dies verstärkte nicht gerade die Position von Frauen im Lehrbetrieb. In katholischen Ländern, in denen das Prinzip der Geschlechtsgleichheit von Lehrenden und

---

112 Im Jahr 1861 engagierten sich 65,2 % aller Mitglieder in Frauenkongregationen im Unterrichtswesen. Vgl. Langlois, Le catholicisme, S. 324. Die Mädchenbildung wurde in Frankreich stark von den Frauenkongregationen geprägt, so unterrichteten sie 1867 55 % aller Mädchen im Elementarschulwesen. Im Vergleich dazu besuchten jedoch nur 22 % aller Jungen eine solche Schule. Im sekundären Unterrichtswesen hatten sie einen noch größeren Einfluß, da der französische Staat bis in die 1860er Jahre hinein keinerlei Schulen für Mädchen unterhielt. Im Jahr 1864 lagen beispielsweise zwei Drittel aller Internate im höheren Mädchenschulwesen in den Händen der katholischen Frauenkongregationen. Vgl. Rebecca Rogers, The Socialization of Girls in France under the Influence of Religion and the Church, in: Margret Kraul/Christoph Lüth (Hg.), Erziehung der Menschen-Geschlechter, Studien zur Religion, Sozialisation und Bildung, Weinheim 1996. S. 141. Führende Vertreterinnen der französischen Frauenbewegung wurden im Unterschied zu denen in Deutschland in katholischen Frauengenossenschaften unterrichtet.

113 Von allen Gemeinschaften waren 1846 immerhin schon 46 % im Unterrichtswesen tätig; 1866 waren es sogar 54 %, woran sich bis 1874 nichts änderte. Vgl. Tihon, Les religieuses, S. 39.

114 Vgl. Wehler, Deutsche Geschichte, Bd. 2, S. 485, 478.

115 Vgl. Tabelle 1, 3, 6 und 7 in Kapitel 3.2.

116 Mit Ausnahme der *Armen Schulschwestern* aus München, die in Brakel bei Paderborn mit 182 Schwestern vertreten waren, und einer kleinen Niederlassung der *Englischen Fräulein* in Fulda mit 34 Schwestern.

Lernenden die Regel war, gab es mehr Frauen, die als Lehrerinnen arbeiteten.[117] Ähnlich wie in Frankreich wandten sich die meisten Lehrkongregationen auch in Preußen zunächst der Elementarschulbildung von Mädchen zu.[118] Im Unterschied zu Frankreich ging in Preußen die Initiative hierzu nicht vom Staat, sondern von den Frauen oder ihren klerikalen Begleitern aus. Darüber hinaus zielten die Aktivitäten der Erziehungs- und Lehrkongregationen jedoch auf eine breite Klientel, die von den Schulkindern bis zu jungen Frauen, von den Unterschichten bis in die sogenannten höheren Stände reichen konnte.

Eine zweite Gruppe von Gemeinschaften versuchte, den Erziehungs- und Bildungsbereich gleichgewichtig mit der Krankenpflege zu verbinden. Diesen Gemeinschaften mit zwei gleichrangigen Tätigkeitsfeldern gehörten 1872/73 allerdings nur 153 Frauen an.[119] Dies ist nicht nur dadurch verursacht, daß der Konstituierungsprozeß bei diesen Kongregationen noch nicht abgeschlossen war,[120] sondern auch ein Indiz für die Schwierigkeit, beiden Arbeitsfeldern gleichzeitig gerecht zu werden. Die Lehrtätigkeit dieser Gemeinschaften bezog sich in erster Linie auf die Unterrichtung von Waisen und anderen Kindern, die sie in ihren Häusern betreuten und nicht auf das öffentliche Schulwesen. Die *Schwestern vom Hl. Geist* bildeten hier eine Ausnahme, auf die noch zurückzukommen sein wird.

Die *Franziskanerinnen* aus Olpe konzentrierten sich nach den lokalen Konflikten um die Krankenpflege auf die Waisenpflege. Ihre Aufgabe sei es, heißt es 1864 in einem "Statut für die Waisenanstalt der armen Franziskanerinnen", "arme und verwahrloste Kinder in Olpe und auf Verlangen auch an anderen Orten zu unterrichten und zu erziehen; es sind aber auch andere Werke der christlichen Barmherzigkeit nicht ausgeschlossen."[121] Unterricht bedeutete hier Elementarschulunterricht für die im Haus lebenden Waisenkinder sowie Hand-

117 Vgl. James Albisetti, Deutsche Lehrerinnen im 19. Jahrhundert im internationalen Vergleich, in: Juliane Jacobi (Hg.), Frauen zwischen Familie und Schule. Professionalisierungsstrategien bürgerlichen Frauen im internationalen Vergleich, Frankfurt a.M. 1994, S. 35.

118 Langlois sieht in dem zunehmenden Bedarf an Lehrerinnen im Mädchenschulwesen einen wesentlichen Impuls zur Gründung neuer Gemeinschaften. Der französische Staat habe ein wachsendes Interesse an der Grundschulbildung gehabt, und zwar getrennt nach Geschlechtern, um die Alphabetisierung der Bevölkerung voranzutreiben. Vgl. Langlois, Le catholicisme, S. 324.

119 Vgl. Tabelle 1 in Kapitel 3.1.

120 Die Gemeinschaften zählten durchweg zu den letzten Kongregationen, die vor dem Kulturkampf in Preußen gegründet wurden; nämlich zwischen 1859 und 1863. Vgl. Tabelle 1 (Kapitel 3).

121 Statut für die Waisenanstalt der armen Franziskanerinnen in Olpe vom 1. August 1864, zit. nach Hardick, "Er führt,..", S. 100.

arbeitsunterricht und Kommunikantenunterricht für Kinder in der Gemeinde.[122] Für den Unterricht wurde 1864 eine Lehrerin von außen eingestellt; gleichzeitig ließ man zwei Postulantinnen zu Lehrerinnen ausbilden, die 1868 ihre Arbeit aufnahmen. Anschließend begann man mit der Qualifizierung von Krankenschwestern und zwar bei den *Armen Schwestern vom hl. Franziskus* aus Aachen.[123] Die Ausübung beider großen Arbeitsbereiche - Bildung und Krankenpflege - gelang hier also nur auf Kosten von Beschränkungen in beiden Sektoren.

Die Geschichte der *Schwestern vom hl. Geist* aus Koblenz bestätigt dies ebenfalls.[124] Die Schwestern verfolgten indes eine bemerkenswerte Zielsetzung. Nicht nur, daß sie beide Aufgabengebiete gleichberechtigt wahrnehmen wollten, sie richteten ihren Blick auch auf eine spezielle Klientel: die Wohlhabenden der Stadt, um die sich ihrer Meinung nach niemand kümmere.[125] So pflegten sie Kranke gegen Bezahlung, allerdings anfangs nur in kleinem Maßstab, denn der zuständige Oberpräsident verweigerte zunächst die Erteilung von Korporationsrechten, weil es sich um eine zu kleine Einrichtung handele. Nach der Gründung 1857 entstanden bis 1872 lediglich zwei Niederlassungen.[126] Im höheren Mädchenschulwesen konnten sie nicht Fuß fassen; es blieb ihnen nur der Elementarschulunterricht, den sie jedoch im Kulturkampf zugunsten der Krankenpflege gänzlich aufgeben mußten.[127] Aus den genannten Beispielen ergibt sich, daß eine Profilierung der Tätigkeitsfelder den Erfolg einer Kongregation erheblich förderte.

Eine dritte Gruppe wandte sich spezifischen Erziehungs- und Fürsorgetätigkeiten als Hauptarbeitsfeldern zu. Die beiden schlesischen Kongregationen der *Mägde Mariens* und der *Marienschwestern* bemühten sich explizit um eine Klientel, die nicht der Schulpflicht unterlag und überdies nicht krank war: den Kindern unter sechs Jahren und erwerbstätigen Frauen. Das bedeutete, daß sie keinen regulären Schulunterricht erteilten.

Die letzte hier zu nennende Gruppe differenzierte ihre Tätigkeitsfelder kaum, sondern nahm alle Gelegenheiten zur Ausübung der Werke christlicher Barm-

---

122 Der Konflikt mit den Vinzentinerinnen führte dazu, daß die Kongregation in Olpe nicht in der Krankenpflege arbeitete und dieses Arbeitsfeld den Filialen vorbehalten blieb. Zur Arbeitsverteilung vgl. ebd., S. 133-140.

123 Die Lehrerinnenausbildung hatten die im niederländischen Heythuysen angesiedelten Franziskanerinnen übernommen. Vgl. ebd., S. 105 f.

124 Vgl. dazu die knappe, aber fundierte Studie von Franz Rudolf Reichert, Die Kongregation der Schwestern vom Heiligen Geist, Mutterhaus Koblenz, in: Archiv für mittelrheinische Kirchengeschichte 34 (1982), S. 167-184.

125 Vgl. Reichert, Schwestern vom Heiligen Geist, S. 170.

126 Vgl. Gatz, Kirche, S. 424 f.

127 Vgl. Reichert, Schwestern vom Heiligen Geist, S. 174 f.

herzigkeit wahr. Die Niederlassungen dieser Kongregationen hatten dadurch, daß sie nicht durch spezifische Arbeitsbereiche gebunden waren, Freiräume, ihre Aktivitäten breiter anzulegen. Sie fungierten quasi als Sozialstationen in den Kirchengemeinden und gingen dabei über das traditionelle katholische Armenfürsorgewesen des Ancien régimes hinaus.[128] Was bei diesen Kongregationen im Zentrum der Arbeit stand, entwickelte sich bei den meisten anderen einschließlich der krankenpflegenden Genossenschaften nach und nach zu einem relevanten Betätigungsfeld. Sie gingen dabei nach ähnlichen Prinzipien vor wie die hier genannten Kongregationen.

Exemplarisch läßt sich dieses Arbeitsfeld anhand der *Franziskanerinnen* von Thuine demonstrieren. Sie versahen nahezu den gesamten Bereich karitativer und erzieherischer Arbeit, welcher in einer Pfarrgemeinde anfiel. Krankenpflege, Waisenerziehung, Handarbeits- und Haushaltsunterricht gehörten ebenso dazu wie Küsterdienst in der Kirche. 1860 eröffneten die Schwestern eine sogenannte Stiftsschule, in der die Kinder unterrichtet wurden, die in dem Haus der Kongregation lebten. Die Gründerin der Gemeinschaft, Pauline Bopp - inzwischen zur Lehrerin ausgebildet -, unterrichtete hier bis 1869. Später betrieben die Frauen gemeinsam mit den zu betreuenden Mädchen und Jungen Landwirtschaft, sie gründeten eine Haushaltungsschule und unterrichteten Kinder aus gutsituierten Familien. Ersteres und letzteres diente insbesondere der Finanzierung der Arbeit. Die Mitglieder der Kongregation benötigten vielfältige Qualifikationen: Krankenpflegerinnen, Elementarschullehrerinnen, Musik- und Gesangslehrerinnen, Organistinnen und Kinderpflegerinnen gehörten dazu.[129] Soweit das Beispiel der *Franziskanerinnen*. Letztlich fungierten die Frauen als "Gemeindesozialarbeiterinnen", die dem Pfarrer bei allen Problemen, die nicht unmittelbar seelsorgerischer Art waren, beiseite standen.

Ob bei den Kongregationen die karitative Arbeit Schwerpunkt war oder am Rande versehen wurde, die entsprechenden Tätigkeiten der Kongregationen wurden ständig ausdifferenziert und neuen Erfordernissen angepaßt: Geradezu charakteristisch für das Vorgehen der Frauen erscheint mir, daß sie sich an den Notlagen und nicht an den dogmatischen, teilweise realitätsfernen christlichen Normen der Kirchenmänner orientierten. Insbesondere in sich industrialisierenden Regionen nahm die Fürsorge für Arbeiterinnen in einigen Kommunitäten breiten Raum ein. Allein oder in Kooperation mit Kirchenvertretern und Laien unterstützten sie Frauen aus proletarischen Schichten zu einem Zeitpunkt, als sich die staatliche Sozialgesetzgebung in erster Linie an erwerbstätige Männer

---

128 Vgl. zu diesem Aspekt Kapitel 8.3 dieser Arbeit.

129 Vgl. M. Sixtina Eilers, Die Kongregation der Franziskanerinnen vom heiligen Martyrer Georg zu Thuine, Werl 1930, S. 46-59.

wandte.[130] Der 1886 in Breslau gegründete katholische Arbeiterinnenverein baute beispielsweise mit Hilfe einer Spende des Breslauer Fürstbischofs ein Haus mit einem Versammlungssaal und einem angeschlossenen Hospiz für Arbeiterinnen aller Konfessionen. Die *Grauen Schwestern* übernahmen am 1. Juli 1887 die Verwaltung des Hospiz, in dem zunächst vierzehn junge Frauen wohnten, die überdies Koch- und Haushaltungsunterricht erhielten und die hauseigene Bibliothek benutzen durften. Offensichtlich traf dieses Angebot auf Zuspruch, denn nur fünf Jahre später wohnten hier bereits über 100 Frauen.[131] Die Schwestern leisteten Pionierarbeit für einen Bereich, der um die Jahrhundertwende zu einem der wichtigsten Sektoren gesellschaftspolitischen Engagements von Frauen gehörte.[132]

Betrachtet man - nach dieser differenzierenden Übersicht - die Tätigkeitsfelder insgesamt, mag die Zurückhaltung der neuen Kongregationen im klassischen Bereich der höheren Mädchenbildung und die Breite der Aufgabengebiete der Kongregationen überraschen. Um diesen Sachverhalt zu begreifen, ist es erforderlich, sich von allzu modernen Bildungsvorstellungen zu lösen. Im Grunde genommen hegten nämlich all diese Kongregationen die Absicht, Menschen zu erziehen, und zwar stets mit dem Ziel, ihnen christliche Überzeugungen nahezubringen, sie damit zu Gott zu führen und so schließlich das eigene Seelenheil zu sichern. Die historische Bildungsforschung reflektiert erst seit kurzem den Zusammenhang von Religion und Bildung für die Mädchen- und Frauenbildung des 19. Jahrhunderts. Was für die Zeit vor 1800 selbstverständlich erscheint, nämlich die Betrachtung religiöser oder kirchlich gebundener Bildungsinstitutionen in ihrem Verhältnis zu entsprechenden staatlichen oder privaten Einrichtungen, wird erst seit kurzem auch für das 19. und 20. Jahrhundert untersucht.[133] Juliane Jacobi vertritt die These, daß Bildungsreformer und -reformerinnen ganz gleich welcher Provenienz von "tiefer religiöser Überzeugung" geprägt waren und - anders als mit "Hilfe der orthodoxen Modernisierungsthese" zu fassen sei - eine "produktive Mischung aus praktischem Handeln und religiösem Eifer" die Mädchenbildungsgeschichte des 19. Jahrhunderts

---

130 Vgl. Bock, Weibliche Armut, S. 427 f.

131 Vgl. Jungnitz, Kongregation der grauen Schwestern, S. 91 f.

132 Vgl. ausführlich Kapitel 8 dieser Arbeit.

133 So findet man im zweiten Band des jüngst erschienen Werkes zur weiblichen Bildung nur einen Aufsatz zur religiösen Bildung (von Uri R. Kaufmann über "Jüdische Mädchenbildung"), während der erste Band ausführlicher diesem Thema nachgeht. Vgl. Elke Kleinau und Claudia Opitz (Hg.), Geschichte der Mädchen- und Frauenbildung, Bd. 1: Vom Mittelalter bis zur Aufklärung, Bd. 2: Vom Vormärz bis zur Gegenwart, Frankfurt/New York 1996. Im Unterschied dazu vgl. Kraul/Lüth, Erziehung.

kennzeichnete.[134] Wie stark gerade die neuen Frauenkongregationen diese Entwicklung beeinflußten, soll untersucht werden.

Wie für alle Arbeitsfelder gilt auch hier, daß ihre Bedeutung für die verdichteten katholischen Regionen Preußens nicht hoch genug eingeschätzt werden kann; im Unterschied zu klassischen Lehrorden vor 1800 und auch zur Krankenpflege scheinen jedoch die Bildungsaktivitäten der Kongregationen insbesondere im höheren Mädchenbildungswesen im "nichtkatholischen" Bereich von geringerem Interesse gewesen zu sein. Vorbildfunktion hatte die gebildete Nonne des Mittelalters, im Gegensatz dazu waren die Schwestern des 19. Jahrhunderts sehr viel pragmatischer ausgebildet und weniger "gebildet". Sie orientierten ihre Aktivitäten viel stärker an Gesichtspunkten von Notwendigkeit und Zweckmäßigkeit, wobei die religiöse Dimension des Handelns gelegentlich aus dem Blick geriet bzw. von der Leitung der Gemeinschaft immer wieder angemahnt wurde.[135]

Die unterrichtenden Kongregationen des 19. Jahrhunderts unterschieden sich nicht nur im Hinblick auf die interne Verfassung von den Erziehungsorden früherer Jahrhunderte, sondern auch hinsichtlich ihrer Klientel. Während letztere sich beispielsweise im Rheinland auf das höhere Mädchenschulwesen und damit auch auf höhere Gesellschaftsschichten konzentrierten, richteten die neuen Gemeinschaften ihren Blick zunächst auf das Elementarschulwesen und damit auf die unteren Schichten der Gesellschaft. Die Erziehung und Bildung insbesondere armer Mädchen hatte Priorität. Später kamen in vielen Kongregationen dann doch noch Schulen für höheres Schulwesen hinzu. Während die *Schwestern der christlichen Liebe* und die *Schwestern Unserer Lieben Frau* von Beginn an auch höhere Mädchenschulen anstrebten, konzentrierten sich die *Schwestern vom armen Kinde Jesu* in Aachen zunächst auf die Elementarschulbildung besonders der Mädchen. Im Laufe des 19. Jahrhunderts gewann eine erwerbs- und berufsbezogene Bildung für Mädchen und junge Frauen eine größere Bedeutung.

Das Beispiel der *Schwestern vom armen Kinde Jesu* vermittelt einen Eindruck von der Durchsetzungs- und Leistungsfähigkeit der Kongregationen im sekundären und höherem Bildungssektor. Im Jahr 1853 berichteten die Schwestern dem Kölner Generalvikariat von ihrer Arbeit. Von Elementarschulen für Mädchen, Waisenhäusern (zum Teil für Jungen und Mädchen), Häusern für verwahrloste Kinder, Verwahrschulen bis hin zu Nähschulen reichten die Einrichtungen, in denen die Schwestern tätig waren. In sechs Niederlassungen und dem Aachener Mutterhaus arbeiteten und lebten nach diesen Angaben 76

---

134 Juliane Jacobi, Religiosität und Mädchenbildung im 19. Jahrhundert, in: Kraul/Lüth, Erziehung, S. 101 ff.

135 Das Ausbalancieren zwischen religiösen und profanen Erfordernissen genossenschaftlichen Frauenlebens wird in Kapitel 6 ausführlicher behandelt.

Schwestern, allein 33 von ihnen in Aachen. Jede Niederlassung wurde von einer Vorsteherin geleitet, für Hausarbeiten und Versorgung waren im Durchschnitt drei bis vier Laienschwestern zuständig, die Erziehungs- und Lehrtätigkeiten übernahmen die Chorschwestern.[136] Die *Schwestern vom armen Kinde Jesu* unterhielten außerdem Mädchen-Freischulen in Koblenz, die einzigen der Stadt, an denen kein Schulgeld zu bezahlen war.[137] Selbst am Sonntag ruhte die Arbeit der Frauen nicht. "Von Anbeginn ihres Zusammenseins her haben die Schwestern keine segensreichere Arbeit geübt, als die, welche den Sonntag Nachmittag einnimmt, ich meine die Abhaltung ihrer Sonntagsschulen. Dann sind alle Räume ihres Hauses gefüllt mit heranwachsenden und erwachsenen Mädchen. Fabrikarbeiterinnen, Dienstboten, welche sonst alles (sic) Religions- und Schulunterrichts entbehren. Wird der Sonntagsdienst auf eine Stunde vor 5 Uhr gelegt, dann müßten die Schwestern mit blutendem Herzen auf den heilsamsten und ersprießlichsten Zweig ihrer Ordenswirksamkeit verzichten."[138] In den 1860er Jahren unterrichteten die Schwestern in sieben der acht katholischen Mädchenschulen in Aachen, die entsprechend den Pfarreien der Stadt organisiert waren.

Zwei Momente beförderten diese Dominanz im Mädchenelementarschulwesen. Erstens rief die desolate Lage des niederen Schulwesens in der Industriestadt Aachen die Schwestern auf den Plan: 1842 besuchten lediglich 37 % der schulpflichtigen Kinder eine Schule.[139] Zwar stieg diese Zahl im Lauf der Zeit, doch noch 1853 ging man davon aus, daß 28 % der Kinder keine Schule besuchten. Der im selben Jahr von der Regierung verordnete Schulzwang führte zu einer weiteren Steigerung der Zahlen und gleichzeitig zu überfüllten Klassen bei nur mäßig qualifiziertem Lehrpersonal.[140] Allerdings mußten die Schwestern in einem lokalen Klima arbeiten, das dem Schulzwang eher ablehnend gegenüberstand. Die Stadtverordneten, die in ihrer Mehrheit aus Fabrikanten und ihnen Nahestehenden bestand, wandte sich in einer Petition 1858 vehement gegen die Einführung des Schulzwangs. Aachen sei wesentlich von seiner Industrie abhängig - so argumentierten sie -, die unter der starken Konkurrenz leide, so daß

---

136 Vgl. BDA, Gvo Aachen, Schwesternklöster 7, I (10093), Bl. 292 f.

137 Vgl. Bericht der Schwestern vom armen Kinde Jesu an das Kölner Generalvikariat aus dem Jahr 1853: BDA, Gvo Aachen, Schwesternklöster 7, I (10093), Bl. 292 f.

138 "Gutachten des Direktors [Andreas Fey] über den Gottesdienst in der Klosterkirche" an das Generalvikariat vom 26. April 1856: BDA, Gvo Aachen, Schwesternklöster 7, I (10093). Bl. 80r.

139 Zum Vergleich: in Elberfeld und Barmen lag die Quote bei 79 %, in Köln betrug sie 77 % und in Berlin 60 %. Vgl. Dieter P. J. Wynands, Die Geschichte des Volksschulwesens der Stadt Aachen von 1814-1924, Diss. päd. Aachen 1977, S. 83. Im Landesdurchschnitt lag die Rate bereits bei 80 %. Siehe dazu Thomas Nipperdey, Deutsche Geschichte 1800-1866, Bürgerwelt und starker Staat, München 1983, S. 463.

140 Vgl. Wynandts, Geschichte des Volksschulwesens, S. 149 f.

die Arbeit von Kindern in den Fabriken unabdingbar sei, um die Löhne niedrig zu halten. Ein Schulbesuch der Kinder verringere außerdem die Einkommen der proletarischen Familien. Noch 1858 hielten sie eine Arbeitszeit von zehn Stunden für zwölf- bis vierzehnjährige Kinder für angemessen. Ähnliche Anliegen brachten auch die benachbarten Städte Burtscheid, Eupen und Stolberg sowie achtzehn Nadelfabrikanten aus Aachen und Umgebung vor. Allerdings konnten sie sich nicht durchsetzen.[141] Eine Konferenz der Aachener Pfarrer mißbilligte noch 1860 das Gesetz zur Einführung des Schulzwangs und schloß sich damit den Fabrikanten an. Sie hoben hervor, daß die Kinder in der Fabrik besser aufgehoben seien als in der elterlichen Wohnung. Wynandts folgert hieraus zutreffend, daß der Klerus sich hiermit zum Sprachrohr der Fabrikanten machte, mit denen er zum Teil verwandtschaftlich verbunden war. Als weiteres Argument gegen den Schulzwang führte der Klerus an, daß dadurch die Rechte der Familien eingeschränkt würden.[142] Zugespitzt könnte man auch folgern, daß hier fabrikantenfreundliche Argumente hinter kirchenpolitischen Forderungen versteckt wurden.

Die Frauen wandten sich mit ihren Aktivitäten gegen die sozialen Mißstände in der Stadt, sie stellten sich auf die Seite der Armen und derjenigen, die von den ökonomischen und sozialen Veränderungen nicht profitierten. Dies lief letztlich auf eine geschlechterspezifische Parteinahme hinaus, da Mädchen und Frauen von den negativen Folgen des Wandels in besonderer Weise betroffen waren und ihnen in der Regel weniger staatliche oder private Fürsorge entgegengebracht wurde.

Zweitens bewirkte die Haltung des Aachener Klerus, daß den Schwestern der Weg ins Elementarschulwesen geöffnet wurde. Denn trotz der geschilderten grundsätzlichen Bedenken gegen die Kongregationen wußte der Klerus doch, daß er über diese Ebene Einfluß auf die Sozialisation der Gläubigen und vor allem der Ungläubigen nehmen konnte. So plädierte er bereits 1843 auf einer Konferenz vehement gegen eine von staatlicher Seite geförderte Koedukation im niedrigen Schulwesen und beharrte gleichzeitig auf einer Geschlechtertrennung des Lehrpersonals in der Weise, daß zukünftig Lehrer nur noch Jungen und Lehrerinnen nur noch Mädchen zu unterrichten hätten. Trotz anfänglichen Widerstandes der Schulkommission übernahm die Stadtverordnetenversammlung 1845/46 die Haltung des Klerus. 1853 setzte schließlich die Schulkommission diesen Beschluß um, Lehrer von Mädchenschulen wurden an Knabenschulen versetzt.[143]

141 Vgl. ebd., S. 162 f.

142 Ebd., S. 168. Rebecca Rogers untersucht die Auswirkungen der religiösen Erziehung auf die Mädchensozialisation in Frankreich. Vgl. Rogers, Socialization of Girls, S. 139-158.

143 Vgl. Wynandts, Geschichte des Volksschulwesens, S. 100 ff.

Den Bedarf an qualifiziertem weiblichem Lehrpersonal versuchten die *Schwestern vom armen Kinde Jesu* zu decken. Weibliche Lehrkräfte ohne Bindungen zur Kirche standen allem Anschein nach nicht zur Verfügung. Die Schwestern unternahmen zahlreiche Anstrengungen, um dieses Vorhaben zu realisieren. Das Engagement im höherem Mädchenschulwesen diente in zweierlei Hinsicht diesem Zweck: zum einen der Finanzierung der Kongregationen, zum anderen der Rekrutierung neuer Mitglieder aus dem Kreis der Schülerinnen. Überlegungen der Kommunität aus dem Jahr 1864 belegen dies. Clara Fey und ihre Mitstreiterinnen gaben ihre Bedenken gegen die höhere Mädchenbildung in Aachen auf und strebten die Gründung einer höheren Töchterschule in der Stadt an. Diese Entscheidung brachte die Kongregation in Legitimationszwänge, da sie noch in den 1840er Jahren die Übernahme einer solchen Schule kategorisch abgelehnt hatte, um sich ausschließlich den Armen zuzuwenden.

Positive Erfahrungen andernorts führten zu einer Meinungsänderung. So leitete die Kongregation bereits seit 1857 eine höhere Töchterschule in Neuß, in der Bonner Niederlassung wurden ein Jahr später "talentvolle Mädchen aus Familien des Mittelstandes zu weiterer Ausbildung" aufgenommen und insbesondere auf das Lehrerinnenexamen vorbereitet.[144] 1864 begründete der Direktor Andreas Fey im Namen der Kongregation diese Abweichung von dem ursprünglichen Ziel.[145] Finanzielle Erwägungen spielten für diesen Sinneswandel eine Rolle. Mit dem erwirtschafteten Schulgeld sollte das Elementarschulwesen für die armen Kinder unterstützt und zum Teil erst ermöglicht werden.[146]

Mit der Gründung einer Höheren Töchterschule hoffte man darüberhinaus, daß "ein tüchtiger Kern ihrer Mitglieder, in Anschluß an ihre Stifterinnen, aus den höheren und gebildeten Ständen" komme.[147] Sie sollten ihr Vermögen und ihre Kompetenz in die Gemeinschaft einfließen lassen. Vorsorgend und geschickt versuchte die Kongregation, so das Rekrutierungsproblem zu lösen und eine günstige Position in der Konkurrenz zu anderen Kongregationen einzunehmen; denn sie wollte verhindern, daß Frauen aus gebildeten und vermögenden Kreisen auswärtigen Erziehungsgenossenschaften beiträten. Die Kongrega-

---

144 Vgl. ASKJ, Festschrift "125 Jahre Schule Marienberg",o.O.,o.J. (Neuß 1982) sowie zu Bonn Pfülf, M. Clara Fey, S. 217.

145 Die folgenden Zitate sind diesem Bericht entnommen. Vgl. Andreas Fey an den Erzbischof Geissel vom 30. Juni 1864: BDA, Gvo Aachen, Schwesternklöster 7, III (10095). Bl. 178-182.

146 Fey führte aus, daß im Jahr 1863 das "Korporationsvermögen" lediglich zur Deckung eines Drittels des Haushaltes gereicht habe, während der Rest - immerhin 12.000 Thaler - "von den Schwestern sauer erworben" werden mußte; vgl. ebd.

147 Clara Fey an die Schwestern im Aachener Mutterhaus vom 19. Juni 1864. ASKJ, Briefe von Mutter Clara Fey.

tion wurde in dieser Absicht durch die Erfahrungen aus der schon seit 1858 in Bonn bestehenden Höheren Töchterschule bestärkt.[148]

Ein weiteres Argument wurde ins Feld geführt: Den aus den gebildeten Schichten stammenden Schwestern könnte zum Teil nicht ohne weiteres zugemutet werden, an den Elementarschulen zu unterrichten: erstens weil sie dazu quasi überqualifiziert seien, zweitens weil sie für diese Arbeit gesundheitlich zu schwach seien. Gäbe man den betroffenen Frauen die Möglichkeit, ihren Fähigkeiten entsprechend zu arbeiten, käme dies also der Kongregation zugute. Mit Hilfe dieser Argumente versuchte man den Einstieg in die höhere Mädchenbildung dadurch zu rechtfertigen, daß diese im Grunde genommen dem eigentlichen Zweck der Erziehung und Bildung unterer Schichten diene.[149]

Was war nun die grundsätzliche Handlungsmaxime der *Schwestern vom armen Kinde Jesu* und der anderen Kongregationen, die sich in diesem Arbeitsfeld engagierten?

Erziehung statt Bildung

Erziehung nach christlichen Prinzipien war das wichtigste Anliegen der Frauenkongregationen. Clara Fey erläutert ihren Mitschwestern 1850 dieses Ziel wie folgt: "Sie [die Schwestern vom armen Kinde Jesu] haben sich zum Zwecke gesetzt, an armen Kindern weiblichen Geschlechtes Barmherzigkeit zu üben, sie in Schulen zu guten Christen zu erziehen, in nötigen Schulkenntnissen und weiblichen Handarbeiten zu unterrichten, jene, die besonderen Gefahren oder Entsittlichung ausgesetzt sind, in ihr Haus aufzunehmen, zu beköstigen usw."[150] Mit dieser Interpretation von Bildung und Erziehung setzten sich die Schwestern in ganz anderer Weise der öffentlichen Kritik[151] aus als etwa die überwiegend krankenpflegerischen Gemeinschaften. Im 19. wie im 20. Jahrhundert gehörte die Bildungs- und Schuldiskussion zu den zentralen Feldern, auf denen das Verhältnis zwischen Kirche und Staat ausgelotet wurde, was auch mit der extrem starken Bedeutung von Bildung für die bürgerliche Identität im 19. Jahrhundert zusammenhing. Daß dabei die Dogmatik, Polemik und die rhetorischen Floskeln der klerikalen Kirchenvertreter

148 Vgl. ebd.

149 Die Mitglieder der Gemeinschaft waren allem Anschein nach damit nicht unbedingt einverstanden. Vgl. ASKJ, Kapitelermahnung vom 13. Aug. 1864; Pfülf, S. 476. Ablehnung durch Generalvikariat v. 4.8.1864, vgl. Schaffer, Schulorden, S. 155.

150 ASKJ, Konferenzen von Mutter Clara, September 1848-Dezember 1853, hier vom 18. August 1850.

151 Diese umfaßte sowohl den kirchlichen wie den nicht-kirchlichen Bereich, im Vorfeld des preußischen Kulturkampfes wird die Debatte darum besonders zugespitzt geführt.

einerseits und das konkrete Handeln sowie die Einsicht in pragmatische Notwendigkeiten der Schwestern andererseits gelegentlich nicht kongruent waren, ohne damit unvereinbar zu sein, sollen die folgenden Ausführungen zeigen.

Im Kirchenlexikon von Wetzer und Welte war man der Meinung, daß "Erziehungsanstalten für WEIBLICHE ZÖGLINGE ... mehr als solche für Knaben und Jünglinge Nothbehelfe für den Mangel der Erziehung im Familienkreise [sind], weil das Mädchen, von der Mutter losgetrennt, mehr verliert als der Knabe, der aus dem elterlichen Hause genommen wird."[152] Diese "Nothbehelfe" gehörten in der einen oder anderen Form zu den Aufgabengebieten fast aller Kongregationen. Die Erziehung bezog sich auf sogenannte verwahrloste Mädchen bis hin zu den "höheren Töchtern", von der Elementarschule über die höhere Mädchenschule bis hin zu den berufsbezogenen Schulen.

Die Titulierung jedweder Mädchenerziehung außerhalb der Familie als Notbehelf - eine auch in bürgerlichen Kreisen verbreitete Vorstellung - resultierte aus den Normen katholischer Erziehung, wie sie der Kleriker und Pädagoge Lorenz Keller 1886 in einem Artikel für Wetzer und Welte's Kirchenlexikon formulierte: "Erziehung im christlichen Sinne ist die bewußte und nachhaltige Einwirkung Mündiger auf Unmündige, um die in denselben vorhandenen Thätigkeiten und Kräfte zu solcher Einwirkung zu bringen, daß das göttliche Ebenbild zur vollen Ausgestaltung gelangt." Katholische Erziehung orientierte sich also an der Gottebenbildlichkeit des Menschen, Gott und nicht der Mensch stand im Mittelpunkt. Die Familie war der zentrale Ort christlicher Erziehung, die Mutter die wichtigste Person, der Vater trat erst später hinzu, um den Kindern Autorität zu vermitteln. "Es läßt sich nämlich nicht läugnen, daß wir nur auf dreifachem Wege erziehen können, nämlich durch BEISPIEL, durch LEHRE und durch GEWÖHNUNG."[153] Beispiel und Gewöhnung seien die Erziehungsmaxime der Familie, die Kirche als zweite Instanz im Erziehungsprozeß vereinige alle drei Elemente, während der Schule Lehre und Gewöhnung vorbehalten bliebe. Lorenz Keller handelte das Thema "Schule" in seinem Artikel knapp ab und wies ihr lediglich eine ergänzende Funktion im Erziehungsprozeß zu.[154]

Mit diesen Erziehungsgrundsätzen geriet die katholische Kirche in dauerhaften Konflikt mit den von aufklärerischen Ideen genauso wie vom Neuhumanismus beeinflußten bürgerlichen Bildungskonzepten, die nicht Gott, sondern den Menschen in den Mittelpunkt stellten. Die Diskrepanz zwischen katholischer

---

152 Mast, Art. Erziehungsanstalten, in: Wetzer und Welte's Kirchenlexikon, 4. Bd., Freiburg 1886, Sp. 885 f.

153 Lorenz Keller, Art. Erziehung, in: Wetzer und Welte's Kirchenlexikon, 4. Bd., Freiburg 1886, Sp. 870 ff.

154 Vgl. ebd., S. 879 ff.

und nicht-katholischer Welt verringerte sich allerdings unter Berücksichtigung geschlechterspezifischer Fragestellungen, denn bildungsbürgerliche Konzepte galten nicht zwangsläufig für beide Geschlechter, sondern besaßen ihre Gültigkeit in ihrer idealtypischen Konstruktion nur für Männer. Obwohl es engagierten Frauen gelang, aus den oft geschlechtslos formulierten Grundsätzen auch weibliche Bildungsansprüche abzuleiten, waren die Frauen als Subjekte von Bildung eigentlich nicht mitgedacht. Die Bildung des Menschen um seiner selbst willen wurde dem Mann zugesprochen. Für Frauen galt wie im Katholizismus eine stärkere Fixierung an den Bedürfnissen des häuslichen Raumes.

Pia Schmid kommt in ihrer Untersuchung des pädagogischen Diskurses um 1800, der weitreichende Auswirkungen für das 19. Jahrhundert hat, zu dem Schluß, daß sowohl einflußreiche Bildungstheoretiker wie Rousseau, Campe oder Pestalozzi, die auf der Differenz der Geschlechter bestanden, als auch die "Gegenstimmen" von Amalie Holst oder Theodor Gottlieb von Hippel, die die Gleichheit der Geschlechter proklamierten, letztlich die weibliche Existenz als defizitär betrachteten.[155] Dieser scheinbare Widerspruch erklärt sich dadurch, daß die "Referenzgröße" immer die Männer waren. Erst die Frauenbewegung am Ende des 19. Jahrhundert sei imstande gewesen, mit einem positiven Frauenbild die Forderung nach der "Gleichwertigkeit" beider Geschlechter aufzustellen.[156]

In diesem Kontext können die von der Differenz der Geschlechter ausgehenden katholischen Erziehungsnormen für Mädchen als durchaus gesellschaftskonform betrachtet werden. Auch für die sich aufklärerisch gebenden Bildungstheoretiker des frühen 19. Jahrhunderts stand fest, "Lernort bürgerlicher Mädchen soll das Haus sein, wo Kenntnisse, Fertigkeiten und Einstellungen von der Mutter an die Tochter weitergegeben werden. Lernmethode ist Erfahrungslernen. Lernziel ist neben den häuslichen Kenntnissen eine spezifische emotionale Grundausstattung: Im Zentrum weiblicher Bildung steht nicht Wissen, sondern Wesen."[157] Die oben beschriebenen katholischen Erziehungsmaximen vom Beispiel, Gewöhnung und Lehre erscheinen also doch nicht so fern von bürgerlichen Ansichten zur weiblichen Bildung.

---

155 Mit dieser Sichtweise vereinbar ist auch Jane Rendalls Definition des Feminismus im Zeitraum von 1780 bis 1860: Sie betont, daß Frauen, die einen feministischen Anspruch vertraten, "nicht notwendigerweise glaubten, er impliziere eine Rollengleichheit für Männer und Frauen." Jane Rendall, Ursprünge des Feminismus (1985), hier zit. nach Gisela Bock, *Querelle du féminisme*, S. 359.

156 Pia Schmid, Weib oder Mensch, Wesen oder Wissen? Bürgerliche Theorien zur weiblichen Bildung um 1800, in: Kleinau/Opitz, Geschichte der Mädchen- und Frauenbildung, Bd. 1, S. 344 f.

157 Ebd., S. 337.

Mit Blick auf das höhere Mädchenschulwesen rückte Keller schließlich vom Primat der Familie in Erziehungsfragen etwas ab. Wie es scheint, kapitulierte er vor den Bildungs- und Erziehungsgrundsätzen "in den höheren Kreisen der Gesellschaft", die "die Töchtererziehung in Anstalten dem Belassen der Mädchen im häuslichen Kreise" vorzögen. Zur Wahrung seines Ideals von der Familie als eigentlicher Erziehungsinstanz plädierte er jedoch für kleine Anstalten, weil in größeren Häusern "der eigentliche Zweck der Erziehung für die weibliche Bestimmung nur schwer erreicht wird." Überdies gelte, "je einfacher hier die Erziehung gestaltet wird, um so mehr wird sie ihren Zweck erreichen."[158]

Die theoretischen und an der katholischen Naturrechtslehre ausgerichteten Abhandlungen in Wetzer und Welte's Kirchenlexikon vermitteln einen aufschlußreichen Eindruck von den normativen Erziehungsvorstellungen. Diesen Gedanken fühlten sich die Kongregationen des 19. Jahrhunderts mehrheitlich verpflichtet; die historische Realität spiegeln sie dennoch nicht unbedingt wider.[159] Die Schwestern gingen nämlich häufig eigene Wege, die bestimmten modernen bürgerlichen Zielen recht nahe kamen. Dies läßt sich anhand ihres Engagements bei der Betreuung von kleinen Kindern zeigen, bei der sich Aspekte der Erziehung und der karitativen Bemühungen miteinander verbanden. Ohne dogmatische Scheuklappen und im Wissen um pragmatische Notwendigkeiten organisierten Schwestern seit den 1840er Jahren sogenannte Kleinkinderverwahrschulen, aus denen später Kindergärten wurden. Im Vordergrund stand hier die Betreuung sogenannter verwahrloster Kinder und solcher, deren Mütter außerhäusig arbeiteten. Spezifische pädagogische Erwägungen über den Rahmen einer selbstverständlich religiösen Erziehung hinaus traten erst später hinzu.

Zur selben Zeit entwickelten Friedrich Fröbel und seine Mitstreiterinnen Ideen zur vorschulischen Kindererziehung, die sie im Rahmen von Kindergärten im Vormärz und während der Revolution von 1848/49 umzusetzen versuchten.[160] 1851 wurde jedoch für Preußen ein Verbot von Kindergärten erlassen. Die Verfechterinnen der Fröbelschen Ideen knüpften 1860 nach Aufhebung des Verbots an die Traditionen der 1840er Jahre an, allerdings mit einer wesentlichen Ein-

---

158 Mast., Art. Erziehungsanstalten, Wetzer und Welte's Kirchenlexikon, 4. Bd., Freiburg 1886, Sp. 885 f.

159 Vielmehr sagen Weiblichkeitskonzeptionen von männlichen Autoren mehr über diese aus als über konkrete Geschlechterbeziehungen. Vgl. dazu Bock, Geschichte, Frauengeschichte, Geschlechtergeschichte, S. 382. Kritische Anmerkungen zur Erforschung der Geschlechterdiskurse siehe auch Habermas, Geschlechtergeschichte, S. 490 f.

160 Vgl. Ann Taylor Allen, Feminism and Motherhood in Germany, 1800-1914, New Brunswick 1991 sowie dies., "Geistige Mütterlichkeit" als Bildungsprinzip. Die Kindergartenbewegung 1840-1870, in: Kleinau/Opitz, Geschichte der Frauen- und Mädchenbildung, Bd. 2, S. 19-34.

schränkung. Die demokratischen Vorstellungen der 1848er Generation, nach denen Kinder aller Schichten gemeinsam einen Kindergarten besuchen sollten, wurden zugunsten einer schichtenspezifischen Trennung der Kinder verändert. Nach Ann Taylor Allen paßten die führenden Vertreterinnen der Kindergartenbewegung die Fröbelschen Methoden "einer nach Schichten stratifizierten Gesellschaft" sowie den "neuen Bedingungen der Verstädterung" an.[161]

Ann Taylor Allen grenzt die Kindergartenbewegung scharf von den "Bewahr"einrichtungen verschiedener Religionsgemeinschaften ab, die eine "traditionelle christliche Pädagogik (praktizierten), die ihre Wurzeln in der Lehre von der Erbsünde" hatte[162] und demzufolge die Fröbelschen Ideen abgelehnt hätten. Das Engagement der *Augustinerinnen* zum Beispiel belegt jedoch, daß die Frauenkongregationen diese Pädagogik rezipierten. Die Generaloberin der Neußer *Augustinerinnen* ließ zu Beginn der 1880er Jahre einige Schwestern nach den Fröbelschen Methoden zu Kindergärtnerinnen ausbilden. 1884 eröffnete die Kongregation in Viersen eine "Bewahrschule mit Genehmigung der Obrigkeit"[163]. Die katholische Sozialreformerin Emy Gordon bezog sich 1902 lobend auf Fröbel und war der Meinung, daß "dessen klug erdachtes, segenreiches System sich mühelos zur Verpflanzung auf rein katholischen Boden eignet." Vehement wandte sie sich gegen Einwände von einer "Ueberbürdung des Geistes", vielmehr fände "nur die Wissenslust und der Drang nach Beschäftigung auf rationelle Weise" bei Fröbel Befriedigung.[164]

Durch die beschriebene Betreuung von Kleinkindern und die oben bereits genannte Tätigkeit als quasi Gemeindesozialarbeiterinnen waren die Kongregationen auf einem Gebiet tätig, das von der bürgerlichen Frauenbewegung der Jahrhundertwende als "soziale Frauenarbeit" bezeichnet wurde.[165] Lange bevor bürgerliche Sozialreformerinnen mit diesem Konzept Politik machten, engagierten sich katholische Frauen auf diesem Sektor. Für das Vorgehen der Frauen hier wie auch im Bildungsbereich erscheint mir charakteristisch, daß sie sich an - meist geschlechterspezifischen - Notlagen und nicht unbedingt an den theoreti-

---

161 Allen, "Geistige Mütterlichkeit", S. 31 f.

162 Ebd., S. 24.

163 Kreiner, Neußer Augustinerinnen, S. 38.

164 Emy Gordon, Die katholische Kindergärtnerin in Schule und Haus, Stuttgart und Wien 1902, S. 5.

165 Vgl. dazu Iris Schröder, Soziale Frauenarbeit als bürgerliches Projekt. Differenz, Gleichheit und weiblicher Bürgersinn in der Frauenbewegung um 1900, in: Tenfelde/Wehler (Hg.), Wege zur Geschichte. S. 209-230; dies., Wohlfahrt, Frauenfrage und Geschlechterpolitik. Konzeptionen der Frauenbewegung zur kommunalen Sozialpolitik im Deutschen Kaiserreich 1871-1914, in: Geschichte und Gesellschaft 21 (1995), S. 368-390 und dies., Soziale Arbeit und Wohlfahrt als bürgerliches Projekt. Die sozialreformerische Frauenbewegung 1890-1914, Diss. phil. FU Berlin 1999.

schen Vorstellungen der Kirchenmänner orientierten. Richtschnur ihres Handelns war, was sie für ihre Klientel tun konnten; darauf bezogen entwickelten sie die Arbeitsfelder und Strukturen ihrer Genossenschaft weiter. Wahrscheinlich waren sie insofern ihren Schwestern in der bürgerlichen und proletarischen Frauenbewegung näher, als die schroffen Kontraste in der jeweiligen "Rhetorik" es nahelegen - genauso wie der Gegensatz zwischen den katholischen Erziehungsvorstellungen und dem Bildungskonzept der Aufklärung sich als ein relativer entpuppt hatte, weil die Differenz wesentlich im Bildungsideal für Männer bestand. Demgegenüber war die Erziehungspraxis der Kongregationen für Frauen bzw. Mädchen der bürgerlichen Haltung zur weiblichen Bildung recht nahe.

Das durch ihre Flexibilität begünstigte schnelle Wachstum stellte viele Kongregationen vor das Problem der Verwaltung und Organisation großer Gemeinschaften, die sehr bald die lokalen Grenzen überschritten und Niederlassungen an weit entfernten Orten gründeten - auch jenseits von Landes- oder Bistumsgrenzen. Als Konsequenz daraus waren die Schwestern über die unmittelbaren Tätigkeiten mit der jeweiligen Klientel hinaus in weiteren Bereichen tätig, ohne die eine erfolgreiche Entwicklung kaum möglich gewesen wäre. Davon wird im folgenden zu berichten sein.

5.3. Leitung, Verwaltung und Finanzierung

Die religiösen Frauengenossenschaften benötigten nicht nur Lehrerinnen oder Kranken- und Armenpflegerinnen; sie aktivierten darüber hinaus vielfältige andere Kenntnisse und Qualifikationen ihrer Mitglieder oder bildeten sie darin aus, um die zum Teil großen Organisationen aufrechtzuerhalten, zu finanzieren und zu verwalten. Die Leitung der Kongregationen, die Organisation und Finanzierung der Arbeit, die umfassende Versorgung der Schwestern und aller in den Häusern lebender Menschen - all diese Aufgaben lagen in den Händen der Mitglieder von Frauenkongregationen. Besonders in großen Gemeinschaften mit mehreren hundert Mitgliedern stellte dies hohe Ansprüche an die Kongregationsführung, deren Funktion mit der einer Unternehmensleitung verglichen werden kann.

Zweierlei Gesichtspunkte interessieren in diesem Zusammenhang: Erstens geht es darum, diejenigen Aufgabenbereiche herauszukristallisieren, die für den Erhalt und die Weiterentwicklung der Kongregation erforderlich waren; dies beinhaltete nicht nur Koordinations- und Verwaltungsaufgaben. Diese Tätigkeiten wurden bisher nicht ausreichend beleuchtet, obwohl sie für die Funktionsfähigkeit und den Erfolg der Kongregationen von entscheidender Bedeutung waren. Aus den Aktivitäten jenseits der "Werke der christlichen Barmherzigkeit" ergaben sich zweitens vielfältige Betätigungsmöglichkeiten für Frauen. Die Bandbreite reichte von der Gärtnerin bis zur Bauleiterin, von der Bürogehilfin bis zur Finanzfachfrau, von der Kopistin einfacher Drucke bis hin zur Künstlerin. Aus diesem Spektrum sollen die besonders qualifizierten Tätigkeiten näher betrachtet werden, spielen sie doch für die Frage nach der Attraktivität der Kongregationen für Katholikinnen eine besondere Rolle. Die genannten Beispiele zeigen, daß Frauen in den Kongregationen anspruchsvolle Berufe ausüben konnten, die ihnen im profanen Leben zumeist verschlossen blieben. Und die Beispiele demonstrieren, daß genossenschaftliches Frauenleben auch Frauen mit anderen Neigungen und Qualifikationen als den aus heutiger Sicht typischen Frauenberufen wie Kranken- und Armenpflegerin oder Lehrerin eine Perspektive bot.

Leitung und Verwaltung

Anfangs gestaltete sich die Arbeit in den Frauenkongregationen häufig mehr als bescheiden: Besuche in den Armenvierteln der Stadt, Unterricht für Kinder aus der näheren Umgebung oder die Pflege von Kranken in ihren Häusern gehörten dazu. Nach und nach jedoch konnten viele Kongregationen mit ihren Leistungen so überzeugen, daß die Nachfrage nach qualifizierten Schwestern stieg. Diese schnell wachsende Nachfrage mußte von den Kongregationsleitungen organisatorisch wie finanziell bewältigt werden, denn die Mitglieder mußten möglichst effektiv eingesetzt werden und Schwestern sowie Klientel waren umfassend zu versorgen. Die meisten damit zusammenhängenden Arbeiten führten die Kongregationen in eigener Regie und mit eigenen Kräften durch.

Welche Anforderungen dies beinhaltete, läßt sich exemplarisch anhand der rasanten Entwicklung bei den *Schwestern vom armen Kinde Jesu* zeigen. Die Zahl der Mitglieder, der Umfang der übernommenen Aufgaben, die Zahl der Niederlassungen und somit die hierfür notwendige Infrastruktur dehnte sich kontinuierlich aus. Im Gründungsjahr 1844 begannen die vier Gründerinnen mit ihrer Arbeit, allmählich schlossen sich weitere Frauen an. In der Revolutionszeit 1848/49 nahm die Zahl der Mitglieder rasch zu, und nach deren Ende 1850 zählte die Gemeinschaft bereits 41 Angehörige. Anfangs lebten die Frauen in einer Mietwohnung in der Königstraße im Zentrum von Aachen, zwei Jahre später kaufte Leocadia Startz - eine der Mitgründerinnen - in derselben Straße ein Haus für 12.000 Taler.[166] Im August 1846 lebten in diesem Haus sechs

166 Vgl. ASKJ, Lauffs, Erinnerungen, S. 65 ff; Pfülf, M. Clara Fey, S. 88, 71.

Chorschwestern, zwei Laienschwestern, einige Mägde mit 50 Kindern.[167] Die Versorgung einer Gruppe in dieser überschaubaren Größenordnung ließ sich wohl noch einer größeren Haus- und Wohngemeinschaft vergleichbar bewerkstelligen. Obwohl die Schwestern auch außerhalb des Hauses in Schulen arbeiteten, war das Leben im Haus noch mit begrenztem Aufwand zu organisieren. Dies sollte sich nach dem Kauf von zwei Häusern in der Jakobstraße, die zu einem Kloster umgebaut wurden, ändern. Die Mitgliederzahl stieg stetig an, wie die Tabelle 17 zeigt.

Tabelle 17: Mitgliederentwicklung der *Schwestern vom armen Kinde Jesu* 1844-1872

Jahr	Chorschwestern/-novizen	Laienschwestern/-novizen	Postulantinnen	Gesamtzahl
1844	4	-	-	4
1845	4	1	-	5
1846	6	2	-	8
1847	7	3	-	10
1848	11	4	-	15
1849	20	9	-	29
1850	28	13	-	41
1851	40	20	-	60
1852	61	34	-	95
1853	75	46	-	121
1854	94	59	-	153
1855	110	68	-	178
1856	135	77	-	212
1857	157	90	-	247
1858	176	108	-	284
1866	257	221	48	526
1868	273	244	57	574
1870	300	267	65	632
1872	328	283	60	671
1874	336	302	38	676

Quelle: ASKJ, Auswertung des Schwesternverzeichnisses I und Copirbuch I.

167 Vgl. Tabelle und Pfülf, M. Clara Fey, S. 115.

1853 gehörten der Kongregation bereits 121 Frauen an, die sich auf sieben Niederlassungen in den Diözesen Köln und Speyer verteilten. Neben den rheinischen Häusern (Waisenhaus und Schule) in Derendorf bei Düsseldorf, zwei Niederlassungen in Köln (Waisenhaus, "Kinderhaus" und drei Freischulen) und einer Filiale in Bonn (Waisenhaus, Verwahrschule) betrieb die Kongregation ein Haus im niederrheinischen Kleve ("Kinderhaus", Nähschule, Verwahrschule) sowie ein Waisenhaus im pfälzischen Landstuhl.[168] In den 1850er Jahren stieg die Zahl der Mitglieder wie der Niederlassungen kontinuierlich an, so daß 1858 schließlich 284 Mitglieder gezählt werden konnten. Im Jahr 1860 arbeiteten die Schwestern in sechzehn Niederlassungen, die sich auf sechs Diözesen verteilten.[169] Dieses schnelle Wachstum beschleunigte sich in den 1860er Jahren abermals, so daß 1865 bereits 28 Niederlassungen bestanden und 502 Frauen halfen, die Zielsetzung der Gemeinschaft zu realisieren;[170] 1870 waren es mehr als 600 Mitglieder. Bis Mitte 1878, als die Kongregation ins niederländische Simpelveld übersiedelte, um sich so dem Zugriff der preußischen Behörden im Gefolge des Kulturkampfes zu entziehen, wurde die Kongregation vom Aachener Mutterhaus geleitet. Ein ähnlich schnelles Wachstum gelang auch anderen Kongregationen.[171] Immerhin sechs der neuen Gemeinschaften hatten 1872/73 bereits mehr als 300 Mitglieder, für deren Versorgung und Beschäftigung die Kongregationsleitungen verantwortlich waren.[172]

Auch wenn nur bescheidene Ansprüche an die Lebens- und Wohnbedingungen gestellt wurden, mußten dafür beträchtliche Mittel aufgebracht werden. Die *Schwestern vom armen Kinde Jesu* finanzierten den Bau und Umbau des Generalmutterhauses zum größten Teil aus den von den Gründerinnen einge-

---

168 Vgl. Mitteilungen an das Generalvikariat vom 26. August 1853. (BDA, Gvo Aachen, 7, I (10093), Bl. 292 f.

169 Vgl. Clara Fey an den Erzbischof vom 14. Juni 1860 (BDA, Gvo Schwesternklöster 7, II (10094), Bl 200. Clara Fey erwähnt in diesem Zusammenhang, daß der Kongregation 216 Schwestern angehörten, was allerdings nicht mit den Angaben im Schwesternverzeichnis übereinstimmt. In den Boomzeiten der Kongregation Ende der 1850er und in den 1860er Jahren beschäftigten sich die Frauen stärker mit der unmittelbar anstehenden Arbeit; Statistik und Überlieferung nahmen einen noch geringeren Raum ein als sonst.

170 Vgl. ASKJ, Copirbuch, S. 123 ff.

171 Nach einem zähen Gründungsprozeß stieg beispielsweise die Zahl der Grauen Schwestern aus Neisse kontinuierlich an. Arbeiteten 1850 lediglich zwei Frauen in der Kongregation, waren es 1859 bereits 60 Schwestern in elf Filialen. 1865 hatte sich deren Zahl nahezu verdreifacht. In 37 Filialen waren 230 Schwestern tätig. Vgl. Johannes Mertens, Die Berliner Ordensprovinz der Grauen Schwestern von der heiligen Elisabeth, Berlin 1992, S. 52.

172 Vgl. dazu Tabelle 1 (Kapitel 3).

brachten Vermögen.[173] Das Gebäude in der Jakobstraße zu kaufen und zu bewirtschaften, verschlang einschließlich einer Renovierung fast 51.000 Taler.[174] Aber nicht nur in Aachen wurden Immobilien erstanden. 1869 besaß man bereits acht weitere Gebäude in Burtscheid, Köln, Ehrenfeld, Derendorf, Ober-Döbling, Echternach, Peterswaldau und Bonn.[175]

Einerseits waren die Aufgaben der Frauenkongregationsleitungen denen von Unternehmerinnen vergleichbar: sie mußten für einen möglichst optimalen Einsatz der Arbeitskräfte sorgen, ihre Mitarbeiterinnen qualifizieren und sich um die Sicherung oder Erweiterung von "Arbeitsaufträgen" für das Unternehmen bemühen. Andererseits unterschieden sich die Kongregationen durch die umfassende Fürsorgepflicht für ihre "Mitarbeiterinnen" und durch den selbstverständlich nicht an Gewinnmaximierung orientierten Zielkatalog scharf von Unternehmen in einer kapitalistischen Gesellschaft. Hinzu kam, daß die Kongregationsleitung ihre Kompetenz nicht nur in diesen profanen, sondern auch in religiösen Angelegenheiten unter Beweis stellen mußte.[176] Dennoch ist hervorzuheben, daß praktizierte christliche Nächstenliebe nur durch effektiven Einsatz weltlicher Hilfsmittel funktionieren konnte.

Die Organisation von Wohn- und Arbeitsräumen für die Schwestern und die Klientel durch Kauf oder Anmietung von Gebäuden lag meist in den Händen der Kongregationsleitungen. Mitschwestern sorgten für Umbau und Einrichtung und kümmerten sich um die Finanzierung der Immobilien. Die Generalmutter-

---

173 Über die genaue Höhe gibt es unterschiedliche Angaben. Dem Buch der Doten folgend brachten die vier Gründerinnen mindestens 40.000 Taler ein. Vgl. ASKJ, Buch der Doten. In seinem Brief an den Kölner Erzbischof vom 6. Juni 1845 bezifferte Wilhelm Sartorius, der Beichtvater und "Seelenführer" von Clara Fey, die Summe gar auf 100.000 Taler. Vgl. BDA, Gvo Aachen, 7,I (10093), Bl. 9. Zudem weist Sartorius darauf hin, daß auch mit weiteren Beiträgen in Form von "Häusern, Gütern, Kapitalien usw." zu rechnen sei.

174 Das erste Haus gehörte der Witwe und späteren Mitschwester Theresia Beissel, das Nachbarhaus ihrem Bruder Georg Heinrich van Houtem. Erste erhielt 21.500 Taler, letzterer 24.000 Taler, hinzukamen für die Gemeinschaft Renovierungskosten in Höhe von 5.476 Talern. Vgl. ASKJ, Hauptbuch. Nur um die Dimension dieser finanziellen Transaktion einordnen zu können, sei erwähnt, daß sich der angesehene und einflußreiche Aachener Geselligkeitsverein "Club Aachener Casino" 1846 in zentraler Lage ein repräsentatives und großzügiges Gebäude für 25.500 Taler kaufte und dieses für 5.500 Taler renovieren ließ. Michael Sobania versucht, diese Summen in aktuelle Geldbeträge umzurechnen, und kommt hier zu einem Betrag von fünfeinhalb Millionen DM. Auch wenn eine solche Berechnung mit zahlreichen Fragezeichen zu versehen ist, illustriert sie immerhin die beträchtliche Größenordnung des von der Kongregation eingesetzten Vermögens ein wenig. Vgl. Michael Sobania, Vereinsleben. Regeln und Formen bürgerlicher Assoziationen im 19. Jahrhundert, in: Dieter Hein/Andreas Schulz (Hg.), Bürgerkultur im 19. Jahrhundert, München 1996, S. 172.

175 Vgl. ASKJ, Copirbuch, S. 179 f.

176 Vgl. dazu Kapitel 6 dieser Arbeit.

häuser statteten die einzelnen Niederlassungen mit dem notwendigen Personal aus. Das Generalat, zu dem die Generaloberin mit ihren Assistentinnen gehörte, suchte die geeigneten Kräfte aus.[177] Eine Kongregation zu führen, bedeutete also eine Herausforderung für weibliche Talente.

Welche Anforderungen die Kongregationen meisterten, läßt sich auf sinnfällige Weise anhand der Größe der zu bewirtschaftenden Häuser zeigen. Nachdem in der Gründungsphase die Räumlichkeiten meist noch überschaubar waren, änderte sich dies mit dem Wachstum der Genossenschaften. Im Generalmutterhaus der *Schwestern vom armen Kinde Jesu* in der Aachener Jakobstraße gab es allein 25 Zellen für die Schwestern, zwei Refektorien, einen Schlafsaal für die Kinder, einen Krankensaal und mehrere kleinere Zimmer.[178]

Die 1851 in Dernbach gegründeten *Armen Dienstmägde Jesu Christi* besaßen bereits 1857 große Gebäude, wie im Correspondenzblatt des Vereins Nassauischer Ärzte vom 15. Mai 1857 zu lesen war: "Sie [Katharina Kasper] begann ihr Werk mit dem Fond von nur 4 Gulden und hat jetzt die Freude, ihr Klösterlein vom Jahre 1848 nunmehr zu einem umfangreichen Kloster herangewachsen zu sehen, denn damals einen Flächenraum von 320 Quadratfuß einnehmend, nehmen jetzt vier Gebäude und die Kirche, jedoch mit Ausschluß der Ökonomiegebäude und der Hofräume, einen Flächenraum von 8384 Quadratfuß ein."[179]

Im Kulturkampf sahen sich einige Kongregationen gezwungen, im Ausland nach möglichen Exilorten Ausschau zu halten. Als Vorsichtsmaßnahme begannen die *Armen Schwestern vom hl. Franziskus* 1876 in dem grenznahen belgischen Ort Verviers ein Noviziat, da die Neuaufnahme von Schwestern in Preußen staatlich reglementiert wurde. Die Bauausführung übertrug die Generaloberin Franziska Schervier ihren beiden Assistentinnen, da sie kompetenter seien als sie selbst.[180] Sie leisteten hervorragende Arbeit, denn bereits im August 1877 nach nur einem Jahr Bauzeit zogen die ersten Novizinnen ein. Mit einer Grundfläche von 71,40 x 22 m und drei Geschossen scheint das Gebäude jedoch überdimensioniert gewesen zu sein, überdies fielen die Kulturkampfmaßnahmen

---

177 Clara Fey teilte beispielsweise der österreichische Provinzialoberin Maria von Exterde (Schwester Assumpta) folgendes mit: "Sie bekommen vier brave Schwestern, es sind Schulschwestern, die Sie auch zu Handarbeit verwenden können." ASKJ, Clara Fey an Schwester Assumpta vom 2.4.1878.

178 Anna Maria Lauffs beschrieb so die Räumlichkeiten in ihren Erinnerungen. Versorgungsräume, wie Küche oder Näherei erwähnt sie hier nicht. Vgl. ASKJ, Lauffs, Erinnerungen, S. 56 f.

179 Correspondenzblatt des Vereins Nassauischer Ärzte, Nr. 5 vom 15. Mai 1857, zit. nach ADJC, Geschichtlich-juristischer Bericht über die Genossenschaft der Armen Dienstmägde Jesu Christi, Anlage 6, S. 37.

180 Vgl. Jeiler, Francicisa Schervier S. 543.

gegen die überwiegend krankenpflegenden Schwestern weniger ins Gewicht, so daß das Gebäude bereits 1879 belgischen *Vinzentinern* überlassen werden konnte und 1891 mit Verlusten verkauft wurde.[181]

Die *Schwestern vom armen Kinde Jesu* hatten mehr Glück beim Neubau ihres Mutterhauses während des Kulturkampfes. Sie wählten ein Grundstück im benachbarten niederländischen Simpelveld, welches mit sechzehn Morgen eine stattliche Größe aufwies und der Kongregation noch heute als Generalmutterhaus der weltweit tätigen Gemeinschaft dient. Ein dreigeschossiges Hauptgebäude mit Ausmaßen von 93 x 32 Metern und ein als Küche und für diverse Wirtschaftsräume genutztes Souterrain, ein ebenfalls dreigeschossiger Flügel von 40 x 11,5 Metern und eine Kapelle von 23 x 17 Metern gehört dazu. Über die Kosten für Grundstück und Bau lassen sich keine Angaben machen.[182] In dem neuen Haus lebten nach seiner Fertigstellung gewöhnlich 200 Schwestern, wovon circa 30 pflegebedürftig waren, 100 Hauskinder und 50 bis 60 Pensionärinnen, mindestens ein Priester und "eine Anzahl männliches Gesinde".[183] Wie diese große Zahl alltäglich versorgt wurde, wird weiter unten beschrieben.

Kongregationen mit Niederlassungen in mehreren Städten und über Bistums- und Landesgrenzen hinweg erforderten eine dichte Form der Kommunikation und somit von den Frauen ein hohes Maß an Flexibilität. Die Verknüpfung zwischen Mutterhaus und den Niederlassungen war eine unabdingbare Voraussetzung für den Erfolg der Arbeit. Eine rege Korrespondenz, die einheitliche Verbreitung religiöser Schriften für alle Niederlassungen und zahlreiche Visitationsreisen von Vertreterinnen des Generalmutterhaus waren dafür die wesentlichen Mittel. Die Generaloberin und ihre Assistentinnen sowie die Vorsteherinnen der einzelnen Niederlassungen standen im dauernden Austausch, überdies fand eine rege Kommunikation zwischen den Schwestern innerhalb der jeweiligen Niederlassung statt. Das mühsame handschriftliche Kopieren von Tagesordnungen, Gebräuchen und Konstitutionen wurde bei den *Schwestern vom armen Kinde Jesu* allmählich durch den Steindruck, ein simples Druckverfahren ersetzt. Die Generalassistentin Anna Maria Gaupel richtete 1887 im Generalmutterhaus in Simpelveld eine Druckerei ein. Man erwarb eine Maschine für Typendruck, die 1888 erstmals eingesetzt wurde, um die vom Papst bestätigten Konstitutionen zu drucken.[184] Außerdem wurde eine Schwester in der Buchbinderei ausgebildet,

---

181 Vgl. Rita Müllejans, Klöster im Kulturkampf. Die Ansiedlung katholischer Orden und Kongregationen aus dem Rheinland und ihre Klosterneumbauten im belgisch-niederländischen Grenzraum infolge des preußischen Kulturkampfes, Aachen 1992, S. 54-63.

182 Angaben zur Baugeschichte und eine knappe Baubeschreibung vgl. Müllejans, Klöster im Kulturkampf, S. 157-174.

183 Vgl. Pfülf, M. Clara Fey, S. 444.

184 Vgl. ASKJ, 5754 Anna Maria Gaupel, (Lebensbilder), S. 118 f.

so daß die Kongregation Drucke oder Gebet- und Regelbücher selbst herstellen konnte.[185]

Die *Schwestern vom armen Kinde Jesu* bedienten sich wie andere Kongregationen[186] der modernen Transportmöglichkeiten, die auch eine flexiblere Reaktion der Kongregationsleitung auf personelle Engpässe in einzelnen Niederlassungen ermöglichten. So schickte Clara Fey im September 1862 drei Schwestern auf die Reise nach Wien, wo seit 1857 eine Niederlassung bestand. Sie reisten über Bonn nach Mainz, dann fuhren sie mit der Eisenbahn bis Passau, um schließlich von dort mit dem Dampfschiff nach Wien zu gelangen.[187]

Ein sich ständig ausdifferenzierendes Netzwerk von Beziehungen unter den neuen Frauenkongregationen unterstützte die Mobilitätsbestrebungen der einzelnen Gemeinschaften. Reisende Schwestern übernachteten in den Niederlassungen der eigenen oder befreundeter Kongregationen. An dieser Form der Vernetzung arbeiteten sowohl die Leitungen als auch die Vorsteherinnen der einzelnen Niederlassungen. Die Paderborner Generaloberin der *Schwestern der christlichen Liebe*, Pauline von Mallinckrodt, nutzte die Verbindungen besonders intensiv. Es drängt sich der Eindruck auf, als regiere sie ihre Kongregation quasi auf Reisen. Bevor neue Niederlassungen eröffnet wurden, fuhr sie zur Besichtigung an Ort und Stelle und richtete notfalls die neuen Räumlichkeiten selbst ein. Laufend visitierte Pauline die Filialen, die in den 1860er Jahren bis nach Konstanz reichten.[188] Angesichts des drohenden Verbotes der Kongregationen im Kulturkampf intensivierte sie ihre Reisetätigkeit.[189] In den 1870er Jahren hielt sie gemeinsam mit Begleiterinnen in den Vereinigten Staaten von Amerika und in Chile Ausschau nach Betätigungsmöglichkeiten und fand sie in der Erziehung und im Unterricht der Kinder deutscher Auswanderer.[190] Auch die *Schwestern vom armen Kinde Jesu* suchen wie andere neue Kongregationen

---

185 Die Biographie von Veronika Becker (1895-1962) zeigt, daß die Frauenkongregationen auch im 20. Jahrhundert für Frauen mit spezialisierten Kenntnissen eine respektable Möglichkeit der Berufsausübung bot. Die Tochter eines Buchbinders trat 1920 der Kongregation bei, erlernte dieses Handwerk in Köln und arbeitete von 1920 bis 1960 in der Buchbinderei, zuletzt als deren Leiterin. Vgl. ASKJ, 8016 Sr. Franziska Borgia - Veronika Becker.

186 Anna Theresia Pfänder wählte beispielsweise das westfälische Salzkotten als neuen Standort ihrer Kongregation aus, weil es dort 1863 einen Eisenbahnanschluß gab. Das neue Generalmutterhaus der Aachener *Schwestern vom armen Kinde Jesu* lag nicht nur sicher im ausländischen Exil, sondern war von Aachen aus bequem mit der Eisenbahn zu erreichen. Vgl. Pfülf, M. Clara Fey, S. 441.

187 ASKJ, Clara Fey an Schwester Assumpta (Maria von Exterde) vom 16. September 1862.

188 Schmittdiel, Pauline von Mallinckrodt, S. 198, 185.

189 Ihre Biographin hält dazu fest: "Ja, Mutter Pauline reist des Geldes wegen und um den Schwestern Wege zu anderen Arbeitsgebieten zu bahnen. ... Sie reist nach Prag, Preßburg, Nancy und Paris, nach Brüssel und Berlin." Ebd., S. 208.

190 Vgl. ebd., S. 210 ff, 265-297.

im Ausland nach Arbeitsmöglichkeiten. In den 1850er Jahren gingen Schwestern nach Luxemburg und Österreich, in den 1870er Jahren nach Belgien, England, Frankreich und Holland.[191]

Diese Beispiele lassen erkennen, daß eine elementare Voraussetzung für diese Form der religiösen Vergesellschaftung - zentrale Organisation mit hierarchischer Struktur und das Bestreben nach effizienten Einsatz von Ressourcen jedweder Art - eine Verbesserung des Transport- und Kommunikationswesens war. Chausseebau, Dampfschiffe, Schnellpost und Eisenbahn sorgten für eine Beschleunigung der Reisezeit, führten zu mehr Bequemlichkeit und zur Verbilligung der Reisen. Gleichzeitig nahmen die Gefahren ab, was dazu beitrug, daß nun auch Frauen von den besseren Verkehrswegen profitieren konnten.[192]

Die umfangreiche Reisetätigkeit zeigt zweierlei: Zum einen läßt sich auch hieran die öffentliche Präsenz der Frauenkongregationen nachweisen. Ihre Aktivitäten fanden eben nicht ausschließlich hinter Klostermauern statt, die Mitglieder agierten im öffentlichen Raum. Zum andern ist sie - genau wie die Anwendung neuer Druckverfahren - Ausdruck der Partizipation der Frauenkongregationen am Projekt der Moderne. Nicht nur, daß sie die negativen Folgen der sich industrialisierenden Gesellschaften in Form sozialer Verelendung und Not mildern wollten, sie bedienten sich auch deren Mittel. Ohne verbesserte Kommunikations- und Verkehrswege wäre die zentralisierte Arbeitsweise der Kongregationen nicht durchführbar gewesen.

Die Selbstverwaltung der Kongregationen bedeutete auch, daß die meisten der zur Versorgung notwendigen Arbeiten von eigenen Kräften durchgeführt wurden. Wie andere Haushalte und Institutionen betrieben auch die Frauenkongregationen im 19. Jahrhundert in weiten Teilen eine Subsistenzwirtschaft. Viele Kongregationen unterhielten daher Land- und Gartenwirtschaft, um die Ernährung der Schwestern und der zu Betreuenden sicherzustellen. Ernte und Konservierung von Lebensmitteln gehörten zu den Aufgaben der Schwestern ebenso wie die Herstellung und Reinigung von Wäsche und Kleidung. Zur Bewältigung dieser Aufgaben benötigten die Kongregationen zahlreiche Hilfskräfte. Eine Lösung bot der besondere Typus der Laienschwester, oder falls die Kongregation nur einen Status von Schwestern besaß, die Rekrutierung von Frauen, die in diesen Sektoren besondere Fähigkeiten aufwiesen. Auch die in den Kongregationshäusern zur Ausbildung in häuslicher Arbeit betreuten Mädchen wurden zur Mitarbeit herangezogen: Sie arbeiteten in der Küche, in der Wäscherei, im Bügel- oder Nähzimmer.

191 Vgl. Pfülf, M. Clara Fey, S. 651-654.

192 Vgl. Barbara Wolbring, "Auch ich in Arkadien!" Die bürgerliche Kunst- und Bildungsreise im 19. Jahrhundert, in: Hein/Schulz (Hg.), Bürgerkultur, S. 86 f und Michelle Perrot, Ausbrüche, in: Duby/Michelle Perrot (Hg.), Geschichte der Frauen, Bd. 4, S. 519 ff.

Die Schwestern um Clara Fey nahmen einen Teil dieser Mädchen und jungen Frauen in ihre Gemeinschaft auf und führten dazu eine dritte Kategorie von Schwestern ein, die sogenannten Kleinen Schwestern.[193] Nur so glaubten sie, den ständig steigenden Anforderungen gewachsen zu sein. Im Mutterhaus der Kongregation waren Ende 1862 mehr als 140 Kinder und 134 Schwestern zu versorgen.[194] Aber diese Neuerung stellte sich als nicht zweckmäßig heraus. Die Unterschiede zwischen Laienschwestern und Kleinen Schwestern schienen nicht ausreichend begründet gewesen zu sein, so daß Clara Fey ab 1869 wieder dazu überging, Hauskinder, wenn sie denn Mitglied werden wollten, in eine der beiden vorhandenen Abteilungen der Chor- oder Laienschwestern aufzunehmen.[195] Ansonsten beließ man es dabei, die im Haus wohnenden Mädchen zu Arbeiten heranzuziehen, wie das auch in anderen Gemeinschaften üblich war.[196]

Finanzierung

Für die Finanzierung der Gemeinschaften können im wesentlichen drei Quellen unterschieden werden. An erster Stelle gehörten dazu Mittel, die die Schwestern selbst aufbrachten, und zwar in Form von Aussteuer, Mitgift und Vermögen oder Erbschaften. Besonders in der Anfangsphase trugen die Familien der Schwestern oft zur finanziellen Absicherung des Vorhabens der weiblichen Familienmitglieder bei, wie bei den *Schwestern vom armen Kinde Jesu,* bei den *Franziskanerinnen* in Olpe oder den *Schwestern der christlichen Liebe*. Pauline von Mallinckrodt bestritt ihre ersten karitativen Arbeiten aus Geldern, die ihr Vater ihr zur Verfügung stellte; nach dessen Tod investierte sie ihr Vermögen in den Kauf von Grundstücken für die Kongregation.[197] Nicht immer konnten die Gründerinnen auf familiäre Unterstützung hoffen. Zum einen, weil die Familien dazu finanziell nicht in der Lage waren, wie bei den *Franziskanerinnen* von Waldbreitbach, und zum anderen, weil sie dem Vorhaben skeptisch gegenüber standen, wie die Familie Schervier mit Blick auf die *Armen Franziskanerinnen.*

---

193 Vgl. BDA, Gvo Aachen 7, III (100095), Bl. 7: I. Entwurf von Statuten der kleinen Schwestern vom armen Kinde Jesu, ohne Datum. Der zweite Entwurf stammt vom 25.1.1861 und ist von Clara, Teresis und Augustin unterschrieben.

194 Vgl. Jahresbericht von Andreas Fey an den Erzbischof von Köln vom 31. März 1864. (Ebd.)

195 1883 schaffte man den Zweig der Kleinen Schwestern gänzlich ab. Vgl. Pfülf, M. Clara Fey, S. 331 f.

196 Vgl. beispielsweise die Praxis bei den Franziskanerinnen von Olpe; Hardick, "Er führt...", S. 101.

197 Vgl. Hüffer, Pauline von Mallinckrodt, S. 22 f, 34 f.

Die zweite wichtige Einnahmequelle der Kongregationen waren Spenden von Vereinen und Einzelpersonen, aber auch Erbschaften von Dritten in zum Teil erheblichem Umfang.[198] Hinweise auf eine direkte Finanzierung durch die katholische Kirche konnten nicht gefunden werden; indirekt flossen jedoch beispielsweise Mittel aus dem Privatvermögen von Klerikern an einzelne Kongregationen,[199] oder Kirchengemeinden überließen ihnen Räumlichkeiten ohne Entgelt. Überdies führten verschiedene Kongregationen Hauskollekten durch oder schickten ihre Schwestern auf Kollektenreise, um Geldmittel zu beschaffen.[200]

Drittens erwirtschafteten die Schwestern Einnahmen mit ihrer Arbeit. Zunächst war dies das Entgelt für die Dienstleistungen der Lehrerinnen oder Krankenschwestern, das durch die Klientel - in Form von Schulgeldern bzw. Vergütung der Krankenpflege - oder durch die Städte und Gemeinden gezahlt wurde, die die Kosten für Schulen oder Krankenhäuser ganz oder teilweise übernahmen. Ihren Unterhalt bestritten viele Kongregationen überdies dadurch, daß sie für den eigenen Gebrauch Landwirtschaft und Gartenbau betrieben. In Verbindung mit ihren religiösen Anliegen gelang es einigen Kongregationen schließlich, durch die Herstellung und den Verkauf von liturgischen Ausstattungsgegenständen und Devotionalien Mittel zu akquirieren. Zu nennen sind hier neben der Paramentenstickerei die Produktion von Kalendern und Heiligenbildern sowie von religiösen Gegenständen der bildenden Kunst. Dabei bildeten sie selbst wieder umfangreiche Arbeitsfelder heraus. Betrachten wir diesen Aspekt ausführlicher.

Paramentenstickerei - die Herstellung liturgischer Gewänder - zählte für einige Kongregationen zu einer wichtigen Einnahmequelle. Im Unterschied zu den kontemplativen Frauenorden, denen aufgrund des Armutsgebotes von Mitgliedern und Orden jede gewerbliche Arbeit untersagt blieb,[201] gehörte diese Form des Geldverdienens zu den legitimen Arten der Sicherung des Lebensunterhaltes in Frauenkongregationen. Künstlerisch ambitionierten Frauen bot die Paramentik ein interessantes Tätigkeitsfeld. Die Herstellung kirchlicher Gewänder erforderte unterschiedliche Arbeitsgänge und Qualifikationen von den Künstlerinnen.

---

198 So war die Schenkung eines Gutes in Derendorf durch Therese von Hagens und Clara von Rylmann, geb. Franz an die *Schwestern vom armen Kinde* Jesu im Wert von 12.000 Taler keineswegs ein Einzelfall. Vgl. ASKJ, Buch der Ankäufe (unvollständiges Verzeichnis 1844-1922).

199 Die Erbschaft eines Pfarrers legte beispielsweise einen wichtigen Grundstein zur Gründung der *Schwestern der christlichen Liebe*. Vgl. Hüffer, Pauline von Mallinckrodt, S. 34. Beim Tod des Paderborner Bischofs Drepper erhielten die *Vinzentinerinnen* 1000 Taler aus dessen Privatvermögen. Vgl. Freisen, Landeshospital, S. 205.

200 Vgl. beispielsweise Gatz, Kirche, S. 449 und Schmittdiel, Pauline von Mallinckrodt, S. 178.

201 Vgl. Hegel, Das Erzbistum Köln, Bd. 5, S. 315.

Wie in der Kirchenkunst des 19. Jahrhunderts überhaupt, griff man auch in der Paramentenstickerei auf mittelalterliche Vorbilder zurück. Zunächst wurden entsprechende Vorlagen kopiert, später auch selbst hergestellt, wie etwa von den *Schwestern vom armen Kinde Jesu* oder den Kölner *Ursulinen*[202], die über einen herausragenden Ruf verfügten.[203] Friedrich Pesendorf vertrat gar die Auffassung, daß die ersteren mit ihrer "SCHULE DER NADELMALEREI" bald "Weltruf" genossen: eine Sichtweise, die Zeitgenossen geteilt haben dürften.[204]

Im Aachener Mutterhaus der *Schwestern vom armen Kinde Jesu* begann Anna Maria Lauffs 1848 mit der Produktion von Paramenten. Zunächst wurden Meßgewänder für die Priester hergestellt, die in der hauseigenen Kapelle die Messe lasen. Die Motive und Materialien beschafften sich die Schwestern aus dem Freundeskreis der Gemeinschaft. Später fertigten sie auch selbst Zeichnungen als Vorlagen für die feinziselierten Stickereien an, die auch als "Nadelmalerei" bezeichnet werden und deren Ausführung höchste Konzentration erforderte.[205] Anna Maria Lauffs (1828-1904),[206] die älteste Tochter des einflußreichen Aachener Arztes Joseph Lauffs und seiner Frau Sophia Borstenbley, partizipierte wie viele ihrer Geschlechtsgenossinnen indirekt an gymnasialer Bildung, indem sie mit ihren jüngeren Brüdern lernte. Sie zeigte seit frühester Jugend ein intensives Kunstinteresse. In der Kongregation arbeitete sie zu Beginn als Lehrerin, fand darin aber keine Befriedigung und wandte sich schließlich der Nadelmalerei zu. Dieser Wechsel des Arbeitsgebietes zeigt, wie bei anderen Frauen auch,[207] daß die Kongregationsleitungen die individuellen Neigungen der Frauen bei der Aufgabenverteilung berücksichtigten, falls sie mit den Interessen der Gemeinschaften kompatibel waren. Mit außerordentlichem Geschick und künstlerischer Begabung sorgte Anna Maria Lauffs dafür, daß die *Schwestern vom armen Kinde Jesu* zum Mittelpunkt der Paramentik des 19.

---

202 Vgl. ebd., S. 350 f.

203 Auch andere Kongregationen widmeten sich der Paramentenstickerei. So zum Beispiel die *Franziskanerinnen* von Waldbreitbach, vgl. Böckeler, Macht der Ohnmacht, S. 121 oder die *Armen Dienstmägde Jesu Christi*. Vgl. ADJC, Geschichtlich-juristischer Bericht, S. 6.

204 Friedrich Pesendorfer, Künstlerinnen und Schriftstellerinnen im Nonnenkleide. Die Leistungen der katholischen Frauenklöster auf dem Gebiet der Wissenschaft und aller schönen Künste, Linz a.D. 1932-33, S. 172. Der Konservator und spätere Aachener Kanonikus Franz Bock unterstützte die Arbeiten der Schwestern. Er polemisierte gegen die beginnende industrielle Produktion religiöser Gewänder und begrüßte es, daß die "weiblichen Orden die kunstgerechte und würdevolle Anfertigung kirchlicher Ornamente wieder in die Hand genommen" hätten. Bereits 1859 wies er den *Schwestern vom armen Kinde Jesu* eine zentrale Bedeutung in dieser Entwicklung zu; vgl. Franz Bock, Geschichte der liturgischen Gewänder des Mittelalters, Band 1, Bonn 1859 (unveränderter Nachdruck Graz 1970), S. 316 f.

205 Vgl. ASKJ, Lauffs, Erinnerungen, S. 66 f.

206 Vgl. ASKJ, 5750 Schwester Franziska - Anna Maria Lauffs (Lebensbilder).

207 Siehe beispielsweise die weiter unten erwähnte Mathilde Schönstedt.

Jahrhunderts wurden. Sie betrieb die Aus- und Weiterbildung der Zeichnerinnen und Stickerinnen.

Die Paramentenstickerei erfüllte jedoch nicht nur materielle, sondern auch religiöse Bedürfnisse der Schwestern. Anna Maria Lauffs sah ihre Arbeit in einem dezidiert religiösen Kontext, der den Stickerinnen Heilsgewißheit verspreche: "Möge alles, was für die Kirche gearbeitet wurde und in Zukunft noch gearbeitet wird, unserem lieben Herrn in hh. Sacrament zur Verherrlichung gereichen, und Er das geringe Werk hinnehmen wie die Salbe und die Tränen, welche Maria Magdalena über seine Füße ergoß; möge Er unsere Seelen mit einer großen Liebe entzünden und dereinst uns im himmlischen Reiche einen Platz an weisen, damit wir dort die hh. Dreifaltigkeit in Ewigkeit preisen."[208] Die religiöse Zuversicht und Sicherheit, die aus diesen Wort ablesbar ist, zeugt von einem beachtlichen Selbstbewußtsein über den irdischen wie außerirdischen Wert der geleisteten Arbeit. Bald entwickelte sich aus diesen Anfängen ein Zentrum der religiösen Stickerei, die Kongregation belieferte Kleriker in nah und fern mit Kasel und anderen kirchlichen Gewändern, dazu zählten auch Bischöfe.

Anna Maria Lauffs bildete sich selbständig weiter und sorgte für eine qualifizierte Ausbildung der neuen Mitglieder. Dies scheint auch für Stickerinnen aus bürgerlichen Kreisen notwendig gewesen zu sein, obwohl feinste Handarbeiten zum genuinen Tätigkeitsbereich bürgerlicher Mädchen und Frauen gehörte: "Bei den geringen Kenntnissen, die Bürgertöchter sowohl in der Zeichenkunst als in anderen Fächern aus den Schulen mitbrachten, ist es natürlich, daß wir das für die Stickerei notwendige Zeichnen nur allmählich gelernt haben. Bei den Zöglingen der Genossenschaft war nicht einmal Rede vom Verständnis der Vorlage; sie konnten meist nur gut nähen. Viele von diesen sind eingetreten und haben in der Folge Außergewöhnliches geleistet."[209] In kongregationseigenen Stickschulen im Aachener Mutterhaus und in der Kölner Niederlassung (unter der Leitung von Catharina von Aschenbach) bildete man die Stickerinnen zum Teil zu Spitzenkräften aus. Überdies wurden die vorhandenen Qualifikationen zusammengetragen.

Zu den Frauen, die mit dem Zeichnen bereits vertraut waren, zählte die Koblenzerin Catharina Settegast (1848-1919).[210] Sie trat 1868 im Alter von zwanzig Jahren der Aachener Kongregation bei, obwohl in ihrer Heimatstadt auch andere Kongregationen tätig waren. Die Entscheidung Catharina Settegasts für eben diese Gemeinschaft rührte offenbar daher, daß sie keine Vorliebe für Kran-

208 ASKJ, Lauffs, Erinnerungen, S. 68.

209 Ebd., S. 84.

210 Sie war die Tochter des Landgerichtsrates Johannes Settegast und seiner Ehefrau Maria Catharina, geb. Jauer und die Nichte des Malers Josef Settegast. Vgl. ASKJ, 8006 Schwester Valerina - Catharina Settegast (1848-1931).

kenpflege oder Unterricht entwickelte, dafür aber um so größeres Interesse an der künstlerischen Arbeit verspürte.[211] Hierin ähnelte sie ihrer Cousine Sophia Settegast (1848-1931), die bereits seit 1866 Mitglied der Gemeinschaft war. Die Tochter des Kunstmalers Josef Settegast und von Maria Dorothea Veit aus Frankfurt am Main erhielt im Mutterhaus in Aachen eine Ausbildung als Zeichnerin für Vorlagen zur Paramentenstickerei. Danach leitete sie das Malzimmer und arbeitete später als Meisterin ihres Faches in der Wiener Niederlassung. Familiäre Traditionen dürften die Talente der Frauen beeinflußt haben. Sophias Vater, der Onkel von Catharina, und ihr Großvater[212] waren beide Maler und schufen Werke, die von einer tiefen katholischen Religiosität geprägt waren. Beide übten ihre Kunst als Laien in der Welt aus, was für Frauen, selbst wenn sie, wie in diesem Fall, über Kontakte und Informationen verfügten, nur schwer möglich war. Die neuen Frauenkongregationen erlaubten den Frauen eine künstlerische Betätigung, wie sie außerhalb dieser Gemeinschaften nur schwer zu erreichen war.

In neun weiteren Niederlassungen beschäftigten sich Schwestern mit der Paramentenstickerei. Mit dieser Arbeit stießen die Schwestern in eine Marktlücke, denn sie konnten sich bald vor Aufträgen nicht retten. Sie belieferten Kleriker im In- und Ausland. Geschickt vermarkteten sie ihre Kunst, indem sie durch großzügige Geschenke an befreundete Bischöfe auf ihre Künste aufmerksam machten. Dabei scheuten sie sich auch nicht vor höchsten kirchlichen Würdenträgen: 1867 beschenkten sie den Papst Pius IX., 1888 seinen Nachfolger Leo XIII.[213]

Aus geschlechtergeschichtlicher Perspektive ist in diesem Zusammenhang die im nachhinein unterschiedliche Bewertung weiblicher und männlicher Kunst von Bedeutung. In der Kunstgeschichte nimmt die Paramentenstickerei bis heute einen eher nachgeordneten Platz ein. Dies erklärt sich zum einen aus dem Umstand, daß textile Produkte im Vergleich etwa zur Malerei als weniger bedeutend gelten; zum anderen handelt es sich hier um einen Kunstzweig, der

---

211 Vgl. ASKJ, 8006: Sr. Valerina - Catharina Settegast (1848-1931).

212 Philipp Veit, der Sohn von Dorothea Mendelssohn aus deren erster Ehe, galt als einer der führenden Vertreter religiöser Malerei, die in der Kunstgeschichte als die Nazarener bezeichnet werden. Joseph Anton Settegast fertigte im Sinne dieser Kunstrichtung Wandgemälde und Altarbilder. Vgl. Schmiedl, Marianische Religiosität, S. 298.

213 Vgl. Pfülf, M. Clara Fey, S. 251. Über den exakten Anteil, den die Paramentenstickerei an dem gesamten Finanzaufkommen der Kongregation besaß, lassen sich keine Angaben machen. Um die Jahrhundertwende konnte in Deutschland von allen Beteiligten aus dem Verkauf von Paramentenstickereien ein jährlicher Umsatz von 12-15 Millionen Mark erzielt werden. Vgl. Hans Rost, Die wirtschaftliche und kulturelle Lage der deutschen Katholiken,Köln 1911, S. 190.

überwiegend von Frauen ausgeübt wurde und daher leichter durch die historiographischen Raster fiel.[214]

Die Bedeutung der textilen Kunstproduktion durch die Schwestern nicht voll erfassen hieße, sie auf die Finanzierungsfunktion für die Gemeinschaften reduzieren. Anknüpfend an die Kompetenzen in der textilen Fertigung von häuslichen Produkten, die für bürgerliche Frauen im 19. Jahrhundert unabdingbar waren, erweiterten Frauen in den Kongregationen ihre Qualifikationen. Sie entwickelten daraus einen Beruf, freilich ohne institutionelle oder gar staatliche Ausbildung und Anerkennung. Bemerkenswert ist auch die Tatsache, daß die Frauen dabei den Rahmen der bürgerlichen Privatsphäre verließen. Denn daß bürgerliche Frauen mit ihren Handarbeiten Geld verdienten, galt als verpönt und anstößig. Um so erstaunlicher ist es, mit welcher Selbstverständlichkeit die Schwestern ihre Produkte verkauften. Legitimiert und wohl auch ermöglicht wurde dies dadurch, daß den Frauen kein individueller Verdienst zufloß, sondern das erwirtschaftete Geld in den Etat der ganzen Gemeinschaft eingebracht wurde. Noch in einer anderen Hinsicht ist die Herstellung textiler Produkte bedeutsam. In bürgerlichen Kreisen dienten weibliche Handarbeiten zunehmend dazu, das "kulturelle Kapital" der Familien zu mehren und eine intime Privatsphäre herzustellen, die den moralischen wie sakralen Bedürfnissen im Kontrast zur harten Erwerbswelt gerecht werden konnte.[215] Mit ihrer Arbeit gingen die Kongregationen einen Schritt weiter in die Öffentlichkeit und machten sich die Ausgestaltung des sakralen Raumes der Kirche zur Aufgabe.

Eine weiteres Tätigkeitsfeld für die Frauen war das Schreiben für die Kongregation. Chroniken und erbauliche Schriften jedweder Art zumeist für den internen Gebrauch gehörten dazu. In Anlehnung an monastische Traditionen schrieben die Frauen in den Kongregationen Viten der Gründerinnen und anderer als verehrungswürdig befundener Mitglieder. Die Wahrnehmung dieser Aufgaben trat jedoch insbesondere in den häufig langen Gründungs- und Konstituierungsphasen der neuen Gemeinschaften hinter die Arbeit für Kranke, Arme oder den Unterricht zurück. Überdies hing die Qualität dieser Tätigkeit in

---

214 Um so gespannter darf man auf die im Entstehen begriffene kunstgeschichtliche Dissertation von Petra Hessen über die Paramentenstickerei in den Frauenkongregationen sein, deren Ergebnisse die Mängel einer Kölner Paramentenausstellung beseitigen könnte. (Vgl. Paramente des 19. Jahrhunderts aus Kölner Kirchenbesitz. Ausstellung des Kölner Kunstgewerbemuseums, Austellungskatalog von Brigitte Tietzel, Köln 1980.) Hier gelang es nur im Einzelfall, die Ausstellungsstücke einer Künstlerin oder einem Künstler zuzuordnen.

215 Rebekka Habermas betont die herausgehobene Bedeutung der meist abschätzig angesehenen weiblichen Handarbeit für die Neudefinition der Geschlechterbeziehungen in der sich konstituierenden bürgerlichen Gesellschaft in der ersten Hälfte des 19. Jahrhunderts. Vgl. Habermas, Frauen und Männer, S. 48 ff; 516.

den Kongregationen auch davon ab, ob es ausreichend qualifizierte und kompetente Frauen gab.

Dieses Arbeitsfeld der Schwestern wurde noch zurückhaltender als andere Bereiche weiblichen Wirkens dokumentiert. Der seit 1891 publizierte Katholische Literaturkalender, als Gegenmodell zu Kürschners Gelehrtenlexikon konzipiert, verzeichnete 1892 insgesamt 2.274 Namen von schriftstellerisch tätigen Katholiken. Nach Olaf Blaschke waren lediglich 88 von ihnen Frauen.[216] Diese formal sicherlich korrekten Zahlenverhältnisse geben jedoch den realen weiblichen Anteil an der katholischen Literaturproduktion nur unzureichend wider. Allein für die Kongregation der *Schwestern vom armen Kinde Jesu* lassen sich mehrere Beispiele von Frauen finden, deren literarische Arbeiten im Keiterschen Literaturkalender nicht unter ihrem Namen verzeichnet sind. Marie Schuh (Schwester Maria Benigna) beispielsweise veröffentlichte unter dem Namen Kondura aszetische Literatur. Die Biographie des streitbaren ultramontanen Bischof Johannes Theodor Laurent wurde 1887 unter dem Namen von Karl Möller, Geschichtsprofessor an der Universität zu Löwen, publiziert.[217] Verfaßt wurde das Werk aber von Josephine von Schaffgotsch (1850-1922), die als Schwester Gertrud seit 1874 zu den *Schwestern vom armen Kinde Jesu* gehörte.[218] Bereits erwähnt wurde der Umstand, daß Maria Breien die Biographie der Gründerin Clara Fey verfaßte und in der Veröffentlichung umstandslos der Name des biographischen Vielschreibers Otto Pfülf erscheint.[219] Überdies dürften zahlreiche Schriften von Schwestern im Bereich der sogenannten grauen Literatur zu verorten sein, die selbst einem katholischen Publikum häufig kaum zugänglich war.[220] Diese wenigen Beispiele verweisen auf die "schwierige Autorenschaft der Frauen"[221] und zeigen, daß die Zahl von 88 weiblichen katholi-

216 Vgl. Olaf Blaschke, Die Kolonialisierung der Laienwelt. Priester als Milieumanager und die Kanäle klerikaler Kuratel, in: Ders./Kuhlemann, Religon im Kaiserreich, S. 120 f, 125.

217 Vgl. Leben und Briefe von Johannes Theodor Laurent. Titularbischof von Chersones, Apostolischer Vikar von Hamburg und Luxemburg. Als Beitrag zur Kirchengeschichte des 19. Jahrhunderts *zusammengestellt von seinen Freunden* (Hervorhebung, R.M.) und mit einem Vorwort herausgegeben von Karl Möller, Professor an der kath. Universität zu Löwen, 3 Bde., Trier 1887-1889.

218 Zu ihrem Lebensweg vgl. Schmidt-Sommer, Von Liebe geleitet; zu den Umständen der Abfassung der Laurent-Biographie siehe bes. S. 49-58. Josephine von Schaffgotsch verließ 1888 die Kongregation und gründete 1891 in Trier die Kongregation der *Schwestern vom hl. Josef* - eine der wenigen Neugründungen nach dem Ende des Kulturkampfes.

219 Vgl. Kapitel 1 dieser Arbeit.

220 Clara Fey und andere Kongregationsgründerinnen verfaßten zahlreiche Schriften dieser Art.

221 Barbara Hahn, Unter falschem Namen. Von der schwierigen Autorenschaft der Frauen, Frankfurt a.M. 1991. Diese wegweisende Studie zeigt, daß es sich keineswegs um ein katholizismusspezifisches Problem handelte. Eine weitere Untersuchung erforscht die Relevanz von Anonymität bzw. der Pseudoanonymität für das weibliche Schreiben und betont

schen Schriftstellern erheblich zu niedrig gegriffen sein dürfte. Auch für schriftstellerische Arbeiten gilt zumindest für das 19. Jahrhundert, daß Frauen in den Kongregationen hierfür bessere Chancen hatten als im profanen Bereich.[222]

Auch im Bereich der bildenden Kunst betätigten sich Mitglieder von Frauenkongregationen. Bei den *Schwestern vom armen Kinde Jesu* lag die Produktion und Vermarktung künstlerisch gestalteter Gegenstände mit religiösem Inhalt in den Händen von Mathilde Schönstedt (1828-1894).[223] Von den *Armen Schwestern des hl. Franziskus* hatte die Kongregation ein Modell zur Herstellung von Wachsfiguren des Jesuskindes geschenkt bekommen. Seit 1849 modellierten, gossen, bemalten und bekleideten dann Mathilde Schönstedt und ihre Gehilfinnen Tausende dieser Wachsfiguren, wie Anna Maria Lauffs mitteilte.[224] Mathilde Schönstedt forcierte den Handel der Genossenschaft mit Wachsfiguren. In der Weihnachtszeit wurden überdies ganze Krippenaustattungen hergestellt und versandt.[225]

Um die Arbeit der Kongregation durchführen zu können und die dafür nötigen Ressourcen zu sichern, waren zahlreiche Tätigkeiten notwendig, die Frauen außerhalb der Kongregationen verschlossen waren. Selbst die Organisation großbürgerlicher Haushalte dürfte mit den Anforderungen in den größeren Gemeinschaften nicht vergleichbar sein. Aus der Notwendigkeit der Anleitung und Kontrolle der kongregationseigenen Arbeitskräfte sowie der Handwerker bei der Bewirtschaftung der Immobilien ergaben sich Führungsaufgaben für dazu qualifizierte Schwestern. Nehmen wir als Beispiel für solche Führungspersönlichkeiten Mathilde Schönstedt von den *Schwestern vom armen Kinde Jesu*. Sie übernahm dort neben zahlreichen anderen Aufgaben zeitweise eine für Frauen gemeinhin ungewöhnliche Arbeit: Sie wurde von der Generaloberin zur Bauleiterin für die Neubauten der Gemeinschaft ernannt. Nach bestandenem Lehrerinnenexamen trat die Konvertitin und Tochter eines Gerichtsassessors 1853 der

---

besonders die Ambivalenz des Umstandes, daß Frauen ihre Werke nicht unter ihrem Namen veröffentlichen. Zwar wurde ihre Autorschaft so unkenntlich gemacht, gleichzeitig aber auch erst ermöglicht. Vgl. Susanne Kord, Sich einen Namen machen, Anonymität und weibliche Autorschaft 1799-1900, Stuttgart/Weimar 1996.

222 Olaf Blaschkes Untersuchung des katholischen Literaturkalenders (ders. Kolonialisierung der Laienwelt, S. 118-129) geschieht im wesentlichen aus der Perspektive der Geistlichkeit, die von ihm festgestellte klerikale Dominanz wird hier nicht bestritten. Ein vollständiges Bild der katholischen Literaturproduktion ergibt sich jedoch erst dann, wenn auch die nichtklerikale Seite analysiert wird. Überdies wäre eine eingehende Untersuchung der katholischen Veröffentlichungen unter geschlechtergeschichtlicher Sicht dringend notwendig. Sie verspricht aufschlußreiche Ergebnisse zu Tage zu bringen, wie bereits die wenigen Beispiele der *Schwestern vom armen Kinde Jesu* zeigen konnten.

223 Vgl. ASKJ, 5755 Schwester Petra - Mathilde Schönstedt (Lebensbilder).

224 Vgl. ASKJ, Lauffs, Erinnerungen, S. 59.

225 Vgl. Pfülf, M. Clara Fey, S. 252 f.

Kongregation bei,[226] übte jedoch den Beruf der Lehrerin nicht aus. Sie erwies sich aufgrund vielfältiger anderer Qualifikationen[227] als Multitalent und Glücksgriff für die Kongregation. Ihr unterstanden beispielsweise auch die männlichen Arbeitskräfte, die die Kongregation beschäftigte.[228]

Aus der Erfahrung, daß die Kongregationen florierten und Schwierigkeiten gemeistert wurden, gewannen die leitenden Frauen Selbstbewußtsein über die geleistete Arbeit - auch wenn dies nicht für alle Kongregationen gleichermaßen gilt. Die versierten Kongregationsleitungen entwickelten so Führungsqualifikationen und behandelten deshalb die finanziellen und bürokratischen Angelegenheiten bemerkenswert pragmatisch. Clara Fey schrieb beispielsweise 1862 an die in finanziellen Schwierigkeiten steckende Oberin der Wiener Niederlassung: "Machen Sie sich kein Leid über diese Sache, liebes Kind, das sind Geschäftssachen, die man trocken und ruhig abmachen muß."[229] Bemerkenswert ist auch, daß Frauen alle Funktionen einer tätigen Organisation ausübten - insofern könnte man sie auch als Unternehmerinnen bezeichnen. Dies ist vielleicht einer der wichtigsten Unterschiede zu weltlichen oder auch zu anderen religiösen Zusammenschlüssen. Diakonissenhäuser, Wohltätigkeitsvereine und sonstige Organisationen verfügten nicht über einen derartigen Apparat: Sie bauten oder mieteten beispielsweise keine Häuser in der beschriebenen Größenordnung oder übernahmen die volle Versorgung für die der Gemeinschaft angehörenden Frauen in ihrer aktiven beruflichen Zeit als auch während ihres Lebensabends.

Betrachtet man zusammenfassend das Spektrum der wahrgenommenen Arbeiten und den Modus der Entwicklung dieser Gemeinschaften, so wird dies am besten mit dem Begriff der Selbstorganisation beschrieben. Die Leitung, Verwaltung und die Versorgung lag wesentlich in den Händen der der Gemeinschaft angehörenden Frauen selber. Hinsichtlich dieser emphatischen Begriffe ist allerdings an zwei Differenzierungen zu erinnern: Zwar lag die Abwicklung des Alltags ganz in der Hand der Kongregationen; aber ihre Autonomie war durch die Eingebundenheit und auch Abhängigkeit von der kirchlichen Hierarchie begrenzt. Und zweitens darf nicht verwischt werden, daß die Kongregationen durch das Nebeneinander von Gleichheit und Differenz ihrer Mitglieder geprägt waren,[230] was dazu führte, daß nicht alle Frauen gleichermaßen qualifizierte Tätigkeiten ausübten.

---

226 Vgl. ASKJ, 5755 Schwester Petra - Mathilde Schönstedt (Lebensbilder).

227 So übernahm sie nach dem Kulturkampf die Leitung des Marienvereins, dem Mädchen und junge Frauen angehörten. Vgl. ebd., S. 124 f; zu ihren künstlerischen Talenten siehe unten.

228 Vgl. zu ihren persönlichen Fähigkeiten Pfülf, M. Clara Fey, S. 622 f.

229 ASKJ, Brief von Clara Fey an Schwester Assumpta (Maria von Exterde) vom 27. Mai 1862. Vgl. Maria von Greiffenstein, Mutter Assumpta. Maria de Exterde vom armen Kinde Jesus, Wien (1921), S. 69.

230 vgl. Kapitel 4.4 dieser Arbeit.

Nimmt man zusätzlich die nicht auf die eigene Organisation bezogenen Tätigkeiten in den Blick, sind folgende Gemeinsamkeiten hervorzuheben. Die Kongregationen boten qualifizierte Tätigkeiten an, die Frauen in der bürgerlichen Welt sonst kaum ausfüllen konnten. Sie hatten einen wesentlichen Anteil an der Entwicklung von Berufen für Frauen. Welche Arbeitsfelder sie wahrnahmen, richtete sich nach den Notlagen im lokalen Rahmen oder war eine Konsequenz aus ihren Erfahrungen in der Praxis, die zur Abwandlung eines ursprünglichen Konzeptes führten. Die angesammelten Kenntnisse wurden innerhalb der Gemeinschaft weitergereicht. Es wäre aber falsch, aus dieser Qualität der weltlichen Arbeit zu schließen, daß das Religiöse nebensächlich geworden sei.

Kapitel 6

Religiöse Lebensführung und weltliche Arbeit

In den Kongregationen fanden Frauen nicht nur einen Handlungsraum zur Ausübung beruflicher Tätigkeiten; es ist keine Überraschung, daß auch die religiösen Aspekte genossenschaftlichen Frauenlebens von großer Bedeutung waren. Bemerkenswert ist jedoch, in welchem Verhältnis beide Elemente zueinander standen. Die hier vertretene These ist, daß gerade die Symbiose religiöser und weltlicher Elemente die Anziehungskraft der Kongregationen für katholische Frauen erhöhte. Religiöse Überzeugungen und engagierte Arbeit für andere Menschen verschmolzen zu einer Einheit, innerhalb derer die Ideale christlicher Lebensführung in hohem Maße realisiert wurden. Dieser Umstand trug dazu bei, daß Schwestern bald zu den respektiertesten Vertreterinnen der katholischen Kirche avancierten. Wie kam es zu dieser Entwicklung? Zunächst wird auf der individuellen Ebene gefragt, was die religiöse Motivation der Frauen für das Leben in einer Kongregation war, welche religiösen Rituale bei Eintritt und besonderen Verdiensten üblich waren und wie die Frömmigkeitspraktiken der Kongregationen aussahen. Auf dieser Grundlage wird dann untersucht, wie die Frauenkongregationen in unterschiedlicher Weise diese religiösen Aspekte mit den profanen Elementen ihrer Berufsarbeit zusammenführten und wie sie ihre Vorstellungen christlicher Lebensführung schließlich nach außen vermittelten.

6.1. Berufung: Handeln im göttlichen Auftrag

Die Gewißheit, im Auftrag Gottes zu handeln, wurde zur prägenden Leitidee der Kongregationsgründerinnen. Dieses Konstrukt erlaubte es ihnen, ihre eigenen Perspektiven und Interessen formal in den Hintergrund treten zu lassen. Weibliche Artikulation erfolgte durch das Medium Religion und nicht unmittelbar. Maura Böckeler zitiert in ihrer Biographie über die Gründerin der *Franziskanerinnen* von Waldbreitbach, Margaretha Flesch, mit einer in dieser

Hinsicht typischen Äußerung: "ICH habe nie daran gedacht, eine Genossenschaft zu gründen. Was ich sollte, wußte ich nicht. ER hat mich geführt. So ist der liebe Gott: Er sucht sich das Kleine und Schwache aus, wenn Er etwas Großes vorhat!"[1] Margaretha Flesch negiert hier praktisch jeden eigenen Einfluß auf das Geschehen, sie sieht sich vordergründig als Werkzeug Gottes, allerdings ist sie sehr wohl der Überzeugung, "Großes" zu tun. Anna Theresia Pfänder schrieb zwei Jahre nach Gründung einer Kongregation in Olpe in einem Lebenslauf über ihre damaligen Aktivitäten folgendes nieder: "Inzwischen [nach Ablegung des Lehrerinnenexamens] hatte ich schon bereits circa drei Jahre von Gott den Beruf erhalten, die jetzt hier bestehende Genossenschaft der armen Franziskanerinnen zu begründen, wozu mir auch nach mehrjähriger sorgfältiger Prüfung der Hochwürdigste Herr Bischof Konrad, die Erlaubniß und kirchliche Genehmigung erteilte."[2] Der Hinweis auf die göttliche Autorität legitimierte hier das eigene Handeln. Nicht ein individueller Wunsch, sondern ein göttlicher Auftrag bestimmte in der Selbstinterpretation das weibliche Handeln. Mit Hilfe der Religion legitimierten die Frauen ihre Aktivitäten, die sie ohne diesen Hinweis im 19. Jahrhundert hätten schwer durchsetzen können.

Pauline von Mallinckrodt berief sich gleichfalls auf den Einfluß Gottes, gab allerdings den eigenen Aktivitäten eine selbstbewußtere Note: "Wenn ich jetzt so auf mein Leben zurückschaue, so kann ich die wunderbaren Fügungen Gottes nicht genug bewundern. Diesen Entschluss [zur Gründung einer Kongregation] hatte Gott von mir haben wollen. Er hatte mich dazu auf Wege geleitet, von denen ich nicht entfernt ahnte, dass sie dahin führen würden. Und alle diese Wege, auf denen ich mit aufrichtigem Herzen gegen Gott etwas ganz anderes suchte, als das Ziel, was Er im Auge hatte, dienten nach den Anordnungen Seiner weisen, väterlichen Fürsehung dazu, mich zur Ausführung dessen, was Er von mir wollte, zu befähigen. Der Mensch denkt - Gott lenkt."[3]

Ohne die subjektive Wahrhaftigkeit dieser Äußerungen relativieren zu wollen, muß allerdings betont werden, daß der Grat zwischen dem, was die Frauen als göttlichen Auftrag interpretierten, und dem, was ihren eigenen Wünschen und Hoffnungen entsprach, schmal gewesen sein dürfte. Den Spielraum der Entscheidung legten die Frauen im Prinzip allein fest, wobei sich der Einfluß der Kleriker nur schwer ermessen läßt. Die meisten Gründerinnen standen ohnehin in engem Kontakt mit Priestern, die den Gründungsprozeß begleiteten und die es von den Plänen zu überzeugen galt.[4] Ohne klerikalen Beistand wären die

---

1 Vgl. Böckeler, Macht der Ohnmacht, S. 133.

2 AKFS, Mutter Clara Pfänder, Lebenslauf.

3 (Pauline von Mallinckrodt), Kurzer Lebensabriß, S. 66.

4 Vgl. Kapitel 3 dieser Arbeit.

meisten Gründungen nicht realisierbar gewesen. Eine naheliegende Möglichkeit, die Gründerinnen und die anderen Schwestern[5] zu beeinflussen, hatten die Kleriker mit der Beichte - auch wenn Edith Saurer festgestellt hat, daß es sich dabei im 19. Jahrhundert nicht um ein Gespräch, sondern um die Ablegung eines Bekenntnisses der Beichtenden mit Fragen des Beichtvaters handelte.[6]

Überzeugte katholische Christen und Christinnen hatten sich stets zu prüfen, was Gott von ihnen erwartete. Durch individuelle Selbstreflexion und intensive Beschäftigung mit der eigenen Person mußte man sich zwischen einem Leben in der Welt oder als geistliche Person in Orden oder Kongregationen entscheiden. Frauen und Männer hatten sich dies gleichermaßen zu fragen. Obwohl Frauen der Priesterberuf als Dienst an Gott nicht offenstand, konnten sie doch als Ordensfrauen oder Schwestern tätig sein. Der Entschluß zu einem solchen Lebensweg verlief im Unterschied etwa zum pietistischen Erweckungserlebnis ganz im Stillen ohne Eingriff von außen, sieht man einmal vom Einfluß des Beichtvaters ab. Für die Historiographie hat dies eine folgenschwere Bedeutung, denn ohne explizite schriftliche Auseinandersetzung oder Darlegung der Entscheidung im größeren Kreis verringert sich die Chance, diesen wichtigen Findungsprozeß anhand schriftlicher Spuren zu rekonstruieren.

Die Relevanz der göttlichen Berufung läßt sich auch daran erkennen, daß "ohne Beruf"[7] ein lebenslanger Aufenthalt im Kloster kaum möglich war. So zähle "Mangel an Beruf" zu einem der häufigsten Austrittsgründe. Clara Fey insistierte immer wieder auf der Forderung nach Beruf. Das klösterliche Dasein konnte nur dann eine befriedigende Lebensperspektive bieten, wenn die Frauen bereit waren, die Regeln und Normen des genossenschaftlichen Zusammenlebens zu befolgen. Dazu gehörte die Einhaltung der Gelübde der Armut, der Keuschheit und vor allem des Gehorsams. Sie mußten die Anweisungen aller in der kirchlichen Hierarchie über ihnen Stehenden befolgen, einen strikt festgeschriebenen Tagesablauf einhalten und sich in eine große Gemeinschaft einordnen. Sympathie und Antipathie untereinander führten auch hier zu Auseinandersetzungen im zwischenmenschlichen Umgang, zumal dann, wenn die Schwe-

---

5 Nicht nur die Gründerinnen waren auf die Kleriker angewiesen, auch andere eintrittswillige Frauen benötigten deren Beistand. Um Mitglied in einer Kongregationen zu werden, war in der Regel ein Führungszeugnis des zuständigen Pfarrers beizubringen. (Vgl. u.a. Statuten der Franziskanerinnen von Olpe 1865, § 1.) Die Frauen taten folglich gut daran, ihre Motive überzeugend darzulegen.

6 Vgl. Saurer, Frauen und Priester, S. 170.

7 Damit ist nicht im profanen Sinn ein spezifischer Beruf gemeint, sondern die Berufung zu Gott. Clara Fey fragte in einer Konferenz die Schwestern: "Was ist unser Ziel? Was ist unser Beruf?" Die Antwort gab sie selbst: "Unser Ziel ist der Herr. Unser Beruf ist, ihm allein aus ganzem Herzen anhangen, ihn lieben, ihm dienen." ASKJ, Konferenz vom 7. November 1852.

stern in kleinen Niederlassungen über Jahre hinweg zusammenlebten. Nicht allen Frauen gelang es, mit diesen Problemen zu leben. Magdalena Lapp schied beispielsweise 1872 nach vierzehnjähriger Zugehörigkeit aus der Kongregation der *Schwestern vom armen Kinde Jesu* aus. Auf Befragen gab sie Bischof Johannes Theodor Laurent über die Gründe für ihr Austrittsgesuch "keine anderen an, als ihre gänzliche Unzufriedenheit in ihrem Stand und ihren großen Widerwillen gegen die Genossenschaft." Die Generaloberin und ihre Assistentinnen stimmten darin überein, "daß die genannte Schwester schon seit Jahren den Geist ihres Berufes verloren habe, daß sie bei jeder Gelegenheit über die Maßnahmen und Absichten der Obern herben und frechen Tadel bei mehreren Schwestern ausgesprochen und dadurch dieselben geärgert" habe. Versuche, sie zur Umkehr zu bewegen, seien gescheitert, folglich sei es eine "Wohlthat für die Genossenschaft", wenn das Verfahren zum Ausscheiden aus der Kongregation möglichst schnell abgeschlossen würde.[8]

"Keinen Beruf haben" war, wie an diesem Beispiel zu sehen ist, eine Sammelbezeichnung für eine allgemeine Unzufriedenheit mit dem klösterlichen Leben. Was dies konkret bedeutete, erfahren wir nicht. Die stereotype Verwendung der Formel reichte offenbar in der Korrespondenz mit der kirchlichen Behörde aus, denn in anderen Austrittsgesuchen finden sich ähnlich lakonische Bemerkungen.[9] Dies kann als ein Versuch der Kongregationsleitung betrachtet werden, Außenstehenden - und dazu gehörten offenbar auch die kirchlichen Behörden - Einblick ins Innere der Gemeinschaften zu verwehren.

Ungeachtet solcher zu erwartender Widrigkeiten hatten alle die individuelle Entscheidung der Frauen zu respektieren, ganz gleich ob es sich um die Berufung oder den Verlust derselben ging. Denn sie wurde als Gottes Wille angesehen und mußte deshalb befolgt werden. Niemand, nicht die Familie oder Geistliche, konnten sich darüber hinwegsetzen, daß sich jemand für ein zölibatäres Leben in einem Orden oder einer Kongregation entschied.[10] Zugleich bereitete diese Unantastbarkeit des Entschlusses selbst katholischen Eltern große Proble-

---

8 Brief von Johannes Theodor Laurent an den Erzbischof von Köln vom 3. Oktober 1872, einschließlich eines von den Schwestern Clara, Teresia, Magdalena, Mathilde und Liboria unterschriebenen Berichtes. (BDA, Gvo Aachen, Schwesternklöster 7, IV (10096), Bl. 135 ff.)

9 Vgl. ebd., Bl. 168 ff.

10 Dies bedeutete nicht zwangsläufig, in eine religiöse Genossenschaft aufgenommen zu sein. In der Welt konnten Frauen ein aus religiöser Überzeugung zölibatäres Leben nur quasi privat führen, während Männern als Priester eine geistliche Existenz in der Welt und ohne Kloster möglich war. Neben dem privaten Gelübdeversprechen bot sich den Frauen die Möglichkeit, dem Dritten Orden des heiligen Franziskus beizutreten und als *Tertiarinnen* in ihrer gewohnten Umgebung zu leben, wie es beispielsweise Franziska Schervier vor der Gründung ihrer Kongregation getan hatte.

me. Franziska Schervier oder Louise Vossen konnten ihre Entscheidung nur gegen den Willen der Eltern durchsetzen. Frauen mit protestantischen Elternteilen hatten es vermutlich noch schwerer.[11] Je nach den individuellen Verhältnissen widersetzten sich Väter, aber auch Mütter den Eintrittsabsichten ihrer Töchter. Die Stiefmutter der langjährigen Wiener Oberin der *Schwestern vom armen Kinde Jesu*, Maria von Exterde, versuchte den Kontakt ihrer Stieftochter zur Kirche zu behindern. "Sie bedachte nicht, daß gerade in der Wahl eines Berufes die elterliche Gewalt ihre Grenzen hat."[12] Maria von Exterde ließ sich nicht von ihrem Entschluß abbringen, betont deren Biographin Maria von Greiffenstein. Eine gewisse Beharrlichkeit der jungen Frauen war also schon nötig - wie oft elterliche Eingriffe tatsächlich erfolgreich waren, läßt sich freilich kaum beurteilen.[13] Die Behauptung von der heroischen Durchsetzung des göttlichen Auftrags kann allerdings zum Topos werden, um die Frömmigkeit der Frauen und ihr heldenmütiges Eintreten für kirchliche Belange zu unterstreichen. Dieser Umstand war in den Selig- und Heiligsprechungsprozessen von herausragender Bedeutung.[14]

Entschieden sich Frauen zum Eintritt in eine Kongregation, hatten sie bis zur endgültigen Festlegung fast zehn Jahre Zeit. Erst dann legten sie die sogenannte ewige Profeß - also die Gelübde auf Lebenszeit - ab. Diese Prüfungszeit diente der Selbstvergewisserung und wurde von der Oberin, der Novizenmeisterin und von dem jeweiligen Beichtvater begleitet. Von Zeit zu Zeit hatten die Frauen in einer kongregationsöffentlichen Zeremonie die Fortschritte im Entscheidungsprozeß zu dokumentieren. Der Wechsel vom Postulat zum Noviziat und die Ablegung zeitlich befristeter Gelübdeversprechen zählten dazu. Im Postulat trugen die Frauen in der Regel keine Tracht, sondern eine unauffällige Kleidung. Das Noviziat begann mit der Einkleidung der zukünftigen Schwester, die sich in der Regel durch die Farbe des Schleiers von den Chorschwestern unterschied. Dieser Akt stellte den ersten Höhepunkt im klösterlichen Leben einer jungen Frau dar. Er leitete den Prozeß des Abschiednehmens von Familie und Freunden

---

11 Pauline von Mallinckrodt und Theresia Pfänder hatten sich damit auseinanderzusetzen. Pauline löst dies Problem - wie viele andere auch - dadurch, daß sie erst nach dem Tod des Vaters einer Kommunität beitrat.

12 Greiffenstein, Mutter Assumpta, S. 17.

13 Beispielsweise gelang es dem Kölner Verlegerehepaar Joseph und Juliane Du Mont, den Eintritt der Tochter Christine in die Kongregation der *Schwestern vom Sacré coeur* in Brüssel durch Versetzung der Tochter in ein gemischtkonfessionelles Frankfurter Internat zu verhindern. Vgl. Mergel, Klasse und Konfession, S. 80 f.

14 Sich gegen eine bevorstehende Eheschließung mit allen Mittel zu wehren und sich damit gegen den elterlichen Willen zu stellen, galt beispielsweise in mittelalterlichen Hagiographien als expliziter Ausweis weiblicher Heiligkeit. Vgl. Claudia Opitz, Evatöchter und Bräute, S. 88, 92.

ein. Entsprechend der katholischen Lehre von der Gleichartigkeit der Lebensformen in Welt oder Kloster wurde die Einkleidungszeremonie einer weltlichen Heirat nachempfunden. Wie die Braut ihren zukünfigen Gatten, so verbanden sich die Postulantinnen mit Gott. Sie waren die Bräute Christi, und wie verheiratete Frauen legten sie ihren Geburtsnamen ab und nahmen einen neuen Namen an.[15] Auch der Schleier symbolisierte den Wechsel. Einer jahrhundertealten Tradition folgend, wechselten die Frauen mit der Heirat Teile der Kleidung und erlebten gleichzeitig eine Statusverbesserung. Letzteres dürfte beachtlichen Einfluß auf das Selbstbewußtsein der Schwestern gehabt haben.

Die Hochschätzung der Virginität als einzig wahrer Weg zu Gott prägte die Haltung zu geistlichen Personen im 19. Jahrhundert. "Die Kirche Christi betrachtete von jeher ihre durch freiwillige Virginität Gott geweihten Kinder als einen eigenen, ihrer besonderen Obhut würdigen und bedürftigen Stand, als einen Stand geistiger Vermählung und Ehe mit Christus (nach 2 Cor. 11,2) gegenüber dem Ehestande und weit erhaben über ihn."[16] Wetzer und Welte's Kirchenlexikon vermittelte den zölibatär lebenden Menschen beiderlei Geschlechts die Gewißheit, die bessere der beiden Lebensformen gewählt zu haben, was dem Selbstbewußtsein der Individuen sicherlich zuträglich war. Die Novizenmeisterinnen waren gehalten, den Novizinnen "das Wesen, die Erhabenheit, die Vorzüge" ihrer Lebensweise "klar auseinanderzusetzen."[17]

Mannigfaltige Symbole unterstrichen den hervorgehobenen Status. Die einheitliche, zum Teil sehr aufwendige und unpraktische Kleidung der Schwestern gehörte dazu, sie verlieh ihnen im katholischen Milieu Respekt und Anerkennung. Gleichzeitig verschaffte sie den Frauen Schutz und Distanz. Zwar eilte den Schwestern der Ruf voraus, daß sie es verstünden, "anzupacken" und zu arbeiten, andererseits hatten sie es scheinbar nötig, einen gewissen Abstand zur Klientel und zur Laienwelt zu demonstrieren.[18] Unterstützt wurde das Bewußt-

---

15 Vgl. Böckeler, Macht der Ohnmacht, S. 55.

16 Prunner, Art. Jungfräulichkeit, in: Wetzer und Welte's Kirchenlexikon, Bd. 6, Freiburg 18892, Sp. 2018.

17 Alexandre Leguay, Die Novizen-Meisterin, ihr Amt und ihre Pflichten. Zum Gebrauche jener Personen, welche beauftragt sind, Seelen zur christlichen und klösterlichen Vollkommenheit anzuleiten, Mainz 1864, S. 79. Schlögls These von der "Krise der geistlichen Berufungen", die auch durch verstärktes Insistieren der katholischen Kirche auf den besonderen Wert des zölibatären Lebens nicht habe behoben werden können, gilt für den Beginn des 19. Jahrhunderts und verliert im Verlauf dessen an Bedeutung, wie die Entwicklung des weiblichen Kongregationswesens belegt. Vgl. Rudolf Schlögl, Sünderin, Heilige oder Hausfrau? Katholische Kirche und weibliche Frömmigkeit um 1800, in: Götz von Olenhusen (Hg.), Wunderbare Erscheinungen, S. 19 f.

18 Im Kulturkampf gewinnt die Frage der Kleidung zentrale Bedeutung mit Blick auf die Weiterarbeit der Frauen. Vgl. dazu Kap. 9.

sein, einer Elite anzugehören, durch das Streben nach Vollkommenheit als oberstem und wichtigstem Prinzip kollektiven religiösen Lebens.

Mit Gottes Lohn - nämlich der Aussicht, durch all ihr Tun dem ewigen Leben ein Stück näher gerückt zu sein - wurden die Anstrengungen der Schwestern belohnt. Hinzu kam die Erwartung, bei Erfüllung dieses Anspruchs für ein vorbildliches christliches Leben von der Kirche heiliggesprochen zu werden. Dies trug gleichfalls dazu bei, daß sich Schwestern als von der Masse der Gläubigen hervorgehoben fühlen konnten, auch wenn sie sich vor Hochmut schützen sollten.[19] Aufgrund des komplizierten, oft langwierigen und kostspieligen Verfahrens überwog unter den Heiliggesprochenen stets die Zahl der Ordensleute im Vergleich zu der der Laien.[20] Die Zahl der für Ordensfrauen und Schwestern angestrengten Heilig- und Seligsprechungsprozesse war allerdings geringer als bei den Männern, einschließlich der Kleriker. Unter den 253 Angehörigen der franziskanischen Ordensfamilie, für die bis 1909 diese kanonischen Prozesse angestrebt wurden, waren lediglich 46 Frauen.[21] Dennoch gab es eine reale Chance. Für viele Kongregationsgründerinnen wurden diese kanonischen Prozesse bereits kurz nach deren Tod angestrengt, da sie oft schon zu Lebzeiten als charismatische Persönlichkeiten verehrt wurden. Dazu zählten neben anderen Clara Fey,[22] Franziska Schervier und Pauline von Mallinckrodt. Für Katharina Kasper wurde das Verfahren erst 1926 von dem damaligen Limburger Bischof eröffnet.[23]

Diese Form der religiösen Verehrung dokumentiert die Anerkennung der religiösen Kompetenz der Gründerinnengeneration durch die anderen Kongregationsmitglieder. Der Begriff der religiösen Ausstrahlung oder auch Charisma - diese Kategorie wird übrigens in der Forschung für Frauen kaum verwandt - erscheint besonders geeignet, die "Übernatürlichkeit" und "Außeralltäglichkeit" (Max Weber) dieses Phänomens in seiner religiösen Gestalt zu benennen.[24]

---

19 Vgl. Holzapfel, Handbuch der Geschichte, S. 706-710.

20 Zur theologischen Begründung der Heiligenverehrung vgl. Ortrud Stegmaier, Zum Lobe seiner Gnade. Gedanken zu Heiligsprechung und zur Heiligenverehrung, Rom 1991.

21 Vgl. Holzapfel, Handbuch der Geschichte, S. 706-710.

22 Für Clara Fey bemühte sich deren der Kongregation angehörende Nichte Constantia Monheim bereit 1892, also zwei Jahre vor ihrem Tod, um die mögliche Einleitung eines Seligsprechungsverfahrens. Vgl. ASKJ, Lommessen, Mitteilungen. Der Seligsprechungsprozeß für Clara Fey wurde 1916 eröffnet, nach einem Vortrag von Maria Lioba Otten in Aachen vom 28.3.92.

23 Vgl. ADJC, Geschichtlich-juristischer Bericht, Anhang: Wie ein Seligsprechungsprozeß verläuft, S. 4.

24 Nach Weber soll Charisma die "Qualität einer Persönlichkeit heißen, um derentwillen sie als mit übernatürlichen oder übermenschlichen oder mindestens spezifisch außeralltäglichen, nicht jedem andern zugänglichen Kräften oder Eigenschaften ... oder als gottgesandt oder als

Nach Weber gehört Charisma als eine Kategorie zu weltlicher Herrschaft, die im Grunde genommen nur auf Männer angewandt werden könne. In diesem Kontext verblaßt die religiöse Fundierung dieses Phänomens. Bezöge man sie ein, könnte die Verwunderung darüber, daß Charisma auch von Frauen ausging und ausgeht, nicht so groß sein.[25]

Neben diesen herausgehobenen Belohnungen für einen christlichen Lebenswandel in religiöser Gemeinschaft traten Gratifikationen für alle Mitglieder. Als Ersatz für eine irdische Bezahlung boten die Gemeinschaften nicht nur die lebenslange Versorgung, sondern auch die Partizipation an religiösen Praktiken und Übungen beispielsweise durch die Gewinnung von Ablässen. Dies stellt insofern eine Besonderheit dar, als die Arbeit von Frauen beispielsweise in der Ehe und Familie nicht individuell belohnt wurde. Die Schwestern arbeiteten hart und hätten daher - so der geistliche Direktor der *Schwestern vom armen Kinde Jesu*, Andreas Fey, in einem Gutachten - einen Lohn für ihren Einsatz verdient: "Dieser Lohn kann ihnen aber nur geboten werden in den Freuden, die sie in ihrem armen Kirchlein finden. Um dies zu begreifen, muß man ihre freudestrahlenden Gesichter gesehen haben, wenn ihnen gestattet wurde, einer außergewöhnlichen Messe an Sonn- und Feiertagen beizuwohnen."[26] Der Messbesuch gehörte zu dem wichtigsten Elementen katholischer Frömmigkeit. In den Mutterhäusern und größeren Niederlassungen verfügten die Kommunitäten in der Regel über eine eigene Kirche oder Kapelle. Einen Einblick in die religiöse Praxis der Kongregationen am Beispiel des Sonntagsgottesdienstes vermittelte Andreas Fey.[27] Er teilte mit, daß im Mutterhaus der Schwestern an Sonn- und Feiertagen mehr als zwei Gottesdienste abgehalten werden müßten. Neben den im Haus lebenden mehr als 200 Schwestern, die aufgrund unterschiedlicher Erfordernisse nicht zu einem Zeitpunkt die Messe besuchen könnten, seien auch die zum Haus gehörenden Kinder und Besucherinnen aus anderen Niederlassungen zu versorgen. Priestermangel könne aufgrund guter Kontakte zu den Redemptoristen als einschränkendes Argument nicht angeführt werden. "Dazu kommt, daß manche der Schwestern geistliche Brüder und Verwandte haben, auch das Kloster mit auswärtigen Priestern in mehrfältiger Beziehung steht, theils wegen der Erziehung ihnen anbefohlener Kinder, theils wegen der Anfertigung von ihnen bestellter Kirchengewänder. Es geschieht daher zuweilen, zumal in der guten Jahreszeit, daß an Sonn- und Festtagen ein auswärtiger Priester

---

vorbildlich und deshalb als 'FÜHRER' gewertet wird." Max Weber, Wirtschaft und Gesellschaft. Grundriß der verstehenden Soziologie, Studienausgabe, Tübingen 19855, S. 140.

25 Vgl. 1. Kor. 12; Claus Schreiner, Frauenorden, S. 96.

26 "Gutachten des Direktors [Andreas Fey] über den Gottesdienst in der Klosterkirche" an das Generalvikariat vom 26. April 1856: BDA-Gvo Aachen, Schwesternklöster 7, I (10094). Bl. 79f.

27 Ebd.

in der Kirche der Schwestern die h. Messe halten kommt, weil er auch in ihrem Kloster Geschäfte hat. So hat das Haus, namentlich durch das Stickgeschäft, weithin sogar die Aufmerksamkeit des höheren Klerus auf sich gezogen, so daß in letzten Jahren (sic) wenigstens sieben auswärtige Bischöfe daselbst die h. Messe gelesen haben."[28] Es findet sich hier also eine Gesellschaft "Berufsreligiöser" ein, ohne daß diese Zusammenkünfte von außen wahrgenommen werden.

Anders ging es in den vielen kleinen Niederlassungen der Kongregationen zu. Die Frauen besuchten hier den Gottesdienst in der Pfarrkirche, selbstverständlich in Ordenskleidung und an exponierter Stelle in der Nähe des Altarraums: so zeigten sie nach außen Präsenz. Die katholische wie die nichtkatholische Bevölkerung konnte ihren Weg zur Kirche beobachten. Auf diese Weise wurde nicht nur das profane Wirken, sondern auch ein Teil des religiösen Lebens publik.

6.2. Frömmigkeitspraktiken

Eine Bewertung der Frömmigkeitspraktiken in den Kongregationen kommt nicht umhin, die vieldiskutierte Frage der Feminisierung der Religion aufzugreifen. Wie in der Einleitung dargelegt, müssen verschiedene Aspekte dieses Prozesses differenziert untersucht werden. Im hier diskutierten Kontext ist zu fragen, ob die religiösen Praktiken in den Frauenkongregationen einen femininen Charakter besaßen und inwieweit von einer Umdeutung religiöser Grundsätze analog zu den Ergebnissen von Barbara Welter für Amerika die Rede sein kann. Streng genommen muß darunter die eigenständige Interpretation der theologischen Prämissen des christlichen Glaubens verstanden werden.

Die Frauenkongregationen orientierten sich im wesentlichen an Frömmigkeitspraktiken, wie sie außerhalb dieser Gemeinschaften vollzogen wurden, wenn auch mit besonderer Intensität. Zentrale Elemente der katholischen Frömmigkeit wurden bekanntlich einheitlich für die gesamte katholische Kirche festgelegt. Der regelmäßige Besuch des Gottesdienstes mit Kommunionempfang, tägliche Gebete zu Gott, die Beichte sowie die Einhaltung der Gebote und Feste, die über das gesamte Kirchenjahr verteilt waren, gehörten dazu. Hinzu kamen religiöse Praktiken, die spezifische monastische Traditionen religiösen Lebens aufnahmen. Zu deren wichtigsten Bestandteilen zählt das Stundengebet, welches in Frauen- und Männerorden Tag und Nacht gebetet wurde. Mit Hilfe dieses Gebetszyklus aus gemeinschaftlich oder allein vollzogenen Ele-

28 Ebd.

menten entstand ein ständiger Dialog zwischen der Schwester und Gott, welcher auch während der Arbeitszeit aufrecht erhalten blieb.[29] Gemäß der Suche nach einer Balance zwischen religiösem und tätigem Leben modifizierten die Frauenkongregationen diese Gebetsübungen, denn sie ließen sich kaum mit einem langen Arbeitstag einer Lehrerin oder Krankenschwester vereinbaren, deshalb wurden nur Teile des großen Stundengebetes praktiziert. Je nach Erfordernissen beteten die Frauen gemeinsam oder allein und still für sich.

Eine ähnliche Modifikation erfuhren die strengen asketischen Übungen der klassischen Orden: Fast- und Bußübungen wurden erheblich reduziert. Insbesondere in der Anfangsphase scheint es eine Bereitschaft zur äußerst strengen Durchführung dieser Übungen gegeben zu haben, so daß sich Kleriker oder bischöfliche Behörden zum Eingreifen gezwungen sahen.[30] Ein gottgefälliges Leben führen zu wollen, war hierfür jedoch nur eine Ursache. Clara Fey war in fast selbstzerstörerischer Weise davon besessen, schuldig und fehlbar zu sein, so daß sie glaubte, dieses nur mit Askese wiedergutmachen zu können. Sie verzichtete auf den täglichen Kommunionempfang und glaubte, ständig beichten zu müssen, um ihre Schuldgefühle loszuwerden. Gemeinsam mit ihrem Beichtvater Wilhelm Sartorius arbeitete sie an der Überwindung dieser Angstzustände, die den "inneren Gewissensbereich, nicht das äußere Handeln" betrafen.[31] Ähnliches ist bei Franziska Schervier zu beobachten: durch extrem einfachen persönlichen Lebensstil verfolgte sie die Absicht, möglichst viele Ressourcen für die Arbeit mit der jeweiligen Klientel behalten zu können. Letztlich bedeutete dies, durch möglichst viele Werke der christlichen Nächstenliebe dem individuellen Ziel der christlichen Glückseligkeit ein Stück näher zu kommen.

Um der Bedeutung femininer Praktiken in den Frauenkongregationen auf die Spur zu kommen, muß im 19. Jahrhundert nach der Rezeption der Marienverehrung gefragt werden.[32] Wie viele Katholiken und Katholikinnen im 19. Jahrhundert, sahen auch die Schwestern in den religiösen Genossenschaften in Maria die Mutter Gottes und eine Identifikationsfigur, die ihnen wohlwollend gegenüberstand, sie strafte nicht und wurde zur wichtigsten Fürsprecherin der Menschen bei Gott. Die Marienverehrung avancierte in der zweiten Hälfte des

---

29 Eine knappe Darstellung der Entwicklung des Stundengebetes, welches auch Offizium oder Tagzeiten genannt wird, gibt der Aufsatz von Albert Gerhards, "Benedicam Dominum in omni tempore". Geschichtlicher Überblick zum Stundengebet, in: Martin Klöckener/Heinrich Rennings, Lebendiges Stundengebet. Vertiefung und Hilfe, Freiburg i.Br. 1989, S. 3-33.

30 Vgl. Jeiler, Francisca Schervier, S. 173 ff.

31 Vgl. Solzbacher, "Heilige Freundschaft", S. 59-67, 76 ff; hier S. 64.

32 Zu den unterschiedlichen Aspekten der Marienverehrung und als Einstieg in die umfangreiche Literatur einschlägig ist: Wolfgang Beinert/Heinrich Petri (Hg.), Handbuch der Marienkunde, Regensburg 1984. Vgl. außerdem zur Geschichte des Kults Walter Delius, Geschichte der Marienverehrung, München/Basel 1963.

19. Jahrhunderts zu einer der zentralen katholischen Frömmigkeitsformen. Mit der Verkündigung des Dogmas von der Unbefleckten Empfängnis Mariens löste Papst Pius IX. 1854 eine Welle der marianischen Verehrung aus. Die Kirchenneubauten zu Ehren Mariens und die Aufstellung von Mariensäulen waren Ausdruck der Sympathie mit Maria, die es galt, nach außen zu dokumentieren. Neben diesen äußeren Zeichen der Zuneigung der Menschen für Maria kam es, von Frankreich ausgehend, zu zahlreichen Marienerscheinungen, die sich von den vergleichbaren mittelalterlichen und frühzeitlichen Phänomenen dieser Art dadurch unterschieden, daß Maria vor allem Kindern erschien und mehr Mädchen und Frauen unter den Visionären waren als Jungen und Männer. Neu war auch, daß fast in allen Fällen Maria erschien und nicht sakrale Gegenstände mit ihr in Verbindung gebracht wurden, so David Blackbourn.[33] Für die katholischen Gläubigen war Maria im 19. Jahrhundert also stets gegenwärtig. Wie sehr Frauen in den Kongregationen von der marianischen Frömmigkeit erfaßt wurden, zeigt die Tabelle 18. Sie präsentiert diejenigen Heiligen, die von den Gemeinschaften zum Schutzpatron oder zur Schutzpatronin gewählt wurden und verzeichnet diejenigen Heiligen, die darüber hinaus in besonderer Weise verehrt wurden.

In fünfzehn der neuen Frauenkongregationen nahm Maria einen herausragenden Platz in der Verehrung ein, obwohl die hier untersuchten Genossenschaften im Unterschied zu Kongregationen in anderen Ländern dies seltener in ihrem Namen zum Ausdruck brachten.[34] Die *Schwestern Unserer Lieben Frau* - also Maria -, die *Mägde Mariens*, die *Marienschwestern*, die *Franziskanerinnen von den heiligsten Herzen Jesu und Mariä* und die *Franziskanerinnen von der allerseligsten Jungfrau Maria* dokumentierten ihre Marienfrömmigkeit bereits durch die Namensbezeichnung. Die *Schwestern der christliche Liebe* nannten sich im Untertitel *Töchter der Allerseligsten Jungfrau Maria von der unbefleckten Empfängnis*. Sie alle wandten sich in besonderer Weise an Maria, weil sie von ihr Unterstützung für ihre Anliegen erwarteten. In den Konstitutionen stellte die Paderborner Kongregation Maria mit Christus sogar auf eine Ebene: "Aber die wahre Liebe zu Christus, Dem wir als dem erhabensten Vorbilde einer lautern und vollkommenen Gottesliebe täglich ähnlicher werden sollen, kann nicht gedacht werden ohne eine innige und zarte Liebe zu Seiner heiligsten und unbefleckten Mutter MARIA".

---

33 Vgl. David Blackbourn, Wenn ihr sie wieder seht, fragt wer sie sei, Reinbek bei Hamburg 1997. (Englisch: Marpingen, Apparitions of the Virgin Mary in Bismarckian Germany, Oxford 1993), S. 40. Siehe dort neben einer eindrucksvollen Darstellung der Marienerschauung im saarländischen Marpingen auch einen Überblick der europäischen Marienerscheinungen, S. 39-103. Beispiele von weiteren Erscheinungen und Visionen finden sich in dem Sammelband von Götz von Olenhusen (Hg.), Wunderbare Erscheinungen.

34 Vgl. Schmiedl, Marianische Religiosität, S. 8.

Tabelle 18: Schutzpatroninnen und -patrone sowie besonders verehrte Heilige der neuen preußischen Frauenkongregationen 1803-1872

gegr.	Name	Schutzpatronin, -patron	andere Heilige u. rel. Kulte
1808	Clemensschwestern (Münster)	Maria	Vinzenz von Paul
1841	Vinzentinerinnen (Paderborn)	Vinzenz von Paul	
1842	Schwestern von der Göttlichen Vorsehung (Münster)		Herz-Jesu-Kult, Maria ,Josef, Vinzenz von Paul
1842	Graue Schwestern (Neisse)	Elisabeth v. Thüringen	Kosmas, Damianus, Augustinus Josef
1843	Barmherzige Schwestern von der heiligen Elisabeth (Essen)	Elisabeth v. Thüringen	Josef, Franzikus, Antonius, Klara, Herz-Jesu-Kult, Marienkult
1844	Schwestern von armen Kinde Jesu (Aachen)	Josef	Marienkult, Augustinus, Dominikus
1846	Neußer Augustinerinnen	Herz-Jesu-Kult, Maria	Josef, Antonius, Augustinus, Elisabeth.v.Th.
1848	Krankenschwestern vom hl. Franziskus (Münster/St. Mauritz)	Franziskus	
1849	Schwestern der christlichen Liebe (Paderborn)	Augustinus, Maria	
1850	Schwestern Unserer Lieben Frau (Coesfeld)	Julie Billiart	Maria, Joseph, Ignatius von Loyola, Herz-Jesu-Kult
1851	Arme Schwestern vom hl. Franziskus (Aachen)	Maria	Maria Magdalena, Franziskus, Elisabeth v. Th., Antonius, Klara Skiffi, Josef, Katharina v.Siena, Vinzenz v. Paul
1851	Arme Dienstmägde Jesu Christi (Dernbach bei Limburg)	Maria	Anna, Josef, Franziskus, Elisabeth v. Th., Aloysius v. Gonzaga, Vinzenz v.Paul
1856	Mägde Mariens (Jaszkowo, Provinz Posen)	Maria	
1857	Franziskanerinnen von der hl. Familie (Eupen)	Hl. Familie, Franziskus	
1857	Franziskanerinnen (Thuine)	Maria	Franziskus, Joseph, Herz Jesu
1857	Schwestern vom hl. Geist (Koblenz)	Heiliger Geist, Augustinus, Josef	Hildegard v. Bingen, Elisabeth v. Th., Glodefindis, Modesta, Severa
1859	Marienschwestern (Breslau)	Maria	
1859	Hedwigschwestern (Breslau)	Augustinus, Hedwig	
1860	Schwestern von der Barmherzigkeit (Herford)	-	-
1860	Franziskanerinnen v.d. hl. Herzen Jesu und Maria (Salzkotten)	Franziskus	Herz-Jesu u. Mariä-Kult
1862	Schwestern d. christl. Schulen v.d. Barmherzigkeit (Heiligenstadt)	Maria	Josef, Johannes Baptist
1863	Schwestern v.d. ewigen Anbetung (Olpe)	Franziskus	
1863	Franziskanerinnen v.d. allersel. Jungfrau Maria (Waldbreitbach)	Franziskus, Maria	

Quelle: Eigene Zusammenstellung nach Wendlandt, Orden und Congregationen.

Und weiter heißt es dort, "wir werden alle ihre Feste fromm begehen, und in allen unsern Anliegen und Nöthen werden wir immer zuerst zu ihr unsere Zuflucht nehmen, fest vertrauend, daß wir durch ihre mütterliche Liebe Alles erlangen werden, was für das Gedeihen und das Wachsthum unserer Genossenschaft nothwendig oder ersprießlich sein wird."[35] In allen Kongregationen wurden die über das ganze Jahr verteilten Marienfeste begangen, überdies wählten viele Kongregationen diese Tage, um besondere Ereignisse zu begehen. Die *Schwestern vom armen Kinde Jesu* feierten am 2. Februar - Mariä Lichtmeß - das Datum der Einkleidung der ersten Schwestern und damit den Gründungstag ihrer Kongregation. Am Fest Mariä Himmelfahrt am 15. August 1851 wurde die Westerwälder Kongregation der *Armen Dienstmägde Jesu Christi* gegründet.[36] Ihre Verbundenheit mit ihrer Schutzpatronin Maria drückten die *Armen Schwestern vom heiligen Franziskus* im Mai 1855 aus. Sie schmückten "Kirche und Kloster mit Laubgebinden, Transparenten, Flaggen und Lichtern"[37] und beteiligten sich auf diese Weise an den Feierlichkeiten, mit denen in Aachen die Verkündigung des Dogmas von der Unbefleckten Empfängis Mariens am 8. Dezember 1854 begangen wurde. Gemeinsam mit den von ihnen betreuten Dienstmädchen pilgerten die *Marienschwestern* jährlich zur Muttergotteskapelle nach Oswitz.[38]

Hilfesuchend wandten sich Schwestern auch an männliche Heilige. Gleich in elf Kongregationen erhielt Josef als Christi Ziehvater besonderen Zuspruch. Von ihm erhofften sich die *Schwestern vom armen Kinde Jesu* Beistand in der Bewältigung der täglichen Arbeit und erkoren ihn zu ihrem Hauptpatron.[39] In den Kapitelermahnungen vom 11. Januar 1879 findet sich ein starker Bezug zum heiligen Josef, aber auch eine Hinwendung zu Maria.[40] Die Verehrung des Heiligen wurde von der Kirche unterstützt und propagiert. Am 8. Dezember 1870[41] erließ Papst Pius IX. ein Breve, in dem er Josef zum Schutzpatron der gesamten Kirche erhob.[42] Der einflußreiche Mainzer Bischof Wilhelm Emanuel Freiherr von Ketteler empfahl 1871 in einem Hirtenbrief die Verehrung durch die Arbei-

---

35 Constitutionen der Schwestern der christlichen Liebe 1895, S. 23.

36 Vgl. Hilpisch, Genossenschaft der Armen Dienstmägde, S. 97.

37 Jeiler, Francisca Schervier, S. 224.

38 Vgl. Joseph Schweter, Geschichte der Kongregation der Marienschwestern aus dem Mutterhaus Breslau 1854-1934, Breslau 1934, S. 39.

39 Satzungen der Schwestern vom armen Kinde Jesu 1871, S. 4.

40 ASKJ, Kapitelermahnung vom 11.1.1879, S. 142, 145, 211.

41 Dabei handelt es sich um den Festtag Mariä Empfängnis, an dem 1854 das Immaculata Dogma von Pius IX. festgelegt worden war.

42 Vgl. Franz Joseph Peters, Die Verehrung des hl. Joseph in der Erzdiözese Köln, in: Kölner Pastoralblatt 8 (1955), S. 276.

ter.[43] Gottfried Korff betont daher den disziplinierenden Charakter dieses Kultes im Rahmen der ökonomischen und sozialen Prozesse des 19. Jahrhunderts; der Kult erhalte "durch die kirchliche Verwaltung die Form eines bloßen Herrschaftsinstruments". Die sozialen Probleme würden auf eine moralische Frage reduziert, deren Lösung durch die Besinnung auf die christliche Familie gefunden würde.[44] Korffs Bewertung vernachlässigte die individuelle Perspektive. Gegen seine Kritik ist einzuwenden, daß die Schwestern subjektiv sich vom heiligen Josef Unterstützung für ihre Arbeit erhofften und ihn eher in der Rolle des fürsorglichen, denn des strafenden Vaters sahen.

Ein starker Hang zur Marienverehrung korrespondierte mit Formen der Herz-Jesu-Verehrung, die von femininen Elementen durchsetzt war.[45] Für die *Franziskanerinnen* von Salzkotten und ihre Gründerin Anna Theresia Pfänder stand die Verehrung der Herzen Jesu und Mariae absolut im Vordergrund, was sie dazu bewog, dieses auch im Namen der Kommunität erscheinen zu lassen.[46] In einem Brief an den Bischof von Paderborn erläuterte sie 1859 ihre Intention: sie wünsche "mit inniger Andacht und Liebe, in diesem letzten Zeitalter, das hochheilige Herz Jesu und das unbefleckte Herz Mariä zu verehren und diese hl. Verehrung nach Kräften zu befördern. Gleichzeitig möchten wir aber auch unserm göttlichen Heilande, zunächst in den armen, verwahrlosten Waisenkindern dienen und diesen durch Unterricht und Erziehung unsere Kräfte widmen."[47] Auffallend ist, daß die von Anna Theresia Pfänder bekundete besondere Affinität zu dieser populären Devotionsform lediglich von sechs Kongregationen geteilt wurde. Dies bedeutet nicht, daß das Herz Jesu in den anderen Kongregationen nicht verehrt wurde, aber eben nicht an herausgehobener Stelle.

In den Kongregationen genossen feminine Devotionsformen insgesamt also ein hohes Ansehen. Die Frauen verehrten Maria in besonderer Weise, aber auch andere weibliche Heilige. Mehr noch, durch ihre Aktivitäten im sozialen und erzieherischen Bereich sorgten sie für die Verbreitung dieser Kulte im Katholizismus. Marienfrömmigkeit praktizierten sie nicht nur in den eignen Reihen,

---

43 Darüber hinaus rückte Josef als Zimmermann zum Patron der von Adolf Kolping gegründeten Gesellenvereine auf. Im Erzbistum Köln erreichte die Josefsverehrung um die Jahrhundertwende einen Höhepunkt. Vgl. Hegel, Erzbistum Köln, S. 414f.

44 Gottfried Korff, Heiligenverehrung und soziale Frage, in: Günter Wiegelmann (Hg.), Kultureller Wandel im 19. Jahrhundert, Göttingen 1973, 102-111.

45 Vgl. zur im 19. Jahrhundert sehr populären Herz-Jesu-Verehrung die Studie von Norbert Busch, Katholische Frömmigkeit sowie zu Aspekten der Feminisierung dieses Kultes seinen Aufsatz: Die Feminisierung der Frömmigkeit, in: von Olenhusen, Wunderbare Erscheinungen, S. 203-219.

46 *Franziskanerinnen von den heiligsten Herzen Jesu und Mariä.*

47 AKFS, Anna Theresia Pfänder an Bischof Konrad Martin am Fest der Hl. Thekala, September 1859.

sondern auch gemeinsam mit den Menschen, denen sie durch ihre Arbeit verbunden waren. Von einer Feminisierung religiöser Praktiken könnte man nur dann nicht sprechen, wenn man dies als Prozeß der Neuinterpretation theologischer Inhalte verstehen würde. Lucian Hölscher hat jüngst darauf hingewiesen, daß eine kritische Analyse der christlichen Theologie aus weiblicher Sicht einschließlich entsprechender Forderungen nach Veränderung des kirchlichen Lebens und einem gleichberechtigten Zugang von Frauen und Männern zu kirchlichen Ämtern ein Phänomen der letzten zwei Jahrzehnte ist.[48] Überlegungen dieser Art standen in den Frauenkongregationen des 19. Jahrhundert nicht zur Diskussion, gleichwohl bevorzugten die Schwestern feminine Devotionsformen. Diese vom Ultramontanismus ins Zentrum katholischer Frömmigkeit gerückten Praktiken knüpften offenbar an zeitgenössische weibliche Bedürfnisse nach Kontemplation an und beförderten so gesehen die Entwicklung des gemeinschaftlichen Zusammenlebens von Frauen unter dem Dach der Kirche.

6.3. Symbiose von Religiosität und Arbeit

Für die Praxis genossenschaftlichen Frauenlebens von größerer Bedeutung als die Frage nach der Feminisierung des Religiösen war das Bemühen, eine Balance zwischen religiösen und profanen Elementen zu halten. Die Gründerinnen der *Schwestern vom armen Kinde Jesu* schrieben 1845 dazu in einem Brief an die preußische Königin Elisabeth: "Getheilt zwischen selbstgewählter Berufsthätigkeit, die von Tag zu Tag sich mehrte, und den Anforderungen, welche die Welt noch immer an uns stellte, fühlten wir alle das unabweisliche Bedürfniß eines mehr geregelten Lebens, eines geordneten Zusammenwirkens, einer größeren Absonderung von der Welt, welche es uns möglich machen könnte, bei Fortsetzung der begonnenen äußeren Thätigkeit auch an unsere eigene geistliche Fortbildung zu denken."[49] Die Aachener Schwestern formulierten hier einen hohen Anspruch hinsichtlich des Verhältnisses von Arbeit und Kontemplation. Es stellt sich die Frage, auf welchem Selbstverständnis die Arbeit der Kongregationen basierte und wie die spezifischen Probleme, die bei der Umsetzung in die genossenschaftliche Praxis auftreten konnten, gelöst wurden.

In den Konstitutionen legten die Gemeinschaften ihre programmatische Ausrichtung fest. Ihre Analyse verspricht Aufschluß über den Zweck der Kongrega-

---

48 Vgl. Hölscher, "Weibliche Religiosität", S. 48.

49 Clara Fey, Leocadia Startz, Louise Vossen und Wilhelmine Istas an Königin Elisabeth vom 7. Dez. 1845: BDA, Gvo Aachen, Schwesternklöster 7, I (10093). Bl. 25-29.

tion und die Motive ihrer Mitglieder. In diesem Zusammenhang wird erstens die Verknüpfung und Gewichtung von Religion und Arbeit untersucht und zweitens nach den Beziehungen der Schwestern zu ihrer Klientel gefragt.[50] Der Umstand, daß so viele neue Kongregationen im 19. Jahrhundert gegründet wurden, weist darauf hin, daß die Motive der beteiligten Frauen und die Arbeitsschwerpunkte höchst unterschiedlich waren. Die Konstitutionen von vier Kongregationen sollen analysiert werden: die *Barmherzigen Schwestern* von Straßburg, die Genossenschaft der *Armen Dienstmägde Jesu Christi* aus Dernbach, die Kongregation der *Schwestern vom armen Kinde Jesu* aus Aachen sowie die Paderborner Kongregation der *Schwestern der christlichen Liebe*.

Der Kongregation der *Barmherzigen Schwestern* von Straßburg - auch Vinzentinerinnen genannt - gehörten unterschiedliche, zum Teil selbständige Mutterhäuser an, deren Oberinnen sich 1869 versammelten, um eine für alle Niederlassungen verbindliche Konstitution zu erarbeiten. Unabhängig von der weitverzweigten französischen Kongregation der Filles de la Charité, aber von ihr inspiriert, arbeiteten die Schwestern bereits seit der Mitte des 18. Jahrhunderts in Straßburg. Im 19. Jahrhundert gingen zahlreiche Niederlassungen in Deutschland von dieser Genossenschaft aus, etwa die Gründungen von Paderborn und Fulda.[51] Die *Barmherzigen Schwestern* beschrieben als "Zweck der Congregation": "1. Der allgemeine Zweck der barmherzigen Schwestern ist, sich selbst zu heiligen, indem sie Gott in der Person der Armen dienen. 2. Sie beschäftigen sich mit der Pflege der Kranken in den Krankenhäusern, der Pfründner in den Spitälern, der Kinder in den Waisenhäusern und Bewahr-Anstalten, der weiblichen Gefangenen und der Irren. 3. Sie pflegen auch Kranke in Privathäusern und ertheilen Kindern Elementar-Unterricht. 4. Um diesen ihren Zweck sicherer zu erreichen, weihen sie sich Gott dem Herrn und befolgen die vom hl. Stuhle approbirten Constitutionen."[52]

Die "Selbstheiligung" der Schwestern tritt hier in den Mittelpunkt und wird zur zentralen Motivation für alle Tätigkeiten im Rahmen der allgemeinen Kranken- und Armenpflege. Auffällig ist, daß Frauen den Anspruch erheben, sich selbst ohne Vermittlung eines Priesters heiligen zu können. Voraussetzung dafür ist die Beobachtung der eigenen Person; das religiöse Leben dieser Frauen erforderte Selbstreflexion in einer Weise, wie sie Frauen jenseits des klösterlichen

---

50 Ausdrücklich soll es dabei um die normativen Vorstellungen gehen, Spannungen zwischen diesen Festsetzungen und den realen Handlungen werden zunächst nicht berücksichtigt.

51 Vgl. Vorwort zu den "Constitutionen der Barmherzigen Schwestern von Straßburg. Als Manuskript gedruckt (1891)", S. III-VII. Darüber hinaus vgl. Gatz, Kirche, S. 256-268; Wilhelm Liese, Geschichte der Caritas, Band 2, Freiburg i.Br. 1922, S. 53-60; Scherer, Kongregation der Barmherzigen Schwestern.

52 Constitutionen der Barmherzigen Schwestern, S. 1.

Lebens nur selten möglich war.[53] Die Arbeit der Schwestern an Armen und Kranken muß aus dieser Sicht eher als leidige Notwendigkeit für das individuelle Seelenheil der Frauen erscheinen. Priorität hatte, Gott in der Person der Armen zu dienen, und nicht das Prinzip der Nächstenliebe um seiner selbst willen. Die Betonung der Wichtigkeit der eigenen Person muß nicht zwangsläufig negative Auswirkungen auf die Effektivität der Tätigkeit der Schwestern gehabt haben, vielmehr steigerte die Aussicht auf ewiges Heil den Arbeitseifer der Frauen. Die Vinzentinerinnen hatten jedenfalls maßgeblichen Anteil an der Etablierung neuer Konzepte der stationären Krankenpflege im 19. Jahrhundert.[54] Im Unterschied zu den *Barmherzigen Schwestern* formulierte die Genossenschaft der *Armen Dienstmägde Jesu Christi* ihre Aufgaben aus einer anderen Perspektive: "Spezielle und vorzüglichste Aufgabe der Glieder dieser Genossenschaft ist: Die Erweckung und möglichste Förderung eines wahrhaft christlichen, den Lehren und Grundsätzen unserer heiligen Religion entsprechenden Lebens unter dem Volke, insbesondere dem armen, vielfach so sehr verlassenen Landvolke. Die Verfolgung dieser Aufgabe ist das bewegende Prinzip ihrer gesamten Tätigkeit. Arme Mägde dessen, der gekommen ist, zu suchen und selig zu machen, was verloren war, und den Armen das Evangelium zu predigen, und der da wandelte in Mitte der Seinen wie Einer, der dienet, wollen sie ihm hinwiederum in seinen hilfsbedürftigen Brüdern und Schwestern dienen, aber so, daß das eigentliche Ziel aller ihrer Dienste nicht sowohl die äußere Leistung, die leibliche Wohltat, als vielmehr die Hinführung der Seelen zu dem Herrn, die Versöhnung der Unglücklichen mit ihrer Lage und die Aufmunterung und Anleitung der einzelnen zu einem ihren individuellen Lebensverhältnissen angemessenen gottgefälligen Wandel ist."[55]

Die wichtigste Aufgabe der Schwestern bestand nicht in der "Selbstheiligung" der Mitglieder der Kongregation, sondern darin, die Menschen zu Gott zu führen. Die Konstitutionen drücken also einen ausgeprägten Missionierungseifer der Schwestern aus. Handelt es sich im Hinblick auf diese Differenzierung lediglich um einen semantischen Unterschied oder lassen sich auch andersartige inhaltliche Konzepte vermuten? "Selbstheiligung" als dominantes Ziel weist eher auf die Lebensweise und Zielsetzung der alten Frauenorden hin, stellt die Kontemplation in den Vordergrund, die Tätigkeitsfelder bedeuteten hier lediglich Ergänzung zur Gebetsarbeit. Die "äußeren Arbeiten"[56] der Kon-

53 Auch Welter betont die Chancen zur Selbstreflexion, die Religion für Frauen allgemein bot, vgl. Welter, "Frauenwille ist Gottes Wille", S. 347.

54 Vgl. Kapitel 5.1. dieser Arbeit.

55 ADJC, Statuten der Genossenschaft der armen Dienstmägde Jesu Christi 1856, S. 24 f.

56 Mit dem Terminus "äußere Arbeit" wurden in den Konstitutionen häufig die Arbeiten beschrieben, die wir heute als Berufstätigkeit bezeichnen würden, also etwa die Tätigkeiten der Lehrerin, Krankenschwester oder Erzieherin.

gregation gehörten zum Prozeß der Selbstheiligung; der Dienst an den Menschen wurde zwingend notwendig für das Ziel der individuellen Heilserwartung, stellte jedoch keinen Wert an sich dar. Im Unterschied dazu deuten die Ausführungen in den Konstitutionen der Genossenschaft der *Armen Dienstmägde Jesu Christi* auf eine eigenständige Interpretation des gesellschaftlichen Umfeldes und den Willen zu einer aktiven Gestaltung des religiös-kirchlichen Leben hin. Die Schwestern proklamierten für sich die Kompetenz, den Armen das Evangelium predigen zu wollen. Die Frauen beanspruchten seelsorgerische Arbeiten, die in der katholischen Kirche wegen des Ausschlusses der Frauen von der Ordination Priestern vorbehalten blieben.[57] Solch weitreichende Konzessionen gewährte die Kirche Frauen nur in dem eng begrenzten Rahmen des kirchlich kontrollierten Frauengenossenschaftswesens.

Die beiden Konstitutionen unterscheiden sich im Hinblick auf die Einstellung gegenüber den Menschen, die sie betreuen. Nicht die Heilsgewißheit der tätigen Schwester wie bei den *Barmherzigen Schwestern*, sondern die Hinführung der Menschen zu Gott war die vorrangige Aufgabe der *Armen Dienstmägde Jesu Christi*. Sie betonten, mit ihrer Tätigkeit Gott dienen zu wollen, aber nicht für sich selbst, sondern ihre Aufmerksamkeit richtete sich auf die Lebensbedingungen der Bevölkerung, die sie verbessern wollten, um dieser so die Chance zu einem christlichen Leben zu geben. Die Kongregation der *Schwestern vom armen Kinde Jesu* in Aachen stellte sich eine begrenztere Aufgabe als die *Armen Dienstmägde Jesu Christi* im ländlich geprägten Westerwald: sie konzentrierte sich auf die Erziehung und Bildung besonders von Kindern aus den verarmten Unterschichten. Dazu hieß es in den Konstitutionen: "Den Constitutionen und Statuten gemäß, ist die Genossenschaft der Schwestern vom armen Kinde Jesus weder vorherrschend beschaulich, noch vorwiegend thätig. Damit aber das thätige Leben nicht vorwiegend werde, muß jede Schwester so von ihrem Berufe, dem himmlischen Bräutigam ihrer Seele allein anzugehören, durchdrungen sein, daß dies in die äußere Thätigkeit übergeht. Bei der natürlichen Neigung zum äußeren Wirken muß das Verlangen, den Herrn zu lieben, zu ehren, ihm näher zu kommen, stets das Uebergewicht behalten. Aus der Liebe zu Jesus muß das Bedürfnis hervorgehen, sich dem äußern Wirken hinzugeben, um ihm zu helfen in der Rettung und Heiligung der anvertrauten Kinder."[58]

Auffallend an diesen Konstitutionen ist das Bemühen der Frauen, Kontemplation und Tätigkeit gleichermaßen zur Geltung kommen zu lassen. Im Unterschied zu den *Barmherzigen Schwestern* und den *Armen Dienstmägden Jesu*

---

57 Vgl. dazu Kapitel 7.

58 ASKJ, Commentar zu den Constitutionen und Statuten der Genossenschaft der Schwestern vom armen Kinde Jesu, Simpelveld, Haus Loreto, 1892, S. 7.

Christi thematisieren die Aachener Schwestern, daß die Verbindung von religiösem und tätigen Leben kein leichtes Unterfangen ist. Vielmehr sehen sie eine "natürliche Neigung" zur Arbeit und nicht zum Gebet und betrachten die Zusammenführung beider Elemente als Herausforderung,[59] deren Bewältigung ihnen hilft, dem "Herrn näher zu kommen". Dies ist ein im Vergleich zu den *Barmherzigen Schwestern* bescheidenes Ziel, für die zu betreuenden Kinder streben sie dagegen die "Heiligung" an. Die Menschen, denen sich die Frauen zuwenden, hatten wie schon bei den *Armen Dienstmägden Jesu Christi* eine eigenständige Position im göttlichen Heilsplan inne. Die subjektiven Heilserwartungen der Frauen werden mit einem allgemeinen Verantwortungsbewußtsein für das irdische wie himmlische Wohlergehen der Kinder verknüpft.

Die Gleichgewichtigkeit individueller Beweggründe und des Strebens nach Verbreitung christlicher Grundsätze dokumentiert die Zweckbestimmung der 1849 in Paderborn von Pauline von Mallinckrodt gegründeten Kongregation der *Schwestern der christlichen Liebe*: "Das höchste Ziel der Genossenschaft ist die größere Ehre Gottes; deshalb bezweckt sie nicht allein, daß ihre Glieder dem Heile und der Vervollkommnung der eigenen Seele mit der göttlichen Gnade obliegen, sondern auch dem Seelenheile und der Vervollkommnung des Nächsten, der Erziehung und dem Unterrichte der weiblichen Jugend, überhaupt den Werken der Nächstenliebe mit allem Eifer sich hingeben."[60] Noch stärken binden die *Schwestern der christlichen Liebe* ihre eigene Existenz an die ihnen anvertrauten Menschen: nur gemeinsam können sie ein vollendetes christliches Leben erreichen. Darüber hinaus erklären die Frauen die Verbindung von beschaulichem und tätigem Leben als höchste christliche Lebensform, denn nur so könne die "größere Ehre Gottes" hergestellt werden.[61] Bemerkenswert ist die explizite Absicht, Erziehung und Bildung der weiblichen Jugend in den Mittelpunkt zu stellen.

Charakterisch für alle Konstitutionen ist ein Spannungsverhältnis zwischen den Heilserwartungen der Frauen einerseits und ihren Tätigkeiten im Dienste ihrer religiösen Überzeugungen andererseits. Der Blick über den unmittelbar religiösen Rahmen hinaus wurde durch das Medium Religion strukturiert, ohne Trennung von profanen und transzendenten Weltdeutungen. Clara Feys Äußerungen zur Lage der Kinder in Aachen zeigen dies: "Das Verderben bei den

---

59 Die Gründerin und spätere Generaloberin der Kongregation appelliert an die Frauen: "Ja, Schwestern, es liegt uns eine besondere Pflicht ob. Es handelt sich hier nicht nur darum, eine lang bestehende Regel aufrecht zu erhalten, nein, es handelt sich um eine *neue Richtung*. Es handelt sich darum, eine heilige Regel einzuführen, - einzuführen für die Zukunft, für eine Menge, die nachfolgt." ASKJ, Konferenz von Mutter Clara vom 4. Mai 1849.

60 Constitutionen der Schwestern der christlichen Liebe 1895, S. 19.

61 Dies kann auch als Kritik an einer rein kontemplativen Lebensform verstanden werden, die allein aus dem Streben nach Vollkommenheit ihre theologische Berechtigung erfährt.

Kindern ist so gross, wie es noch nie gewesen ist, und überall überragt diese verdorbene Jugend die Zahl der guten so, dass, wenn nicht eine mächtige Hilfe von oben kommt, es kaum voraus zu sehen ist, welches Unheil daraus entstehen kann und wird. ... Wie strafwürdig wäre deshalb nicht jene von uns, die in Anschauung dieser Not die Hände müssig in den Schoss legen wollte oder doch mit einer gewissen Unlust oder Trägheit die Hauptarbeit einzelnen Schwestern überlassen wollte. Nein, wir müssen alle Hand ans Werk legen, von der jüngsten bis zur ältesten."[62]

Die Symbiose von Kontemplation und Arbeit sollte das Handeln der Frauen in den Kongregationen bestimmen und Einfluß auf ihre gesamte menschliche Exsistenz haben. Dieses ehrgeizige Vorhaben war allerdings vielfältigen Anfechtungen ausgesetzt und ließ sich nicht ohne weiteres in die tägliche Praxis umsetzen. Die Schwestern erfuhren durch ihre tägliche Arbeit weitaus mehr über das Leben außerhalb ihrer Kommunität als die Mitglieder von Frauenorden mit strikten Klausurvorschriften. Arbeitszeiten von acht bis elf Stunden, in denen die Frauen in Hospitälern oder Privathäusern Kranke pflegten, in Schulen Kinder unterrichteten oder Marianische Kongregationen für junge Frauen organisierten, stellten eine Herausforderung für die klösterliche Disziplin dar. Gleiches galt für Reisen und andere Aktivitäten in der Öffentlichkeit. Die Schwestern in den Kongregationen lebten eben nicht ausschließlich hinter den Klostermauern.

Um die profanen Einflüsse im Sinne des Selbstverständnisses für die eigene Lebensweise nutzbar zu machen und sie gleichzeitig nicht überhand nehmen zu lassen, standen den Kongregationsleitungen verschiedene Instrumentarien zur Verfügung. Der beständige Wechsel von kontemplativen und profanen Tätigkeiten, wie er in den Tagesordnungen der Schwestern festgelegt war, sollte bewirken, daß nicht die eine Seite zu großes Gewicht bekam. Clara Fey sah in den "Tagzeiten", wie sie das Stundengebet nannte, eine Verbindung von "ora et labora": "Es muss uns dies die liebste Übung sein, durch die wir Tätigkeit und Beschauung verbinden."[63] In den Konstitutionen wurde der Tagesablauf als strikte Handlungsmaxime für die Schwestern definiert, auf deren genaue Einhaltung größter Wert gelegt wurde.[64] Gerade der beständige Wechsel von

---

62 ASKJ, Konferenz von Mutter Clara vom 18. August 1850.

63 ASKJ, Konferenz von Mutter Clara vom 26. Januar 1851.

64 Die Gründerin der Kongregation der *Schwestern vom armen Kinde Jesu*, Clara Fey, hielt sogenannte Konferenzen für die Frauen ab, die unter anderem das Ziel hatten, den Kongregationsmitgliedern die Konstitutionen zu erläutern. Clara Fey erklärte den Frauen dazu am 11. Mai 1849: "Da von der pünktlichen Beobachtung unserer Regel unsere Vollkommenheit, ja unsere höchste Vervollkommnung und Heiligung abhängt, so ist es billig, dass wir allen Fleisses nach dem trachten, was die heilige Regel vorschreibt." ASKJ, Konferenz von Mutter Clara.

Arbeit und Kontemplation im Tagesrhythmus schuf die Symbiose beider Bereiche.[65] Religiöse Unterweisung und Kontrolle durch die jeweilige Oberin, der es oblag, den Schwestern permanent in Erinnerung zu bringen, was die Ziele der Kongregation waren, verfolgten gleichfalls die Absicht der Zusammenführung von Arbeit und Kontemplation. Bereits seit den Gründertagen suchte Clara Fey das Gespräch mit ihren *Schwestern vom armen Kinde Jesu*. Visitationen der einzelnen Niederlassungen dienten dem selben Zweck. Die reisefreudige Pauline von Mallinckrodt besuchte die einzelnen Filialen ihrer Kongregationen mindestens einmal im Jahr.[66]

Als ein Mittel der Selbstvergewisserung und des Innehaltens im Alltagsleben wurden Exerzitien eingesetzt. In diesen religiösen Übungen kamen die Schwestern für einen längeren Zeitraum von unter Umständen mehreren Wochen im Generalmutterhaus zusammen. Diese Form der Kontemplation diente ebenso der religiösen Erneuerung: "Die Exercitien wollen nämlich die Seele befähigen und bestimmen, alle ungeordneten Neigungen zu tilgen und dann den Willen Gottes zu erforschen, wie das Leben in Zukunft seiner Bestimmung gemäß einzurichten sei."[67] Frei von allen anderen Aktivitäten diente diese Zeit ausschließlich religiösen Zwecken und fand unter Anleitung eines Priesters statt.[68] Mindestens einmal im Jahr erhielten die Mitglieder der *Schwestern der christlichen Liebe* die Möglichkeit, an Exerzitien im Paderborner Mutterhaus teilzunehmen. Es konnte aber durchaus auch häufiger geschehen, daß die Frauen abwechselnd zu derartigen Treffen ins Mutterhaus fuhren.[69]

---

65 Dies läßt sich anhand der Tagesordnung der *Grauen Schwestern* beispielhaft für andere Kongregationen belegen: Um 5 Uhr standen die Schwestern auf, kleideten sich an und versahen bis zum Frühstück um 7 Uhr verschiedene religiöse Übungen einschließlich eines Messbesuchs. Ab 7.30 Uhr verrichteten sie ihre Arbeit in der Krankenpflege, ab 11 Uhr stand eine Viertelstunde Kontemplation auf dem Programm, danach gab es Mittagessen und anschließend wurde das "hochheiligste Sakrament" in der Kirche besucht. Ab 12 Uhr waren die Kranken zu betreuen. Der Nachmittag war in gleicher Weise vom Wechsel zwischen Arbeit und Kontemplation bestimmt und sah auch kurze Phasen der Rekreation vor. Constitutionen der Grauen Schwestern 1898, S. 17.

66 Vgl. Hüffer, Pauline von Mallinckrodt, S. 60.

67 R. Bauer, Art. Exercitien, in: Wetzer und Welte's Kirchenlexikon, Bd. 4, Freiburg i. Br. 18862, Sp. 1131.

68 Während der Exerzitien galt bei den *Schwestern vom armen Kinde Jesu* eine besondere Tagesordnung, die vorsah, daß sich sie Frauen vom Aufstehen um 5 Uhr bis zum Schlafengehen um 20 Uhr überwiegend mit religiösen Übungen beschäftigten und überdies fast fünf Stunden "freie Zeit" hatten, wobei "während der Exercitien beständig strenges Silentium gehalten wird." ASKJ, Gebräuche, S. 66 f.

69 Vgl. Hüffer, Pauline von Mallinckrodt, S. 58, 82. Die *Schwestern Unserer Lieben Frau* und die *Marienschwestern* verfuhren ähnlich. Vgl. Unter dem Banner, S. 29; Schweter, Marienschwestern, S. 82.

Den sinnfälligsten Ausdruck findet das Streben nach Symbiose von Kontemplation und Aktivität darin, daß die Schwestern aufgefordert waren, all ihre täglichen Verrichtungen mit Gebeten zu begleiten. Bereits für das Anziehen am Morgen ersannen sich die *Schwestern vom armen Kinde Jesu* Gebete.[70] Clara Fey hielt ihre Schwestern an, sich der ständigen Gegenwart Gottes bewußt zu sein, "beim Gebet und bei unserer Arbeit, in der Schule, bei häusslichen Geschäften; streben wir doch, nicht ohne unsern göttlichen Freund zu sein. Reden wir mit ihm über alles, klagen wir ihm alles, was uns drückt und plagt."[71] Sie empfahl den Schwestern, keine Stunde des Tages vergehen zu lassen, ohne an Gott zu denken, so daß Religion und Arbeit eine Einheit bildeten.

6.4. Religiöse Bildung und Vermittlung

Um ihrem Selbstverständnis gemäß zu leben, benötigten die Frauen in den Kongregationen - je nach ihrer Stellung innerhalb der Gemeinschaft - Kenntnisse in religiösen Fragen, in Kirchengeschichte, den Umgang mit kirchlichen Behörden und im kanonischen Recht. Kurzum, eine umfassende religiöse Bildung war vonnöten. Diese Kenntnisse wurden katholischen Gläubigen - Männer wie Frauen - außerhalb religiöser Genossenschaften wegen der exponierten Stellung der Kleriker in der katholischen Kirche und deren Monopol auf Weltdeutung in religiösen wie profanen Fragen nicht zugestanden.

Die Kongregationen schufen religiös-theologische Bildungsmöglichkeiten für Frauen, die für diese deshalb attraktiv waren, weil sie ihre Kenntnisse nicht nur zum individuellen Streben nach Vollkommenheit nutzen konnten, sondern zur Verbreitung nach außen dienten. Die Schwestern fungierten als Religionsvermittlerinnen und nahmen als kirchlicher Mittelstand, der in der kirchlichen Hierarchie zwischen Klerikern und Laien angesiedelt war, eine wichtige Aufgabe wahr. Ihre Kompetenz in religiösen Fragen verschaffte ihnen Zugang zu Aufgaben, die Laien in der Kirche nicht zustand. Ein Blick auf die Bildungsdebatte des 19. Jahrhunderts und deren geschlechterspezifische Dimensionen zeigt, welchen Stellenwert dieser besondere Zugang zur religiösen Bildung für Frauen hatte.

Entgegen dem verbalen Anspruch bürgerlicher Bildungstheoretiker bedeutete "Allgemeinbildung" keineswegs eine geschlechtsunspezifische Erweiterung des allgemeinen Wissens, sondern eine Ergänzung zur zunehmenden Spezialisie-

---

70 In den Gebräuchen wurde genau festgelegt, welche Gebete beim Anziehen welcher Kleidungsstücke zu sprechen waren. Siehe ASKJ, Gebräuche, S. 27 f.

71 ASKJ, Konferenzen von Mutter Clara, hier vom 29. September 1850, S. 31 f.

rung von Wissen im bürgerlichen Erwerbsleben. Da Frauen hier nicht präsent waren, blieb sie Männern vorbehalten. Überdies schlossen Männer weibliche Sichtweisen bei der Konzipierung des Begriffs "Allgemeinbildung" implizit aus, und explizit unberücksichtigt blieben Frauen und Mädchen, wenn es um die Institutionalisierung bürgerlicher Ausbildungswege ging.[72] Daß nicht alle Frauen den ihnen von Männern zugewiesenen Platz klaglos einnahmen, belegt die Geschichte der weiblichen Bildung.[73] Die engagierten Frauen beschäftigten sich intensiv damit, wie für Mädchen und Frauen ein den männlichen Bildungsmöglichkeiten vergleichbarer, institutionell abgesicherter Bildungsweg geschaffen werden könne. Die frauenbewegten Sozialreformerinnen und Bildungstheoretikerinnen bestanden aber darauf, daß spezifisch weibliche Erfahrungswelten die Konzeption zur Frauenbildung auszeichnen sollten.[74]

Obwohl aus heutiger Sicht konstatiert werden muß, daß die Orientierung an der männlichen Bildungs- und Erwerbswelt prägender und im historischen Verlauf erfolgversprechender war, fühlte sich im 19. Jahrhundert offensichtlich eine Reihe von Frauen von ganz anderen Entwürfen weiblicher Bildung angesprochen, nämlich denen der religiösen Bildung. "Bildung" meint hier nicht deren neuhumanistische Konzeption, sondern sie steht in der Tradition eines katholischen Bildungsbegriffs, der im 19. Jahrhundert in einem äußerst konfliktreichen Verhältnis zum Bildungsbegriff des liberalen, zumeist protestantischen Bürgertums stand.[75] Wenn Frauen im nicht-kirchlichen Bereich Bildungsforderungen mit dem Ziel der Partizipation an der bürgerlichen Öffentlichkeit und später der politisch-rechtlichen Teilhabe sowie der Ausübung eines qualifizierten Berufes verbanden, so gilt analog, daß Frauen religiöse Bildungsanstrengungen nicht zuletzt deshalb unternahmen, um ihrem Anspruch auf Partizipation im kirchlichen Raum Nachdruck zu verleihen. Hintergrund solcher Überlegungen ist die Prämisse, daß Religiosität zwar zunächst Frage subjektiver Glaubensüberzeugungen war, daß aber dann, wenn Religion zur Profession wurde, Wissen und Kompetenzen ganz anderer Art notwendig waren.

---

72 Vgl. dazu Pia Schmid, Das Allgemeine, die Bildung und das Weib, in: Heinz-Elmar Tenorth (Hg.), Allgemeine Bildung, Weinheim 1986, S. 202-214.

73 Vgl. u.a. James Albisetti, Schooling German Girls and Women. Secondary and Higher Education in Nineteenth Century Germany, Princeton 1988. Vgl. außerdem mit weiterführender Literatur: Margret Kraul, Höhere Mädchenschulen, in: Handbuch der deutschen Bildungsgeschichte, Band IV: 1870-1918: Von der Reichsgründung bis zum Ende des Ersten Weltkriegs, hg. von Christa Berg, München 1991, S. 279 - 303.

74 Vgl. Schröder, Soziale Frauenarbeit; Edith Glaser, "Frauen, wie wir sie wollen, können nur unter Fraueneinfluß gebildet werden." Arbeitspapier zum SFB-Kolloquium, MS Bielefeld 1993.

75 Vgl. dazu Mergel, Klasse und Konfession, insb. S. 157-167; Michael Klöcker, Katholizismus und Bildungsbürgertum, in: Reinhart Koselleck (Hg.), Bildungsbürgertum im 19. Jahrhundert, Teil II, Stuttgart 1990, S. 117-138.

Konkret bedeutet dies, daß die Frauen in den Kongregationen neben dem fachlichen Wissen ihres jeweiligen Berufsfeldes religiöse Kenntnisse besitzen mußten. Was für die Ausübung des Priesterberufes nicht infragegestellt wird, trifft im Grunde genommen auch für Ordensfrauen und Schwestern zu, nämlich daß für ihre Tätigkeit eine spezifische Qualifikation notwendig war, und zwar ungeachtet aller Fragen nach der inneren Berufung zu einem solchen Amt.[76] Dies galt insbesondere für alle pädagogischen Berufe in den Kongregationen, denn zu deren Ausübung gehörte immer beides: eine solide Ausbildung im profanen Sinn inklusive der notwendigen staatlichen Examina und eine profunde Kenntnis katholischer Glaubensinhalte und religiöser Praxis. Nur so konnten die Frauen den hochgesteckten eigenen Ansprüchen gerecht werden und als "Religionsvermittlerinnen" fungieren.

Am Beispiel der *Kongregation der Schwestern vom armen Kinde Jesu* soll gezeigt werden, wie eine solche Vermittlung religiöser Bildung funktionierte oder wie aus religiösen Überzeugungen Arbeit wurde. Was benötigten die Schwestern zur Umsetzung ihrer Ziele? Neben umfangreichen finanziellen Mitteln und gewissen Organisationskenntnissen war die Bildung der Schwestern von entscheidender Bedeutung für die Arbeit der Kongregation. Die Unterrichtung erfolgte im Noviziat.[77] Die Novizinnen lebten in einer abgeschlossenen Kommunität unter Führung einer Novizenmeisterin zusammen. Das Noviziat endete mit der zunächst befristeten Aufnahme in die Kongregation, der sogenannten Profession. Die Arbeit der Novizenmeisterin gehörte zu den bedeutendsten Führungsaufgaben, denn von ihren Fähigkeiten hing in hohem Maße die "Leistungsfähigkeit" der Genossenschaft ab. Das Handbuch für Novizenmeisterinnen umreißt ihre Aufgaben wie folgt: "Sie hat ihre Zöglinge zu unterrichten 1. in den Glaubenswahrheiten und der Sittenlehre; 2. in den hl. Sacramenten; 3. in Betreff der Gelübde, der Regeln und Satzungen ihres Ordens; 4. in der Art und Weise, ihre Leidenschaften zu zügeln und zu einem geistlichen Leben zu gelangen; 5. in dem inneren Leben und den Mitteln, dazu zu gelangen u.s.w."[78] Betont wird nicht nur in diesem Handbuch, daß die religiöse Vorbildung der Frauen oft nicht den Erfordernissen der Genossenschaft genügte, die Novizenmeisterin müsse daher besonders "solche Personen ...., welche oft kaum noch den Buchstaben des Katechismus, den sie ohne ihn zu verstehen, auswendig gelernt, im Gedächtnis haben,"[79] mit religiösen Fragen vertraut machen und

76 Vgl. zur Bedeutung beruflicher Arbeit im Katholizismus Josef Mooser, "Christlicher Beruf" und "bürgerliche Gesellschaft". Zur Auseinandersetzung über Berufsethik und wirtschaftliche Inferiorität im Katholizisms um 1900, in: Wilfried Loth (Hg.), Deutscher Katholizismus im Umbruch zur Moderne, Stuttgart 1991, S. 124-142.

77 Vgl. zur unterschiedlichen Aufnahmepraxis Keiter, Bedingungen.

78 Leguay, Novizen-Meisterin, S. 55.

79 Ebd., S. 2.

ihnen entsprechende fundiertere Kenntnisse vermitteln. Erläutert wurde den Novizinnen die Heilige Schrift, sie hatten sich den Katechismus anzueignen. Immer wieder brachte man ihnen die Lebensbeschreibungen von Menschen nahe, die von der katholischen Kirche als Heilige verehrt wurden. Die Heiligen dienten als Vorbilder für ein erfolgreiches Streben nach christlicher Vollkommenheit. Neben diesen Fundamenten des katholischen Glaubens nahmen Themen einen breiten Raum ein, die sich mit den spezifischen Fragen des gemeinschaftlichen Lebens beschäftigten. Der Verzicht auf Ehe und Familie, die individuelle Armut und das Gehorsamsversprechen, kurz die Auseinandersetzung mit dem Sinn und Zweck der Gelübde gehörte dazu. Die Regeln des gemeinschaftlichen Lebens thematisierte die Novizenmeisterin ebenso wie die spezifische Spiritualität und die Gründungsgeschichte der Gemeinschaft. Sie erklärte den Novizinnen die Konstitutionen, in denen die Ziele und Aufgaben der Gemeinschaft ebenso benannt wurden wie die Fragen des Aufnahmeverfahrens, der Lebensweise, der Frömmigkeitspraktiken oder der Verwaltung. Dazu sind von seiten der Novizenmeisterin umfassende Qualifikationen erforderlich, sie "muß an ihren Untergebenen gleichsam ein apostolisches Amt üben; sie muß lehren, leiten, Entscheidungen geben über alle Punkte, worüber sie um Rath gefragt wird; sie muß das Licht und die Leuchte ihrer Novizen sein."[80]

Das Noviziat diente in erster Linie der religiösen Unterweisung und in zweiter Linie der Vermittlung beruflichen Wissens. Die Ausbildung der Schwestern hatte zwei Funktionen: zum einen gewährleistete sie, daß die neuen Mitglieder die religiösen Praktiken des klösterlichen Leben lernten, die sich fundamental von dem unterschieden, was die Frauen aus dem Elternhaus oder der Kirchengemeinde mitbrachten; auf der anderen Seite erwarben sie sich Wissen, welches sie zur Ausübung ihrer Tätigkeiten benötigten. Die Kenntnis theologischer Grundbegriffe und religiöser Praktiken wie auch die Fähigkeit zur Interpretation der zeitgenössischen Verhältnisse aus religiös-kirchlicher Perspektive bedeutete für die Kongregation in gewisser Weise das "Grundkapital" für ihre Arbeit. Mit diesem Kapital gingen die *Schwestern vom armen Kinde Jesu* durchaus rationell um. Das zeigt ein Blick darauf, wie Kompetenzen und Wissen um religiöse Sachverhalte eingesetzt wurden, denn nicht alle Frauen profitierten in gleicher Weise von den Wissensressourcen der Kongregationen.

Laienschwestern hatten nicht in gleicher Intensität Anteil an der religiösen Bildung wie Chorschwestern. Dies geht indirekt aus einem Rundschreiben der Generaloberin Clara Fey an die Vorsteherinnen der Tochterhäuser hervor, in dem sie die Ausbildung der Laienschwestern kritisierte, die in manchen Häusern "fast keinen Unterricht im Katechismus, noch weniger in den geistlichen Ue-

80 Ebd., S. 3.

bungen wie in der Betrachtung"[81] erhielten. Für die Arbeit der Laienschwestern reichte es scheinbar aus, wenn sie darauf verpflichtet werden konnten, für ihr individuelles Seelenheil zu sorgen. In den Konstitutionen von 1892 hieß es dazu knapp: "Ihrer Regel [die der Laienschwester] kürzester Inhalt heißt: 'Die Hand bei der Arbeit, das Herz bei Gott.'"[82]

Im Unterschied dazu wurde den Chorschwestern, deren vornehmste Aufgabe die schulische Ausbildung und Betreuung der in den Häusern der Kongregation wohnenden Kinder war, eine umfassendere religiöse Ausbildung vermittelt, welche sie dazu qualifizierte, sowohl den Pflichten des klösterlichen Lebens in vollem Umfang nachzukommen wie auch ihre religiöse Bildung an die Kinder weiterzugeben, etwa in Form von Katechismus- oder Kommunionunterricht. Die Kenntnisse der Chorschwestern wurden professionell verwertet, sie waren zur Ausübung ihrer Berufstätigkeit als Lehrerin oder Erzieherin erforderlich. Was für die einfache Chorschwester galt, traf in höherem Maß für fast alle Führungspositionen zu, die in der Kongregation zu vergeben waren. Die Lokaloberinnen, Provinzialoberinnen sowie deren Assistentinnen benötigten für ihre Tätigkeit neben eher profanen Fähigkeiten umfassende Kenntnisse in religiösen wie kirchenrechtlichen Fragen.

Die Gründerin der Kongregation, Clara Fey, kann als wichtigste Vermittlerin in religiösen Fragen betrachtet werden. Sie prägte die Spiritualität der Kongregation, verfaßte religiöse Texte, interpretierte Bibelstellen und besaß eine theologische Bibliothek. Ihre theologischen Kenntnisse gab sie an die Schwestern in Form religiöser Konferenzen, Kapitelermahnungen und Rundschreiben weiter. Sie stand mit den einzelnen Schwestern in Kontakt und beriet sie. Ferner arbeitete Clara Fey seit der Gründung der Kongregation gemeinsam mit ihren Assistentinnen und befreundeten Priestern nahezu ständig an der Überarbeitung der Konstitutionen, also an der programmatischen Ausrichtung.

Religiöse Bildung kam den Schwestern nicht in gleicher Weise zu, sondern nur entsprechend den Erfordernissen ihrer beruflichen Tätigkeit. Vergleichbare Zugangsbeschränkungen lassen sich bekanntlich in profanen Kontexten finden. Religiöse Bildung hatte eine ähnliche Bedeutung wie Bildung im weltlichen Bereich, nämlich die Chance, die eigenen Einfluß- und Handlungsmöglichkeiten zu verbessern. Kompetenz in religiösen Fragen war abhängig von dem Tätigkeitsfeld und der Position der Frauen in der hierarchischen Ordnung der Kongregation.

Der gezielte Umgang mit religiöser Bildung der Frauen trug dazu bei, daß die Kongregationen die sich ständig ausdifferenzierenden Arbeitsbereiche nicht nur im profanen Sinne bewältigten, sondern im Hinblick auf ihre religiösen Vorstel-

81 ASKJ, Rundschreiben an die Vorsteherinnen der Tochterhäuser vom 18. August 1877.

82 ASKJ, Commentar zu den Constitutionen von 1892, S. 131.

lungen beeinflußten. Aus den religiösen Überzeugungen gewannen die Frauen Motivation und Energie für ihre umfangreichen Tätigkeiten; Religion stärkte ihr Selbstbewußtsein, an einem großen Werk beteiligt zu sein. Die ökonomischen Verhältnisse und mangelnde staatliche Fürsorge sorgten außerdem dafür, daß den Schwestern im wörtlichen Sinne die Arbeit nicht ausging: "Die vorhandenen Bedürfnisse auf dem Felde unserer äußeren Berufstätigkeit sind fast unabsehbar. Wer aus uns ist denn im stande die große, große Menge armer Kinder zu zählen, die der Rettung und Hilfe bedürfen? Wer im stande, ihr Elend zu messen und die grenzenlosen Gefahren, worin sie schweben? ... Gute Schwestern können nicht genug aufgenommen werde, es gibt Arbeit genug, Arbeit in Fülle.... Begeistern wir uns für unsern Beruf, trachten wir uns selbst zu vervollkommen, damit wir alle ohne Ausnahme gute Schwestern vom armen Kinde Jesus werden, denen der Herr etwas aufbürden kann."[83]

Die Verbindung von Religion und Arbeit, die für die Kongregationen charakteristisch war, sprach religiös-motivierte Frauen deshalb an, weil sie hier einen Handlungsraum ausgestalten konnten, den die bürgerliche Gesellschaft für Frauen im 19. Jahrhundert nicht bereithielt, und weil zugleich das individuelle Seelenheil gesichert zu sein schien. Jenseits unterschiedlicher Akzentuierungen gelang den Kongregationen eine Symbiose von Kontemplation und Arbeit: Religion diente als Medium, den Blick auf die profanen Tätigkeiten zu strukturieren, und religiöse Praktiken durchdrangen und umklammerten gleichzeitig den von profanen Tätigkeiten bestimmten Alltag der Schwestern. Hierfür als auch für die Verbindung der Genossenschaft mit der Kirche waren religiöse Qualifikationen erforderlich, insbesondere für die Spitze der Genossenschaften. Die Frauen erwarben sich eine umfassende religiöse Bildung, proklamierten und erkämpften teils auch die Kompetenz für seelsorgerische Funktionen. Konzessionen dieser Art wurden Frauen außerhalb religiöser Genossenschaften von der katholischen Kirche nicht zugestanden. Somit kann in dieser Hinsicht auch die These von der Feminisierung der Religion bejaht werden: Frauen waren Religionsvermittlerinnen und sie drückten den Frömmigkeitspraktiken einen weiblichen Stempel auf.

Nach der Analyse des genossenschaftlichen Frauenlebens aus dem Blickwinkel der beteiligten Frauen soll im folgenden die Perspektive erweitert werden und nach dem Verhältnis der Frauenkongregationen zu ihrer "Umwelt" gefragt werden. Zunächst geht es um die Beziehung zur Kirche im 19. Jahrhundert und schließlich zur Gesellschaft und zum Staat.

---

83 ASKJ, Konferenz von Mutter Clara am 9. Februar 1862.

Teil III

Frauenkongregationen zwischen Kirche und bürgerlicher Gesellschaft

Kapitel 7

"Fromme Mitstreiterinnen der streitenden Kirche"[1] Christliche Gesellschaft und Moderne

Die vielfältigen und zum Teil revolutionären Veränderungsprozesse seit dem letzten Viertel des 18. Jahrhunderts trafen den Lebensnerv der katholischen Kirche. Ihr Monopolanspruch auf Weltdeutung und ihre ökonomische Machtstellung wurden von Aufklärung und Revolution gleichermaßen infragegestellt.[2] Die anschließende Neuorientierung der Kirche - im modernisierungstheoretischen Paradigma als rückwärtsorientiert bis fortschrittsfeindlich beschrieben - kann ohne die Einbeziehung geschlechtergeschichtlicher Perspektiven nicht bewertet werden. Die weibliche wie die männliche Perspektive müssen analysiert werden, beide beeinflußten diesen Prozeß. Neuere Forschungen konzentrieren sich in der Regel auf Aktivitäten des männlichen Teils in der Kirche, nur ihm wird gestalterischer Umgang mit den für den Katholizismus herausfordernden Neuerungen zugebilligt. In erster Linie findet in diesem Zusammenhang der katholische Klerus - vom einfachen Landpfarrer bis zum Erzbischof - Beachtung in seinem ständigen Bestreben, die katholische Laienwelt in seinem Sinne zu beeinflussen.[3] Allenfalls als männliche Angehörige des privilegierten Bürgertums waren Laien nach dieser Interpretation imstande, eigenständige Akzente in religiösen und kirchlichen Fragen zu setzen.[4]

Die Feminisierung des religiösen Genossenschaftswesens interessiert hier besonders. Welche Bedeutung hatte die starke Präsenz von Frauen in dieser spezi-

---

1 AFS, Constitutionen der Schwestern des heiligen Franziskus 1880, S. 133.

2 Vgl. Loth, Der Katholizismus, S. 12.

3 "Die Verbreitung der Herz-Jesu-Frömmigkeit", so Norbert Busch, "war mithin das Ergebnis einer konzertierten Aktion der kirchlichen Hierarchie." Busch, Katholische Frömmigkeit, S. 312.

4 Vgl. beispielsweise Mergel, Klasse und Konfession; Herres, Städtische Gesellschaft. Beide Studien beschäftigen sich mit dem Phänomen des Ultramontanismus und der Reaktion des Bürgertums hierauf, ohne explizit darzulegen, daß es sich hierbei selbstredend nur um die männliche Hälfte dieser Gesellschaftsformation handelte. Allenfalls in der Rolle als Ehefrauen oder Töchter von Bürgern tauchen Katholikinnen bei Mergel auf, die katholischen Frauenvereine finden bei Herres kaum Beachtung.

fisch katholischen Vergesellschaftungsform? Neben den Pfarrern vertraten besonders die Schwestern die Kirche in der Öffentlichkeit, so die These. Kontakte zur Kirche wurden über sie hergestellt, sie waren die personifizierte Kirche. Gezeigt wird, daß die weiblichen Aktivitäten konstitutiv für das anvisierte Projekt der christlichen Gesellschaft im 19. Jahrhundert waren und daß die Frauen spezifische Schwerpunkte setzten. Sie beeinflußten von Anfang an die Rechristianisierung der Gesellschaft und forcierten diese Idee. Die Intensität des weiblichen Engagements in den religiösen Genossenschaften veränderte die katholische Kirche.

7.1. "Vitalisierung des Religiösen" als weibliches Projekt

Die "*Vitalisierung* der Religiosität"[5] fand im Katholizismus ihren Ausdruck im Ultramontanismus, ihr Gegenpart im Protestantismus war die pietistische Erweckungsbewegung. Zumindest für die katholische Variante der Erwekkungsbewegung[6] verbanden sich damit Vorstellungen vom Wandel der religiösen wie politisch-gesellschaftlichen Verhältnisse. Angestrebt wurde eine Rechristianisierung der Gesellschaft unter katholischen Vorzeichen. Weder individuelle Selbstverwirklichung noch demokratische Grundrechte - wie im bürgerlichen Liberalismus diskutiert - sollten zu den Grundfesten der anvisierten neuen Gesellschaftsordnung gehören; vielmehr ging es darum, christlichen Werten oberste Priorität im Staat einzuräumen. Für dieses Projekt galt es, die Gläubigen zu aktivieren. Josef Mooser konstatiert gar, daß "*Erweckung* und Wunderdisposition ... im historischen Kontext des 19. Jahrhunderts eine religiöse Variante des Glaubens an die Veränderung bzw. Veränderbarkeit der Welt, wie er in anderer Gestalt in den politischen Revolutionsideologien ausgebildet war", (repräsentieren). Klerikale Kontrolle sorgte jedoch dafür, daß sich katholische Massenreligiosität nicht "ungehemmt" entfalten konnte.[7] Nichsdestotrotz forderte der Glaube an die Wandelbarkeit der Welt von Katholikinnen und Katholiken eine aktive Lebensgestaltung, von der der Erfolg des Projekts der Rechristianisierung abhing. Die Gläubigen konnten sich hieran auf unterschiedliche Weise beteiligen. Das Spektrum reichte vom Messbesuch, der Mitgliedschaft in Gebetsvereinen, öffentlichen Manifestationen

5 Schieder, Sozialgeschichte, S. 24.

6 Josef Mooser wies jüngst auf Ähnlichkeiten zwischen katholischer und pietistischer Erneuerungsbewegung hin. Nach seiner Auffassung kann deshalb der Begriff der "Erweckung" auf beide Konfessionen angewandt werden. Mooser, Katholische Volksreligion, S. 148 f.

7 Mooser, Katholische Volksreligion, S. 149.

katholischer Frömmigkeit in Form von Wallfahrten, Volksmissionen oder Prozessionen, dem aktiven Engagement in der Kirchengemeinde bis hin zur professionellen Arbeit für die katholische Kirche. Geschlechterspezifische Beschränkungen gab es hier nicht: beide, Männer und Frauen konnten auf vielfältige Weise am kirchlichen Leben mitwirken.

Je nach dem, welche Perspektive man einnimmt, kann das ultramontane Vorhaben der Rechristianisierung der Gesellschaft unterschiedlich gedeutet werden. Aus dem politikwissenschaftlichen Blickwinkel haben wir es hier sicherlich mit einem hochkonservativem Vorhaben zu tun. Nach der gescheiterten Revolution von 1848/49 waren sich preußischer Staat und katholische Kirche einig in der entschiedenen Abwehr demokratischer und sozialistischer Ideen. Die "Formierung der Frömmigkeit der Vielen" schien für beide ein geeigneter Weg, dieses Ziel zu erreichen. Versetzt man sich hingegen in die Situation der Gläubigen um die Mitte des 19. Jahrhunderts, erhält man ein ganz anderes Bild. Die konzeptionelle Neuerung des religiösen Lebens forderte von den Angehörigen der katholischen Kirche nicht passives Erleiden, sondern aktive Gestaltung sowie Teilhabe und bot ihnen Unterstützung in der Bewältigung schwieriger Lebensumstände; dies war nicht eine zu vernachlässigende Begleiterscheinung der Ultramontanisierung der katholischen Kirche, sondern das Resultat dieses Prozesses.

Frauen wirkten bereits von Beginn an der Formierung des katholischen Milieus mit. Dazu zählten nicht nur die Frauen in den Kongregationen, auch ehelose oder verheiratete Frauen engagierten sich für kirchliche Belange. Die Arbeit in den Kirchengemeinden und im katholischen Frauenvereinswesen gehörte ebenso dazu wie die verantwortungsbewußte Wahrnehmung der Aufgabe als Erzieherin der Kinder.[8] Es handelte sich also keineswegs um einen Wandlungsprozeß, den die Amtskirche und somit der Klerus allein gestaltete. Auf ihre Weise und von den Historikern nicht so recht wahrgenommen, engagierten sich Frauen eher still, bisweilen auch spektakulär für kirchliche und religiöse Belange und entwickelten ihre Vorstellungen christlicher Lebensführung. Sie waren mehr als nur Rezipientinnen religiöser Kulte, sondern auch Organisatorinnen kirchlicher Interessen. Wie selbstverständlich brachten sie bereits in den für die katholische Kirche turbulenten Vormärztagen ihre Kompetenzen und Fähigkeiten ein, um ihren Beitrag zur Realisierung einer christlichen Gesellschaft zu

8 Vgl. zu den Aktivitäten in den Frauenvereinen die Arbeit von Kall, Katholische Frauenbewegung. Eine umfassende Untersuchung zur Bedeutung religiöser Praxis und Erziehung in katholischen Familien aus geschlechtergeschichtlicher Perspektive steht bisher für den deutschsprachigen Raum noch aus, abgesehen von der Skizze von Mergel für das Bürgertum im Rheinland. Vgl. Mergel, Die subtile Macht.

leisten. Am Beispiel dreier Frauen, die später allesamt zur Frauenkongregationsbewegung gehörten, läßt sich dies zeigen.

Pauline von Mallinckrodt und die Mischehen

Die junge Pauline von Mallinckrodt wurde in den 1830er Jahren in diesem Sinne tätig. Mehr als ein Jahrzehnt vor der Entstehung der Kongregation der *Schwestern der christlichen Liebe* gründete sie in Aachen einen religiösen Mädchenverein, der sich dezidiert gegen sogenannte Mischehen zwischen Katholiken und Angehörigen anderer Religionsgemeinschaften wandte und den die preußischen Behörden bald kritisch beäugten: "Die Tochter des Geheimen Oberregierungsrates Mallinckrodt, die der Vater katholisch werden ließ, steht an der Spitze einer Vereinigung katholischer Mädchen, die auf die Hostie geschworen haben, nie einen Protestanten zu heiraten, ja selbst jeden Umgang mit Protestanten abzubrechen. Ein Beispiel von der Tochter eines solchen Beamten macht den nachteiligsten Eindruck für den Protestantismus in jener Gegend. Bei Herrn von Lommesch (Lommessen, R.M.) finden die Zusammenkünfte der katholischen jungen Damen statt."[9] Sie nahmen sich gegenseitig das Gelöbnis ab: "1. keinen Nichtkatholiken zu ehelichen, 2. den Umgang mit jedem Evangelischen abzubrechen und zu vermeiden, 3. Bekannte und Freundinnen zu demselben Versprechen zu bereden, 4. an jedem Jahrestage dieses Versprechens die heilige Kommunion darauf zu empfangen."[10] Der Verein ließ im März 1838 Texte mit diesem Gelöbnis in der lokalen Presse abdrucken und entfaltete für einen religiösen Verein eine beachtliche öffentliche Wirkung. Bischof Johannes Theodor Laurent äußerte sich am 5. Februar 1838 zu den Aktivitäten: "Der fromme Mädchenverein in Aachen und der Umgebung geht sehr gut von Statten. Bereits 600 Zettelchen sind untergebracht und 1000 wieder bestellt. Die Herren Preussen wollen rasend werden darüber, Polizeibeamte haben sogar von Landesverweisung der Beförderinnen gesprochen und das macht den Eifer nur noch feuriger. Es ist wirklich auffal-

9 Denkschrift über geheime ultramontane Verbindungen in der Rheinprovinz und die Aussichten eines von Belgien gesteuerten Aufstandes, Berlin, 5. Feb. 1838, zit. nach Keinemann, Kölner Ereignis, Bd. 2, S. 159. Als Autoren kommt nach Keinemann ein Oberregierungsrat aus dem Ministerium des Innern infrage. Die Zusammenkünfte fanden im Hause Lommessen statt. Anna und Caroline Lommessen zählten zu dem Aachener Kreis um die Familie Fey. Caroline wurde Mitglied bei den *Schwestern vom armen Kinde Jesu*, Anna trat den *Töchtern vom heiligsten Herzen Jesu* bei.

10 Heinrich Schrörs, Die Geheimpolizei am Rhein zur Zeit der Kölner Wirren (1837-1838) mit besonderer Rücksicht auf Aachen, in: Zeitschrift des Aachener Geschichtsvereins, 48/49 (1926/27), S. 50.

lend, wie heldenmütig die Frauen in dieser Sache gesinnt sind. Sie sind freilich auch am meisten dabei interessiert, da es sich um ihr Heil vorzüglich handelt."[11]

Pauline von Mallinckrodt bezog mit dieser Vereinsgründung Stellung gegen den preußischen Staat - zu dessen Repräsentanten vor Ort schließlich auch ihr Vater als Regierungsvizepräsident gehörte - und ergriff Partei für die katholische Kirche im Mischehenstreit. Dieser Konflikt zwischen Staat und Kirche fand später unter der Bezeichnung Kölner Wirren[12] Eingang in die Geschichtsschreibung. Der Kölner Erzbischof Clemens August Droste zu Vischering verweigerte gemischtkonfessionellen Ehen den Segen, wenn die Ehepartner nicht die katholische Erziehung der Kinder zusicherten. Der preußische Staat sah darin einen Verstoß gegen die Gesetze des Landes und verhaftete den Erzbischof. Diesem Ereignis kommt eine entscheidende Bedeutung für die "Entstehung einer katholischen Massenbewegung"[13] und damit für den Siegeszug des Ultramontanismus im 19. Jahrhundert zu.

Paulines Engagement beruhte auf individuellen Erfahrungen. Die gemischtkonfessionelle Ehe der Eltern scheint für sie kein Vorbild gewesen zu sein, obwohl sie allenthalben die Toleranz des Vaters in religiösen Angelegenheiten betonte.[14] Den Heiratsantrag von einem "sehr achtungswerthen, aber protestantischem Manne" lehnte sie im Sommer 1835 ab, "ein Entschluss, den ich bisher nicht zu fassen im Stande gewesen war. Frieden der Seele und grosse Gnaden Gottes folgten ihm," wie sie in ihren Lebenserinnerungen vermerkt.[15] Ihrer Freundin Luise Hensel schilderte sie die inneren Kämpfe, die ihr diese Entscheidung abverlangte: "Ich meinerseits fühlte zwar, wie wesentlich es sei, daß bei der so heiligen unauflöslichen Ehe nicht in dem allerwichtigsten Punkte [sie meint hier die Konfessionszugehörigkeit] Verschiedenheit der Meinung herrschen dürfte; je ernster ich die Pflichten der Frau und Mutter erwog, desto klarer wurde es mir. Aber ich gerieth in einen Kampf mit allen meinen Gefühlen; denn, was der Verstand einsah, dem widersprach das Herz." Das Sakrament der Firmung habe ihr schließlich die Kraft gegeben, eine Entscheidung zu treffen. "Dies Opfer wollte mir der Herr durch inneren Frieden, wie ich ihn bisher nie gekannt, ersetzen."[16]

---

11 Brief Laurent an Möller vom 5.2.1838, zit. nach Heinrich Schrörs, Neue Quellen zur kölnischen Kirchengeschichte in der ersten Hälfte des 19. Jahrhunderts (1835-1850), in: Annalen des Historischen Vereins für den Niederrhein, 104 (1920), S. 73.

12 Vgl. Schrörs, Neue Quellen; ders., Die Kölner Wirren (1837). Studien zur ihrer Geschichte, Berlin 1927; Keinemann, Kölner Ereignis.

13 Mergel, Klasse und Konfession, S. 72.

14 Vgl. (Mallinckrodt), Kurzer Lebensabriss, S. 6, 17.

15 (Mallinckrodt), Kurzer Lebensabriss, S. 16.

16 Brief an Luise Hensel vom 7. Juli 1840, zit. nach Hüffer, Pauline von Mallinckrodt, S. 14 f.

Die öffentlichen Auseinandersetzungen zwischen Kirche und Staat des Jahres 1837 um die Mischehenfrage bewog Katholiken und Katholikinnen in zunehmendem Maße, für ihre Kirche auch öffentlich einzutreten. Pauline handelte in diesem Kontext und schloß sich mit ihren Aktivitäten denjenigen an, die nur in einer Rekonfessionalisierung,[17] die die Annäherung der christlichen Konfessionen nach der Reformation wieder aufheben sollte, eine Zukunft für die katholische Kirche sah. Sinnfälliger Ausdruck für die Aufweichung der Konfessionsgrenzen waren in den Augen katholischer Zeitgenossen die Mischehen. Pauline von Mallinckrodt beobachtete wohl auch, daß die Ehe ihrer Eltern kein Einzelfall in bürgerlichen Kreise darstellte. Michael Sobania kommt für Aachen zu folgendem Schluß: "Konfessionelle Schranken bildeten in der frühindustriellen Stadt Aachen kein unüberwindbares Hindernis wirtschaftlich-sozial orientierter Heiratsbeziehungen."[18] Überhaupt nahm im Rheinland die Quote der Mischehen in der ersten Hälfte des 19. Jahrhunderts allmählich und ab dem Ende der 1840er Jahre stark zu. Dies betraf im Grunde genommen alle Bevölkerungsschichten, wenn auch in unterschiedlichen Nuancierungen.[19] Mit der Vereinsgründung erregte Pauline von Mallinckrodt großes Aufsehen in Aachen, dennoch erwähnte sie dieses Ereignis in ihrer Autobiographie mit keinem Wort, auch ihr Schwager und erster Biograph äußerte sich dazu nicht.[20] Festzuhalten bleibt jedoch: Frauen mischten sich von Beginn an ein, wenn es um die Erneuerung religiösen Lebens ging. Dies zeigt auch das nahezu zeitgleich beginnende Ereignis, über das im folgenden berichtet wird.

Ludowine von Haxthausen und die Exerzitienbewegung

An der "Wiege der deutschen Exerzitienbewegung"[21] im westfälischen Brede bei Brakel stand die ehemalige Stiftsdame Ludowine von Haxthausen (1794-1872), die sich später an der Gründung von Frauenkongregationen beteiligte, ohne jedoch selbst Mitglied zu werden.[22] Sie veranlaßte 1836 den Pfarrer von

17 Rudolf Schlögl bezeichnet diesen Prozeß als "zweite Konfessionalisierung". Schlögl, Glaube und Religion, S. 137. Mir scheint, daß der Begriff der Rekonfessionalisierung treffender ist, da er lediglich die Erneuerung der Konfessionalisierung hervorhebt und nicht so sehr in der Gefahr steht, die Auswirkungen der ersten Konfessionalisierung des 16. und 17. Jahrhunderts zu negieren, denn auch das 18. Jahrhundert war durch Konfessionsgrenzen geprägt.

18 Sobania, Aachener Bürgertum, S. 217.

19 Vgl. Mergel, Klasse und Konfession, S. 83 sowie Schlögl, Glaube und Religion, S. 137.

20 Vgl. Hüffer, Pauline von Mallinckrodt.

21 Gatz, Rheinische Volksmission, S.46.

22 Vgl. Joergens, Ludowine von Haxthausen. Wie sie begleiteten auch andere zum Teil prominente und einflußreiche Frauen genossenschaftliches religiöses Frauenleben mit großer Sympathie, ohne selbst die Gelübde abzulegen. Dazu zählten u.a. Luise Hensel, die Schrift-

Dringenberg, Franz Josef Tewes, dessen Priesterausbildung sie finanziert hatte,[23] im nahegelegenen Kloster Brede[24] geistliche Übungen für Lehrerinnen durchzuführen. Auf Basis der von dem Gründer des Jesuitenordens, Ignatius von Loyola, erarbeiteten Anleitungen hielt Tewes 1836 erstmals diese auch Exerzitien genannten Übungen für drei Lehrerinnen und die Initiatorin ab. Nach einer festgelegten Tagesordnung kam man für acht Tage zusammen und hörte von 5.30 bis 21 Uhr Vorträge, Besinnungen, betrieb Gewissenserforschung, beichtete und betete. Im Mittelpunkt stand die Reflexion des bisherigen Lebens und dessen zukünftige religiöse Gestaltung. An den von nun an jährlich stattfindenden Exerzitienwochen nahmen 1839 bereits 24 Frauen teil.[25] Später fanden im Kloster Brede auch Exerzitien für Kleriker statt. Nach diskreditierenden Presseberichten über die Verhältnisse in Brede verbot die preußische Regierung 1840 die Teilnahme von an öffentlichen Schulen angestellten Lehrerinnen. Ludowine von Haxthausen intervenierte am 1. März 1841 beim preußischen König, obwohl der zuständige Paderborner Generalvikar wegen mangelnder Erfolgsaussichten davon abgeraten hatte. Der König antwortete umgehend und nahm mit Schreiben vom 21. April das Verbot zurück.[26]

Aus diesen Übungen zur religiösen Erweckung und Selbstvergewisserung einzelner Frauen und Kleriker in kleinen geschlossenen Kreisen entstanden im Laufe der Zeit die großen Volksmissionen der Jesuiten, Franziskaner und Redemptoristen in Norddeutschland.[27] Im Unterschied zu den Exerzitien ging es bei der Volksmission darum, die ignatianischen Übungen für einen größeren Kreis zu öffnen. "Mit der theologischen Fundierung, der Frage nach dem Ziel des Menschen, verband sie ausführliche Darlegungen aus dem Gebiet der Moral, vor allem eine Unterrichtung über die Standespflichten sowie religiöse Fei-

---

stellerin Ida Hahn-Hahn und Elisabeth Gnauck-Kühne. Über Ludowine von Haxthausens Engagement bei den *Schwestern von der göttlichen Vorsehung*, deren erste Oberin sie 1842 war, siehe Kapitel 3.

23 Dazu gehörte auch ein Studium in Rom, wo er 1831 zum Priester geweiht wurde. Dies war Anlaß für die Familie von Haxthausen, nach Rom zu reisen. Hier lernten Ludowine und Tewes Exerzitien nach den Prinzipien des Gründers der Jesuiten Ignatius von Loyola kennen. Vgl. Joergens, Ludowine von Haxthausen, S. 414; Gatz, Volksmissionen, S. 47.

24 Das ehemalige Augustinerinnenkloster befand sich nach der Säkularisation im Besitz der Familie von Ludowines Schwager, die es ersteigert hatte und nach einer neuen Nutzungsmöglichkeit suchte. Vgl. Jörgens, Ludowine von Haxthausen, S. 415.

25 Vgl. ebd., S. 431; Gatz, Rheinische Volksmission, S. 46 ff. Zum Ablauf der "Geistlichen Übungen" nach Ignatius von Loyola vgl. die knappe Übersicht bei Heimbucher, Orden und Kongregationen, S. 150 ff.

26 Vgl. Gatz, Rheinische Volksmission, S.46-50.

27 "Die Renaissance der deutschen Volksmissionen im 19. Jahrhundert wurde durch die Exerzitienbewegung eingeleitet." Ebd., S. 16.

erlichkeiten."[28] In der Praxis fanden unter klerikaler Anleitung Volksmissionen in den Gemeinden statt, die sich über mehrere Tage verteilten und Predigten, Ausführungen und Standesunterweisungen beinhalteten und die Gläubigen zur umfassenden Beichte und zur Erneuerung ihres Taufbundes veranlaßten.[29]

Diese von einem Zeitgenossen auch als "Volks-Exerzitien"[30] bezeichneten Missionen sollten für die "Religiosität der Vielen" (Mooser) von großer Wichtigkeit werden und die Ultramontanisierung des Katholizismus mit vorantreiben. Nach Mergel übten die Volksmissionen eine "harsche Zeitkritik, eine Moralpredigt, die weder Reiche noch Arme ausnahm."[31] Der weibliche Beitrag dazu wird auch von der katholischen Historiographie gern negiert. Immerhin räumt Erwin Gatz bezüglich der Intervention von Ludowine von Haxthausen ein: "Was eine monatelange amtliche Korrespondenz nicht erreicht hatte, das war dem allerdings gründlich vorbereiteten und überlegten Schritt einer mutigen Frau gelungen."[32]

Berichte in katholischen Zeitungen sorgten schließlich dafür, daß die Aktivitäten im Kloster Brede einem breiten Publikum bekannt gemacht wurden und das Exerzitienangebot erweitert wurde. 1842 nahm auch Pauline von Mallinckrodt an diesen Übungen teil.[33] Sie sah darin eine "besonders grosse Gnade", die ihr Leben verändert habe: "Mein ganzes Dasein erblickte ich in einem neuen Lichte und fasste kräftige Entschlüsse für die Zukunft. - Ich fühlte, dass ich ein neues, besseres Leben beginnen musste; - nie kann ich Gott genug danken für die Erkenntniss und Gnade, welche Er mir da verlieh!"[34] Sie spielt hier auf ihren Entschluß zu einem religiösen zölibatären Leben an. Das Ziel der geistlichen Übungen, die Erneuerung des religiösen Lebens nach einer intensiven Auseinandersetzung mit der eigenen Person und einem daraus abgeleiteten Lebensentwurf, wurde hier auf eindrucksvolle Weise erreicht. Dies ist aber auch ein Beleg für die Ernsthaftigkeit und Konsequenz des weiblichen Engagements in der ultramontanen Bewegung: Die Frauen waren dazu entschlossen, ihr eigenes Leben voll in den Dienst der Kirche zu stellen und für die Verwirklichung ihrer Ideen zu arbeiten, und dies nicht nur im lokalen Rahmen, wie das letzte Beispiel zeigt.

---

28 Ebd., S. 15.

29 Vgl. ebd., S. 60.

30 So 1846 ein Autor des Sonntagsblattes für katholische Christen aus Münster, zit. bei Gatz, Rheinische Volksmission, S. 59 f.

31 Mergel, Klasse und Konfession, S. 171.

32 Gatz, Rheinische Volksmission, S. 51.

33 Vgl. Jörgens, Ludowine von Haxthausen, S. 432.

34 (Pauline von Mallinckrodt), Kurzer Lebensabriss, S. 33 ff.

Von dem Missionsgedanken getrieben, gründete Auguste von Sartorius (1830-1895) 1845 in Aachen den "Verein der heiligen Kindheit Jesu" mit dem Ziel, Kindern in aller Welt den katholischen Glauben nahezubringen. Diese Gründung wird häufig dem einflußreichen Aachener Kleriker und Vertrauten von Clara Fey, Wilhelm Sartorius, zugeschrieben, obwohl dieser erst gut ein Jahr später dazustieß und in keinerlei verwandtschaftlichen Verhältnissen mit Auguste von Sartorius stand.[35] Letztere entstammte - wie viele engagierte Aachener Katholikinnen - einer angesehenen und wohlhabenden Familie. Der Vater war Arzt am - von den *Armen Franziskanerinnen* betriebenen - Marienhospital. Gemeinsam gehörten die Eltern zu den Initiatoren des Marianneninstituts für bedürftige Wöchnerinnen. Die junge Auguste verfolgte einen anderen Weg. Nicht mittels konkreter sozialer Hilfsmaßnahmen in nächster Umgebung wollte sie die christliche Gesellschaft realisieren, sondern ihr lag besonders das Schicksal der Kinder beispielsweise im fernen China am Herzen, für die sie bei den Kindern der Stadt Gelder sammelte. Ohne klerikale Unterstützung gründete sie schließlich 1845 einen Ableger des aus Paris stammenden "Vereins der heiligen Kindheit Jesu", nachdem sie zuvor bei ihren belgischen Großeltern von diesem Verein erfahren hatte.[36] Zweck sollte es sein, "eine Menge von Kindern ungläubiger Eltern dem zeitlichen und ewigen Verderben zu entreißen und aus ihnen Werkzeuge des Heiles, als Lehrer und Lehrerinnen, Ärzte und Hebammen, Katecheten, ja selbst Priester und inländische Missionare ihres Vaterlandes zu machen," wie es in einem Gründungsaufruf im Münsteraner "Sonntagsblatt für katholische Christen" am 25. Juni 1843 hieß. Alle Christen wurden aufgefordert, "mit einer kleinen Gabe ... allen armen Kindern Afrikas und Asiens zu Hilfe zu kommen."[37]

Auguste von Sartorius spürte wohl schnell die Begeisterungsfähigkeit, die diese Idee gerade bei Kindern hervorrief. Schließlich konnte sie auch ihren Pfarrer Wilhelm Sartorius nach anfänglicher Skepsis dazu bewegen, dem Verein wohlwollend gegenüberzustehen.[38] Die Pariser Zentrale des Vereins forderte daraufhin, in Aachen einen Verwaltungsrat einzusetzen, der für den gesamten norddeutschen Raum zuständig sein sollte. Wilhelm Sartorius fungierte als Präsident, außerdem gehörten ihm drei Kleriker und zwei männliche Laien an. Die-

35 Vgl. Wilhelm Jansen, Das Päpstliche Missionswerk der Kinder in Deutschland. Seine Entstehung und seine Geschichte bis 1945, Mönchengladbach 1970, S. 29.

36 Vgl. ebd., S. 24-28.

37 Zit. nach ebd., S. 19.

38 Vgl. ebd., S. 32. Ganze Generationen katholischer Kinder sammelten schließlich bis heute für die Mission.

sem Gremium kam aber kaum mehr als eine repräsentative Funktion zu, denn bis zu ihrem Eintritt in die Kongregation der *Frauen vom heiligsten Herzen Jesu,* auch Sacré-Coeur genannt[39], erledigte Auguste von Sartorius sämtliche Arbeiten, obwohl sie nie offiziell dem Verwaltungsrat angehörte.[40] Danach trat die Witwe Pauline Vossen an ihre Stelle.[41] Als diese aus Altersgründen ausschied, übernahmen schließlich die *Schwestern vom armen Kinde Jesu* das Werk. Sie ernannten Luise Vossen (Schwester Aloysia)[42] am 28. Juni 1866 zur Sekretärin des Vereins, dem sie überdies ihre Räumlichkeiten zur Verfügung stellten. Mehr als 25 Jahre versah Luise Vossen diese Aufgabe. "Sie führte die Korrespondenz nach allen Teilen Deutschlands und hat durch dieselbe zur Ausbreitung des Vereins nicht wenig beigetragen. Die Verpackung der Hefte und Drucksachen, die Einnahmen und Verrechnungen der Summen und die Weitersendung an die Missionare bedeutete bei einem Jahreserträgnis von durchschnittlich 100 000 Talern aus lauter winzigen Teilsammlungen keine geringe Mühe."[43] Es handelte sich hier also um durchaus relevante Beträge, um deren Verwendung dann in den 1890er Jahren gestritten wurde. Deutsche Missionsorden wandten sich gegen die bislang geübte Praxis der Abtretung größerer Beträge an die Pariser Zentrale. Sie reklamierten die in Deutschland gesammelten Beträge für ihre Arbeit in der überseeischen Missionsarbeit.[44]

Für die spätere Mitgründerin der Missionskongregation der *Dienerinnen des Heiligen Geistes*, auch Steyler Missionarinnen genannt, Anna Helena Stollenwerk, gehörten die Feste des Vereins am Tag der Unschuldigen Kinder zu den Höhepunkten ihres Kinder- und Jugendlebens in den 1860er Jahren. Berichte über die Lage der Katholiken in China, die sie in den Jahresbüchern des Vereins las, weckten ihren Wunsch, dort selbst missionieren zu wollen.[45] Trotz des bedeutsamen Einflusses dieses Vereins "nicht nur für Hunderttausende armer Kinder im Heidenland, sondern auch durch Weckung christlichen Mitgefühls und

---

39 Am 17. November 1855 trat sie im niederländischen Blumenthal ins Postulat ein. Vgl. Vermehren, Auguste von Sartorius, S. 100.

40 Vgl. Jansen, Das Päpstliche Missionswerk, S. 35.

41 Vgl. Pfülf, M. Clara Fey, S. 51. Jansen stellte zwar in seiner Geschichtsschreibung über den Verein, entsprechend den historischen Gegebenheiten Auguste von Sartorius als dessen Gründerin dar, alle anderen beteiligten Frauen werden jedoch namentlich nicht erwähnt, so auch Pauline Vossen.

42 Zur Mitgründerin der Kongregation vgl. Kapitel 1 dieser Arbeit. Sie war im übrigen die Nichte ihrer Vorgängerin Pauline Vossen. Vgl. ASKJ, 8002 Luise Vossen.

43 Pfülf, M. Clara Fey, S. 257.

44 Vgl. Jansen, Das päpstliche Missionswerk, S. 63.

45 Ortrud Stegmeier, Anna Helena Stollenwerk. Mutter Maria (1852-1900), in: Fischer-Holz, Anruf und Antwort, S. 154 f.

tätigen Seeleneifers in Hunderttausenden deutscher Kinderseelen",[46] fand dieser von einer Frau initiierte und nur durch tatkräftiges weibliches Engagement erfolgreiche Verein bislang nur wenig Beachtung in der katholischen Geschichtsschreibung.[47]

Aus den drei genannten Beispielen ergibt sich, daß die Rekonfessionalisierung, die Erweckung eines neuen religiösen Bewußtseins und die religiöse Sozialisation, die eine Voraussetzung für die Neuformierung der katholischen Kirche im 19. Jahrhundert bildeten, ohne die vielfältigen Beiträge der Frauen nicht möglich gewesen wären. Die Vorstellung von einer christlichen Gesellschaft - wie sie zu den fundamentalen Prinzipien des Katholizismus gehört - wurde auch von Frauen in die katholische Öffentlichkeit transportiert. Weibliche Aktivitäten sorgten dafür, daß der Verein der Kindheit Jesu oder Volksmissionen bis weit ins 20. Jahrhundert zu den elementaren religiösen Erfahrungen katholischer Christinnen und Christen gehörten. Die Bedeutung der religiösen Praxis für die Konstituierung des katholischen Milieus und besonders für dessen Ausbau und Erhalt wurde vielfach unterschätzt. Dritte Orden und weltliche Kongregationen zählten ebenfalls zu diesem Spektrum und wurden häufig von den Frauenkongregationen initiiert und befördert.[48]

Überdies geben die drei Beispiele einen Einblick in die enge Verzahnung des Lebens von Frauen in und außerhalb von religiösen Genossenschaften. Viele Frauen engagierten sich bereits vor dem Eintritt in eine religiöse Frauengemeinschaft. Diese Aktivitäten beeinflußten häufig die Auswahl der Kongregation, der sie beizutreten gedachten. Ludowine von Haxthausen und Pauline von Mallinckrodt verließen bald das Feld der unmittelbaren religiösen Praktiken, um diese mit einem Engagement in der sozialen Arbeit und in der Mädchenbildung und -erziehung zu koppeln. Auguste von Sartorius ging einen anderen Weg. Sie wurde Mitglied in der Kongregation der *Frauen vom heiligsten Herzen Jesu* im belgischen Blumenthal, zu deren Zielen die Ausbildung der katholischen Elite gehörte. Im Mittelpunkt der religiösen Ausrichtung der Gemeinschaft stand die "Pflege der Herz-Jesu und Herz-Mariä Andacht", was ihr immer wieder den Vorwurf einbrachte, sie sei eine rein kontemplative Gemeinschaft ohne soziales oder erzieherisches Engagement.[49] Entgegen solchen Vorhaltungen wird man

---

46 Pfülf, M. Clara Fey, S. 257. 1907 gehörten diesem Verein angeblich 1,6 Mio. und 1924 schon über 2 Mio. Mitglieder an. Vgl. Josef Mooser, Das katholische Milieu, S. 75.

47 Beispielsweise findet er keine Erwähnung in dem ansonsten äußerst akribischen Werk von Hegel, Erzbistum Köln, Bd. V.

48 Auf die "überragende Bedeutung der religiösen Vereine" seit dem späten 19. Jahrhundert hat Josef Mooser hingewiesen. Vgl. Mooser, Das Katholische Milieu, S. 76.

49 Hillengass, Gesellschaft vom heiligsten Herzen Jesu, S. 101. Diese fundierte Studie entstand an der juristischen Fakultät der Universität Heidelberg. Der Autor ist Katholik, vermeidet jedoch jede Apologetik und untersucht die Konstitutionen der Kongregation auf jesuitische

konstatieren müssen, daß es sich um eine Gemeinschaft handelte, die in jesuitischer Tradition das Apostolat in den Mittelpunkt stellte, aber nicht das "Priesterapostolat", sondern das "Frauenapostolat". Dazu gehörte in erster Linie die Erziehung junger Mädchen wohlhabender Gesellschaftsschichten in Pensionaten. Zum Ausgleich für die Bevorzugung höherer Schichten unterhielt man einige Freischulen für minderbemittelte Mädchen. Die Konstitutionen verpflichteten die Sacré-Coeur-Schwestern außerdem zur Durchführung von "partiellen und generellen Exerzitien für Externe".[50] Soziale Aufgaben im Rahmen von Armen- oder Krankenpflege wurden im Prinzip nicht angenommen. Ausnahmen waren zum Teil staatlichen Gesetzen angepaßt, um überhaupt als Kongregation zugelassen zu werden.[51]

In der Distanz zu sozialer Arbeit und einer Schwerpunktsetzung im pastoralen und erzieherischen Bereich mit einem gewissen exklusiven Charakter zeigt sich die Nähe zu den Jesuiten. Beide zählt Norbert Busch zu den "Kultprotagonisten"[52] der Herz-Jesu-Verehrung, was für ihn deckungsgleich ist mit Protagonisten für einen ultramontanen Katholizismus. Bedeutung erlangten die *Frauen vom heiligsten Herzen Jesu* auch in der Bildung und Erziehung bürgerlicher und adeliger junger Frauen, die als verheiratete Frauen oder als Mitglieder anderer Kongregationen, zum Teil in Führungspositionen, energisch für katholische Belange eintraten.[53] Insofern wirkte auch die Kongregation der *Frauen vom heiligsten Herzen Jesu an* dem Neugründungsboom der 1840 und 50er Jahre in Preußen mit.

Für die meisten Frauen, die den Eintritt in eine Kongregation erwogen bzw. eine solche gründen wollten, stand jedoch die Verbindung von religiösen Überzeugungen und sozialem Engagement im Mittelpunkt ihrer Vorstellungen von einer christlichen Gesellschaft. Nicht theoretisch-dogmatische Grundsatzüberlegungen bewegten sie, sondern das Streben nach Vervollkommnung der eigenen Person und die konkrete Umsetzung der Prinzipien der christlichen Nächstenliebe, die schließlich zu einer christlichen Gesellschaft führen sollte.

Tendenzen. Aufgrund ihrer Nähe zum Jesuitenorden wurde diese Kongregation als einzige weibliche Gemeinschaft 1872 gemeinsam mit vier weiteren Männergenossenschaften als erste verboten. Vgl. dazu Kap. 9.

50 Ebd., S. 87.

51 Wie das Beispiel Münster zeigt, wo die Kongregation 1851 ein Waisenhaus übernahm und damit ihre erste Niederlassung in Preußen besaß. 1858 kam eine weitere in Posen hinzu. Vgl. ebd., S. 130.

52 Norbert Busch, Frömmigkeit als Faktor des katholischen Milieus. Der Kult zum Herzen Jesu, in: Blaschke/Kuhlemann (Hg.), Religion im Kaiserreich, S. 162.

53 Isa Vermehren nennt die Pensionärinnen der ersten Generation der Blumenthaler Niederlassung. Vgl. Vermehren, Auguste von Sartorius, S. 96 f. Zu deren Gründungskontext siehe dort und oben Kapitel 1.

Das Engagement der Frauen zeigt darüber hinaus, daß Versuche, klösterliches Leben als etwas außerhalb der Welt Stehendes zu betrachten, den Kern nicht treffen. Diese vermeintlich aufgeklärte Kritik an den religiösen katholischen Genossenschaften wurde nicht selten von diesen selbst hervorgerufen, indem sie nicht für Transparenz ihrer Lebensweise und ihrer Aktivitäten sorgten, sondern - teilweise bis heute - diese häufig im Dunkeln ließen bzw. lassen. Sie erklärten ihre Existenz zum Geheimnis und trugen so nicht unerheblich dazu bei, den Reiz des Unbekannten noch zu erhöhen. So sehr sich der Eindruck eines Mikrokosmos mit relativer Abgeschlossenheit auch aufdrängt: auch diese Welt wurde von den ökonomischen und sozialen Verhältnissen und den großen Umbrüchen beeinflußt. Mehr noch, die Aktivitäten der Kongregationen sind im Zentrum der säkularen Wandlungen anzusiedeln. Denn als Louise Otto und ihre Mitstreiterinnen das Recht auf Erwerb und damit auch auf die Teilhabe am bürgerlichen Leben einklagten,[54] stellten Katholikinnen vergleichbare Forderungen an ihre Kirche. Konnten die Schwestern eine Partizipation in der Kirche realisieren, und wie stellte sich dies gegenüber den Gläubigen dar?

7.2. Feminisierung des kirchlichen Personals

Wie Pauline von Mallinckrodt arbeiteten die Frauen in den Kongregationen daran, die Rechristianisierung der Gesellschaft voranzutreiben.[55] Die "Vitalisierung des Religiösen" bezog sich gleichermaßen auf Kontemplation und praktizierte Nächstenliebe. Wie keine andere katholische Vergesellschaftungsform waren die Aktivitäten der Frauenkongregationen Ausdruck dieser Symbiose. Sie beteten für eine christliche Gesellschaft, traten als Vermittlerinnen religiöser Werte auf und ließen die Menschen gleichzeitig im Alltag spüren, was das für sie konkret bedeutete. In der zweiten Hälfte des 19. Jahrhunderts wurden die Frauenkongregationen zur tragenden Säule der katholischen Kirche. Dies läßt sich an der geschlechterspezifischen Zusammensetzung derjenigen Personen ablesen, die für die Kirche hauptberuflich arbeiteten und sie nach außen repräsentierten.

Dieser Kreis, der im folgenden "kirchliches Personal" genannt wird, setzt sich zusammen aus den geweihten Männern der Kirche, also den Priestern, den nicht geweihten Männer in religiösen Genossenschaften und den Mitgliedern

54 Vgl. Bussemer, Frauenemanzipation und Bildungsbürgertum, S. 126 f.

55 Die Beiträge von Frauen außerhalb von religiösen Frauengenossenschaften sollen mit dieser Aussage in keiner Weise negiert werden, können hier aber nicht systematisch untersucht werden.

von Frauenorden und -kongregationen. Der Wirklichkeit wird jedenfalls eine Begriffswahl nicht gerecht, die die Schwestern als Laien versteht.[56] Die Bezeichnung "kirchliches Personal" hat nicht das Manko der üblichen Fassung des Begriffs "Klerus", wie ihn die neuere sozialgeschichtliche Forschung benutzt, die den Klerus gemäß dem kanonischen Recht eingrenzt und dadurch das weibliche Geschlecht per definitionem ausschließt. Bei der engen Begrifflichkeit ist von vornherein der Blick auf bestimmte Entwicklungen verstellt, und es wird bloß die Annahme reproduziert, nur Männer repräsentierten die katholische Kirche im 19. Jahrhundert.[57] Eigentlich wäre es sogar vertretbar, entsprechend dem französischen Sprachgebrauch[58] alle Mitglieder in den katholischen religiösen Gemeinschaften unter dem Begriff des "Klerus" zu subsumieren; denn sie nehmen alle für die Kirche religiöse und profane Funktionen nach außen wahr. Dagegen spricht auch nicht, daß den Priestern bis in die Gegenwart im Katholizismus zentrale seelsorgerische Funktionen vorbehalten sind: dazu gehört die Erteilung der Sakramente, die Predigt und die Abhaltung von Gottesdiensten. Jedoch würde sich eine solche Begriffswahl zu stark mit den Definitionen des kanonischen Rechts und den entsprechenden Lesegewohnheiten brechen.

In den 1850er Jahren setzte eine gravierende Veränderung des Verhältnisses von Männern und Frauen innerhalb des kirchlichen Personals ein. Über dessen geschlechterspezifische Zusammensetzung in der größten preußischen Diözese, im Erzbistum Köln, gibt die Tabelle 19 Aufschluß.

Tabelle 19: Kirchliches Personal des Erzbistums Köln 1827-1908

Jahr	Priester	Ordensmänner und Brüder	Ordensfrauen u.Schwestern	Klerus insgesamt
1827	1.289	62	179	1.530
1850	1.452	32	240	1.724
1872	1.822	273	2.026	4.121
1888	1.554	174	2.060	3.788
1901	1.832	704	5.048	7.584
1908	2.048	884	6.830	9.762

Quelle: Berechnung nach Hegel, Erzbistum Köln, S. 190, 294 f, 308 f.

56 Siehe oben Kapitel 6, besonders zur Symbiose von Religiösem und Profanem.
57 So beispielsweise Blaschke, Kolonialisierung der Laienwelt, S. 96 ff.
58 Siehe dazu Langlois, Le catholicisme, S. 14 und De Giorgio, La Bonne Catholique, S. 176.

Der weibliche Anteil am kirchlichen Personal der katholischen Kirche stieg ab den 1850er Jahren rapide an. In der zweiten Hälfte des 19. Jahrhunderts entfaltete dieser Prozeß eine beachtliche Dynamik, die im ersten Jahrzehnt des 20. Jahrhunderts noch zunahm. Im Vergleich dazu wuchs die Zahl der Priester nur sehr langsam, ihr Anteil am kirchlichen Personal sank. Während im zeitlichen Zusammenhang mit dem Kulturkampf die Zahl der weiblichen Mitglieder in Orden und Kongregationen sogar geringfügig zunahmen, kam es beim männlichen Klerus zu einem erheblichen Rückgang. Seit Beginn des Kulturkampfes bis Mitte der 1890er Jahre sank überdies die Zahl der Priesterweihen im Erzbistum Köln.[59] Ordensmänner und -brüder stellten insgesamt nur einen sehr geringen Teil des kirchlichen Personals. Die Zahlen schwankten und erreichten erst in den beiden letzten Jahrzehnten des 19. Jahrhunderts - nach dem Ende des Kulturkampfes - eine beachtenswerte Größe.

Beeindruckend war dagegen die rasche Zunahme der Mitgliederzahlen in religiösen Frauengenossenschaften. Von einem sehr geringen Anteil von 11,7 % des kirchlichen Personals 1827 und einem nur leichten Anstieg auf 13,9 % 1850 stieg die Zahl in den beiden darauffolgenden Jahrzehnten steil an. Kurz vor Beginn des Kulturkampfes stellten die Frauen fast die Hälfte des kirchlichen Personals. Während die Säkularisation zu Beginn des 19. Jahrhunderts den Zugang von Frauen zu Ämtern in der katholischen Kirche durch das Verbot religiöser Genossenschaften massiv beschnitten hatte, gewannen die Frauen in der zweiten Hälfte des 19. Jahrhunderts ihren Platz in der Kirche zurück, verteidigten ihn vehement und bauten ihn weiter aus. Der preußische Kulturkampf beeinträchtigte das Wirken der religiösen Frauengenossenschaften nur wenig. Zwar stagnierten die Zahlen zunächst, doch nach seiner Beendigung setzte wiederum ein enormer Aufschwung ein. Die Zahl der Priester und männlichen Ordensangehörigen ging im Kulturkampf zurück und erreichte erst 1901 das Niveau von 1872. Der weibliche Anteil am gesamten kirchlichen Personal stieg weiter, 1901 waren zwei Drittel und 1908 fast 70 % Frauen. Das Gewicht der Frauenkongregationen läßt sich auch an dem Verhältnis zwischen katholischer Bevölkerung und weiblichem bzw. männlichem kirchlichem Personal ablesen, das in der Tabelle 20 zusammengestellt ist.

---

59 Vgl. Hegel, Erzbistum Köln, S. 199.

Tabelle 20: Verhältnis zwischen kirchlichem Personal und katholischer Bevölkerung im Erzbistum Köln 1827-1908

Jahr	Katholische Bevölkerung	Auf 1 Priester ... Kathol.	Auf 1 Ordensmann/ Bruder .... Kathol.	Auf 1 Ordensfrau/ Schwester .... Kathol.
1827	869.496	676	14.024	4.858
1850	1.164.874	802	36.402	4.854
1872	1.528.201	839	5.598	754
1888	1.937.439	1.247	11.135	941
1901	2.527.923	1.380	3.593	501
1908	2.873.751	1.403	3.251	421

Quelle: Berechnung nach Hegel, Erzbistum Köln, S. 190, 294 f, 308 f.

Die Tabelle zeigt zweierlei: Einerseits hält die Zahl der Priester nicht mit dem Anstieg der katholischen Bevölkerung Schritt. In der zweiten Hälfte des 19. Jahrhunderts vergrößerte sich die Zahl der von den Geistlichen zu betreuenden Personen stetig. 1888 kam auf einen Priester fast die doppelte Zahl von Gläubigen, bis 1908 stieg die Relation auf mehr als 1.400 Personen an. Diese Entwicklung korrespondierte andererseits mit dem Phänomen, daß sich das Verhältnis zwischen der Zahl der Ordensfrauen und Schwestern und der katholischen Bevölkerung im Zeitraum von 1850 bis 1872 eklatant verbesserte. Während 1850 auf eine Ordensfrau oder Schwester mehr als 4800 Gläubige kamen, waren es 1872 nur 754. Der Kulturkampf führte zu einem leichten Einbruch, nach dessen Ende stieg das Verhältnis abermals an, so daß 1908 eine Ordensfrau oder Schwester auf 420 Katholiken und Katholikinnen kam. Von nur sehr geringer Bedeutung war in diesem Zusammenhang die Präsenz des männlichen Ordensklerus, erst nach dem Ende des Kulturkampfes erhöhte sich der Anteil von Ordensmännern und Brüdern an der katholischen Bevölkerung ein wenig, blieb aber immer noch weit hinter den Zahlen für Priester und weibliches kirchliches Personal zurück. Hierin zeigt sich, daß das männliche Genossenschaftswesen für den Alltag von Katholiken und Katholikinnen von geringer Bedeutung gewesen sein dürfte. Ihre Rolle beschränkte sich im wesentlichen auf Aushilfe in der Seelsorge und die Übernahme besonderer pastoraler Aufgaben, wie etwa Volksmissionen oder Exerzitien. Karitative oder erzieherische Arbeiten übernahmen sie nur in geringem Umfang.[60]

Für das 19. Jahrhundert läßt sich die schrittweise Feminisierung des kirchlichen Personals nicht nur in Preußen beobachten. Claude Langlois spricht für das

60 Vgl. Hegel, ebd., S. 267 f.

Frankreich des 19. Jahrhunderts ebenfalls von einer "féminisation du clergé".[61] In Belgien nahm der Anteil der Frauen am kirchlichen Personal in der zweiten Hälfte des 19. Jahrhunderts stetig zu. Während 1846 noch 52,6 % des gesamten Klerus weiblichen Geschlechts war, stieg diese Quote 1888 auf 66,1 % und 1900 auf fast 70 %.[62] Die Entwicklung in Deutschland läßt sich statistisch für das 19. Jahrhundert nicht durchgängig verfolgen. Dennoch sprechen nicht nur die Zahlen des Erzbistums Köln dafür, daß hier vergleichbare Prozesse abliefen. In Bayern stellten 1906 die Frauenorden und -kongregationen 62,3 % aller Kirchenleute, in Preußen lag diese Zahl mit 64,5 % sogar noch ein wenig darüber, wobei nur knapp 10 % aller geistlichen Personen einem Männerorden oder einer -kongregation angehörten.[63]

Durch das Engagement der Frauen in den Kongregationen veränderte sich die katholische Kirche in der zweiten Hälfte des 19. Jahrhunderts. Die Schwestern fungierten als Teil der kirchlichen Struktur. In das Beziehungsgeflecht zwischen Amtskirche und Laienwelt traten die Frauenkongregationen ein. Dadurch wurden sie ihrer Rolle als Mittelstand in der kirchlichen Hierarchie gerecht, die ihnen gemäß dem kanonischen Recht zustand.[64] Wenn schon nicht Vertreterinnen Gottes auf Erden - eine Funktion, die nach katholischer Lehre den Priestern zukam -, so waren sie zumindest partiell Vertreterinnen der Kleriker. Die Frauenkongregationen gewannen einen erheblichen Einfluß auf die Kirchengemeinden und damit auf die Gläubigen. Diese Frauen traten also aus dem Schatten der Kleriker heraus, "priest and nuns played a crucial role as the organisers, leaders, moral guides, symbols of the Catholic community."[65] Aus dieser Perspektive muß die Bedeutung der Priester im katholischen Milieu neubewertet werden; die Annahme vom omnipotenten und alleinherrschenden Priesterstand bedarf der Differenzierung. Die isolierte Betrachtung der formellen kirchlichen Machtverhältnisse und damit die Konzentration auf die Priester greift zu kurz. Demgegenüber werden durch die Verwendung des hier vorgeschlagenen erweiterten Begriffs "kirchliches Personal" geschlechtergeschichtliche Aspekte in die

61 Langlois, Le catholicisme, S. 14.

62 Im Jahr 1846 lebten in Belgien 7.549 Priester und Ordensmänner und 8.368 Ordensfrauen und Schwestern, 1880 gab es 10.182 respektive 19.847 sowie 1900 waren es 3.897 Priester und Ordensmänner und 31.355 Ordensfrauen und Schwestern. Vgl. Tihon, Les Religieuses, S. 33, 35.

63 Vgl. Krose, Kirchliches Handbuch, Bd. 1 (1907-1908), S. 175 f, 182, 185.

64 Vgl. zur kirchenrechtlichen Verortung der Frauenkongregationen Kapitel 2.

65 Wie Hugh McLeod (Church and Class. Some international Comparisons, in: Jürgen Kocka, (Hg.), Arbeiter und Bürger im 19. Jahrhundert, München 1986, S. 108) zutreffend feststellt, ohne jedoch an dieser Stelle auf den bemerkenswerten Umstand einzugehen, daß Frauen und Männer gleichermaßen an der Konstituierung des katholischen Milieus beteiligt waren.

Fragestellung einbezogen und dadurch auch informelle Machtverhältnisse transparenter.

Die Feminisierung des kirchlichen Personals begleitete den Wandel der katholischen Kirche im 19. Jahrhundert. Die Schaffung einer neuen Legitimation für die Kirche gelang nur durch die Arbeit von Frauen. Demgegenüber beschränkten die Priester ihre kirchlichen Dienstleistungen auf die unmittelbare Seelsorge; während Ordensbrüder eher in den Hintergrund traten, fanden andere Männer gleichzeitig neue Betätigungsfelder in der Organisation katholischer Vereine und des politischen Katholizismus.[66]

Frauenkongregationen setzten mit ihren Aktivitäten andere Schwerpunkte. Aus ihrem Selbstverständnis heraus, welches von der Symbiose von Kontemplation und Aktivität ausging, handelten sie in der kirchlichen wie gesellschaftlichen Öffentlickeit. Sie ermöglichten, daß die Menschen Kirche in ihrem täglichen Leben konkret erfahren konnten. Bei Krankheit und Not, aber auch bei Bildung und Ausbildung gewährten die Frauen Unterstützung, die von den Männern der Kirche nicht geleistet wurde. Die Feminisierung des kirchlichen Personals verschaffte den Schwestern eine öffentliche Präsenz. Die katholische Kirche trat den Gläubigen weiblich entgegen und dies geschah nicht nur in den katholischen Regionen des Landes, sondern auch in der Diaspora, wo sie unerschrocken die Werte der katholischen Kirche vertraten.[67]

Hierin spiegelt sich eine Geschlechterordnung, wie sie auch kennzeichnend für die bürgerliche Gesellschaft war. Nach der idealtypischen Annahme orientierten sich Männer nach außen, während Frauen die Gestaltung des häuslichen Rahmens überlassen blieb. Mit Blick auf das kirchliche Personal hieße dies, die Priester agierten in der politischen Öffentlichkeit, während die Frauen in den Kongregationen für den Binnenraum der katholischen Kirche zuständig gewesen seien. Diese Form der Segregation in geschlechterspezifische Räume impliziert zugleich eine Hierarchisierung: Der männlichen Sphäre wird eine erhebliche Relevanz zugeschrieben, während zugleich die weibliche Sphäre als Bei-

---

66 Zu diesen Aktivitäten der Geistlichen vgl. Blaschke, Kolonialisierung der Laienwelt, S. 110-119.

67 Im protestantisch dominierten Berlin arbeiteten seit 1863 die *Grauen Schwestern* aus dem schlesischen Neisse in der ambulanten Krankenpflege, später bauten sie dort ein Krankenhaus. In Leipzig versahen sie seit 1864 stationäre Krankenpflege, pflegten Waisen und übernahmen in der mehrheitlich protestantischen Stadt die Leitung einer Dienstmädchenherberge. Vgl. Jungnitz, Kongregation der grauen Schwestern, S. 110; über verschiedene Niederlassungen der Berliner Provinz der Kongregation informiert Mertens, Berliner Ordensprovinz. Die *Armen Schwestern des heiligen Franziskus* ließen sich 1869 in Bielefeld nieder. Die Stadt gehörte zu den Zentren pietistischer Frömmigkeit. Im nahegelegenen Bethel entstand seit 1867 das größte Hilfswerk der Inneren Mission, die von Bodelschwinghschen Anstalten. Vgl. Jeiler, Francisca Schervier, S. 571.

werk interpretiert wird.[68] Die neuere geschlechtergeschichliche Forschung stellt diese dichotomische Zuschreibung in Frage[69] und kann überzeugend darlegen, daß sie die Geschlechterbeziehungen der Moderne nicht hinreichend kennzeichnen. Tatsächlich prägten gerade die sich nicht konträr gegenüberstehende, sondern sich reziprok zueinander verhaltenden Beziehungen von Öffentlichkeit und Privatheit - wie oben beschrieben - den Charakter der Frauenkongregationen und begründeten deren Attraktivität für Katholikinnen im 19. Jahrhundert. Dies zeigt sich auch in dem Verhältnis von Moderne und Tradition in diesen neuen weiblichen Genossenschaften.

In den neuen Frauenkongregationen, so sehr sie sich auch auf "vormoderne" Traditionen beriefen, finden sich auch "moderne" Elemente. Sie sind Produkte ihrer Zeit und nahmen zeitgenössische Strömungen auf, die sie für nützlich hielten. Zuvörderst betraf dies die erzieherische und pflegerische Arbeit. Die Schwestern erkannten die Gefahren der "modernen Industriegesellschaften" für Frauen frühzeitig. Sie versuchten, ihre Geschlechtsgenossinnen mit einer soliden Elementarschulbildung und einer beruflichen Bildung vor den Kräften des Marktes zu schützen. Die simple Gleichsetzung von Säkularisierung mit Modernisierung beschreibt die Verhältnisse nicht angemessen, da so vernachlässigt wird, daß auch in religiösen Kontexten Modernierungspotentiale vorhanden sind.

Denn Bildung zu fördern, galt als modernisierungsrelevant und blieb keineswegs in allen Bereichen säkularen Institutionen vorbehalten. Nicht nur im Kontext der weiblichen Bildung besaß der Faktor Religion eine beachtliche Modernisierungskraft.[70] Hervorzuheben ist, daß bisher fast ausschließlich dem Protestantismus fortschrittliches Handeln in Bildungsfragen zugesprochen wurde. Das Engagement der Frauenkongregationen im weiten Feld der sozialen Arbeit gehört gleichfalls in diesen Kontext. Denn beispielsweise die Unterstützung für erwerbstätige Mütter, Hilfen für alleinlebende Fabrikarbeiterinnen, Gouvernanten und Dienstboten, Exerzitienkurse für Lehrerinnen sind Maßnahmen, die unmittelbar auf die veränderten Lebensumstände der Menschen im beginnenden Industriezeitalter reagieren. Die Etablierung der Krankenpflege und der Beitrag

68 In der breiten Akzeptanz dieser normativen Wertung ist sicherlich einer der wesentlichen Gründe für die Nichtbeachtung von Frauen in religiösen Kontexten durch weite Teile der Forschung zu suchen.

69 Einschlägige konzeptionelle Überlegungen in diesem Kontext siehe Bock, Challenging Dichotomies, hier S. 4 f. Rebekka Habermas zeigt in ihrer Studie, daß Männer wie Frauen in Öffentlichkeit und Privatheit auf vielfältige Weise agierten. "Beziehungen und Verhältnisse entwickelten nämlich eine Dynamik, die zu unerwarteten Reaktionen führt, Widersprüche offenlegt, Lernprozesse einleitet, Hoffnungen weckt, aus denen wiederum neue Kräfte erwachsen." Habermas, Frauen und Männer, S. 523.

70 Vgl. Jacobi, Religiosität und Mädchenbildung, S. 117.

der Frauenkongregationen soll hier nicht unerwähnt bleiben.[71] Die Ausbildung einer Organisationsstruktur und Finanzverwaltung, die Nutzung neuer Infrastrukturen sind dafür ebenso charakteristisch wie die von Kritikern gern übersehene Leistungsorientiertheit vieler Kongregationen und die Prinzipien der Vereinsorganisation in der Struktur der Kongregationen.

Die Haltung der Kongregationen zur Industriegesellschaft war - wie die der katholischen Kirche überhaupt - von einer außerordentlichen Ambivalenz bestimmt. Dennoch gilt: das Konzept der Rechristianisierung war eben nicht eine Kopie des vorindustriellen Ständestaates, sondern versuchte, neue Elemente zu integrieren.

Die neuen Frauenkongregationen unterschieden sich in vielerlei Hinsicht von früheren monastischen Traditionen. Das durch die Geschichte des Christentums zu verfolgende Phänomen von den in Klöstern lebenden gelehrten Frauen sucht man im 19. Jahrhundert in der Regel vergebens.[72] Die Zeiten, in denen Klöster Lebens- und Arbeitsmöglichkeiten für gebildete Frauen waren, die sich ausschließlich wissenschaftlichen Studien oder der literarischen Produktion widmeten, schienen mit der Neugründungswelle des 19. Jahrhunderts passé zu sein. Intellektuelle Frauen blieben den neuen religiösen Frauengenossenschaften des 19. Jahrhunderts zumeist fern. Luise Hensel, Ida Hahn-Hahn oder Elisabeth Gnauck-Kühne fanden Arbeitsmöglichkeiten in der Welt und wählten nicht wie Hildegard von Bingen, Teresia von Avila oder Angela Merici das Kloster als Zentrum ihres Lebens.

In der Tat stellten sich die Kongregationen andere Aufgaben als die individuelle Selbstbildung der Frauen. Ihnen ging es im Industriezeitalter um Werke christlicher Barmherzigkeit. Die Kongregationen konzentrierten sich hierauf. Eine intensive theoretische Beschäftigung mit dem täglichen Tun über den unmittelbaren religiösen Bezugsrahmen hinaus fand selten statt.[73] Entgegen dem oft postulierten Trend von der Dichotomie zwischen säkularen Männerwelten und den religiös-inspirierten Frauenräumen wagten zunächst einzelne und am Ende des 19. Jahrhunderts immer mehr gebildete katholische Frauen, als unver-

---

71 Siehe oben Kapitel 5.

72 Auch die feministische Theologie sucht nach ihnen eher im Mittelalter, wie beispielsweise Elisabeth Gössmann, Religiös-theologische Schriftstellerinnen, in: Duby/Perrot, Geschichte der Frauen, Bd. 2, S. 495-510. Zweifel sind auch daran erlaubt, ob Marie de l'Incarnation oder Juana Inés de la Cruz im 19. Jahrhundert den Weg in eine katholische Frauenkongregation gefunden hätten. Vgl. dazu Natalie Zemon Davis, Drei Frauenleben. Glikl, Marie de l'Incarnaion, Maria Sibylla Merian, Berlin 1996, S. 81-161 und Juana Inés de la Cruz, Die Antwort an Schwester Philothea, Frankfurt 1991.

73 Davon waren jedoch nicht jene wissenschaftlichen oder künstlerischen Aktivitäten berührt, die die Funktionsfähigkeit der Kongregationen in der einen oder anderen Weise tangierten. Vgl. dazu Pesendorfer, Künstlerinnen sowie oben Kapitel 5.3.

heiratete berufstätige Frauen "in der Welt" zu leben.[74] Wie ihre männlichen Geschlechtsgenossen versuchten Katholikinnen zunehmend, intellektuelle Befriedigung in relativer Distanz zur Kirche zu finden. Für eine kleine im Verlauf des Jahrhunderts anwachsende Gruppe von Frauen öffnete sich die Tür zur säkularen Gesellschaft. Berufstätigkeit in den religiösen Genossenschaften verloren für sie an Attraktivität, da es für sie eine Alternative zum klösterlichen Lebensmodell gab.

Für viele Katholikinnen behielten die Kongregationen bis weit ins 20. Jahrhundert weiterhin eine große Anziehungskraft. Genossenschaftliches Engagement bedeutete für sie erstens eine aktive weibliche Partizipation am Projekt der christlichen Gesellschaft und zweitens die Chance der Teilhabe an Berufs- und Bildungsmöglichkeiten, die für die Modernisierung weiblicher Lebensläufe außerordentlichen bedeutsam waren und die zugleich weibliche Handlungsräume erweiterten. Denn aller klerikalen Rhetorik zum Trotz orientierte sich das Vorhaben von der Rechristianisierung nicht einseitig auf vormoderne Traditionen, sondern an den Maßgaben der sich wandelnden Gesellschaft. In bezug auf das Frauenkongregationswesen erklärt sich gerade aus der Ambivalenz von Tradition und Moderne die Attraktivität für eine steigende Zahl von Katholikinnen, weil die Gemeinschaft von Frauen eine Zukunftsperspektive jenseits familiärer Zusammenhänge schuf. Die Frauen in den Kongregationen agierten zwar in einem hochkonservativen Kontext, aber darin ging ihr Handeln nicht auf. Vielmehr eröffneten sich gerade in der Lebensform der Genossenschaft weibliche Optionen, für die es im bürgerlichen Projekt der Moderne keinen Raum gab - auch deshalb, weil es explizit nur für Männner projektiert war.

Die rigorose Geschlechtertrennung, wie sie im Katholizismus galt, wird gern als extrem frauendiskrimierend bezeichnet. Aber die Zeitgenossinnen wußte diese spezifische Räume für sich zu nutzen, innerhalb derer sie ihr Engagement ohne männliche Konkurrenz entfalten konnten. Angesichts aktueller Bildungsdebatten, die um die Frage kreisen, ob die koedukative Erziehung der geschlechterspezifischen Benachteiligung von Mädchen im Schulwesen angemessen entgegentritt, mutet dies geradezu modern an. Schließlich überraschen Vorstellungen von getrennten Geschlechtersphären im Katholizismus nicht, da auch andere Konzepte über Geschlechterbeziehungen zumindest auf der Ebene des theoretischen Entwurfs von einem dichotomischen Verhältnis der Geschlechter ausgingen.[75] Im Vergleich zu den im religiösen Raum agierenden Frauen muß-

---

74 Dennoch blieb auch für diese Frauen, ähnlich den vermeintlich säkularisierten Männern, Religion als Handlungsmaxime erhalten.

75 vgl. Karin Hausen, Die Polarisierung der "Geschlechtscharaktere" - Eine Spiegelung der Dissoziation von Erwerbs- und Familienleben, in: Werner Conze (Hg.), Sozialgeschichte der Familie in der Neuzeit Europas, Stuttgart 1976, S. 363-393.

ten bürgerliche Frauen, die sich am Projekt der bürgerlichen Gesellschaft beteiligen wollten, ungleich mehr Argumente anführen und erklären, welches der allgemeine Nutzen einer geschlechterübergreifenden Gesellschaftsvorstellung sein konnte. McLeod hat bereits darauf hingewiesen, daß diese scharfe Geschlechtertrennung für die Katholikinnen weniger negative Auswirkungen hatte, als die in Aussicht gestellte und doch nicht realisierte Gleichberechtigung von Männer und Frauen im Protestantismus.[76]

Frauen hatten im Katholizismus des 19. Jahrhunderts, wenn sie sich mit den Anliegen ihrer Kirche identifizieren konnten, eine realistische Chance auf Partizipation am kirchlichen Geschehen. Denn die Kleriker waren keineswegs die einzigen "hauptberuflichen Religionsverwalter",[77] wie das weibliche Engagement im Prozeß der Ultramontanisierung und in der neuen Positionierung des Katholizismus in der zweiten Hälfte des 19. Jahrhunderts zeigt.

Von den Konsequenzen der Feminisierung des kirchlichen Personals im Hinblick die kirchlichen Debatten und Aktivitäten im Kontext der sozialen Frage wird im folgenden zu berichten sein.

76 McLeod, Weibliche Frömmigkeit, S. 151 f.

77 Blaschke, Kolonialisierung der Laienwelt, S. 102.

Kapitel 8

Frauenarbeit in der "Männerkirche": Die soziale Frage aus der Geschlechterperspektive

Als Franziska Schervier Ende der 1840er Jahre in Aachen begann, sich um "Büßerinnen" zu sorgen, stieß sie nach eigenem Bekunden auf Unmut. Man habe nicht verstanden, "daß wir 'Gefallene' und 'Verschrieene', wie sie [die Leute aus der Pfarrei] sagten, in unsere Wohnung aufnahmen. Die Bemittelten fingen an, mir das Vertrauen zu entziehen, weil sie fürchteten, ich möchte ihre Gaben ... mit den Pfleglingen des Hauses theilen."[1] Dennoch hielt Franziska Schervier an ihrer Aufgabe fest. Sie verschaffte ihnen eine Unterkunft, sorgte für den Lebensunterhalt und "unterrichtete sie regelmäßig und tröstete die einzelnen in all ihren innern Leiden und Bedrängnissen."[2] Die Parteinahme für Frauen, die "sich an die Sünde verkauft haben und darum, wie mit glühenden Ketten gebunden, dem zeitlichen und ewigen Verderben sich äußerst schwer entwinden können"[3], erweckte Aufsehen und ging offensichtlich über die allseits anerkannte Wohltätigkeit für Bedürftige und Kranke hinaus.

Die Frauenkongregationen schlossen mit ihrem Engagement für Notlagen von Mädchen und Frauen eine Lücke, die sowohl die staatliche, die städtische als auch die kirchliche Armenpflege hinterließen und die von den Sozialreformern als solche nicht beachtet wurde. Viele von denen, die später eine Kongregation gründeten oder ihr beitraten, begannen wie auch nicht-katholische Frauen ihre soziale Arbeit in einem Verein. Seit den 1830er Jahren entstanden zahllose karitative Frauenvereine, die in der Regel religiös gebunden waren. Die Vereine schufen die Möglichkeit, über den häuslichen Rahmen hinaus tätig zu werden und den individuellen Bemühungen um praktizierte Nächstenliebe größere Wirkung zu verleihen.[4]

---

1 Bericht von Franziska Schervier Anfang der 1860er Jahre, zit. nach Jeiler, Mutter Francisca Schervier, S. 120.

2 Ebd., S. 139.

3 Ebd., S. 124.

4 Vgl. Habermas, Weibliche Religiosität, S. 131-135. Einen knappen Überblick im Bezug auf die private Wohltätigkeit im 19. Jahrhundert bieten Sachße/Tennstedt, Geschichte der Armenfürsorge, S. 222-244.

Einige katholische Frauen gingen bald noch einen Schritt weiter. Sie beließen es nicht bei der Vereinsorganisation und einer punktuellen Arbeit, die sie nur neben ihren familiären und sonstigen Verpflichtungen nachkommen konnten, sondern ihr Ziel war es - wie bereits geschildert -, karitative Arbeit und genossenschaftliche Lebensweise miteinander zu verbinden. Die Kongregation als katholische Vergesellschaftungsform ermöglichte ihnen, dieses gesellschaftlich anerkannt zu tun. Im protestantischen oder nicht konfessionell gebundenen Frauenvereinswesen exisitierte keine vergleichbare Form der Organisation der karitativen Arbeit, sieht man einmal von den Diakonissenanstalten ab. Ungeachtet dessen gab es in den 1850er und 1860er Jahren - während des Gründungsbooms von Frauenkongregationen - vergleichsweise wenige karitative Frauenvereine im Katholizismus.[5] In diesem Zeitraum handelte es sich in erster Linie eher um religiöse Vereine. Erst nach dem Kulturkampf ergriffen weibliche Laien verstärkt die Initiative zur Gründung karitativer Frauenvereine.[6] Im vom Pauperismus gekennzeichneten Vormärz und in der Reaktionszeit der 1850er Jahre stand eine laizistische weibliche Vergesellschaftungsform für katholische Frauen offenbar noch nicht zur Debatte.[7]

Die sozialen Mißstände beschäftigten in den 1830er und besonders in den 1840er Jahren alle gesellschaftlich relevanten Gruppen, weil sich die Konsequenzen, die sich aus der Transformation der Agrargesellschaft in eine Industriegesellschaft ergaben, kaum mehr übersehen ließen. Die "soziale Frage" stand auf der Tagesordnung. "Darunter verstand man in der engeren Bedeutung das Massenelend (*Pauperismus*), im weiteren Sinn zunächst vor allem die '*Arbeiterfrage*', die Wandlung, Vermehrung und Bewegung der handarbeitenden Unterschichten."[8] Auch Katholikinnen und Katholiken debattierten diese Fragen.[9] An der Haltung zur sozialen Frage konnte die Kirche ihre Gestaltungskraft unter Beweis stellen, zumal ihr traditionell Kompetenz auf diesem Gebiet zugesprochen wurde.[10] Pauperisierte Unterschichten erhofften sich eine Verbesse-

5 Vgl. Kall, Katholische Frauenbewegung.

6 Diese Frauenvereine bemühten sich zwar häufig um eine Zusammenarbeit mit den Kongregationen, ihr Ziel war aber nicht die Gründung einer solchen.

7 Vgl. Kall, Katholische Frauenbewegung, S. 94, 169. Dazu gehörte der aus zahlreichen lokalen Initiativen erst 1905 zu einem Dachverband zusammengeschlossene Mädchenschutzverein (Vgl. ebd. S. 258) und der 1899 gegründete "Katholische Fürsorgeverein für Mädchen, Frauen und Kinder". Vgl. Wollasch, Der Katholische Fürsorgeverein. Hier zeigt sich im übrigen kein geschlechterspezifischer Unterschied, denn die Vernetzung des katholischen Milieus mithilfe des Vereinswesens erreichte ihren Höhepunkt erst nach dem Kulturkampf. Vgl. Mooser, Das katholische Milieu, S. 72 f.

8 Gerhard A. Ritter, Zur Geschichte der sozialen Ideen im 19. und frühen 20. Jahrhundert, in: ders., Arbeiter, Arbeiterbewegung und soziale Ideen in Deutschland, München 1996, S. 11.

9 Vgl. dazu Kapitel 3.

10 Vgl. dazu Ratzinger, Geschichte der kirchlichen Armenpflege.

rung ihrer prekären Lage. Forderungen nach Partizipation am politischen Geschehen und rechtlicher Gleichstellung bisher benachteiligter Gruppen und Personen wurden laut, wohlhabende adelige und bürgerliche Kreise fürchteten um ihre Privilegien. Reklamierte die katholische Kirche Ansprüche auf gesellschaftliche Partizipation oder verlangte geradezu die Definitionsmacht über Prinzipien staatlichen Handelns für sich, so mußte sie auf die drängenden ökonomischen wie sozialen Fragen eine Antwort haben. In diesem Kapitel wird nicht das gesamte Spektrum der katholischen Haltung zur sozialen Frage erörtert, vielmehr wird der kirchliche Anspruch auf Lösung der sozialen Frage hinsichtlich seiner geschlechtergeschichtlichen Bedeutung analysiert und gemäß dem hier zur Diskussion stehenden Thema die Frage nach der Funktion der Frauenkongregationen in diesem Kontext untersucht.

Die katholische Kirche schien zunächst von dem Ausmaß des vormärzlichen Pauperismus ähnlich überrascht gewesen zu sein wie viele andere gesellschaftliche Gruppen. Lange war man der Meinung gewesen, daß Zustände, wie sie aus England bekannt waren, in Deutschland nicht zu befürchten seien. Der Aufstand der schlesischen Weber im Juni 1844 versetzte einflußreiche Kreise in Deutschland in Bewegung und schuf ein Bewußtsein dafür, daß der Pauperismus bekämpft werden müsse.

8.1. Blick über die Grenzen und Werbung für Frauenkongregationen

Seit den 1830er Jahren meldeten sich vereinzelt katholische Stimmen, die sich mit der Neugestaltung nicht nur des religiösen Lebens, sondern auch mit karitativen Fragen beschäftigten. Auffällig ist in diesem Kontext der geschlechterspezifische Blick über die Grenzen Preußens respektive der deutschen Länder hinaus sowie der Umstand, daß nicht, wie so häufig in bürgerlich-liberalen Schriften, England als Vorbild diente, sondern Frankreich ins Zentrum des Interesses rückte. Männer der Kirche - hervorgehoben seien Clemens August Droste zu Vischering und Clemens Brentano - registrierten vermehrt die Aktivitäten französischer Katholikinnen in religiösen Genossenschaften,[11] aber auch die der Laien in sogenannten Vincenz-Konferenzen.[12] Für erzieherische und karitative

11 Vgl. zu den ausländischen Vorbildern für Kongregationsgründungen Kapitel 3.2. dieser Arbeit.

12 1833 initiierte der Pariser Student Frédéric Ozanam (1813-1853) eine solche Konferenz von Laien. Das Ziel war die Unterstützung der Armen nicht nur in materieller Hinsicht, sondern auch durch persönlichen Kontakt und religiöse Unterweisung. Ähnliche Unternehmungen

Arbeiten von Frauenkongregationen mangelte es nicht an Vorbildern, vergleichbare Männergenossenschaften traten nicht in Erscheinung.[13]

Die Rekrutierung geeigneten Personals für die soziale Arbeit beschäftigte die katholischen Sozialreformer verstärkt in den krisengeschüttelten 1840er Jahre. Unter dem Decknamen J. Eremits veröffentlichte der Freiburger Universitätsprofessor Franz-Josef Buß 1844 ein Werk über die "Barmherzigen Schwestern", welches 1847 unter seinem wirklichen Namen eine Neuauflage erfuhr.[14] Buß zählte zu den wenigen Politikern, die bereits in den 1830er Jahren auf die Brisanz der sozialen Frage hinwies. 1837 warnte er als Mitglied des badischen Landtags als erster in einem deutschen Parlament vor dem Pauperismus mit der seiner Ansicht nach fatalen Folge der Zunahme armer Bevölkerungsschichten.[15] Buß forderte - so Schnabel - den Klerus auf, "daß er sich nicht auf die Seelsorge beschränken dürfe, sondern wieder heraustreten müsse in die soziale Wirksamkeit".[16] In seinem Buch stellte er die Kongregation der *Barmherzigen Schwestern vom heiligen Vinzenz von Paul*, die auch *Vinzentinerinnen* genannt werden, ins Zentrum. Im ersten Teil beschrieb er - ähnlich wie Brentano für die *Borromäerinnen*[17] - die Geschichte, Bedeutung und Aufgabenstellung dieser französischen Frauengenossenschaft. Im zweiten Teil berichtete er von den Bemühungen in der Erzdiözese Freiburg, dort eine Niederlassung der Schwestern zu eröffnen. Aber Buß beließ es nicht bei der reinen Beschreibung. Er forderte eine weitere Verbreitung der Tätigkeit der Schwestern in Deutschland, für die er gute Bedingungen auszumachen glaubte. Die Kongregation werde "wachsen unter der stets wachsenden Verwicklung der Gesellschaft, unter der wachsenden Armuth und unter der Stimmung der Zeit. In dieser letztern Beziehung ist keine Zeit noch günstiger gewesen für die Verbreitung des Ordens in Deutschland, als die Gegenwart."[18]

In diese Reihe von Schriften gehört auch das 1847 von Joseph Hubert Reinkens herausgegebene Buch über die *Borromäerinnen*, dessen Erlös dem Bonner

---

wurden in Belgien, Italien (1844) und in Deutschland (1845) gestartet. Vgl. Roger Aubert, Die Fortführung der katholischen Erneuerung in Europa, in: Jedin (Hg.), Handbuch zur Kirchengeschichte VI, 1, S. 440 f.

13 Meines Wissens gab es keine Veröffentlichungen über Männerkongregationen mit einem ähnlichen Aufgabenfeld wie etwa die *Borromäerinnen* oder *Vinzentinerinnen*. Weniger konkrete soziale Arbeit, sondern pastorale und seelsorgerische Tätigkeiten verfolgten die meisten Männergenossenschaften, die nach der Säkularisation Niederlassungen eröffneten.

14 Vgl. Buß, Orden der Barmherzigen Schwestern; vgl. zur Erstauflage, Gatz, Kirche, S. 338.

15 Vgl. Wehler, Deutsche Gesellschaftsgeschichte, Bd. II, S. 282.

16 Schnabel, Deutsche Geschichte, Bd. 4, S. 205 f.

17 Brentano, Die Barmherzigen Schwestern; s. o. Kapitel 3.2.

18 Buß, Orden der Barmherzigen Schwestern, S. 521.

Hospitalverein zufloß.[19] Der Hospitalverein hatte sich zum Ziel gesetzt, ein von Schwestern geleitetes Krankenhaus zu bauen.[20] Die Schrift von Reinkens stand offenbar im Zusammenhang mit dem Versuch des Vereins, die Borromäerinnen für Bonn zu gewinnen und gleichzeitig eine möglichst hohe Akzeptanz in der Bevölkerung für das Wirken der Schwestern zu erreichen. Bereits 1842, als erstmals das Vorhaben eines von katholischen Schwestern geleiteten Hospitals diskutiert wurde, erschien im "Bonner Wochenblatt" ein Artikel über das Wirken der *Borromäerinnen* in Koblenz, der sich auf einen protestantischen Medizinalrat und den Bericht des Rheinischen Medizinalkollegiums an die Preußische Regierung berief. Ihm folgten in dem gleichen Blatt weitere Berichte und ein Hinweis auf das von Reinkens verfaßte Buch.[21]

Die Publikation von Reinkens verfolgte wie auch die zuvor genannte Schrift von Buß vor allem zwei Ziele. Zum einen ging es darum, die katholische Bevölkerung über die Arbeit der Frauenkongregationen zu informieren und Frauen zum Engagement zu motivieren. Auf der anderen Seite sollte die Schrift der preußisch-protestantischen Obrigkeit im Rheinland signalisieren, daß die katholische Kirche über die geeigneteren Methoden zur Bewältigung der sozialen Frage verfüge. Folglich wurde die Berufung der *Borromäerinnen* nach Bonn im Jahre 1849 von katholischer Seite auch als "systematisches Wahrnehmen der katholischen Interessen, die durch die feindliche Stellung der preußischen Regierung gefährdet" schien, gewertet.[22] Die katholische Kirche im Rheinland sah sich durch die unmittelbare Konfrontation mit der preußischen Regierung und insbesondere mit der von ihr eingesetzten protestantischen Beamtenschaft zur konsequenten Vertretung ihrer Interessen genötigt. Die Kirche wollte unter Beweis stellen, daß sie durch ihr soziales Engagement größere Kompetenzen in der Lösung der sozialen Frage besaß als die preußische Bürokratie, und bediente sich dazu der Frauenkongregationen. Reinkens machte konkrete Vorschläge zum weiteren Ausbau der Kongregation der *Borromäerinnen* in Preußen, da die Nachfrage nach Schwestern ständig stieg. Das französische Generalmutterhaus war kaum in der Lage, den Wünschen gerecht zu werden. Reinkens forderte daher die Errichtung eines preußischen Provinzialmutterhauses mit eigenem Noviziat. Die Frauen könnten hier ausgebildet werden, anderenfalls würden sie

---

19 Vgl. R.(einkens), Die barmherzigen Schwestern. Der Autor wurde später Professor in Breslau und 1873 erster Bischof der Altkatholiken, nachdem er wegen seiner Haltung zum Unfehlbarkeitsdogma des Papstes 1870 von der Kirche exkommuniziert wurde.

20 vgl. Ferdinand Doelle, Das St. Johannis-Hospital in Bonn, Festschrift zu seinem 75jährigen Bestehen, Bonn 1924, S. 75 ff.

21 vgl. ebd., S. 114-118.

22 Ebd., S. 118.

aufgrund weiter Entfernungen und mangelnder Sprachkenntnisse von einem Eintritt in die Kongregation abgehalten.[23]

Die hier genannten Schriften verfolgten allesamt das Ziel, die Kongregationen der *Vinzentinerinnen* und *Borromäerinnen* in deutschen Landen bekannt zu machen und zur Nachahmung anzuregen. Die Befähigung von Frauen zu allen Formen karitativer Arbeit wurde nicht infragegestellt, vielmehr wurde betont, daß es sich hier um genuin weibliche Tätigkeiten handele. Nicht nur der frühe Sozialreformer Franz Josef Buß, auch Georg Ratzinger bewertete fast zwanzig Jahre später weibliches Wirken in diesem Kontext als unverzichtbar: "Das Eingreifen der Frauenwelt in das Gebiet der Wohltätigkeit durch persönlichen Besuch der Armen und durch Ausübung eines Patronats über arme Familien würde für die Armenpflege von heilsamster Wirkung sein. Der praktische Blick der Frauen in allen Fragen des häuslichen Lebens würde viele Fehler und Mängel erspähen, deren Beseitigung von selbst schon das Elend mildern könnte; es würden sogar bei den Aermsten noch immer Handhaben und Mittel entdeckt, welche nur benützt werden dürften, um die Verbesserung des Looses der Armen anzubahnen.... Die Herablassung edler Frauen würde nicht bloß Dankbarkeit hervorrufen, sondern ihnen auch eine gewisse Autorität verschaffen."[24]

Weibliche Kompetenz in der Bekämpfung sozialer Mißstände - die auch in bürgerlichen Kreise nicht grundsätzlich bestritten wurde - erhielt im Katholizismus durch die auf Konkretion im lokalen Raum angelegte Lösung der sozialen Frage eine stärkere Gewichtung. Ratzinger beispielsweise orientierte sich an der konkreten Umsetzung karitativer Bestrebungen, er wandte sich gegen staatliche Initiative in diesem Bereich und setzte auf die "freiwillige Gemeinde-Armenpflege", denn "die Gemeinde wird schon selbst wissen, wie sie ihre Armen am besten unterstütze."[25] Der "praktische Blick der Frauen" garantiere am ehesten, daß dieses Vorhaben gelänge. Diese hohe Wertschätzung weiblicher Karitas erscheint umso bemerkenswerter, als beispielsweise in bürgerlichen Kreisen der Bestellung männlicher Armenpfleger in der zweiten Hälfte des 19. Jahrhunderts absolute Priorität eingeräumt wurde und erst in einem zähen Ringen mit den bürgerlichen Sozialreformerinnen die Teilhabe von Frauen an diesem bürgerlichen Ehrenamt erreicht werden konnte.[26] An formalisierten Verfahren der Armenpflege beteiligten sich die katholischen Frauen zunächst nicht; deshalb wurde ihre Arbeit häufig als reine Verteilung von Almosen abqualifi-

---

23 Vgl. R.(einkens), Barmherzige Schwestern, S. 199 ff; zur steigenden Nachfrage nach Schwestern, vgl. Gatz, Kirche, S. 276 ff.

24 Ratzinger, Geschichte der kirchlichen Armenpflege, S. 575.

25 Ebd., S. 576.

26 Vgl. Schröder, Wohlfahrt, Frauenfrage und Geschlechterpolitik, S. 220 f.

ziert, im Unterschied zu strukturell angelegter und auf Effektivität bedachter Sozialreform.[27]

In den 1830er und 40er Jahren beschäftigte sich die katholische Kirche noch mit ganz anderen Fragen. Das Verhältnis zwischen Staat und Kirche stand auf der Tagesordnung, nicht nur in Preußen, und absorbierte die Kräfte der Kirchenvertreter. Insofern stellten Sozialreformer wie Buß oder der Koblenzer Fabrikant Hermann-Joseph Dietz[28] eher eine Ausnahme von der Regel dar, die lautete: auch die katholische Kirche wandte sich der Armutsfrage und der Verbesserung der sozialen Verhältnisse erst zu einem Zeitpunkt zu, als die Not weiter Bevölkerungskreise für niemanden mehr zu leugnen war. Hierin waren sich im übrigen katholische Männer und Frauen ähnlich: Auch die weiblichen Initiativen zur Verbesserung der sozialen Lage mündeten erst in den 1840er Jahren in eine gewisse organisierte Form, etwa als wohltätige Vereine und später auch als Frauenkongregationen. Insofern erscheint retrospektiv die Kettelersche Behauptung von 1848, daß nur die Kirche die soziale Frage lösen könne,[29] als kühn, denn es gab kaum praktikable Organisationsstrukturen, mittels derer die Kirche ihren Anspruch hätte realisieren können.

Im Vormärz konnte die Amtskirche nicht von sich behaupten, an der Spitze derjenigen gestanden zu haben, die sich um das Los der Armen und Entrechteten gekümmert haben. Kirchenkreise ergriffen am Ende der 1840er Jahre die

---

27 So wandten sich diejenigen Frauen, die sich mit dem Projekt der "sozialen Frauenarbeit" beschäftigten, vehement gegen das Almosengeben, sie lehnten überdies den ihrer Meinung damit einhergehenden "Dilettantismus" ab. Schröder, Soziale Frauenarbeit, S. 213.

28 Er gehörte zu den Mitbegründern des Koblenzer Karitaskreises, dem zeitweilig neben Luise Hensel auch Clemens Brentano angehörte. Dietz und seine Frau erreichten, daß die im französichen Nancy ansässigen *Borromäerinnen* bereits 1826 in Koblenz die Leitung des dortigen Bürgerhospitals übernahmen. Vgl. Gatz, Kirche, S. 273; 354-359.

29 Mitten in den Revolutionswirren von 1848/49 rief der damalige Abgeordnete der Frankfurter Nationalversammlung und spätere Mainzer Bischof, Wilhelm Emmanuel von Ketteler, auf der ersten Versammlung des katholischen Vereins Deutschlands vom 3. bis 6. Oktober 1848 in Mainz siegesgewiß dazu auf, die "socialen Verhältnisse" zur "Aufgabe der Religion" zu erklären. "Die schwerste Frage, die bei allen gesetzlichen Bestimmungen, bei allen Staatsformen noch nicht gelöst ist, das ist die sociale Frage. Ich kann es mit aller Wahrheit aussprechen: die Schwierigkeit, die Größe, die Dringlichkeit dieser Aufgabe erfüllt mich mit der größten Freude; nicht die Noth freut mich, die ich in Wahrheit in tiefstem Herzen mitfühle, nicht das Elend meiner Brüder, - nein, sondern daß es jetzt sich zeigen wird und zeigen muß, welche Kirche die Kraft der göttlichen Wahrheit in sich trage. Es wird sich zeigen, daß der katholischen Kirche die endliche Lösung der socialen Frage vorbehalten ist; denn der Staat, mag er Bestimmungen treffen, welche er will, hat dazu nicht die Kraft. ... Wenn es sich zeigt, daß bei uns die Heimath der Liebe, einer werkthätigen, christlichen, zur Hülfe der armen Brüder tüchtigen Liebe sich findet, dann wird auch die Wahrheit unserer Glaubenslehren anerkannt werden." Verhandlungen der ersten Versammlung des katholischen Vereines Deutschlands am 3., 4., 5. und 6. October in Mainz. Amtlicher Bericht, Mainz 1848, S. 52.

Initiative zu vielfältigen Formen karitativen Handelns, wobei die internationale Orientierung des Katholizismus den Ideenreichtum beförderte. Preußische Katholiken und Katholikinnen lehnten sich an andernorts praktizierte Ideen an.[30] Die religiösen Vereine und Genossenschaften belegen dies, wobei damit wenig über deren Wirksamkeit zur Bekämpfung der sozialen Not gesagt ist.[31] Ende der 1840er Jahre nahmen vermehrt Männer der Kirche die aktuelle soziale und politische Lage zum Anlaß, um grundsätzliche Überlegungen zur Überwindung der Not anzustellen.

8.2. Weibliche Armut kein Thema für katholische Sozialreformer

Katholische Sozialreformer wie Ketteler oder Kolping konzentrierten sich in ihren Vorschlägen zur Überwindung sozialer Mißstände auf die Verbesserung des Status der erwerbstätigen Männer aus proletarischen wie bürgerlichen Schichten. Während für den Kölner Kaplan Adolf Kolping (1813-1856) praktische Überlegungen im Vordergrund seines Engagements standen, entwickelte der Mainzer Bischof Wilhelm Emmanuel Freiherr von Ketteler (1811-1877) wesentliche Elemente dessen, was als sozialer Katholizimus in die Geschichtsschreibung eingehen sollte.[32] Ritter betont den ambivalenten Charakter der Lehre vom sozialen Katholizismus: "Einmal blickt sie zurück auf ein ständisches Gesellschaftsmodell und hat mit der Tendenz zur Abschottung gegen Industrialisierung und Kapitalismus deutlich antimodernistische Züge. Zum andern weist sie mit ihrem Eintreten für neue Formen der Selbsthilfe, etwa in den christlichen Gewerkschaften und der Forderung nach verstärktem Engagement des Staates zum Abbau von Klassengegensätzen in die Richtung des modernen Sozialstaates."[33]

Der geschlechterspezifischen Dimension der sozialen Frage maßen beide Kritiker der zeitgenössischen Verhältnisse keine Bedeutung zu. Hierin unterschieden sie sich in keiner Weise von ihren nicht-katholischen Geschlechts-

30 Vgl. dazu die europäische Perspektive des Problems bei Leif Grane, Die Kirche im 19. Jahrhundert. Europäische Perspektiven, Göttingen 1987, S. 156-165.

31 Wobei mir die Wehlersche Schlußfolgerung, daß beide Amtskirchen vor der "sozialen Frage der Zeit: vor dem Massenpauperismus, vor dem Elend des ländlichen und städtischen Proletariats" (Wehler, Deutsche Gesellschaftsgeschichte, Bd. 2, S. 577) versagt hätten, deshalb eine zu drastische Formulierung zu sein scheint, da sie geschlechterspezifische Besonderheiten nicht in die Betrachtung einbezieht.

32 Eine instruktive Zusammenfassung der "römisch-katholischen Soziallehre" findet sich bei Ritter, Geschichte der sozialen Ideen, S. 47-54.

33 Ebd. S. 47.

genossen. Weibliche Armut fand kaum Eingang in die großen katholischen Sozialkonzepte des 19. Jahrhunderts.[34] Allenfalls implizit traten Frauen als Adressatinnen kirchlicher Anstrengungen in Erscheinung, wenn etwa der Zerfall der Familie beklagt wurde, der auch auf die Fabrikarbeit zurückzuführen sei, da die Frauen hierdurch ihren Pflichten als Ehefrauen und Mütter nicht nachkommen würden.[35] Die Vernachlässigung der weiblichen Armut durch die Zeitgenossen hatte auch einschneidende historiographische Konsequenzen: Die Sozialgeschichtsschreibung folgte den Interpretationen der Sozialreformer und stellte die soziale Notlage der Männer in den Mittelpunkt ihrer Forschungen.[36]

Soziale Aktivitäten, von Kirchenmännern und männlichen Laien initiiert, richteten sich in erster Linie an deren Geschlechtsgenossen: Handwerker, Arbeiter, Bauern oder Lehrlinge standen im Mittelpunkt des katholischen Interesses. Männer wurden in Vereinen organisiert, wobei das Spektrum vom Arbeiterverein bis zum Gebetsapostolat reichte. Sie trafen sich regelmäßig in Vereinshäusern, Kirchen oder auch in Wirtshäusern.[37] Neben geselligen Unternehmungen und gemeinschaftlichen religiösen Übungen gewährten die Arbeiter- und Handwerkervereine auch materielle Unterstützung. Fortbildungsangebote, Vorträge, Unterricht und Leihbibliothek gehörten ebenso dazu wie die Einrichtung von Spar- und Krankenkassen oder eine günstige Unterkunft in einem Logierhaus, wie es für die Kolpingvereine charakteristisch werden sollte.[38] Schließlich erhoben Katholiken, wie 1873 der Mainzer Bischof Ketteler, politische Forderungen nach Schutz der Arbeiter, insbesondere die Begrenzung der täglichen Arbeitszeit auf zehn bis elf Stunden unter Einhaltung der Sonntagsruhe und die Kontrolle der Fabriken durch staatliche Fabrikinspektoren. Dem Arbeiterschutz diene überdies ein Verbot von Fabrikarbeit für verheiratete Frauen und eine strikte Geschlechtertrennung am Arbeitsplatz.[39]

Mit dieser Forderung sprach die katholische Kirche die Sorgen und Nöte von Frauen nur vermittelt an. Ihnen verwehrte man, wenn sie verheiratet waren, den Zugang zur Fabrik, ohne ihnen eine Alternative zu eröffnen, mit der sie ihren

---

34 Vgl. dazu den Überblick von Ritter, Geschichte der sozialen Ideen. Weder in sozialistischen und kommunistischen Zukunftsvisionen noch in den zahlreichen bürgerlichen Varianten sozialreformerischer Konzepte wurden Geschlechterfragen detailliert behandelt.

35 Vgl. Albert Franz, Der soziale Katholizismus in Deutschland bis zum Tode Kettelers Mönchengladbach 1914, S. 203.

36 Auch in neuesten Studien zur Sozialpolitik aus konfessioneller Perspektive werden Frauen allenfalls am Rande thematisiert, vgl. dazu beispielsweise Jochen-Christoph Kaiser/Wilfried Loth (Hg.), Soziale Reform im Kaiserreich. Protestantismus, Katholizismus und Sozialpolitik, Stuttgart 1997.

37 Dort traf sich beispielsweise im niederrheinischen Krefeld der katholische Jünglingsverein zweimal wöchentlich. Vgl. Brandts, Die katholischen Wohltätigkeits-Anstalten, S. 138.

38 Vgl. Brandts, Wohltätigkeits-Anstalten, S. 147 f.

39 Vgl. Franz, Der soziale Katholizismus, S. 216 f.

Lebensunterhalt bestreiten konnten. Eine Verbesserung ihres Schicksals dürften Frauen aus der Unterschicht von diesen katholischen Forderungen kaum erwartet haben.[40] Durch Unterstützung von Frauen und Kindern bei der Bewältigung schwieriger Lebenssituationen setzten die Frauenkongregationen andere Akzente als die katholischen Sozialreformer. Handarbeits- und Haushaltungsunterricht sollte Befähigung für die Arbeit als Hausfrau und Mutter ebenso liefern wie eine Perspektive im Berufs- oder Erwerbsleben eröffnen. Erziehung und Bildung einschließlich einer erwerbs- oder berufsorientierten Ausbildung für Mädchen und junge Frauen war von besonderer Bedeutung in einer Zeit, als Staat und Kommunen kaum Initiativen in Richtung weiblicher Berufsausbildung ergriffen. Wie diese Bemühungen der Kongregationen aussahen und wie sie sich entwickelten, soll anhand einiger Beispiele geschildert werden.

1. Die *Schwestern vom armen Kinde Jesu* unterrichteten in "weiblichen Handarbeiten, Stricken, Sticken, Spinnen" und sorgten dafür, daß die ihnen anvertrauten Mädchen "in Verrichtung weiblicher Hausarbeiten gehörig geübt" waren. Ziel dieser Bemühungen war es, den Kindern eine "zureichende Ausbildung" zukommen zu lassen, damit sie ihren Lebensunterhalt selbst bestreiten konnten.[41]

2. Die Entwicklung der Bonner Niederlassung der *Schwestern vom armen Kinde Jesu* zeigt exemplarisch, wie die Kongregationen ihre Arbeitsgebiete nach den lokalen Bedürfnissen ausrichteten. Noch bevor der Aachener Gründungsprozeß vollständig abgeschlossen war, sandte Clara Fey 1848 nach einer Anfrage eines Kreises von Klerikern und Laien der Stadt Schwestern zur Übernahme der Pflege von Kindern ins soeben gegründete katholischen Waisenhaus. In getrennten Abteilungen wurden verwaiste und verwahrloste Mädchen und Jungen betreut und auch unterrichtet, da es sich bei den Schwestern um ausgebildete Lehrerinnen handelte. Bald wurden auch Kinder in einer "Kinder-Bewahrschule" aufgenommen, die weiterhin bei ihren Eltern wohnten. In einer angeschlossenen "Näh- und Stickschule" leitete man auch Mädchen aus "besseren Kreisen" an. Die hier gefertigten Produkte wurden verkauft und der Erlös zur Finanzierung der Kongregation herangezogen. Überdies lernten die Mädchen Haushaltung und Sprachen und konnten sich von den Schwestern auf das Lehrerinnenexamen vorbereiten lassen. 1861 entstand eine "Aspirantinnen-anstalt" für Lehrerinnen mit einem angeschlossenen Internat und außerdem für

---

40 Daran änderte sich auch in den 1890er Jahren nichts, als der Jesuit Viktor Cathrein die Ansicht vertrat, daß den Frauen die Möglichkeit zu einen Nebenverdienst durch Heimarbeiten wohl nicht verwehrt werden könne, wenn schon die Löhne der Ehemänner so niedrig seien. Vgl. Viktor Cathrein, Art. Soziale Frage, in: Wetzer und Welte's Kirchenlexikon, Bd. 11, 1899, Sp. 449.

41 Statuten der Schwestern vom armen Kinde Jesu vom 27.10.1847 (BDA, Gvo Aachen, Schwesternklöster 7,I (10093), Bl. 52 r.)

die Schülerinnen der Niederlassung ein religiöser Verein, eine sogenannte Marianische Kongregation.[42]

3. Als im Kulturkampf die Niederlassung der *Franziskanerinnen von der heiligen Familie* in Kohlscheid bei Aachen von der Schließung bedroht schien, schilderte der Vorstand des Bergmännisch-kameradschaftlichen Unterstützungsvereins die Konsequenzen und warf damit gleichzeitig ein bezeichnendes Licht auf die Arbeit der Schwestern: Die Pflege von kranken Bergleuten und ihren Anhörigen wäre nicht mehr gewährleistet. Eindringlich warnten sie vor der Schließung von drei "Verwahrschulen", die den Kindern im Alter von zwei bis sechs Jahren eine Pflege angedeihen ließen, "wie sie die meisten von uns in ihren leider oft ärmlichen und ungesunden Wohnungen nicht zu gewähren im Stande sind." Dies sei von einem "wohlthätigen Einflusse auf das ganze Familienleben". Weiter hieß es in der Petition: "Unsere Frauen können sich der häuslichen Geschäfte, sowie der Bestellung von Garten und Feld ungehindert widmen, ohne daß es der Abhaltung größerer Kinder, sei es aus der Schule, sei es von der Arbeit, zur Wartung der jüngeren Geschwister bedarf." Würden die kleinen Kinder nicht mehr betreut, könnten die Frauen ihrer Arbeit nicht nachkommen, ältere Kinder gingen wegen der Beaufsichtigung nicht mehr regelmäßig zur Schule, Jugendliche würden von der Lohnarbeit abgehalten und könnten so nicht mehr zum Familieneinkommen beitragen.[43]

Die Frauenkongregationen konzentrierten sich also keineswegs auf kurzfristige Interventionen, vielmehr wandten sie Energien auf eine langfristige Verbesserung des Lebensloses von Mädchen und Frauen. Wie die *Schwestern vom armen Kinde Jesu* begleiteten sie Mädchen, die in ihren Häusern wohnten, auf ihrem weiteren Lebensweg: "Die Genossenschaft wird es sich zur besonderen Pflicht machen, den austretenden Zöglingen eine für ihr sittliches Wohl günstige Stellung in der Welt zu vermitteln; sie werden dieselben fortwährend als ihre Kinder im Auge behalten und ihnen, solange sie dessen bedürftig sind, mit Rat und Tat jederzeit zur Seite stehen."[44] Die Olper Kongregation der *Franziskanerinnen von der ewigen Anbetung* ging darüber hinaus, indem sie in einem

42 Vgl. Felix Joseph Klein, Festschrift zum achtzigjährigen Bestehen des Katholischen Waisenhauses zu Bonn a. Rhein, Bonn 1928, S. 6-10, 19.

43 Petition des Vorstandes des Bergmännisch-kameradschaftlichen Unterstützungsvereins zu Kohlscheid an die Regierung Aachen, betr. die Aufrechterhaltung der Niederlassungen der Franziskanerinnen von der heiligen Familie zu Kohlscheid, zit. nach Herbert Lepper, Widerstand gegen die Staatsgewalt. Die Auseinandersetzung der Generaloberin der Franziskanerinnen Elisabeth Koch zu Eupen mit den Staatsbehörden um die Ausführung des "Klostergesetzes" vom 31. Mai 1875, in: Philipp Boomen, Lebensraum Bistum Aachen. Tradition. Aktualität. Zukunft, Aachen 1982, S. 132.

44 Statuten der Schwestern vom armen Kinde Jesu vom 27.10.1847 (BDA, Gvo Aachen, Schwesternklöster 7,I (10093), Bl. 52 r.

"Statut für die Waisenanstalt der armen Franziskanerinnen in Olpe" 1865 folgendes ankündigen: "Sie [die Kongregation] wird die Entlassenen stets als ihre Kinder betrachten und nach Tunlichkeit Vater- und Mutterstelle an ihnen vertreten und daher die Dienst- und Lehrherren in der Nähe angehen, ihre Dienstboten und Lehrkinder von Zeit zu Zeit an den Sonntagen die Anstalt besuchen zu lassen... Auch bleibt die Anstalt den Waisen bei zeitweiliger Dienstlosigkeit oder bei Veränderung des Dienstes eine Heimat, wenn sie sich dessen durch ihr bisheriges Betragen würdig gemacht haben"[45]. Angestrebt wurde, den Kindern eine gesicherte Lebensperspektive zu eröffnen. Georg Ratzinger sah hierin die besondere Qualität der kirchlichen Arbeit, die sich auch in einer anderen Definition des Begriffs Almosen zeigt. 1885 hielt er den Kritikern mit Blick auf die Frage, wer die Armenpflege zu organisieren habe, entgegen: "Beim staatlichen Zwange sinkt jede Armenpflege zur bloßen Unterstützung herab."[46] Ratzinger zweifelte nicht daran, bestritt nicht das "Recht" des Einzelnen "auf Gewährung der äußersten Nothdurft", doch dies allein reichte nicht aus, denn "der Hilflose hat auch Anspruch auf unsere PERSÖNLICHE Theilnahme, nicht bloß auf unsere Gabe. Im Wort ALMOSEN (Barmherzigkeit) ist Beides ausgedrückt."[47] Die Frauenkongregationen orientierten sich an dieser Maxime, setzten aber gleichzeitig eigene Akzente.

8.3. Akteurinnen der kirchlich-karitativen Arbeit

Die Schwestern dokumentierten ihre Arbeit nicht in der Weise, wie dies bürgerliche Frauen in den 1890er Jahren versuchten.[48] Weder publizierten sie noch diskutierten sie öffentlich ihre Vorhaben. Vielmehr versahen sie ihre Arbeit im Stillen und scheuten im hohen Maße den öffentlichen Raum zur Darstellung ihrer Positionen. Reflektiert wurde die tägliche Arbeit vor dem Hintergrund des christlichen Glaubens. Zusammenkünfte der Schwestern zu sogenannten Kapitelermahnungen, Unterweisungen oder Konferenzen sorgten für den Austausch und boten im begrenztem Maß Möglichkeiten des Nachdenkens und Redens über die Arbeit.[49] Gespräche mit Vorgesetzten oder die Beichte kamen ergän-

---

45 Statut für die Waisenanstalt der armen Franziskanerinnen in Olpe vom 5. Oktober 1864, zit. nach Hardick, "Er führt, ...", S. 101 f.

46 Ratzinger, Geschichte der kirchlichen Armenpflege, S. 576.

47 Vgl. ebd., S. 556.

48 Vgl. Schröder, Soziale Arbeit; dies. Wohlfahrt, Frauenfrage und Geschlechterpolitik.

49 Von Amalie Hermann (1823-1902), die als Schwester Magdalena wesentlich an der Ausbreitung eines Konzeptes für die schulische Arbeit der *Schwestern vom armen Kinde Jesu* zuständig war, wissen wir, daß sie auf Zusammenkünften dieser Art ihre Überlegungen darleg-

zend hinzu. Nur entstanden hieraus keine Theorien, von Forderungskatalogen und öffentlichen Stellungnahmen zu gesellschaftlichen Zuständen ganz zu schweigen. Die Kongregationen sahen hierin aber auch nicht ihre Aufgabe. Erst die katholische Frauenbewegung der Jahrhundertwende mischte sich in die Debatten der bürgerlichen und proletarischen Frauenbewegung um Frauenerwerbsarbeit und soziale Frauenarbeit ein.[50] Vielmehr konzentrierten die Schwestern sich zum einen auf ihre Arbeit mit der jeweiligen Klientel und beschäftigten sich mit dem Aufbau ihrer Gemeinschaft. Zum anderen richteten sie ihren Blick auf ihre eigene Person und die Arbeit an der Vollkommenheit ihres christlichen Lebenswandels. Mit theoretischen Fragen, etwa wie die "Werke der Barmherzigkeit" im säkularen Sinne zu verstehen seien, beschäftigen sie sich nicht. Deshalb erscheint es hier nicht angemessen, die sozialen und karitativen Aktivitäten der Kongregationen in Bezug auf die Debatte um die soziale Arbeit von Frauen mit einer speziellen Definition begrifflich festzulegen.

Im Unterschied zu den katholischen Sozialreformern wandten sich die Frauenkongregationen mit ihren Bildungsanstrengungen und ihrem sozialen Engagement vor allem an Mädchen und Frauen. Sie schlossen hier gravierende Lükken, die der soziale Katholizismus hinterließ und um deren Schließung sich Kirchenmänner nur selten bemühten. Am Beispiel der Erzdiözese Köln soll dieser These nachgegangen werden. Es wird untersucht, wie die Kongregationen ihren in den Gründungszeiten formulierten Ansprüchen gerecht wurden. Welchen Platz nahmen sie im Rahmen der karitativen Anstrengungen der katholischen Kirche ein? Unter dem Titel "Die katholischen Wohlthätigkeits-Anstalten und -Vereine sowie das katholisch-sociale Vereinswesen" unternahm der Mönchengladbacher Landesrath Max Brandts 1895 erstmals den Versuch, die sozialen Aktivitäten statistisch zu ermitteln, und zwar auf Anforderung von Erzbischof Philipp Krementz.[51] In den 1890er Jahren, als die soziale Frage zunehmend von dem Begriff der Sozialreform abgelöst wurde,[52] beteiligten sich auch Katholi-

---

te. Aufzeichnungen und Mitschriften gibt es darüber nicht. In den von ihr selbst verfaßten Notizen über die Gründungszeit der Kongregation, der sie seit 1846 angehörte, berichtet sie nicht von ihren eigenen Erfahrungen und Aktivitäten. Vgl. ASKJ, Vallender, Urmütter, II. Bd.; Hermann, Notizen.

50 Vgl. Breuer, Emanzipation und Anpassung sowie dies., Frauenbewegung.

51 Vgl. Brandts, Wohlthätigkeits-Anstalten. Brandts stieß mit seinem Unternehmen auf die allgemeine katholische Skepsis gegenüber derartigen Arbeiten, was sich etwa darin äußerte, daß die Fragebögen nur unzureichend ausgefüllt wurden.

52 "Erst gegen Ende des 19. Jahrhunderts wurden die weitgehende Reduzierung der sozialen Frage auf die Entstehung und die spezifischen Probleme des Industrieproletariats aufgegeben und die Probleme des Handwerks, des Kleinhandels, des Hausgewerbes, der Landwirtschaft und des 'neuen Mittelstandes' der Angestellten als Teil der 'sozialen Frage' erkannt." Ritter, Geschichte der sozialen Ideen, S. 11. Gleichzeitig ergriffen vehementer als zuvor vor allem bürgerliche Frauen Partei für ihre Geschlechtsgenossinnen. Sie sorgten dafür, daß in den Dis-

kinnen und Katholiken intensiv an den von allen gesellschaftlich relevanten Gruppen geführten Debatten und Vorschlägen zur praktischen Umsetzung. Die Schrift von Brandts zählt zu einer Reihe von Publikationen, mittels derer in den 1890er Jahren verschiedene Initiativen ihre Arbeit im sozialen Bereich präsentierten.[53] Wie die säkulare unterlag auch die "konfessionelle Privatwohltätigkeit in den neunziger Jahren eine(m) Prozeß der Bürokratisierung, Rationalisierung und Professionalisierung."[54] An diesen auch innerkatholisch geführten Debatten beteiligten sich die Frauenkongregationen nicht.[55]

Das Werk von Max Brandts dokumentiert an einem Beispiel, ohne daß dies vom Autor explizit beabsichtigt war, die Arbeit der Frauenkongregationen im Rahmen der katholischen Wohltätigkeit in den 1890er Jahren.[56]

---

kussionen um Sozialreform und Wohlfahrtsstaat geschlechterspezifische Differenzierung zum Thema gemacht wurden, vgl. Bock, Weibliche Armut, S. 428 f.

53 Zu den Versuchen einer Systematisierung und Verwissenschaftlichung der Armenfürsorge vgl. Christoph Sachße, Mütterlichkeit als Beruf. Sozialarbeit, Sozialreform und Frauenbewegung 1871-1929, Frankfurt a. M. 1986, S. 95-104.

54 Ebd., S. 325.

55 Eine Ausnahme ist die Intervention der Trierer Generaloberin der 1891 gegründeten *Josephsschwestern*, Josephine Schaffgotsch (1850-1922), besser bekannt als Mutter Gertrud, in den sogenannten Gewerkschaftsstreit. Vehement wandte sie sich gegen jede konfessionelle Öffnung der im katholischen Milieu tätigen sozialen Vereine und Organisationen. In der Tradition ultramontanen Denkens stehend, kam für sie nur eine klare Abgrenzung zur nichtkatholischen Welt in Betracht, christliche Gewerkschaften mit einer interkonfessionellen Ausrichtung lehnte sie daher ab. Entsprechend dieser Sicht trug sie auch dazu bei, daß der 1904 gegründete Katholische Frauenbund in seinen Statuten festlegte, daß die Frauenfrage nach der "katholischen Weltanschauung" und nicht wie ursprünglich beabsichtigt nach "christlicher Weltanschauung" zu lösen sei. Meines Wissens handelt es sich hierbei um den einzigen Fall einer öffentlichen Stellungnahme von Schwestern zu einer aktuellen politischen Frage. Ob Josephine Schaffgotsch hier eine Einzelmeinung vertritt oder auch die Haltung anderer Frauenkongregationen zum Ausdruck brachte, kann nicht beurteilt werden. Vgl. dazu Kall, Katholische Frauenbewegung, S. 299-306; Breuer, Frauenbewegung, S. 142-153, und die Darstellung des Konfliktes bei Schmidt-Sommer, Von Liebe geleitet, S. 123-140.

56 Brandts beabsichtigte vielmehr ganz allgemein die Bekanntmachung der sozialen Bestrebungen im Katholizismus. "Eine solche Publication ist aber nicht nur nothwendig für die Katholiken selbst und gegen die Bestrebungen der Socialdemokratie, sondern auch zur Aufklärung und praktischen Widerlegung unberechtigter Vorwürfe." Brandts, Wohlthätigkeits-Anstalten, S. XVI. Trotz dieser etwas apologetisch klingenden Einlassung ist das Werk von Brandts von der Gewißheit geprägt, daß die Kirche ihr Licht hinsichtlich christlicher Barmherzigkeit und Fürsorge nicht unter den Scheffel stellen müsse. Ein bemerkenswerter Realismus und eine Offenheit, wie sie bis dahin kaum anzutreffen war. Die Werke von Wilhelm Liese für das Erzbistum Paderborn (Die katholischen Wohltätigkeits-Anstalten und sozialen Vereine in der Diözese Paderborn, Freiburg i.Br. 1906) und von Heinrich Fournelle für Berlin (Die katholischen Charitas in Berlin, Berlin 1900) sind von weit geringerem Informationswert und eignete sich daher nicht zur vergleichenden Auswertung.

Anhand der Unterstützung und Betreuung von weiblichen Dienstboten, Arbeiterinnen und Kindern einerseits und der ambulanten wie stationären Armen- und Krankenpflege andererseits soll das Engagement der Frauenkongregationen gezeigt werden. Die Unterstützung für weibliche Dienstboten in der Erzdiözese Köln lag zum überwiegenden Teil in Händen der Frauenkongregationen. Die sieben sogenannten Mägdehäuser wurden von drei verschiedenen Kongregationen betrieben. Vergleichbare Einrichtungen von weiblichen Laien schuf erstmals der 1899 gegründete Katholische Fürsorgeverein für Mädchen, Frauen und Kinder. In dessen Häusern fanden Dienstmädchen Aufnahme.[57] Die in den 1890er Jahren gegründeten Dienstmägdevereine genossen im Unterschied zu den konkreten Hilfsleistungen in den Mägdehäusern nur wenig Zuspruch. Deren Absicht war es, "die Dienstmägde zu einem frommen, religiösen Lebenswandel zu ermuntern, zu treuer Erfüllung ihrer Standespflichten anzuhalten, sie zur Sparsamkeit anzuleiten und ihnen an den freien Sonntag-Nachmittagen eine angenehme Geselligkeit zu bieten."[58] Unterkunft und kostenfreie Stellenvermittlung, wie sie die Mägdehäuser boten, stießen bei den Frauen offenbar auf ein größeres Interesse als Ermahnungen hinsichtlich ihrer Lebensführung.

Zwischen 1867 und 1894 etablierten sich in der Erzdiözese Köln achtzehn Arbeiterinnenvereine mit etwa 3.300 Mitgliedern, außerdem gab es 30 Näh- und Haushaltungsschulen. Wichtigster Zweck der Vereine sei es, so Max Brandts, die "Mitglieder vor zu frühem Heirathen zu warnen und zu bewahren und denselben die Aneignung derjenigen hauswirthschaftlichen Kenntnisse zu ermöglichen, deren sie später dringend bedürfen."[59] Diese Aufgabe übernahmen zum überwiegenden Teil die Frauenkongregationen, die von den 30 Schulen allein zwanzig unterhielten und zudem in den meisten Vereinen den Handarbeits- und Hauswirtschaftsunterricht übernahmen. Außerdem betrieben sie sechs Arbeiterinnenhospize. In den 1890er Jahren beteiligten sich nur wenige katholische Frauen, die keiner Kongregation angehörten, an dieser Arbeit. Erst um die Jahrhundertwende intensivierten insbesondere Katholikinnen bürgerlicher Herkunft ihre diesbezüglichen Aktivitäten.[60] Ein Vergleich mit entsprechenden Männervereinen belegt ferner das besondere Engagement der Frauenkongregationen für ihre Geschlechtsgenossinnen. Weder die 91 Vereinigungen für jugendliche Ar-

57 Vgl. Brandts, Wohlthätigkeits-Anstalten, S. 213 ff; Wollasch, Der Katholische Fürsorgeverein, S. 347 ff.

58 Brandts, Wohlthätigkeits-Anstalten, S. 214.

59 Ebd., S. 218 f.

60 Vgl. Kall, Katholische Frauenbewegung, S. 170 f.

beiter und Lehrlinge noch die 108 Arbeitervereine der Erzdiözese unterhielten Kontakte zu religiösen Genossenschaften ihrer Kirche. In der Regel standen an der Spitze der Vereine Kleriker, eine weitere Betreuung der Männer hielten die Geistlichen scheinbar nicht für erforderlich. Ein weiterer Unterschied zu den Arbeiterinnenvereinigungen bestand darin, daß das Vereinsleben der Männer zu einem großen Teil aus Geselligkeit in der ein oder anderen Form bestand und Fortbildungsangebote nur einen sehr geringen Umfang einnahmen.[61] Dies rührte wohl auch daher, daß Gesellen und Arbeiter zum Teil zumindest eine berufliche Ausbildung durchliefen. Aufgrund des Fehlens entsprechender weiblicher Ausbildungsgänge ergab sich für die Arbeiterinnenvereine hier eine schlichte Notwendigkeit zum Handeln.

Die Aktivitäten der Frauenkongregationen beim Ausbau des katholischen Arbeiterinnenvereinswesens legen den Schluß nahe, daß sich niemand außer den Schwestern um die Belange der Arbeiterinnen sorgte. Die wenigen sozialreformerisch orientierten katholischen Unternehmer, die ein Hospiz für ihre Arbeiterinnen finanzierten, wie die Firma Baldus in Gummersbach und die drei von Mönchen-Gladbacher Unternehmern finanzierten Haushaltungs- und Nähschulen, vermögen diesen Eindruck nicht aus der Welt zu räumen. Zudem gewannen sie zur Realisierung ihrer Unternehmungen jeweils Frauenkongregationen.[62]

Einrichtungen zur Betreuung von nicht-schulpflichtigen Kindern, so stellt der Sozialreformer Brandts 1895 fest, seien keine "Einrichtung alter katholischer Charitas, sie sind im Wesentlichen eine Schöpfung dieses Jahrhunderts."[63] 1840 entstanden die ersten Bewahrschulen in der Erzdiözese Köln. 1895 existierten 99 katholische Bewahrschulen mit 156 Lehrkräften, die etwa 11000 Kinder versorgten, an 82 dieser Schulen praktizierten 138 Schwestern, lediglich siebzehn weltliche Lehrerinnen unterrichten an den Bewahrschulen. Der Schwerpunkt der Gründungen lag in den 1880er und 90er Jahren, bis 1870 gab es lediglich neun Einrichtungen, zwischen 1870 und 1880 - mitten in den Kulturkampfzeiten - wurden immerhin dreizehn Anstalten gegründet. 77 neue Einrichtungen kamen zwischen 1880 und 1895 hinzu.[64] Diese Entwicklung korrespondierte einerseits mit einer allgemeinen Tendenz nach verstärkter katholischer Vergesell-

---

61 Vgl. Brandts, Wohlthätigkeits-Anstalten, S. 136-144, 182-195.

62 Vgl. ebd., S. 222 ff.

63 Die Idee einer zu einer solchen Einrichtung schreibt er "dem protestantischen Pfarrer Oberlin aus Ban de la Roche in den Vogesen" zu. Sie habe in Frankreich Verbreitung gefunden und sei 1840 auch in Deutschland bekannt gewesen. Vgl. Brandts, Wohlthätigkeits-Anstalten, S. 14. Interessanterweise ging die Initiative zu dieser ersten französischen Vorschule jedoch von Madame Oberlin und nicht von ihrem Gatten aus. Gemeinsam mit Louise Scheppler leitete sie die Einrichtung. Vgl. Jean Baubérot, Die protestantische Frau, in: Duby/Perrot, Geschichte der Frauen, Bd. 4., S. 225.

64 Vgl. Brandts, Wohlthätigkeits-Anstalten, S. 14 f.

schaftung, andererseits stieg jedoch aufgrund der ökonomischen und sozialen Lage der Bedarf an außerhäuslicher Betreuung nicht-schulpflichtiger Kinder. Diesem Bedarf folgend, entstanden zahlreiche neue Einrichtungen. Von den 82 Bewahrschulen, die von Kongregationen geleitet wurden, befanden sich allein 47 in deren Eigentum und wurden von ihnen finanziert, 33 wurden von Privatleuten, Vereinen, Gemeinden oder Pfarreien unterstützt. Die Gestaltung vorschulischer katholischer Kindererziehung lag, wie das Beispiel Köln zeigt, fast ausschließlich in den Händen der Frauenkongregationen. Katholische Laienfrauen waren hier nur vereinzelt tätig, religiöse Männergenossenschaften beteiligten sich hieran nicht.

Ambulante Hilfen für Arme und Kranke sowie Hausbesuche bei Hilfsbedürftigen gehörten zu den zentralen Tätigkeitsfeldern der Frauenkongregationen, wobei "sie die HausARMEN- und die HausKRANKENpflege nicht streng unterscheiden; sie nehmen sich unterschiedlos beider Arten von Hülfsbedürftigen an."[65] Allerdings läßt sich der Umfang der Arbeit kaum ermitteln, da er von den Frauen nicht statistisch erfaßt wurde. Versorgung der Kranken, materielle Unterstützung in der Regel mit Naturalien und unter Umständen die Vermittlung von Arbeitsstellen gehörten zu diesem Aufgabenbereich. Von Vorteil für die Klientel erwies es sich auch, daß viele Frauenkongregationen über weitere Angebote verfügten. Verwahrschulen, Waisenhäuser oder Nähschulen gehörten dazu. Auf diese Weise arbeiteten in der Erzdiözese Köln fast 600 Frauen aus achtzehn Kongregationen in 125 Niederlassungen. "Die Zahl der in der Hausarmen- und Krankenpflege thätigen B r ü d e r ist dem gegenüber verschwindend klein, wir finden deren nur 33,"[66] die zwei Kongregationen angehörten. Die Schwestern arbeiteten in diesem Bereich, in dem nach Georg Ratzinger eigentlich die Seelsorger und Gemeindevertretungen eine tragende Rolle einnehmen sollten, während er die Anstaltspflege den religiösen Genossenschaften als Aufgabe zusprach.

Die katholische Anstaltspflege in weiblicher Hand

Neben den vielfältigen Hilfsleistungen für Frauen und Mädchen und der ambulanten Armenpflege nahm die geschlossene Pflege von Hilfsbedürftigen einen gewichtigen Platz im Engagement der Schwestern ein. Die Betreuung von Waisen und Kindern in schwierigen Lebenssituationen gehörte zu diesen Aufgabenfeldern. Von den 47 katholischen Anstalten zur "Erziehung von armen und verwahrlosten Kindern" mit 2.770 Plätzen wurden 34 von Frauenkongregationen

65 Ebd., S. 65.
66 Ebd., S. 59.

geleitet. Das erste Haus dieser Art entstand 1845 in Aachen unter der Leitung von *Borromäerinnen.*[67] Als einzige Männergenossenschaft unterhielten die 22 *Armen Brüder vom heiligen Franziskus* in Aachen ein Erziehungshaus für Knaben. Auch in diesem Sektor sozialer Aktivitäten der Kirche dominierten also die Frauen der religiösen Gemeinschaften, sie schufen hierdurch auch eine Entlastung für solche Mütter, die aus unterschiedlichen Gründen nicht mehr imstande waren, ihre Kinder selbst zu versorgen.

Das stationäre katholische Krankenhauswesen lag im Erzbistum Köln wie andernorts nahezu vollständig in Händen der Schwestern der neuen Genossenschaften. 1403 Pflegerinnen arbeiteten 1895 in der Erzdiözese Köln in 148 Krankenhäusern. Sie gehörten 20 verschiedenen Genossenschaften an. Lediglich drei Männerkongregationen mit 38 Mitgliedern unterhielten vier Krankenhäuser. Unbedeutend erscheinen angesichts dieser Zahl die drei katholischen Krankenhäuser mit weltlichem Pflegepersonal. In der Regel galt für katholische Krankenhäuser, daß die Pflegerinnen einer Kongregation angehörten, auch wenn es durchaus unterschiedliche Träger solcher Einrichtungen gab.[68]

Angesichts der oft noch unzureichenden Differenzierung des allgemeinen Krankenhauswesens gab es im 19. Jahrhundert erst vergleichsweise wenige Anstalten für behinderte Menschen. In der Erzdiözese Köln entstanden 1883 und 1884 die ersten beiden katholischen "Special-, Heil-, Pflege- und Unterrichts-Anstalten für Epileptische und Idioten",[69] die von zwei Frauenkongregationen mit 45 Pflegerinnen betrieben wurden. Die *Schwestern vom Hl. Kreuz* nahmen nur Mädchen auf, während die *Barmherzigen Schwestern von der Hl. Elisabeth* auch Jungen aufnahmen.[70] Die zehn Heil- und Pflegeanstalten für Geisteskranke der Erzdiözese Köln wurden je zur Hälfte von Frauen- und von Männergenossenschaften betrieben, wobei hier 127 Brüder und 88 Schwestern aktiv waren.[71] Dieser Bereich der Pflege war also der einzige, in dem auch die religiösen Männergenossenschaften in nennenswerter Weise wohltätig waren.

Betrachtet man den gesamten Bereich sozialer und karitativer Aktivitäten, so ist zweierlei festzuhalten: Die Anstrengungen der Schwestern hatten einen größeren Umfang als die der Männer in religiösen Gemeinschaften und als die der katholischen Frauen in laizistischen Organisationen. Und die soziale Arbeit der

---

67 Brandts nennt das Waisenhaus von Eupen, welches 1710 als früheste Einrichtung der *Borromäerinnen* errichtet worden sei. "Bis 1842 fristete das ganze Institut ein bescheidenes Dasein", was sich erst änderte, als 1847 die Borromäerinnen hier Einzug hielten. Hohn, Nancy-Trierer Borromäerinnen, S. 44.

68 Dazu gehörten neben den Genossenschaften selbst Kommunen, Kirchengemeinden, Pfarrer, Einzelpersonen oder Stiftungen. Vgl. ebd., S. 94.

69 Vgl. ebd., S. 124.

70 Vgl. ebd.

71 Vgl. ebd., S. 121 ff.

Frauen orientierte sich vorwiegend an frauen- und mädchenspezifischen Notlagen respektive Interessen, die in Konzeption und Praxis weder von staatlichem Handeln noch von der "Männerkirche" beachtet wurden. Die Frauen schlossen mit ihren Aktivitäten diese Lücke. Erleichtert wurde ihnen der Zugang zu diesem ausgedehnten Wirkungsfeld, weil der Katholizismus viel stärker als bürgerliche Konzepte - jedenfalls bis zum Ende des 19. Jahrhunderts - von einer weiblichen Kompetenz in der Bekämpfung sozialer Mißstände ausging. Dementsprechend war klugen Kirchenmännern die Abhängigkeit der Kirche von den sozialen Aktivitäten ihrer Frauen frühzeitig bewußt. So bekannte Georg Ratzinger 1884: "Die beste Organisation versagt den Dienst, wenn die rechten Männer fehlen. Gerade bei der Armenpflege ist nicht die Organisation, sondern das Personal die Hauptsache." Qualifiziertes Personal könne nur im Christentum entstehen. "Die besten Armen- und Krankenpfleger sind deßhalb immer die geistlichen Genossenschaften, deren Mitglieder Alles verlassen haben, um in freiwilliger Armuth Christus nachzufolgen und den Armen Alles zu Werden."[72] Ratzinger als Kenner der Materie dürfte gewußt haben, daß es sich hierbei mit überwältigender Mehrheit um Armen- und Krankenpflegerinnen handelte.

Mit ihrem außerordentlichen Engagement in der sozialen Arbeit wählten die Kongregationen den Weg der aktiven Teilhabe an der Umsetzung christlicher Barmherzigkeit in konkrete Lebenspraxis. Im 19. Jahrhundert zählten die Schwestern zu den wichtigsten Akteurinnen der karitativen Arbeit der katholischen Kirche. Frauen wurden in diesem Kontext angesprochen und sahen sich mit ihrer Tätigkeit einem großen Projekt verpflichtet: der Realisierung einer christlichen Gesellschaft. Im Unterschied zu ihren bürgerlichen Geschlechtsgenossinnen nicht-katholischer Herkunft führte dies nicht fast zwangsläufig zu einer Konfrontation mit der Männerwelt. Partizipationsforderungen bürgerlicher Frauen, die die Integration beider Geschlechter in das Projekt der bürgerlichen Gesellschaft anstrebten, gerieten stets in Konflikt mit den männlich dominierten Sektoren der sich konstituierenden bürgerlichen Gesellschaft, wie die Geschichte der Frauenbewegung zeigt.

---

72 Ratzinger, Geschichte der kirchlichen Armenpflege, S. 566 f.

Kapitel 9

Kulturkampf: Der Eingriff von außen und die Folgen

Seit der Neugründungswelle der 1840er und 50er Jahre entwickelte sich das Frauenkongregationswesen dynamisch; dies ist ablesbar am Mitgliederzuwachs und an einer Zunahme der Niederlassungen der einzelnen Gemeinschaften. Die Bismarcksche Kulturkampfgesetzgebung der 1870er Jahre unterbrach für viele Frauenkongregationen eine Phase der Konsolidierung und des Ausbaus.[1]

In diesem Kapitel wird der Kulturkampf unter dem Blickwinkel seines Einflusses auf das katholische Frauenkongregationswesen untersucht. Entgegen gängiger katholischer Rhetorik lassen sich die Folgen nicht umstandslos als Verlustgeschichte[2] beschreiben. Betrachtet man den Kulturkampf aus der Perspektive der Mitglieder der Frauenkongregationen und bewertet die Ereignisse auf lange Sicht, so ergibt sich ein differenzierteres Bild.[3] Die repressiven staatli-

---

1 Vgl. zum Kulturkampf aus katholischer Sicht Kißling, Geschichte des Kulturkampfes; zur internationalen Perspektive siehe Winfried Becker, Der Kulturkampf als europäisches und als deutsches Phänomen, in: Historisches Jahrbuch 101 (1981), S. 422-446; mit der Haltung der Liberalen beschäftigt sich David Blackbourn, Volksfrömmigkeit und Fortschrittsglaube im Kulturkampf, Stuttgart 1988; Weiterführende Literaturhinweise siehe Wehler, Deutsche Gesellschaftsgeschichte, Bd. 3, S. 1450 ff.

2 Ein frühes Beispiel hierfür liefert der Mitgründer des katholischen Volksvereins und Redakteur der "Christlich-socialen Blätter", Arnold Bongartz. Bereits 1880 zog er unter dem Titel "Die Klöster in Preußen und ihre Zerstörung oder Was kostet der 'Kulturkampf' dem preußischen Volke?" eine Bilanz.

3 Im Unterschied zur klassischen Kirchengeschichtsschreibung, die die negativen Folgen der Kulturkampfgesetzgebung für den gesamten Katholizismus hervorhob, betonen neuere sozialgeschichtliche Forschungen unterschiedliche Interessenlagen einzelner katholischer Gruppen und Schichten sowie deren konflikthafte Beziehungen untereinander. Beispielhaft hierfür ist Thomas Mergels Studie über das katholische Bürgertum im Kulturkampf. Ertragreich ist die Arbeit vor allem durch die Differenzierung hinsichtlich der Interessenlagen und Ziele der Konfliktparteien mitsamt ihrer Wechselwirkung. Dadurch erschließt sich besser, warum bestimmte Wirkungen eintraten oder angestrebte Resultate ausblieben. Seine These von der Mehrdimensionalität des Kulturkampfes belegt er allerdings nur für den männlichen Teil des

chen Maßnahmen trugen indirekt dazu bei, Handlungsräume der Frauen in den Kongregationen zu erweitern und deren Selbstbewußtsein zu stärken. Die konfliktträchtige Kulturkampfzeit beschleunigte aus der Langzeitperspektive die Entwicklung des katholischen weiblichen Genossenschaftswesens. Und dies nicht zuletzt, weil die Frauenkongregationen gezwungen waren, ihre Aufgabengebiete zu modifizieren und zu präzisieren; gleichzeitig verbesserten sie in der Krise ihre Organisationsstruktur. Diese Thesen werden im folgenden zu belegen sein.

In einem ersten Schritt wird untersucht, in welcher Weise die Frauenkongregationen von den Kulturkampfgesetzen der 1870er Jahre betroffen waren und welche geschlechtergeschichtlichen Besonderheiten des komplexen Phänomens Kulturkampf für die Kongregationen bedeutsam waren. Dazu wird zunächst der Kontext der Kulturkampfgesetzgebung beleuchtet: die liberale Katholizismuskritik, die Auseinandersetzungen zwischen den beiden großen Konfessionen und der umfassende Konflikt um die Rolle und Stellung der Religion in Staat und Gesellschaft. Die Lebensform und die Arbeit der Frauenkongregationen wurde in diesem Kontext zum Gegenstand der öffentlichen Debatte, beeinträchtigte deren Aktivität aber kaum. Die unmittelbaren Wirkungen der Kulturkampfgesetzgebung auf die Frauenkongregationen und deren Reaktionen werden in einem zweiten Schritt beleuchtet. Weibliche Handlungsspielräume sind angesichts der aktuellen zeitgenössischen Gesetzeslage anhand ausgewählter Beispiele auszuloten. Abschließend sollen die langfristigen und auch indirekten Auswirkungen analysiert werden, die sich aus dem staatlichen Eingriff für die Tätigkeitsfelder der Frauenkongregationen und für die Entwicklung des weiblichen Genossenschaftswesens überhaupt ergaben.

9.1. Hintergründe und Gesetzgebung

Die kulturkämpferischen Auseinandersetzungen geben Aufschluß über das Verhältnis der Gesellschaft zu den katholischen Frauenkongregationen. Dies umso mehr, als sich der Kulturkampf als ein Konflikt mit mehreren Ebenen[4] darstellt. Ihn begleiteten Elemente eines sozialen Konfliktes, er war sowohl durch grundlegende politische Faktoren im Kontext der Nationalstaatsbildung als auch durch eher kurzfristig-taktische politische Motive bestimmt; vor al-

katholischen Bürgertums, bürgerliche Frauen werden nicht untersucht. Vgl. Mergel, Klasse und Konfession, S. 235-307.

4 Mergel, Klasse und Konfession, S. 306.

lem aber handelte es sich um einen umfassenden "Weltanschauungskonflikt".[5] Für die geschlechtergeschichtliche Perspektive dieser Arbeit, die in anderen Forschungen zum Kulturkampf vernachlässigt wird, erscheint die letztgenannte Dimension besonders wichtig und steht deshalb im folgenden im Mittelpunkt.

Der Arzt, Naturwissenschaftler und liberale Politiker Rudolf Virchow, der in der Debatte des Reichstags am 17. Januar 1873 den Begriff des Kulturkampfs prägte, stritt um der individuellen und religiösen Freiheit willen für die Emanzipation des Staates von der Kirche. Sein humanistisches und naturwissenschaftliches Bildungskonzept stand im schroffen Gegensatz zum Wahrheitsbegriff der katholischen Kirche, zugespitzt im Unfehlbarkeitsdogma des Papstes von 1870. Das Bildungs- und Erziehungskonzept des Katholizismus hielt aus liberaler Sicht die Laien für unmündig; um eine freie Entfaltung der Persönlichkeit zu ermöglichen, müsse der Einfluß der katholischen Hierarchie auf das gesamte Bildungswesen gekappt werden.[6]

Die katholische Seite sah demgegenüber "nicht nur ihren weitergeltenden Anspruch auf ein Deutungsmonopol" infragegestellt, sondern "im Zugriff des Staates auf die Sozialisierungsinstanzen auch einen Angriff auf die Lebenswelt der Katholiken, die unter anderen normativen Prämissen stand." Im Vordergrund der Anstrengungen, den Einfluß der Kirche auf das Erziehungswesen zu brechen, stand die Elementarschule - und hierbei ist die Verschränkung des weltanschaulichen Konflikts mit der Nationalstaatswerdung bedeutsam: "Die geeinte Nation benötigte die nationale Integration. Von Kindesbeinen an sollten *alle* Untertanen mit den haltenden Werten des Deutschen Reiches vertraut gemacht werden."[7] Das wesentliche Motiv für den Versuch, die Elementarschule der kirchlichen Aufsicht zu entziehen und nun staatlich zu kontrollieren, war also nicht Religionsfeindlichkeit. Es ging vielmehr darum, den staatlichen Einfluß auf das Schulwesen zu sichern, der Pädagogik Priorität einzuräumen und zugleich die Untertanenloyalität zu fördern.[8]

Der Zusammenhang von Identitätsbildung des jungen Nationalstaats und Weltanschauungskonflikt war auch prägend für eine weitere zentrale (national)liberale Kritik am Katholizismus: die Bürger sollten keiner anderen Macht Folge leisten, also auch nicht dem Papst in Rom, und nur dem nationalen Staat verpflichtet sein. Die Orientierung des Katholizismus über die Grenzen des

---

5 Vgl. auch Mergel, Klasse und Konfession, S. 254 f. Kißling bezeichnete den Kulturkampf als "Weltanschauungskampf". Kißling, Geschichte des Kulturkampfes, Bd. 2, S. 272.

6 Zur Rede Virchows vgl. Georg Franz, Kulturkampf, Staat und katholische Kirche in Mitteleuropa von der Säkularisation bis zum Abschluß des preußischen Kulturkampfes, München 1954, S. 9-13.

7 Mergel, Klasse und Konfession, S. 235.

8 Ebd., S. 236.

deutschen Staates hinweg verletzte ein wesentliches Prinzip des Kaiserreichs: die Anerkennung des Staates als höchster Instanz. In diesem Kontext interpretierten viele bürgerliche Kulturkämpfer die Dogmen und das Wirken des Katholizismus als Kampfansage an den Staat. So wollte Rudolf v. Bennigsen nicht hinnehmen, "daß sie [die Kirche] ihm [dem Staat] das Recht bestreitet, daß er seine Souveränität auf dem nationalen Gebiet ausübt, auch gegenüber solchen Genossenschaften, welche von außen ihre Befehle annehmen."[9] Eine solche Kritik an den "ferngesteuerten" Genossenschaften, also auch den Frauenkongregationen, kann nicht als eine der im Kulturkampf typischen rhetorischen Übertreibungen abgetan werden. Wenn der Streit um das Bildungsverständnis zu den zentralen Konflikten des Kulturkampfes gehörte, dann wurde auch das tatsächliche Wirken der religiösen Genossenschaften gerügt und angegriffen, denn sie galten als wichtige Vermittlerinnen eines ultramontanen Bildungskonzeptes.

Darüberhinaus stellte die Lebens- und Arbeitsweise der religiösen Frauengenossenschaften eine Provokation für die liberale Vorstellung von der Freiheit des Individuums und dem Ideal der bürgerlichen Familie einschließlich der hieran orientierten Geschlechterordnung dar.[10] Die Kritik entfachte sich paradoxerweise immer wieder am Prinzip des Gehorsams in religiösen Genossenschaften, das dazu führe, daß Frauen unmündig und entrechtet seien. Unterstellt wurde damit gleichzeitig, daß Frauen der bürgerlichen Gesellschaft in jeder Hinsicht als mündige Menschen behandelt würden - eine Annahme, die von der Frauenbewegung im 19. Jahrhundert zu Recht bezweifelt wurde. Ferner geriet die religiöse gemeinschaftliche Lebensweise von Frauen auf zweifache Weise in Konflikt mit dem bürgerlichen Familienkonzept. Zum einen dadurch, daß die Frauenkongregationen ihren Mitgliedern den Kontakt mit der Herkunftsfamilie stark beschnitten;[11] zum andern entzündete sich die Kritik daran, daß die Frauen nicht Ehe und Mutterschaft zum Mittelpunkt ihres Lebens wählten. Eine auf Unabhängigkeit von einem männlichen Versorger gerichtete Lebensperspektive für ledige Frauen, die einer Berufstätigkeit nachgingen und damit gemeinschaftlich

---

9 Rudolf von Bennigsen. Reden, hrsg. von Walter Schultze und Friedrich Thimme, 1. Bd.: 1857 bis 1878, Halle a.d.S. 1911, S. 291 f.

10 Vgl. dazu beispielsweise Hinschius, Orden II, S. 132 f oder die Darstellung des Klosterlebens im zeitgenössischen historischen Roman bei Günther Hirschmann, Kulturkampf im historischen Roman der Gründerzeit 1859-1878, München 1978, S. 119-130.

11 Für den Bremer Domprediger Schramm standen Gehorsamspflicht und Trennung von der Familie in einem direkten Verhältnis: Um diese Knechtschaft nach Möglichkeit vor der Außenwelt zu verstecken und abzuschließen, verlangen die meisten Satzungen der Kongregationen ferner nach dem Vorbild der Jesuiten die völlige Loslösung von den Familienbanden." R. Schramm, Die Gefahren der Erneuerung des Klosterwesens für Deutschland, Hamburg 1887, S. 15.

ihren Lebensunterhalt sicherten, war in der bürgerlichen Geschlechterordnung nicht vorgesehen. Nicht zuletzt dieser Umstand ließ im Verlauf des 19. Jahrhunderts diejenigen weiblichen Stimmen lauter werden, die genau dies beklagten und dafür plädierten, daß Frauen die Chance zur Existenzsicherung und einer ihrem sozialen Status angemessenen Lebensform erhielten. Paul Hinschius sah denn auch einen der wesentlichen Gründe für die Zunahme katholischer Frauenkongregationen darin, daß sie Frauen eine solche Perspektive boten: "Das Leben in einer solchen erscheint müheloser und gesicherter, wie der Erwerb als Magd, Näherin oder selbst als Gouvernante. Ueberdies gilt in katholischen Gegenden ein solches Leben noch als besonders verdienstlich und der Stand der Schwestern als besonders geachtet."[12]

Bürgerliche Kreise wollten die öffentliche Präsenz von Frauen, wie sie im Agieren katholischer Schwestern im Habit zum Ausdruck kam, zurückdrängen. Gewiß hatte die Frauenrechtlerin Hedwig Dohm nicht katholische Schwestern im Blick, wenn sie hinsichtlich des öffentlichen Wirkens von Frauen noch 1893 konstatierte: "sobald der Zweck ihres öffentlichen Auftretens nicht der Mann und sein Vergnügen ist, sondern ein idealer oder persönlicher Zweck an seine Stelle tritt, so wird die Oeffentlichkeit perhorresziert."[13] Das Engagement der katholischen Schwestern außerhalb familiärer Verpflichtungen kann in diesem Sinn durchaus als anstößig und spektakulär bezeichnet werden.

Wie stellte sich nun die Kritik an den Kongregationen hinsichtlich ihrer wichtigsten Arbeitsfelder dar? Die Erwägungen der Frauenrechtlerin Louise Büchner zu Bildungsbestrebungen unter religiösen Vorzeichen zeigen, daß sie für katholische und protestantische Bildungseinrichtungen wenig Sympathie hegte. Die katholische Klosterschule sei gezwungen, sich "einem gewissen hergebrachten Schema zu unterwerfen und (sie steht), wenn auch unter geistlicher, doch immerhin unter einer höheren Aufsicht, während das protestantische Institut oder Kloster, der krassesten Willkühr Preis gegeben ist." Für sie stand fest, daß beide abzuschaffen seien, da sie im Hinblick auf die Entwicklung von Frauen und deren Charakter "das größte Hemmniß in den Weg" stellen würden.[14]

Rudolf Virchow zog eine negative Bilanz hinsichtlich des krankenpflegerischen Engagements von Frauenkongregationen und versuchte, wie be-

---

12 Hinschius, Orden II, S. 123. Der Bremer Domprediger Schramm vertrat dazu den Standpunkt: "Mit großem Geschick und weltbekannter Klugheit hat die Hierarchie es so verstanden, gerade das Streben und die Lage der Frauenwelt in unserer Zeit, wo so viele unversorgte Mädchen und Frauen nach einem Beruf sich sehnen, in den Dienst ihrer kirchlichen Zwecke zu stellen." Schramm, Die Gefahren der Erneuerung, S. 11.

13 Hedwig Dohm, Der Jesuitismus im Hausstande (1893) in: Hedwig Dohm, Falsche Madonnen, Neunkirch 1990, S. 85.

14 Büchner, Frauen und ihr Beruf, S. 93.

reits erläutert,[15] diese mittels verstärkter Bestrebungen zur Ausbildung weltlicher Krankenpflegerinnen aus den Krankenhäusern zu verdrängen. Der Arzt Ferdinand Runge bezog die liberalen Grundgedanken von einer konsequenten Trennung kirchlicher Angelegenheiten von Staat und Gesellschaft auf das Krankenhauswesen. Er wandte sich gegen die doppelte Hierarchie im Krankenhaus und wollte erreichen, daß der direkte Zugriff der Ärzte auf das Pflegepersonal nicht durch eine dazwischen geschaltete, ihnen nicht unterstehende Oberin als Vertreterin der kirchlichen Hierarchie behindert würde.[16]

Während sich die Schwestern - wie nicht anders zu erwarten - in diese Debatten nicht einschalteten, forderten die ständigen Konflikte katholische Schriftsteller zur Reaktion heraus.[17] Obwohl das klösterliche Leben schon seit langem besonders in liberalen Kreisen angegriffen wurde, konnten die Frauenkongregationen bis 1872 ihre Arbeit ohne Einschränkungen fortsetzen. Als aber die Regierung sich Teile der Forderungen bürgerlicher Kreise zu eigen machte und zwischen 1871 und 1876 eine Reihe von Gesetzen auf den Weg brachte, die das zuletzt in der preußischen Verfassung von 1850 geregelte Verhältnis zwischen Kirche und Staat neu ordnen sollte, waren auch die religiösen Genossenschaften betroffen.[18]

Kulturkampfgesetzgebung

Am 11. März 1872 wurde die kirchliche Schulaufsicht durch das Schulaufsichtsgesetz abgeschafft. Anschließend verfügte der preußische Kultusminister Adalbert Falk am 15. Juni 1872 in einem Erlaß, "daß die Mitglieder einer geistlichen Congregation oder eines geistlichen Ordens in Zukunft als Lehrer oder Lehrerinnen an öffentlichen Volksschulen nicht mehr zuzulassen" seien.[19] Betroffen von dieser Maßnahme waren 1.000 Mitglieder religiöser Ge-

15 S. o. Kapitel 5.1.

16 Vgl. Runge, Krankenpflege, S. 16.

17 Ein besonders früher Text stellt in diesem Zusammenhang ein 1865 in Paderborn anonym erschienenes Werk mit dem Titel "Die religiösen Orden. Zur Orientierung über ihre Stellung in Kirche und Staat von einem Freunde der Wahrheit und Gerechtigkeit" dar. Dem Autor erschien es angesichts der Tatsache, daß katholische Schwestern mit der preußischen Armee in den Krieg um Schleswig gezogen waren, noch unwahrscheinlich, daß ihnen Restriktionen auferlegt werden könnten. Vgl. ebd., S. 9.

18 Die entsprechenden Gesetzestexte sind abgedruckt in: Ernst Rudolf Huber/Wolfgang Huber, Staat und Kirche im 19. und 20. Jahrhundert. Dokumente zur Geschichte des deutschen Staatskirchenrechts, Bd. II, Berlin 1976, S. 522-690.

19 Erlaß des Kultusministers Falk an die Regierung in Düsseldorf vom 15. Juni 1872. Zit. nach ebd. S. 544.

nossenschaften, in der Regel Schwestern aus den Frauenkongregationen.[20] Ziel der ministeriellen Verfügung war es, zunächst alle bestehenden Verträge zwischen der jeweiligen Schulverwaltung und den Kongregationen bzw. Orden aufzulösen und deren Schulkräfte durch weltliches Lehrpersonal zu ersetzen. Die Umsetzung dieser Maßnahme zog sich einige Jahre hin, da es an weltlichen Lehrkräften und auch an Schulräumen fehlte, zumal die zuvor genutzten Immobilien teilweise im Besitz der religiösen Genossenschaften waren. Die Kommunen zögerten die Umsetzung dieses Erlasses hinaus mit dem Hinweis auf die höheren Kosten, die durch Anstellung weltlicher Lehrerinnen und Lehrer entstünden. Im Mai 1875 unterrichteten daher die Hälfte der Lehrerinnen aus den Frauenkongregationen weiter.[21]

Nur wenige Wochen nach dem Falkschen Erlaß wurde am 4. Juli 1872 das sogenannte Jesuitengesetz beschlossen, welches den *Jesuitenorden* und mit ihm verwandte Genossenschaften verbot, dazu gehörten neben den *Redemptoristen*, den *Lazaristen* und den *Priestern vom heiligen Geist* auch die weiblichen Kongregationen der *Gesellschaft vom heiligen Herzen Jesu* (*Sacré coeur*) und die *Redemptoristinnen*.[22] Einen Schritt weiter ging die preußische Regierung mit einem Gesetz vom 31. Mai 1875, in dessen § 1 es hieß: "Alle Orden und ordensähnlichen Kongregationen der katholischen Kirche sind vorbehaltlich der Bestimmungen des § 2 von dem Gebiete der preußischen Monarchie ausgeschlossen. Die Errichtung von Niederlassungen derselben ist untersagt." Nach § 2 des Gesetzes waren von diesem Verbot lediglich solche "Orden und ordensähnlichen Kongregationen" ausgenommen, die "sich ausschließlich der Krankenpflege widmen, ... sie können jedoch jederzeit durch Königliche Verordnung aufgehoben werden."[23] Das Vermögen der aufgelösten Orden und Kongregationen wurde im Unterschied zu den Säkularisationsmaßnahmen nach 1803 nicht enteignet, wohl aber in "Verwahrung und Verwaltung" genommen, um die "Mitglieder der aufgelösten Niederlassungen" davon zu "unterhalten".[24] Obwohl der Gesetzestext hier geschlechtsneutral formuliert

20 Vgl. ebd.

21 Vgl. Schaffer, Schulorden, S. 275 ff. Der Aachener Stadtrat wandte sich beispielsweise am 26. November 1872 mit einer Mehrheit von zwei Dritteln der Stimmen gegen die Umsetzung der Falkschen Erlasses und reichte eine Immediateingabe an den König. Aachener Frauen richteten am 21. Januar 1873 ein Bittgesuch an die Kaiserin. Diese Gesuche blieben ohne Erfolg, im Juli 1875 mußte der Elementarschulunterricht in allen preußischen Filialen eingestellt werden.

22 Vgl. Huber/Huber, Kirche und Staat, Bd. II, S. 547, 550.

23 "Preußisches Gesetz, betreffend die geistlichen Orden und ordensähnlichen Kongregationen der katholischen Kirche", in: Ebd., S. 659.

24 Ebd., S. 659.

war, betraf er doch in erster Linie Frauen, da sie bei weitem die Mehrheit der Genossenschaftsmitglieder stellten.

Mit der Kulturkampfgesetzgebung wurde die Verfassung von 1850 hinsichtlich der Assoziationsfreiheit für religiöse Genossenschaften revidiert. Das betraf auch das kirchliche Vereinswesen, ohne daß ein Verbot desselben verhängt werden mußte. Der preußische Innenminister ordnete bereits im Juli 1875 die "Überwachung der katholischen Vereine" an, "welche die kirchlich-politischen Fragen zum Gegenstand ihrer Erörterung machen."[25] Das Spektrum der hiervon betroffenen Vereine reichte vom Gesellenverein bis zu geselligen Vereinen mit kirchenpolitischer Ausrichtung. Die Einschränkung der Assoziationsfreiheit durch die Kulturkampfgesetze hatte - ähnlich den Sozialistengesetzen - eine präventive Funktion, die auf die zukünftige Entwicklung der katholischen Kirche zielte und deren Aktionsradius als sozial und weltanschaulich aktive Kraft eindämmen sollte. Dies galt auch für die Frauenkongregationen, denn sie hatten in den 1870er Jahren ihre Wirkung keineswegs voll entfalten können, wenngleich die Dynamik der Entwicklung für die Zeitgenossen sichtbar war. Ein düsteres Bild der katholischen Aktivitäten zeichnete 1872 der Kirchenrechtler und spätere Altkatholik Johann Friedrich von Schulte: "Wer die thatsächlichen Verhältnisse ins Auge faßt, wer die Macht der Orden kennt, wer erwägt, was ein blind gehorchendes Armee-Korps vermag, dem ein UNFEHLBARER befiehlt, der wird sicherlich zur baldigen Gesetzgebung dem Staate das Videant Consules zurufen, bevor die Verschwörer ihr Werk vollenden."[26] Auch der Kirchenrechtler Paul Hinschius sah einen Regelungsbedarf, denn die staatlich gewährten Freiheiten für die katholische Kirche hätten zu einer "bedeutenden Vermehrung und Verbreitung dieser Art von Associationen geführt, dass dieselbe sowohl in politischer, wie auch in volkswirthschaftlicher Beziehung die ernstesten Bedenken hervorzurufen geeignet ist."[27]

9.2. Wirkungen und Reaktionen

Die Umsetzung der neuen Gesetzgebung erfolgte jedoch keineswegs reibungslos. Provinzregierungen und Kommunen, die im direkten Kontakt mit den religiösen Genossenschaften und der katholischen Bevölkerung standen, sahen

25 Verfügung des preußischen Innenministers an die Regierungen betreffend die Überwachung der katholischen Vereine vom 15. Juli 1874, in: Huber/Huber, Staat und Kirche, Bd. II, S. 641.

26 Schulte, Orden und Congregationen, S. 59.

27 Hinschius, Orden I, S. 114.

sich häufig nicht in der Lage, das Verbot durchzusetzen. Am Beispiel des Erzbistums Köln kann man die begrenzte Reichweite der Kulturkampfgesetze zeigen. Von dort im Jahre 1872 tätigen 2560 Ordensfrauen und Schwestern konnten im Jahre 1878 mehr als die Hälfte weiterarbeiten. Ungleich stärker waren die religiösen Genossenschaften für Männer von den Maßnahmen betroffen. Von den 317 Priestern und Brüdern konnten lediglich 72 Brüder ihr Aktivitäten fortsetzen. Allein diese Zahlen zeigen, daß keineswegs von einer "Zerstörung"[28] des religiösen Frauengenossenschaftswesens die Rede sein kann. Betroffen von dem Verbot der weiblichen Genossenschaften waren an erster Stelle die neuen erziehenden Kongregationen und in zweiter Linie die Frauenorden einschließlich des Schulordens der Ursulinen.[29] Wie sich die repressiven staatlichen Maßnahmen auf das weibliche katholische Genossenschaftswesen konkret auswirkten, soll nun anhand der Arbeitsfelder untersucht werden. Ferner geht es um die Reaktionen der Frauenkongregationen auf die neuen Gesetze.

Erziehung und Bildung

Zu den gravierendsten Ergebnissen der Kulturkampfgesetzgebung gehörte die vollständige Verdrängung der Frauenkongregationen aus dem Elementarschulwesen. Schulen in der Trägerschaft von katholischen Kongregationen oder die Tätigkeit von Schwestern an öffentlichen Schulen waren aus staatlicher Sicht Störfaktoren, die es zu beseitigen galt. Die angestrebte Vereinheitlichung konnte trotz der Kulturkampfgesetzgebung im Kaiserreich nicht erreicht werden.[30] So blieb beispielsweise die konfessionsgebundene Volksschule als Regelschule bis in die 1960er Jahre bestehen.[31] Nachdem der Ausschluß der Schwestern aus dem Elementarschulwesen mit dem Erlaß aus dem Jahre 1872 erreicht worden war, verwehrte das Gesetz vom 31. Mai 1875 den Frauenkongregationen die Tätigkeit im höheren Mädchenschulwesen und verbot schließlich jede Form der erzieherischen Arbeit. Die *Schwestern der christlichen Liebe* mit ihrem Mutterhaus im westfälischen Paderborn engagierten sich im ganzen Spektrum dieser Tätigkeiten. 1872 hatten sie bereits den Elementarschulunterricht für fast 3.000 Schülerinnen eingestellt. Im Gefolge der Mai-Gesetze des Jahres 1875 wurden die höheren Mädchenschulen und

---

28 Bongartz, Klöster in Preußen und ihre Zerstörung.

29 Vgl. Hegel, Erzbistum Köln, S. 558 f.

30 Zur Lage des Volksschulwesens im Kaiserreich vgl. Wehler, Deutsche Gesellschaftsgeschichte, Bd. III, S. 1192-1200, hier: S. 1200.

31 Vgl. Heinrich Küppers, Schulpolitik, in: Anton Rauscher (Hg.), Der soziale und politische Katholizismus, Bd. II, München 1982, S. 388.

die Handarbeitsschulen geschlossen.[32] Lediglich ein Krankenhaus in Anrath und die Leitung der Vinckschen Provinzialblindenanstalt in Paderborn blieb auch nach Auflösung des Generalmutterhauses am 1. Januar 1877 in ihren Händen. Freilich mit der Maßgabe, daß für den Unterricht der Blinden eine weltliche Lehrkraft einzustellen war.[33]

Eingeschränkt und verboten wurde aber nicht nur der Schulunterricht; auch die Erziehung von nicht schulpflichtigen Kindern in sogenannten Kinderverwahrschulen wurde den Frauenkongregationen untersagt. Daß dies tiefgreifende Folgen besonders für die soziale und ökonomische Situtuation proletarischer Familien haben konnte, wurde am Beispiel der von den *Franziskanerinnen von der heiligen Familie* betriebenen Verwahrschule in einer Bergwerksregion bereits geschildert.[34] Zwar entsprach dies dem allgemeinen Programm der liberalen Kritik am katholischen Einfluß auf die Erziehung. Wenn man aber die adäquate Befähigung insbesondere der Unterschichten für die industrialisierte Arbeitswelt als Zweck der Bildungsreform ansieht,[35] dann erscheint diese Maßnahme als unverständlich, mindestens jedoch nicht als zwangsläufig - zumal die konfessionell ungebundenen Initiativen auf dem Gebiet der Kleinkinderbetreuung noch in den Anfängen steckten. Verständlich wird dieses Verbot erst dann, wenn man weiß, daß der für die Kulturkampfgesetze verantwortliche preußische Kultusminister Adalbert Falk ein Befürworter der nicht-konfessionsgebundenen Kindergartenbewegung war. Falk verfolgte das Ziel, den Einfluß der katholischen Kirche auch auf die Erziehung der kleinen Kinder zu minimieren.[36] Ein rapides Wachstum von Kindergarten-Seminaren nach der Fröbelschen Idee begleitete die kulturkämpferischen Auseinandersetzungen.[37] Als weiteres Arbeitsfeld wurde den Frauenkongregationen die Betreuung von Waisen und anderen in Heimen lebenden Kindern entzogen. Hiervon waren besonders die krankenpflegenden Kongregationen betroffen, da sie ergänzend zu ihrem Haupttätigkeitsfeld in der Waisenpflege engagiert waren.[38]

---

32 Vgl. Renate Rautenbach, Idee und Gestalt des Erziehungs- und Bildungswesens der "Congregatio sororum christianae charitatis filiarum immaculatae conceptionis", Diss. phil. Bonn 1987, S. 52.

33 Vgl. Hüffer, Pauline von Mallinckrodt, S. 170; Woker, Vincke'sche Provinzial-Blindenanstalt, S. 190 f.

34 S. oben Kapitel 8.2.

35 Vgl. Mergel, Klasse und Konfession, S. 235 f.

36 Vgl. Allen, Feminism and motherhood, S. 105.

37 So entstanden allein 1877 in verschiedenen Städten zwanzig derartige Seminare. Vgl. ebd. S. 98.

38 So beispielsweise die *Grauen Schwestern*, die *Neußer Augustinerinnen* und die *Franziskanerinnen von Waldbreitbach*. Vgl. Jungnitz, Kongregation der grauen Schwestern, S. 73; Kreiner, Neußer Augustinerinnen, S. 35; Böckeler, Macht der Ohnmacht, S. 190 f.

Mit dem Ausschluß der Schwestern und Ordensfrauen aus dem Volksschulwesen verbunden war ein Rückzug der Frauenkongregationen aus der Elementarlehrerinnenausbildung.[39] Bis in die 1870er Jahre hatten die meisten unterrichtenden Frauenkongregationen ihre Mitglieder in eigenen Lehrerinnenseminaren auf das staatliche Lehrerinnenexamen vorbereitet. Notwendig war dies allein schon durch einen eklatanten Mangel an staatlichen Lehrerinnenseminaren, von denen es in den beiden Provinzen Rheinland und Westfalen beispielsweise lediglich zwei Anstalten in Paderborn und Münster gab. Mit der Verbannung der geistlichen Lehrerinnen aus dem Elementarschulwesen mußte Ersatz durch weltliche Lehrkräfte gefunden werden. 1877 entstand aus diesem Grund ein drittes Lehrerinnenseminar in Xanten.[40]

Der Ausschluß von der Elementarschulbildung bewirkte eine Verlagerung innerhalb der Tätigkeitsschwerpunkte der Kongregationen; das ohnehin schon starke Engagement in der Krankenpflege nahm noch zu, wie am folgenden Fall exemplarisch gezeigt werden kann. Die Arbeit der Olper *Franziskanerinnen* wurde bereits 1871 behindert. Ihnen wurde von staatlicher Seite untersagt, Schulschwestern nach Hilden bei Düsseldorf zu entsenden.[41] Im Zuge der Gesetzgebung schlossen die preußischen Behörden die von den Schwestern betriebene private Elementarschule ebenso wie die Waisenhäuser, so daß von den zwei Tätigkeitsfelder nur noch die Krankenpflege übrigblieb. Das Aufgabengebiet der Erziehungs- und Lehrtätigkeit verlagerte man ins Ausland. Im November 1875 reiste eine Delegation mit der Generaloberin Aline Bonzel nach Nordamerika, um dort die Lage zu sondieren, im August 1877 begann der Unterricht an einer deutschen Schule in Lafayette im nordamerikanischen Staat Indiana.[42]

Krankenpflege

Die krankenpflegenden Kongregationen blieben von dem Verbot religiöser Genossenschaften verschont, weil dieses Arbeitsfeld aus staatlicher Sicht hinsichtlich der Neubestimmung des Verhältnisses von Staat und Kirche nicht von zentraler Bedeutung war. Hinzu kam, daß es zur Krankenpflege durch die katholischen Frauenkongregationen in den 1870er Jahren keine Alternative gab, zumindest nicht in den katholisch geprägten Regionen Preußens, und

39 Vgl. Hegel, Erzbistum Köln, S. 312.
40 Vgl. Schaffer, Schulorden, S. 301 f.
41 Vgl. Hardick, "Er führt,...", S. 136.
42 Vgl. ebd., S. 172, 174 ff.

gleichzeitig der Bedarf an qualifizierten Pflegekräften beträchtlich stieg.[43] Aus der Perspektive des Nationalstaates, für den die Kriegführung zu einem legitimen Mittel der Politik gehörte, gewannen die katholischen Schwestern schließlich eine bedeutende Funktion, weil sie für die Krankenpflege auf den Kriegsschauplätzen in den 1860er und 70er Jahren - und auch weitere, später ins Kalkül gezogene "Waffengänge" - gebraucht wurden.[44] Zahlreiche katholische Schwestern pflegten verwundete Soldaten auf den Schlachtfeldern oder die Kongregationen stellten ihre Häuser als Kriegslazarette zur Verfügung.[45] Dies sicherte den Fortbestand dieser Kongregationen im Kulturkampf. An der Lazarettpflege in den Kriegen von 1864, 1866 und zuletzt dem Deutsch-Französischen Krieg von 1870/71 beteiligten sich unter anderem die *Franziskanerinnen* aus Waldbreitbach und Salzkotten, die Neußer *Augustinerinnen*, die *Grauen Schwestern* und die *Clemensschwestern* aus Münster.[46] Selbst ein entschiedener Gegner der religiösen Frauengenossenschaften wie Rudolf Virchow kam 1875 nicht umhin, das Wirken der Frauenkongregationen zu loben.[47] Die Motive der Krankenschwestern, "ins Feld zu ziehen", mögen unterschiedlich gewesen sein. Als zweifach diskriminierte Gruppe aufgrund ihrer Geschlechts- wie Kirchenzugehörigkeit stellten sie ihre Loyalität zum Staat unter Beweis. Daß es ihnen auch tatsächlich einen Vorteil brachte, zeigt sich daran, daß die krankenpflegenden Kongregationen von den staatlichen Repressionen weitgehend verschont blieben.

Zu den Erfahrungen des Krieges gehörte für die katholischen Schwestern, daß es hier zu einer Zusammenarbeit mit anderen Frauenkongregationen kam, Kontakte zu Frauen anderer Konfessionen und religiöser Gemeinschaften hergestellt werden konnten und zugleich durch die Pflege von Männern Geschlechtergrenzen überschritten wurden. Wie auch in anderen Tätigkeitsfeldern, zeigt das Engagement in der militärischen Krankenpflege, daß die Schwestern in der

---

43 Vgl. dazu ausführlich Kapitel 5.1. dieser Arbeit.

44 Diese Annahme drängt sich um so mehr auf, als das Jahr 1875 nicht nur durch scharfe Auseinandersetzungen zwischen katholischer Kirche und Staat geprägt war, sondern gleichzeitig in der europäischen Öffentlichkeit eine Kriegsfurcht herrschte, die als "'Krieg in Sicht'-Krise" (Wehler, Deutsche Gesellschaftsgeschichte, Bd. 3, S. 968 f.) Eingang in die Geschichtsschreibung fand.

45 Vgl. Herbert Grundhewer, Die Kriegskrankenpflege und das Bild der Krankenschwester im 19. und frühen 20. Jahrhundert, in: Johanna Bleker/Heinz-Peter Schmiedebach (Hg.), Medizin und Krieg, Frankfurt a.M. 1987, S. 135-152. Zum Begriff "militärische Krankenpflege" vgl. Ute Daniel, Vaterländische Frauenvereine, S. 163.

46 Vgl. Böckeler, Macht der Ohnmacht S. 157 f; Flake, Licht in der Finsternis, S. 37 f; Jeiler, Mutter Francisca Schervier, S. 301ff, 319 f, 344-349; Kreiner, Neußer Augustinerinnen, S. 31 ff; Jungnitz, Geschichte der grauen Schwestern, S. 51 f; Sanders, Sozial-ökomomische Untersuchung, S. 19.

47 Vgl. Kißling, Geschichte des Kulturkampfes, Bd. 3, S. 63.

Öffentlichkeit agierten und sich nicht hinter Klostermauern versteckten. Der Einsatz der Schwestern in diesem Bereich führte zusammen mit ihren eindrucksvollen Leistungen hinsichtlich der Etablierung einer modernen stationären Krankenpflege dazu, daß sie im Kulturkampf verschont wurden. Man konnte auf die krankenpflegenden Genossenschaften nicht verzichten. Nach Maura Böckeler habe der preußische Kriegsminister Georg von Kameke verhindert, daß die krankenpflegenden katholischen Genossenschaften verboten wurden. Jungnitz weist diese Rolle dem neuen Kaiser des Deutschen Reiches, Wilhelm I., zu.[48] Andere waren der Meinung, Kaiserin Augusta sei es zu danken, "wenn die Barmh. Schwestern [die Vinzentinerinnen aus Paderborn] und überhaupt krankenpflegende Orden damals eine gewisse Schonung im Kulturkampfe erfahren haben."[49] Wie dem auch sei, die in der Krankenpflege tätigen Schwestern wurden im Krieg gebraucht und stellten keine Störfaktoren dar, wie es die Schwestern im Erziehungswesen als Vermittlerinnen eines ultramontanen Bildungskonzeptes aus liberaler Sicht waren.

Das Beispiel der *Vinzentinerinnen* von Paderborn zeigt, daß sie ihren Tätigkeitsbereich mitten im Kulturkampf sogar beträchtlich ausweiten konnten. Die Kongregation arbeitete 1873 in 22 Hospitälern, acht Krankenhäusern, fünf Waisenhäusern und sechs weiteren Anstalten für spezifische Gebiete der Armen- und Krankenpflege im Bistum Paderborn.[50] In Belgien suchten die *Vinzentinerinnen* 1875 nach Exilmöglichkeiten, beschlossen allerdings zunächst abzuwarten. Die Ausübung der Krankenpflege wurde nicht tangiert, während gleichzeitig jeder Unterricht untersagt wurde und Waisenhäuser, Kinderbewahr- und Nähschulen geschlossen wurden.[51] Überdies konnten zwischen 1876 und 1880 keine Einkleidungen vorgenommen werden.[52] Gleichzeitig erhielten zwei Vinzentinerinnen von der Kaiserin Augusta eine Auszeichnung für ihre 25jährige Berufstätigkeit.[53] Die genauen Maßnahmen werden in der Monographie nicht beziffert, jedenfalls heißt es 1881, daß die "Glühhitze des sog. Kulturkampfes" vorbei sei. "So wurde denn am 26. Febr. 1881 nach langer Unterbrechung ein neues Töchterhaus, oder wie es nach der neuen 'Maigesetzlichen' Bezeichnung heißen muß, eine neue 'Niederlassung' eröffnet, nämlich die vom St. Johannes-

---

48 Vgl. Böckeler, Macht der Ohnmacht, S. 181; Jungnitz, Geschichte der grauen Schwestern, S. 69.

49 Geschichte der Genossenschaft, S. 59.

50 Vgl. Schematismus des Bisthums Paderborn, 1873, S. 225 ff.

51 Vgl. Geschichte der Genossenschaft, S. 57 f.

52 Vgl. dazu das "Verzeichnis sämtlicher Schwestern, die von Anfang an der Genossenschaft angehörten", in: ebd., S. 441.

53 Ebd., S. 59.

Verein in Marsberg gegründete Idioten-Anstalt."[54] Weitere folgten und im Sommer des Jahres konnten bereits wieder 24 Frauen eingekleidet werden.[55]

Insgesamt erfuhr die Arbeit der Paderborner *Vinzentinerinnen* keine wesentliche Beeinträchtigung, wie ein Blick in den Schematismus des Bistums Paderborn zeigt. Im Jahr 1873 - die letzte Erhebung vor Beginn des Kulturkampfes - verfügte die Kongregation über 43 Niederlassungen, in denen 265 Schwestern tätig waren.[56] Nur ein Jahr nach dem Ende des Kulturkampfes hatte sich 1887 die Zahl der Mitglieder mit 519 nahezu verdoppelt. Sie arbeiteten in 55 Niederlassungen.[57] Während 1873 30 Hospitäler und Krankenhäuser unterhalten wurden, waren es 1888 bereits 41. Im Vergleich dazu blieb die Zahl der Waisenhäuser mit fünf konstant, auch änderte sich die Zahl der sonstigen kleineren Einrichtungen kaum.[58]

Mitten im Kulturkampf erfolgte also eine massive Ausdehnung der Arbeit. Dieses Faktum steht der gern geübten katholischen Rhetorik von den gewaltigen staatlichen Eingriffen in die kirchliche Autonomie entgegen. Die Existenz der Kongregationen wurde nicht infragegestellt - immerhin wurde anders als bei der Säkularisation 1803 ihr Vermögen nicht konfisziert. Es kam allerdings zu einer selektiven Beeinträchtigung ihrer Tätigkeitsfelder. Eine differenziertere Analyse bestätigt die These, daß sich die Kulturkampfgesetzgebung explizit daran orientierte, religiöse Genossenschaften vom Elementarschulunterricht auszuschließen. Dieses Ziel wurde konsequent verfolgt und durchgesetzt bis hin zu der paradoxen Maßnahme, daß den Frauenkongregationen der Handarbeitsunterricht verboten wurde.

9.3. Erweiterte Handlungsräume und längerfristige Folgen

Die kulturkämpferischen Maßnahmen und der Druck, unter denen die religiösen Genossenschaften in den 1870er Jahren standen, hatten auch eine nicht zu unterschätzende Wirkung nach innen. Dabei handelt es sich um eine bisher vernachlässigte Dimension des Kulturkampfes.[59] Für die These vom innerka-

---

54 Ebd. S. 65.

55 Vgl. ebd., S. 66.

56 Vgl. Schematismus des Bisthums Paderborn 1873, S. 225 ff.

57 Vgl. Schematismus des Bisthums Paderborn 1888, S. 244.

58 Vgl. Schematismus 1873, S. 225 ff, Schematismus 1888, S. 244.

59 Auf Kontroversen im katholischen Bürgertum des Rheinlandes weist neuerdings Thomas Mergel hin, vgl. Mergel, Klasse und Konfession. Christoph Weber thematisiert die innerkatholische Frontstellung zwischen liberalen und ultramontanen Kreisen vor dem Kulturkampf.

tholischen Konfliktpotential, das aufgrund der staatlichen Maßnahmen ans Licht trat, lassen sich auch bezüglich der Frauenkongregationen Belege finden. Entgegen der katholischen Rhetorik verfolgten die Frauenkongregationen durchaus unterschiedliche Wege des Umgangs mit den Gesetzen. Die kirchliche Hierarchie konnte hier keine einheitliche Haltung durchsetzen. Nicht alle Kongregationen teilten eine strikte Ablehnung jedweder staatlicher Eingriffe.

Eine Möglichkeit, den Einschränkungen ihrer Arbeit zu entgehen, bestand darin, daß die Schwestern ihre spezifische Kleidung ablegten. Minister Falk deutete den *Schwestern der christlichen Liebe* an, daß ihre Arbeit nicht behindert würde, wenn sie sich bereit fänden, ihre Kleider abzulegen. Diesem Ansinnen habe Pauline von Mallinckrodt - nach den Auskünften ihres Biographen - eine Absage erteilt und dem Minister mitgeteilt, "daß nichts in der Welt sie und ihre Schwestern bewegen könne, ihrem hl. Ordensberufe untreu zu werden, und daß sie auch ihre so lieb gewonnene Wirksamkeit in den Schulen niemals um den Preis ihres Ordenskleides erkaufen würden."[60] Auf die öffentliche Demonstration der Symbiose von Religion und Arbeit, die das Tragen der Ordenskleidung zum Ausdruck brachte und zu den zentralen Anliegen der Frauenkongregationen gehörte, wollten die Schwestern nicht verzichten. Eine pragmatische Umgehensweise kennzeichnete das Verhalten der *Schwestern von der Göttlichen Vorsehung* in dieser Frage. Die Kongregation, die ihr Generalmutterhaus 1878 ins holländische Steyl verlegt hatte, gestattete einigen ihrer Mitglieder die Ablegung der Ordenskleidung und ermöglichten ihnen damit, in Münster weiterhin Kinderbewahrschulen zu unterhalten. Mehr noch, sechs neue derartige Einrichtungen konnten bis zur Rückkehr der Kongregation 1887 eröffnet werden, ein Wohnhaus für die nicht mehr eingekleideten Schwestern entstand, die außerdem Handarbeitsunterricht erteilten.[61]

Auch die *Franziskanerinnen von Thuine* legten im Kulturkampf ihre Ordenskleidung ab und versahen ihre Arbeit in ziviler Kleidung weiter. Die Kongregation schaute sich in den 1870er Jahren nach anderen Möglichkeiten um, falls die preußische Gesetzgebung ihnen ihre Arbeit unmöglich machen sollte. Zunächst eröffnete man 1875 eine Filiale im holländischen Noord-Deurningen in räumlicher Nähe zum Thuiner Generalmutterhaus mit dem Ziel, dieses möglichst zu erhalten. Die Arbeit der Kongregation war jedoch weniger gefährdet, weil die Krankenpflege einen breiten Raum einnahm. Schließlich waren die Schwestern bereit, ihr Ordenskleid abzulegen, was ihnen erlaubte, auch weiterhin in der Erziehung tätig zu sein. Dies sei - so der Direktor der Kongregation - der

---

Vgl. Christoph Weber, "Eine starke, enggeschlossene Phalanx." Der politische Katholizismus und die erste deutsche Reichstagswahl 1871, Essen 1992.

60 Hüffer, Pauline von Mallinckrodt, S. 97 f.

61 Vgl. Nettelbusch, Genossenschaft, S. 52 f, 65 ff.

"Klugheit der würdigen Mutter", also der Generaloberin, zu verdanken, "sie hätte in den Kulturkampftagen immer noch einen gangbaren Weg gefunden, wenn alle andern Beteiligten keinen mehr gewußt hätten."[62] Mit dieser Findigkeit und Flexibilität hoben sich die Thuiner Schwestern von anderen Kongregationen ab. Deshalb konnten sie auch die Arbeit der *Grauen Schwestern* übernehmen, die in Altona eine Kommunikantenanstalt betrieben hatten. Die *Grauen Schwestern* hatten diese 1876 aufgeben müssen, weil sie sich weigerten, das Ordenskleid abzulegen.[63]

Auffällig ist überdies, daß die Kongregationsgeschichtsschreibung der Thuiner Franziskanerinnen von M. Sixtina Eilers - die noch mit Zeitgenossinnen gesprochen hat - nicht in den üblichen Ton des Beklagens und Dramatisierens im Gefolge des Kulturkampfes verfällt. Vielmehr habe diese Zeit auch den Zusammenhalt der Schwestern befördert. Weiter heißt es dann: "Die gehobene Stimmung, die opferfrohe Begeisterung, von der andere Klöster aus jene Zeit zu berichten wissen, fand sich auch in Thuine." Die Schwestern waren zu allem bereit, so zitiert sie eine junge Schwester jener Zeit mit folgender Bemerkung: "Wir gehen, wohin man uns schickt, und wir erledigen, was uns aufgetragen wird, sei es im Habit oder im Weltkleid, sei es in Holland oder Amerika."[64] Das pragmatische Vorgehen führte dazu, daß die Kongregation mitten im Kulturkampf ihre Position stabilisierte und ausbaute: 1874 arbeiteten 42 Schwestern im Mutterhaus und in einer Filiale in Iburg, 1887 waren es 146 Schwestern in elf Filialen.[65]

Das Beispiel der *Franziskanerinnen von Salzkotten* weist auf ein anderes Konfliktfeld hin. Aufgrund der Schwäche der Kirchenhierarchie, die mit den Abwehrkämpfen angesichts der anderen, nicht auf das Ordenswesen bezogenen Kulturkampfgesetzen beschäftigt war, hatten weibliche Autonomiebestrebungen Erfolg, wenn auch nur für kurze Zeit. Anna Theresia Pfänder führte als Mutter M. Clara die Kongregation bis zu ihrer Amtsenthebung mitten in den Wirren des preußischen Kulturkampfes am 14. Juni 1880. In den Augen des bischöflichen Stellvertreters hatte sie einen schweren Verstoß gegen kirchliches Recht begangen, indem sie während des Kulturkampfes Schwestern einkleidete, eine Aufgabe, die dem Bischof oder dessen Stellvertreter vorbehalten war. Pfänder sah sich im Recht, da sie aufgrund einer geheimen Übereinkunft zwischen ihr und dem inhaftierten Paderborner Bischof Konrad Martin dazu befugt gewesen sei.[66]

---

62 Eilers, Franziskanerinnen, S. 96, zum Kulturkampf vgl. außerdem S. 80-98.

63 Vgl. ebd., S. 129 f.

64 Ebd., S. 83 f.

65 Vgl. ebd., S. 79, 107.

66 Vgl. Flake, Licht in die Finsternis, S. 93 f.

Ohne kirchliche Repressionen nahm die Generaloberin der Neußer *Augustinerinnen*, Margarete Blum, im März 1882 Gelübdeversprechen ihrer Schwestern entgegen.[67] Die Gründerin der Waldbreitbacher *Franziskanerinnen*, Margaretha Flesch, lehnte dies ab, während ihre Nachfolgerin dagegen 1880 heimliche Einkleidungen vornahm, ohne daß jemand daran Anstoß nahm.[68] Die Münsteraner *Clemensschwestern* und die *Krankenschwestern vom heiligen Franziskus* wichen mit der Einkleidung von neuen Mitgliedern ins benachbarte Großherzogtum Oldenburg aus.[69] Aspirantinnen der *Armen Dienstmägde Jesu Christi* wurden ins Postulat aufgenommen, im Noviziat geschult und anschließend ohne Ablegung einer Profeß eingesetzt.[70]

Der Kulturkampf als krisenhafte Herausforderung für die Kongregationen hatte auch zur Folge, Schwächen in der Organisation deutlich herauszuschälen - er trug aber gleichzeitig zur Klärung bei. Selbst die Erfahrungen im ausländischen Exil, wie sie die meisten Erziehungskongregationen gemachten und die in den Selbstbeschreibungen oft zu großen Katastrophen stilisiert wurden,[71] stärkten letztlich die Leistungsfähigkeit der meisten Kongregationen und das Selbstbewußtsein der Schwestern eher, als daß sie sie schwächten. Die internationale Orientierung des Katholizismus ermöglichte erst das Überleben der aus Preußen ausgewiesenen Kongregationen. Nur eine Kongregation kehrte nicht mehr an ihren Gründungsort zurück: Die *Schwestern der Barmherzigkeit*[72] verließen im Kulturkampf ihr Gründungshaus im ravensbergischen Herford und wanderten nach Nordamerika aus, wo sie ein neues Betätigungsfeld fanden.[73]

Die katholische Kirche nahm ihre Mitglieder in allen Ländern auf, verfügte hier wie dort über ähnliche Strukturen, so daß ein Einleben erleichtert wurde.

---

67 Vgl. Kreiner, Neußer Augustinerinnen, S. 37.

68 Vgl. Böckeler, Macht der Ohnmacht, S. 190.

69 Vgl. Ludwig Ficker, Der Kulturkampf in Münster, Münster 1928, S. 494.

70 Vgl. Fuchs, Katharina Kasper, S. 163 f.

71 So beispielsweise Kißling: "Die Schulschwestern sahen sich in der Folge genötigt, im europäischen und selbst transatlantischen Auslande neue Stätten des Wirkens zu suchen. Diese ihre Bemühungen kosteten große Opfer an Geld, Gesundheit und Kraft, das Scheiden aus der Heimat brachte das bitterste Herzeleid, die Trauer von Schülern und Eltern war allgemein, das Empfinden des katholischen Volksteiles war aufs tiefste verletzt." Kißling, Geschichte des Kulturkampfes, Band 2, S. 79.

72 Für diese Kongregation werden verschiedene Namen genannt; allerdings galt sie bei allen unterschiedlichen Bezeichnungen als eine franziskanische Gemeinschaft. Eilers nennt sie *Arme Schulschwestern*, vgl. dies., Franziskanerinnen, S. 134; Heimbucher bezeichnet sie als *Schwestern vom heiligen Franziskus*, vgl. ders. Orden und Kongregationen, Bd. II, S. 27; von *Armen Schwestern der Barmherzigkeit* spricht die preußische Statistik, vgl. Preußische Statistik 1874, S.378. Der Paderborner Schematismus erwähnt sie als *Schwestern der Barmherzigkeit*, dieser Titel wird hier verwandt, da die Paderborner Amtskirche als genehmigende Kirchenbehörde den Titel wohl am ehesten korrekt widergibt.

73 Vgl. Heimbucher, Orden und Kongregationen, Bd. II, S. 27.

Die Bereitschaft der Schwestern, auch in der Fremde ihren Dienst leisten zu wollen, führte auch dort zur Ausweitung der Arbeitsfelder. Sie lernten die Sprache des Gastlandes, unterzogen sich den notwendigen Prüfungen und paßten sich den dortigen Verhältnissen an. Untätiges Verharren und Warten auf die Rückkehr nach Preußen war eher die Ausnahme. Im belgischen Mont St. Guibert warteten etwa die *Schwestern der christlichen Liebe* gemeinsam mit ihrem des Landes verwiesenen Paderborner Bischof Konrad Martin auf die Rückkehr. Allerdings reiste die Generaloberin Pauline von Mallinckrodt durch ganz Europa, nach Chile und in die Vereinigten Staaten von Amerika, um die Mitglieder ihrer Gemeinschaft mit Arbeit und Unterhalt zu versorgen.[74] An diesem Beispiel wird deutlich, was es bedeutete, daß die Kongregationen die lebenslange Versorgung ihrer Mitglieder übernommen hatten. Die erziehenden Kongregationen hatten im Unterschied zu den in der Krankenpflege tätigen nicht nur einzelne Schwestern, sondern zuweilen mehrere hundert Schwestern anderweitig unterzubringen.[75]

Nach der Auflösung des Münsteraner Generalmutterhauses im März 1878 verlegten die *Schwestern von der Göttlichen Vorsehung* ihren Sitz ins holländische Steyl in der Provinz Limburg. Hier unterhielten sie ein Mädchenpensionat und bildeten Lehrerinnen aus, die in Preußen ihre Prüfungen ablegten. Nach einer Eingewöhnungsphase, in der sie sich insbesondere mit der Sprache des Gastlandes vertraut machten, nahmen sie hier ihre Tätigkeit wieder auf. Sie betrieben Bewahr- und Nähschulen und versahen ambulante Krankenpflege. Mit Unterstützung der ebenfalls im Exil lebenden *Ursulinen* gelang es den *Schwestern der Göttlichen Vorsehung* schließlich, im holländischen Elementarschulwesen tätig zu sein. Der holländische Zweig der Kongregation behielt auch nach der Rückkehr der Schwestern ins westfälische Münster seine Bedeutung bei.[76]

Nicht nur die unterrichtenden, auch die krankenpflegenden Kongregationen sahen sich nach Beschäftigungsmöglichkeiten im Ausland um; teils hatte diese Suche einen eher präventiven Charakter, setzte also ein, bevor der Staat tatsächlich Maßnahmen gegen sie ergriff. Die *Krankenschwestern vom heiligen Franziskus* schickten am 15. Oktober 1875 unter der Leitung der 43jährigen Oberin Theresia Ratte (Schwester Angelika) zwanzig Schwestern in Begleitung eines Pfarrers nach Alton im nordamerikanischen Staat Illinois. Wie in ihrer Heimat

---

74 Vgl. Hüffer, Pauline von Mallinckrodt, S. 150 ff.

75 1872 gehörten den *Schwestern der christlichen Liebe* in Preußen 145 Mitglieder an, die nach dem Verbot von 1875 hier nicht mehr tätig sein konnten. Vgl. Tabelle 1 in Kapitel 3. Allein im Erzbistum Köln mußten 517 *Schwestern vom armen Kinde Jesu* in 21 Niederlassungen ihre Arbeit einstellen. Vgl. Hegel, Erzbistum Köln, S. 559.

76 Vgl. Nettelbusch, Genossenschaft, S. 52-62, 66, 72 f.

pflegten sie auch in den Vereinigten Staaten Kranke.[77] Durch die Eröffnung von Niederlassungen im benachbarten Holland und in Oldenburg erhoffte sich die Kongregation Ausweichmöglichkeiten für den Fall des Verbots in Preußen.[78] Besonders die rheinischen Kongregationen wählten Orte im nahegelegenen Belgien oder Holland, um vor den Eingriffen des preußischen Staates gesichert zu sein, aber gleichzeitig die Verhältnisse jenseits der Grenze besser verfolgen zu können.[79] Die *Schwestern vom armen Kinde Jesu* beispielsweise wählten das nur wenige Kilometer vom Gründungsort Aachen entfernt gelegene holländische Simpelveld als neuen Standort für das Generalmutterhaus.[80]

Frauenkongregationswesen nach dem Kulturkampf

Das erste Milderungsgesetz vom 14. Juli 1880 leitete das Ende des Kulturkampfes auf der exekutiven Ebene ein. Den krankenpflegenden Genossenschaften wurde erlaubt, neue Niederlassungen zu eröffnen, und sie konnten "die Pflege und Unterweisung von Kindern, die sich noch nicht im schulpflichtigen Alter befinden, als Nebenthätigkeit übernehmen." Außerdem erweiterte das Gesetz den Begriff der Krankenpflege, wozu künftig auch "die Pflege und Unterweisung von Blinden, Tauben, Stummen und Idioten, sowie von gefallenen Frauenspersonen" gehören sollte.[81] Die rigorose Anwendung der Gesetze von 1875 ließ sich offensichtlich nicht durchsetzen, d.h. daß der Staat auf das breit angelegte karitative Engagement der Frauenkongregationen nicht verzichten konnte. Über den Umweg, den krankenpflegenden Genossenschaften Arbeitsfelder zusätzlich zu ihrem eigentlichen Tätigkeitsbereich zu erlauben, wurden überhaupt wesentliche Bestandteile der Kulturkampfgesetzgebung wieder revidiert. Dies belegt auch das erste Friedensgesetz vom 21. Mai 1886. Die Krankenpflegegenossenschaften erhielten die Erlaubnis zur "Übernahme der Pflege und Leitung in Waisenanstalten, Armen- und Pfründenhäusern, Rettungsanstalten, Asylen und Schutzanstalten, Arbeiterherbergen, Mägdehäusern, sowie auf die Übernahme der Leitung und Unterweisung in Haushaltsschulen und Handarbeitsschulen für Kinder in nicht schulpflichti-

77 Vgl. Elsner, Genossenschaft, S. 302 ff.

78 Vgl. ebd., S. 312-322.

79 Vgl. Hegel, Erzbistum Köln, S. 561. Zu den in dieser Zeit entstandenen Mutterhausneubauten in Belgien und Holland aus architekturgeschichtlicher Perspektive siehe Müllejans, Klöster im Kulturkampf.

80 Bis heute befindet sich das Generalmutterhaus der weltweit arbeitenden Kongregationen in Simpelveld.

81 Gesetz betreffend Abänderungen der kirchenpolitischen Gesetze vom 14. Juli 1880, Art. 6, zit. nach Huber/Huber, Kirche und Staat, Bd. II, S. 819

gem Alter."[82] Im zweiten Friedensgesetz vom 29. April 1887 wurde schließlich die Wiederzulassung von religiösen Genossenschaften geregelt, zu deren Aufgaben die Seelsorge, die "Übung der christlichen Nächstenliebe" und die Kontemplation gehörte. Das Elementarschulwesen blieb den Kongregationen weiterhin verschlossen. Nur solche zuvor im Bildungssektor engagierten Genossenschaften konnten ihre Tätigkeit wiederaufnehmen, die sich dem "Unterrichte und der Erziehung der weiblichen Jugend in höheren Mädchenschulen und gleichartigen Erziehungsanstalten widmen."[83]

Nach Beendigung des Kulturkampfes bot sich also für die meisten Kongregationen als Ersatz für die Arbeit in den Elementarschulen ein Engagement im höheren Mädchenschulwesen oder im Bereich der weiblichen beruflichen Bildung an. Die *Schwestern der christlichen Liebe* trafen die Gesetze in eklatanter Weise, da sie vorwiegend im Rahmen der Mädchenbildung tätig waren. Im Bistum Paderborn unterhielten sie 1873 zehn Mädchenschulen verschiedenster Art, 1888 bestand keine mehr. 1892 eröffnete die Kongregation in Dortmund, 1895 in Soest und 1897 in Höxter eine Höhere Töchterschule.[84]

Die zunächst als Notlösung unter dem Druck der Kulturkampfgesetzgebung angesehene Verlagerung von Wirkungsstätten ins Ausland sollte schließlich für die meisten Frauenkongregationen, die ähnlich agiert hatten wie die *Schwestern der christlichen Liebe* und scharfen Sanktionen ausgesetzt waren, zu einer dauerhaften Veränderung hinsichtlich Ort und Betätigungsfeld führen. So wurde für die *Schwestern der christlichen Liebe* die Höhere Mädchenbildung zu einem neuen Schwerpunkt. Von den 402 Schwestern, die der Kongregation beim Tod der Gründerin Pauline von Mallinckrodt 1881 angehörten, arbeiteten 284 in Chile oder in den Vereinigten Staaten von Amerika. 1890 vergrößerte sich der Abstand zu den überseeischen Niederlassungen weiter, so daß nach der Eröffnung von Niederlassungen in Uruguay dort 712 Schwestern tätig waren und in Europa nur 233.[85]

Nach den ersten Milderungsgesetzen des Kulturkampfes 1880 gelang es den Kongregationen häufig, die Mitgliederzahlen schnell anzuheben, nicht zuletzt aufgrund des Umstandes, daß es durch die vor 1880 erschwerten Neuaufnahmen sozusagen einen Überhang gab. Zu den *Armen Dienstmägde Jesu Christi* z. B. gehörten 1882 in Europa 602 Schwestern einschließlich der Postulantinnen, in

---

82 Gesetz betreffend Abänderungen der kirchenpolitischen Gesetze vom 21. Juli 1886, Art. 13, zit. nach Huber/Huber, Kirche und Staat, Bd. II, S. 869.

83 Ebd.

84 Vgl. Schematismus des Bisthums Paderborn 1800, S. 193. Vgl. Schaffer, Schulorden, S. 225

85 1897 waren es 353 Schwestern in Europa und 948 in den überseeischen Niederlassungen. Vgl. Woker, Vincke'che Provinzial-Blinden-Anstalt, S. 191.

den Vereinigten Staaten betrug die Zahl 124. Im Jahre 1889 zählte die Genossenschaft insgesamt 308 Schwestern mehr.[86]

Zu den Auswirkungen des Kulturkampfes gehörte auch, daß sich die Perspektiven für Frauen im Laienstand aufgrund der Zurückdrängung der Kongregationen verbesserten. Der Ersatz der Schwestern stieß auf Komplikationen, d.h. es war schwierig, schnell qualifizierte Lehrerinnen zu finden. Dies war auch dem Gesetzgeber klar, denn er setzte eine Frist von vier Jahren fest, innerhalb derer ein Austausch stattgefunden haben sollte.[87] Zwischen 1875 und 1877 entstanden in Preußen drei neue staatliche Volksschullehrerinnenseminare zur Ausbildung von Frauen, die an die Stelle der vom Schuldienst suspendierten Schwestern treten sollten.[88] Nicht von ungefähr begannen katholische Lehrerinnen, sich in den 1880er Jahren unter der Leitung von Pauline Herber zu organisieren. Sie hatte im Kulturkampf die Leitung der Lehrerinnenkurse der *Armen Dienstmägde Jesu Christi* übernommen.[89] Lehrerinnen an höheren Mädchenschulen profitierten vermutlich nicht in ähnlicher Weise von der Verdrängung der Kongregationen aus dem Schulwesen wie ihre Kolleginnen im Elementarschulwesen. 1906 lag nahezu das gesamte katholische höhere Mädchenschulwesen in den Händen von Frauenorden und -kongregationen.

Eine wichtige Folge des Kulturkampfes war es, daß die breitgefächerten Arbeitsfelder der einzelnen Kongregationen sich zugunsten der Bildung von Schwerpunkten und hier zugunsten der Krankenpflege veränderte. Die preußische Statistik weist 1906 aus, daß sich mehr als zwei Drittel der in Orden und Kongregationen lebenden Frauen mit der Krankenpflege als Haupttätigkeitsgebiet beschäftigten, während 11,3 % mit der "Übung der christlichen Nächstenliebe" und 8,2 % mit der höheren Mädchenbildung befaßt waren. Die Mitglieder von beschaulichen Orden stellten nur 3,1 % aller weiblichen Angehörigen religiöser Genossenschaften.[90] Die Zahl der Ordensfrauen und Schwestern hatte sich 1906 im Vergleich zu den Zahlen von 1872/73[91] mehr als verdreifacht. Nun gehörten 25.904 Frauen einer religiösen Genossenschaft an. Auch die Zahl der männlichen Mitglieder verdreifachte sich, erreichte aber immer noch eine im Vergleich zu den Frauen bescheidene Zahl von 3.892.[92] Im Jahre 1918 schließlich hatten die Frauenorden 2.406 und die Frauenkongregationen 37.854 Mitglieder in Preußen.[93]

---

86 Vgl. Fuchs, Katharina Kasper, S. 164.

87 Vgl. Huber/Huber, Staat und Kirche, Bd. 2, S. 658.

88 Vgl. Kall, Katholische Frauenbewegung, S. 175.

89 Vgl. Lamp, S. 343.

90 Vgl. Statistisches Jahrbuch für den Preußischen Staat 5 (1907), S. 138.

91 Vgl. Tabelle 1 in Kapitel 3 dieser Arbeit.

92 Vgl. Statistisches Jahrbuch 1907, S. 138.

93 Vgl. Wendlandt, Orden und Kongregationen, S. 459.

Neue Frauenkongregationen entstanden nach dem Kulturkampf in Preußen nur noch vereinzelt. Dies hatte jedoch nur mittelbar mit staatlichen Restriktionen zu tun, sondern war das Ergebnis kirchlicher Politik. Denn auch die Männer der Kirche suchten nach Möglichkeiten, die Entwicklung zu beeinflussen. Die Zulassung neuer Gemeinschaften wurde um die Jahrhundertwende eingeschränkt. Nach dem Kulturkampf entstanden einige wenige Missionskongregationen und zwei neue Frauenkongregationen. Bis zum Ende des 19. Jahrhunderts kam es lediglich zu einer wirklichen Neugründung. Am 31. Juli 1891 wurde die Kongregation der Josefsschwestern in Trier gegründet.[94] In den 1890er Jahren genossen sogenannte Missionskongregationen eine starke Anziehungskraft, zu deren Tätigkeit die Missionierung von "Heiden" in Übersee und in den von deutschen Truppen eroberten Gebieten zählte. Dabei handelte es sich ausnahmslos um Frauenkongregationen mit einem Generalmutterhaus außerhalb Preußens. Bemerkenswert im Vergleich zu den vor 1872 gegründeten Frauenkongregationen ist überdies, daß es sich bei den weiblichen Missionskongregationen stets um Genossenschaften handelte, die mit einer Männerkongregationen verbunden waren.[95]

Zusammenfassend kann festgehalten werden, daß die Frauenkongregationen trotz Kulturkampf ihre Tätigkeitsfelder in quantitativer und ihre Handlungsräume in qualitativer Hinsicht erweitern konnten, mehr noch: als indirekte Folge des Kulturkampfs ergab sich eine Differenzierung und Präzisierung ihrer Arbeit, insbesondere aufgrund der Erfahrung im ausländischen Exil. Die Weltläufigkeit vieler Kongregationen führte dazu, daß sie im Inland nun sicherer und kompetenter agieren konnten. Der Kulturkampf diente aus kirchlicher Perspektive auch als rhetorisches Mittel zum Zwecke der Organisierung des politischen Katholizismus, die realen Effekte waren geringer als vielfach behauptet.[96] Aus staatlicher Sicht wurde das Ziel der Zurückdrängung der Orden und Kongregationen ausschließlich in Bezug auf deren Engagement im Elementarschulwesen erreicht. Man könnte sogar so weit gehen, von einer Umkehrung der vom Staat verfolgten Ziele zu sprechen. Der Kulturkampf wirkte gleichsam wie eine "clearing-station" für die Arbeit der Frauengenossenschaften, von der aus sie mit neuer Kraft starteten. Ähnlich wie das katholische Vereinswesen, expandierte auch das Frauenkongregationswesen erst nach dem Kulturkampf, obgleich alle wesentlichen Voraussetzungen vorher gelegt worden waren.

94 Vgl. Schmidt-Sommer, Von Liebe geleitet, S. 89.

95 Vgl. zu den weiblichen Missionsgenossenschaften Wendlandt, Orden und Kongregationen, S. 324-352.

96 Vgl. Hegel, Köln, S. 558 sowie Mergel, Klasse und Konfession, S. 263.

Schluß

Die Vielfalt des preußischen Frauenkongregationswesens bildete sich zwischen 1840 und 1860 heraus. Diesem Gründungsboom folgte der Ausbau der Gemeinschaften durch Eröffnung neuer Niederlassungen und kontinuierlichen Mitgliederzuwachs - ein Prozeß, der sich für viele Gemeinschaften bis in die Zeit der Weimarer Republik und des Nationalsozialismus fortsetzte. Grundlegende Bedingung für diese dynamische Entwicklung war die wechselseitige Beeinflussung von drei gesellschaftlichen Wandlungsprozessen: die Renaissance des religiösen Lebens, die soziale Frage und die Frauenfrage. In dieser spezifischen historischen Konstellation wurden die Frauenkongregationen zur einzig relevanten Vergesellschaftungsform für katholische Frauen. Dafür gab es unterschiedliche Gründe. Die Kongregationen knüpften an jahrhundertealte Traditionen religiöser Vergemeinschaftung im Katholizismus an; zugleich erwies sich diese Organisationsform mit Blick auf die Herausforderungen des 19. Jahrhunderts als anpassungsfähig. Die Frauen konnten ihre religiösen und beruflichen Interessen miteinander verbinden. Die gemeinschaftliche Lebensform löste zudem Probleme wie Existenzsicherung und Vereinzelung gleichermaßen. Frauenvereine von denen die meisten Initiativen zur Gründung neuer Kongregationen ausgingen, genügten diesen Ansprüchen nicht.

Am Ende des 19. Jahrhunderts läßt sich ein Wandel in den weiblichen Assoziationsbemühungen im Katholizismus erkennen. In den 1880er und 1890er Jahren entstanden mit Ausnahme einiger Missionskongregationen kaum noch neue Frauenkongregationen. Katholikinnen gründeten in dieser Zeit - wie nichtkatholische Frauen auch - vermehrt Frauenvereine, betrieben Zeitschriften und sorgten für eine überlokale Zusammenarbeit, was schließlich 1904 zur Gründung des Katholischen Frauenbundes führte. Ambitionierte Katholikinnen fanden nun Lebens- und Arbeitsmöglichkeiten auch außerhalb der religiösen Genossenschaften. Für eine bedeutende Zahl von Frauen boten die Frauenkongregationen aber nach wie vor eine interessante Lebens- und Arbeitsperspektive, wie sich an den unablässig steigenden Mitgliedszahlen der nach dem Kulturkampf konsolidierten Kongregationen ablesen läßt.

Die Frauen konnten hier einer qualifizierten beruflichen Tätigkeit nachgehen. Neben dem Beruf der Krankenschwester oder Lehrerin waren sie auch als Bauleiterin, Verwalterin, Buchhalterin, Künstlerin oder Gärtnerin tätig, ohne daß sie als Frauen in "Männerberufen" diskriminiert worden wären. Die Arbeit der Schwestern stand nicht in dem Ruf, Erwerbsarbeit zu sein, die zumindest in bürgerlichen Kreisen einen negativen Beigeschmack besaß und für Frauen als nicht schicklich galt. Auf die Fragen nach Bildung und Existenzsicherung, die die Frauenbewegung in der zweiten Hälfte des 19. Jahrhunderts aufwarf, gaben die Frauenkongregationen eine Antwort, und zwar lange bevor im säkularen Bereich befriedigende Lösungen gefunden wurden. Verbesserte Bildungs- und Berufsmöglichkeiten standen für eine größere Zahl von Frauen erst nach der Jahrhundertwende zur Verfügung. Nicht nur für Frauen des gehobenen Bürgertums, sondern - und das muß betont werden - auch für Frauen aus den unteren bürgerlichen Schichten, aus Handwerker- oder Bauernfamilien erwies sich die genossenschaftliche Arbeits- und Lebensform als ein Modell. Durch ihre Anstrengungen im Schulwesen sorgten die Kongregationen überdies für die Verbreitung weiblicher Bildung und erweiterte Handlungsmöglichkeiten für Mädchen und junge Frauen, die nicht die Absicht hatten, einer religiösen Frauengemeinschaft beizutreten. Daß die Frauen ihren Eintritt in eine Kongregation als ernstzunehmenden alternativen Lebensentwurf zu Ehe und Mutterschaft ansahen, zeigt sich schon daran, daß sie in ihrer überwiegenden Mehrheit bis zum 24. Lebensjahr einer Gemeinschaft beitraten und nicht etwa erst, nachdem sie ihre Chancen auf dem Heiratsmarkt ausgelotet hatten.

Den zahlreichen Beschränkungen, die Frauen in der bürgerlichen Gesellschaft erfuhren, konnten sie als Einzelne schwerlich entrinnen, während sie sich in diesen religiösen Gemeinschaften begrenzte Freiräume für weibliches Handeln sichern konnten. Eine von individuellen Erfordernissen befreite Lebensweise ermöglichte das umfassende karitative, erzieherische und religiöse Engagement der Schwestern. Freilich hatte diese Form der Existenzsicherheit auch eine Kehrseite: Die Leitungen der Frauenkongregationen forderten von ihren Mitgliedern die Einhaltung strikter Prinzipien und das Befolgen ihrer Anweisungen. Das Gehorsamsversprechen diente diesem Zweck und engte die Individualität der Frauen zugunsten der Gemeinschaft ein.

Entschädigt wurden die Schwestern nicht zuletzt durch die transzendente Bedeutung des gemeinschaftlichen Lebens. Mitglieder religiöser Genossenschaften - also auch der Frauenkongregationen - strebten nach christlicher Vollkommenheit und nahmen eine herausgehobene Position in der Schar der Gläubigen ein. Mit dem zölibatären Leben glaubten die Schwestern - im Einklang mit der Theologie des 19. Jahrhunderts - die im Vergleich zur Ehe höherwertige katholische Lebensform gewählt zu haben.

Die Frauen in den Kongregationen beförderten die Konstituierung und Ausgestaltung des katholischen Milieus. Ihr Handeln stand in engster Verbindung mit den Prinzipien der katholischen Kirche. Für die Frauen hatte der Katholizismus des 19. Jahrhunderts eine ambivalente Funktion: Einerseits stützten die Frauenkongregationen mit ihren Aktivitäten die besonders dem Ultramontanismus inhärenten konservativen Geschlechtervorstellungen; andererseits bot gerade dieses kirchliche Milieu den Frauen Handlungsmöglichkeiten, die sie außerhalb dieser Gemeinschaften kaum wahrnehmen konnten. Ohne die weiblichen Aktivitäten wären die Rechristianisierungsversuche der Kirche schon früh zum Erliegen gekommen. Die Kompetenz der Frauen im weiten Feld der sozialen Frage trug erheblich dazu, daß der Vorwurf, auch die katholische Kirche habe angesichts der sozialen Herausforderungen der Industrialisierung versagt, zumindest partiell entkräftet werden konnte. Die Frauen orientierten sich an den Notlagen der Menschen und nicht an den dogmatischen, teilweise realitätsfernen Normen der Kirchenmänner. Sie wurden insbesondere in der Krankenpflege, der Erziehung und im sozialen Bereich tätig. Dabei bildeten sie im Schulwesen und in der stationären Krankenpflege Berufsfelder heraus, die die Kongregationen genauso wie die anspruchsvollen Aufgaben der Selbstverwaltung der Gemeinschaften für bürgerliche Frauen attraktiv machte.

Das Agieren der Kongregationen in der Krankenpflege hatte langfristige Wirkungen. Die moderne, stationäre Krankenpflege wurde durch diese religiösen Frauengemeinschaften nicht nur eingeführt, sondern alle Versuche in der zweiten Hälfte des 19. und Anfang des 20. Jahrhunderts, eine weltliche Krankenpflege zu etablieren, orientierten sich an spezifischen Eigenschaften der Krankenpflege in den Kongregationen: erstens der Ambivalenz von hoher Motivation und niedriger materieller Gratifikation für diese berufliche Tätigkeit, zweitens der gemeinschaftlichen Lebensform als Voraussetzung für die Effizienz der Arbeit und drittens einer ideellen Sinnstiftung als Ausgleich für die harte Arbeit.

Konsequent nahmen die Frauen in den Kongregationen ihre Optionen in der Kirche wahr. Damit ist aber keineswegs die Behauptung von einer umfassenden Feminisierung der Religion für den Katholizismus des 19. Jahrhunderts belegt. Allerdings konnte diese These in Bezug auf die Frömmigkeitspraktiken in den Kongregationen und die Zusammensetzung des kirchlichen Personals nachgewiesen werden. Die Frauenkongregationen bevorzugten feminine Devotionsformen. Diese vom Ultramontanismus ins Zentrum katholischer Frömmigkeit gerückten Praktiken knüpften offenbar an zeitgenössische weibliche Bedürfnisse nach Kontemplation an und beförderten die Entwicklung des gemeinschaftlichen Zusammenlebens von Frauen unter dem Dach der Kirche. Noch gewichtiger ist die These von einer Feminisierung des kirchlichen Personals, also des Klerus und der Mitglieder der religiösen Genossenschaften beiderlei Geschlechts. Der weibliche Anteil stieg kontinuierlich an; um die Jahrhundertwende stellten Frauen zwei Drittel des kirchlichen Personals. Die Schaffung einer neuen Legitimation für die Kirche gelang vor allem durch das öffentliche Engagement dieser Frauen. Daher muß die Vorstellung von der Omnipotenz des männlichen Klerus revidiert werden. In den verschiedensten Funktionen, beispielsweise als Armenpflegerinnen, Krankenschwestern, Kindergärtnerinnen oder Lehrerinnen und nicht zuletzt als Vermittlerinnen katholischer Theologie, begegneten die Schwestern den Gläubigen. Die Priester konzentrierten sich auf die unmittelbare Seelsorge und wandten sich stärker der Organisierung des kirchlichen Vereinswesens und des politischen Katholizismus zu. Die klerikalen Ratgeber der Schwestern überwachten zwar das religiöse Leben und gewährten priesterlichen Beistand. Die konkrete Umsetzung der weltlichen Aktivitäten aber überließen die Priester, nicht zuletzt aufgrund mangelnder eigener Kompetenz, den Frauen selbst. Die Frauenkongregationen wurden auf diese Weise in der zweiten Hälfte des 19. Jahrhunderts in quantitativer wie qualitativer Hinsicht zu einer tragenden Säule des Katholizismus.

Die Analyse der Lebens- und Arbeitsweise der Frauen zeigt, daß sich Auffassungen, die das klösterliche Leben als etwas außerhalb der Welt Stehendes begreifen, nicht aufrechterhalten lassen. So sehr sich der Eindruck eines Mikrokosmos mit relativer Abgeschlossenheit auch aufdrängt: das Wirken der Frauenkongregationen fand im öffentlichem Raum statt, die ökonomischen und sozialen Verhältnissen beeinflußten die Kongregationen, und diese nahmen bereitwillig zeitgenössische Neuerungen auf, die sie für nützlich hielten. Dazu zählten die Verberuflichung von Tätigkeiten, die Nutzung moderner Kommunikationsmittel und die Professionalität in der Führung der Gemeinschaften. Mit Einschränkungen, aber im zeitgenössischen Vergleich beachtlich, gewährleisteten sie in ihren Organisationen eine partielle Gleichheit der Mitglieder, die durch interne Wahlverfahren Einfluß auf die Führungsspitze nehmen konnten. Auch die Reaktionen der Genossenschaften auf die Einschränkungen durch die Kulturkampfgesetzgebung passen nicht zur Denkfigur von dem weltabgewandten, auf sich bezogenen und inflexiblen Frauenbund. Ihr zeitweises Ausweichen ins Exil zusammen mit der Weiterentwicklung der Organisation durch die Verarbeitung neuer Erfahrungen sowie das Umschwenken auf neue Arbeitsfelder zeugen von der Fähigkeit der Gemeinschaften, sich zu behaupten.

Der Besonderheit der Frauenkongregationen kommt man auch näher durch die Betrachtung des Verhältnisses von Individuum und Öffentlichkeit. Das 19. Jahrhundert ist durch nur scheinbar paradoxe Entwicklungen gekennzeichnet: Zum einen gewann im Vergleich zum Ancien régime das Individuum mehr und mehr an Bedeutung, zum anderen wuchs das Bedürfnis der Menschen nach neuen Formen des Zusammenschlusses und der öffentlichen Teilhabe. Die Kongregationen als spezifische Form weiblicher Vergesellschaftung ermöglichten Partizipation. Sie agierten auf vielfältige Weise im öffentlichen Raum und demonstrierten so Katholizität nach außen. Die religiösen Anschauungen der Schwestern waren nicht einfach ihre Privatangelegenheit, sondern sie trugen sie verbal oder nonverbal nach außen, durch Gespräche mit den Menschen, mit denen sie arbeiteten, durch die auffällige Ordenskleidung, durch das Prestige, welches sie im Katholizismus besaßen.

Die Attraktivität der gemeinschaftlichen religiösen Lebensweise für Frauen zeigt sich auch darin, daß in anderen Religionen nach ähnlichen Modellen gesucht wurde. Seit den 1820er Jahren beschäftigten sich Protestantinnen und Protestanten mit der Etablierung des Diakonissenamtes. Auch in der anglikanischen Kirche sind religiöse Frauengenossenschaften anzutreffen. Im Kontext einer religiösen Erneuerungsbewegung gründeten Männer aus dem hohen Klerus 1845 den ersten anglikanischen Frauenorden. Wie im Katholizismus, setzte bald ein Aufschwung der religiösen Frauengenossenschaften ein.[1]

Aus der Langzeitperspektive spricht vieles dafür, die Frauenkongregationen für ein Übergangsphänomen auf dem Weg katholischer Frauen vom Ancien régime in die Moderne zu halten. Sie stellten durch ihre Vergesellschaftungsform, die Lebens- und Arbeitsweise miteinander verband, für Frauen ein Instrument dar, um auf die "Zumutungen der Modernisierungsprozesse"[2] konstruktiv zu reagieren. Erst nach dem Zweiten Weltkrieg verblaßte aus mehreren Gründen die Attraktivität der Kongregationen und immer weniger Frauen traten den Gemeinschaften bei. Nicht zuletzt aufgrund der Erfolge der Frauenbewegung erlangten Frauen in der Erwerbsarbeit, im politischen Raum und in der Familie erweiterte Rechte und verbesserte Handlungsmöglichkeiten. Individuelle Lebenswege ließen sich für Frauen nun vorteilhafter realisieren als im 19. Jahrhundert. Mit dem Ausbau des Sozialstaates nahmen überdies staatliche und konfessionell nicht gebundene Organisationen verstärkt Aufgaben wahr, die zuvor nur von den Frauenkongregationen durchgeführt wurden. Die Lücke staatlichen Handelns schloß sich und damit entfiel ein wesentliches Motiv für die Aktivitäten der Kongregationen im 19. Jahrhunderts. Parallel zu diesen Entwicklungen in der profanen Welt verloren die Frauenkongregationen auch durch die Erosion des katholischen Milieus ab den 1950er Jahren an Bedeutung für Katholikinnen. Die Sogkraft des Religiösen in weiblichen Lebensläufen wirkte bis weit ins 20. Jahrhundert, erst mit der neuen Frauenbewegung seit den 1970er Jahren traten religiöse Bindungen in den Hintergrund.

---

1 Vgl. Vicinus, Independent Women, S. 49 f.

2 Hierin sieht Loth einen der wesentlichen Gründe für die katholische Milieubildung im 19. Jahrhundert. Vgl. Loth, Soziale Bewegungen, S. 281.

Abkürzungsverzeichnis

Kongregationsarchive

ASKJ	Archiv der Schwestern vom armen Kinde Jesu, Simpelveld (Niederlande)
ADJC	Archiv des Generalats der Genossenschaft der Armen Dienstmägde Jesu Christi, Dernbach
ASULF	Archiv der Genossenschaft der Schwestern Unserer Lieben Frau, Mülhausen
AFS	Archiv der Franziskanerinnen von den hl. Herzen Jesu und Mariäe, Salzkotten
AFO	Archiv der Franziskanerinnen von der ewigen Anbetung, Olpe

Bistumsarchive

BDA	Bischöfliches Diözesanarchiv, Aachen
EBAP	Erzbischöfliches Archiv Paderborn
HAEK	Historisches Archiv des Erzbistums Köln

ALR	Allgemeines Preußisches Landrecht

Tabellenverzeichnis

Quellen und Literatur

1. Ungedruckte Quellen

Archiv der Schwestern vom armen Kinde Jesu, Simpelveld/Niederlande (ASKJ)

Schwesternverzeichnis (1844 ff.)
Personalregister
Buch der Doten, Stiftungen und Vermächtnisse (unvollständiges Verzeichnis 1844 ff.)
Hauptbuch (unvollständiges Verzeichnis der Besitzstände 1844 ff.)
Buch der Ankäufe (unvollständiges Verzeichnis 1844-1922)
Copirbuch 1845 ff.
Satzungen der Genossenschaft der Schwestern vom armen Kinde Jesu. Aachen 1871.
Regelbuch der Schwestern vom armen Kinde Jesus. Als Manuskript gedruckt. Aachen (1881).
Commentar zu den Constitutionen und Statuten der Genossenschaft der Schwestern vom armen Kinde Jesus. Simpelveld, Haus Loreto 1892
Regel des hl. Augustinus und Konstitutionen und Statuten der Genossenschaft der Schwestern vom armen Kinde Jesus, Haus Loreto, Simpelveld 1906.
Unterweisungen über Constitutionen und Statuten nach deren kirchlicher Genehmigung gehalten durch unsere Ehrwürdige Mutter Clara vom armen Kinde Jesus im Mutterhause Loreto zu Simpelveld. 28. Juli 1889 - 14. Juni 1891.
Gebräuche der Genossenschaft der Schwestern vom armen Kinde Jesus, Simpelveld, Haus Loreto 1891.
Konferenzen von Mutter Clara. September 1848 - Dezember 1853.
Kapitelermahnungen unserer hochseligen Stifterin Mutter Clara Fey, gehalten in Haus Loreto, Simpelveld, von 1878 bis 1893, 1. Band. (7. September 1878 - 24. Juni 1882)
Unterweisungen unserer lieben würdigen Mutter Clara für die Vorsteherinnen der Genossenschaft, bei Gelegenheit des Generalkapitels im Juli 1885, wörtlich wiedergegeben nach stenographischer Aufzeichnung.
Briefe von Mutter Clara an Schwestern 1840 - 1894
Briefe an Mutter Clara
Aufzeichnung der Briefe, die Mutter Clara bekam und verschickte.
Briefe Mutter Claras an Bischof Laurent und Pastor Sartorius
Briefe von Johannes Theodor Laurent
Briefe von Sr. Philomena
Briefe von Andreas Fey
Rundschreiben Mutter Claras 1863-1893

Vallender, Regina M.(Schw. Joseph a Cruse), Unsere Urmütter. I. Band. Die Gottesmagd Mutter Theresia v.a.K.J. o.O., o.J.; II. Band. Mutter Dominika v.a.K.J., Mutter Magdalena v.a.K.J., o.O., o.J.

Schwester Cyrenia Marias Arbeit: Biographische Abhandlungen zu den Lebensläufen von 60 Schwestern. (zit.: ASKJ, Nr. und Name)

Lebensbilder einzelner Schwestern von Alberta Weinstock. (von 30 Schwestern, zit.: ASKJ, Nr. und Name, Lebensbilder)

Notizen der Schw. Magdalena (Hermann) über unsere Mutter 1815-1844. (Magdalena Hermann)

Mitteilungen der Madame Anna von Lommessen 1829-1844, Jette, St. Pierre, 22. Jan. 1892. (Anna von Lommessen)

Erinnerungen an Mutter Clara und ihre Gefährtinnen 1843-1878 von Sr. Franziska Lauffs (Anna Maria Lauffs)

Erinnerungen aus meiner Jugend an die Familie meines Vaters, besonders dessen beide Schwestern Helena und Louise. Nach Erzählungen meines Vaters, auf Wunsch meines Bruders Jacob im Jahre 1906 niedergeschrieben von Heinrich Fey.

Archiv der Genossenschaft der Schwestern Unserer Lieben Frau, Mülhausen (ASULF)

Schwesternverzeichnis

Satzungen und Regeln der Genossenschaft der Schwestern Unserer Lieben Frau, Coesfeld 1855.

Soli Deo. Lebensbilder der SCHWESTER MARIA ALOYSIA, Gründerin der Kongregation der SCHWESTERN UNSERER LIEBEN FRAU, Mutterhaus und Generalat Rom, und ihrer ersten Gefährtin SCHWESTER MARIA IGNATIA, Rom 1958.

Archiv der Franziskanerinnen von den heiligsten Herzen Jesu und Mariäe, Salzkotten (AFS)

Personalbuch

Constitutionen für die Schwestern des heiligen Franziscus, Töchter der hh. Herzen Jesu u. Mariae, aufgestellt am Feste des h. Ignatius 1860 von der Schwester Clara Pfänder.

Constitutionen der Genossenschaft der Schwestern des h. Franziscus, Töchter der hh. Herzen Jesu und Mariae. Taschenbuchausgabe für die einzelnen Schwestern, Paderborn 1880

Mutter Clara Pfänder, Handgeschriebener Lebenslauf von Mutter Clara Pfänder vom 27. Januar 1862.

Brief von Anna Theresia Pfänder an Bischof Konrad Martin am Fest der Hl. Thekla, September 1859.

Die Franziskanerinnen von Salzkotten. Töchter der hhl. Herzen Jesu und Mariä. Ein Gang durch die Geschichte und Tätigkeit der Genossenschaft, Paderborn 1925. (MS)

Archiv der Franziskanerinnen von der ewigen Anbetung, Olpe (AFO)

Schwesternverzeichnis

Statuten der armen Franziskanerinnen von der ewigen Anbetung 1865.

Archiv des Generalats der Genossenschaft der Armen Dienstmägde Jesu Christi, Dernbach (ADCJ)

Geschichtlich-juristischer Bericht über die Genosssenschaft der Armen Dienstmägde Jesu Christi vom Generalat der Kongregation zusammengestellt.
Statuten der Genossenschaft der Armen Dienstmägde Jesu Christi zu Dernbach in der Diözese Limburg 1856, zit. nach dem geschichtlich-juristischen Bericht, S. 24-33.

Archiv der Armen Schwestern vom heiligen Franziskus, Aachen (AFA)

Schwesternverzeichnis

Erzbischöfliches Archiv Paderborn (EBAP)

X III, 21, Die Genossenschaft der Schwestern des hl. Franziskus zu [Mülheim] Olpe I, Teil 1 (1859-1867)

Bischöfliches Diözesanarchiv Aachen (BDA)

Gvo Aachen. Schwesternklöster 7, I (10093)
(Schwestern vom armen Kinde Jesus: I (1845-1853)
Gvo Aachen. Schwesternklöster 7, II (10094)
(Schwestern vom armen Kinde Jesus: II (1854-1860)
Gvo Aachen. Schwesternklöster 7, III (10095)
(Schwestern vom armen Kinde Jesus: III (1860-1868)
Gvo Aachen. Schwesternklöster 7, IV (10096)
(Schwestern vom armen Kinde Jesus: IV (1868-1875)
Gvo Aachen. Schwesternklöster 7, V (10097)
(Schwestern vom armen Kinde Jesus: V (1878-1919)
Gvo Aachen. Schwesternklöster 1, II (10069)
(Arme Schwestern vom hl. Franziskus: II (1866-1873)

2. Gedruckte Quellen

(Anonym) Gedanken über unsere Töchter der sog. oberen Kreise, in: Die christliche Frau 2 (1904), S. 315-319.
(Anonym), Die religiösen Orden. Zur Orientierung über ihre Stellung in Kirche und Staat von einem Freunde der Wahrheit und Gerechtigkeit, Paderborn 1865.
Allgemeines Landrecht für die Preußischen Staaten von 1794, Textausgabe, Frankfurt a.M. 1970.
Arens, Eduard/Wilhelm L. Janssen, Geschichte des Club Aachener Casino, Aachen 1964[2].
Arndt, Augustin, Die kirchlichen Rechtsbestimmungen für die Frauen-Congregationen, Mainz 1901.

Bennigsen, Rudolf von, Reden, hrsg. von Walter Schultze und Friedrich Thimme, 1. Bd.: 1857 bis 1878, Halle a.d.S. 1911.

Bock, Franz, Geschichte der liturgischen Gewänder des Mittelalters, 3 Bde., Bonn 1859-1871 (unveränderter Nachdruck Graz 1970).

Bongartz, Arnold, Die Klöster in Preußen und ihre Zerstörung oder Was kostet der "Kulturkampf" dem preußischen Volke? Berlin 1880.

Brandts, Max, Die katholischen Wohlthätigkeits-Anstalten und -Vereine sowie das katholisch-sociale Vereinswesen insbesondere in der Erzdiöcese Köln, Köln (1895).

Braunsberger, Otto, Rückblick auf das katholische Ordenswesen im 19. Jahrhundert, Freiburg i.Br. 1901 (=Ergänzungshefte zu den Stimmen aus Maria Laach, 79).

Brentano, Clemens, Die barmherzigen Schwestern in Bezug auf Armen- und Krankenpflege, Koblenz 1831.

Büchner, Luise, Die Frauen und ihr Beruf, Leipzig 1872.

Buß, Franz-Josef, Die Orden der barmherzigen Schwestern, Schaffhausen 1847.

Cauer, Marie, Weibliche Krankenpflege - auch ein bürgerlicher Beruf. Gesammelte Aufsätze, Leipzig 1906.

Constitutionen der Barmherzigen Schwestern von Straßburg. Als Manuskript gedruckt (1891).

Constitutionen der Congregation der Grauen Schwestern von der heiligen Elisabeth aus dem Mutterhaus in Breslau, Breslau 1898.

Constitutionen der Genossenschaft der armen Franziskanerinnen von der ewigen Anbetung, Paderborn (1897).

Constitutionen der Schwestern der christlichen Liebe, Töchter der Allerseligsten Jungfrau Maria von der unbefleckten Empfängniß, Paderborn 1895.

Dohm, Hedwig, Der Jesuitismus im Hausstande (1893), in: dies., Falsche Madonnen, Neunkirch 1990.

Droste zu Vischering, Clemens, Ueber die Genossenschaften der barmherzigen Schwestern insbesondere über die Einrichtung Einer derselben, und deren Leistungen in Münster, Münster 1833.

Dürrschmidt, Heinrich, Die klösterlichen Genossenschaften in Bayern und die Aufgabe der Reichsgesetzgebung, Nördlingen 1875.

Fournelle, Heinrich, Die katholische Charitas in Berlin, Berlin 1900.

Freisen, Joseph, Landeshospital, Kapuzinessenkloster, Genossenschaft der Barmherzigen Schwestern zu Paderborn, Paderborn 1902.

Geschichte der Genossenschaft der Barmherzigen Schwestern des hl. Vincenz v. Paul aus dem Mutterhaus in Paderborn, Paderborn 1909.

Gordon, Emy, Die katholische Kindergärtnerin in Schule und Haus, Stuttgart und Wien 1902.

Guttstadt, Albert, Krankenhaus-Lexikon für das Königreich Preussen. Die Anstalten für Kranke und Gebrechliche und das Krankenhaus-, Irren-, Blinden- und Taubstummenwesen, hrsg. vom Königlichen statistischen Bureau, Zwei Teile, 1885/86.

Hinschius, Paul, Die Orden und Kongregationen der katholischen Kirche in Preußen, in: Preußische Jahrbücher 34 (1874), S. 117-148.

– Die Orden und Kongregationen der katholischen Kirche in Preußen, Berlin 874.

Höllerl, Adolf, Kloster-Schematismus. Ein Verzeichnis sämtlicher Klöster, Hospitien, klösterlichen Institutionen und Niederlassungen Deutschlands und Oesterreich-Ungarns, Paderborn 1899.

Hohn, Wilhelm, Barmherzige Schwestern vom hl. Karl Borromäus 1652-1900. Bilder aus der Geschichte der katholischen Charitas, entworfen von Clemens von Brentano, Joseph Görres, Gedeon von der Heide (J.B. Berger) und dem Chronisten der Genossenschaft, Trier 1900.

– Die Nancy-Trierer Borromäerinnen in Deutschland 1810-1899, Trier 1899.

Hoiningen-Huene, Christine, Erinnerungen an Amalie von Lasaulx. Schwester Augustine. Oberin der Barmherzigen Schwestern im St. Johannishospital zu Bonn, Gotha 1891[4].

Holzapfel, Heribert, Handbuch der Geschichte des Franziskanerordens, Freiburg i.Br. 1909.

Huber, Ernst Rudolf, Dokumente zur deutschen Verfassungsgeschichte, Bd. 1: 1803-1850, Stuttgart 1978[3].

Huber, Ernst Rudolf und Wolfgang Huber, Staat und Kirche im 19. und 20. Jahrhundert. Dokumente zur Geschichte des deutschen Staatskirchenrechts, 2 Bde., Berlin 1973/1976.

Hüffer, Alfred, Pauline von Mallinckrodt. Stifterin und Generaloberin der Kongregation der Schwestern der christlichen Liebe, Münster i.W. 1902

Jeiler, Ignatius, Die gottselige Mutter Francisca Schervier, Stifterin der Genossenschaft der Armenschwestern vom hl. Franciscus, dargestellt in ihrem Leben und Wirken, Freiburg 1897[2]

Jungnitz, Joseph, Die Kongregation der grauen Schwestern von der heiligen Elisabeth. Festschrift zum fünfzigjährigen Bestehen der Kongregation, Breslau 1892.

Keiter, Heinrich, Bedingungen für den Eintritt in die religiösen Frauen-Orden und -Genossenschaften Deutschlands und einiger des Auslands. Nach authentischen Mitteilungen zusammengestellt, Regensburg 1898 (Erstauflage 1896).

Kißling, Johannes B., Geschichte des Kulturkampfs im Deutschen Reich, 3 Bde., Freiburg i.Br. 1911-1916.

Krose, Hermann (Hg.), Kirchliches Handbuch für das katholische Deutschland, Freiburg i.Br. 1908-1920.

Kurze Lebensbilder der verstorbenen Redemptoristen der Ordensprovinz von Nieder-Deutschland, Dülmen 1896, S. 89 - 95.

Leguay, Alexandre, Die Novizen-Meisterin, ihr Amt und ihre Pflichten. Zum Gebrauche jener Personen, welche beauftragt sind, Seelen zur christlichen und klösterlichen Vollkommenheit anzuleiten, Mainz 1864.

Levy-Rathenau, Josefine Lisbeth Wilbrandt, Die deutsche Frau im Beruf. Praktische Ratschläge zur Berufswahl, Berlin 1906 (=Handbuch der Frauenbewegung, hrsg. von Helene Lange und Gertrud Bäumer, V. Teil)

Liese, Wilhelm, Die katholischen Wohltätigkeits-Anstalten und sozialen Vereine in der Diözese Paderborn, Freiburg i.Br. 1906

(Mallinckrodt, Pauline von), Kurzer Lebensabriss unserer theuern Würdigen Mutter und Stifterin Pauline von Mallinckrodt bis zu ihrer ersten Gelübdeablegung von ihr selbst verfasst. Paderborn 1889.

Mendelsohn, Martin, Die Krankenpflege als Feld weiblicher Erwerbstätigkeit gegenüber den religiösen Genossenschaften, in: Die Krankenpflege, 2 (1901-1902), S. 849-864.

Möller, Karl (Hg.), Leben und Briefe von Johannes Theodor Laurent, Titularbischof von Chersones, Apostolischer Vikar von Hamburg und Luxemburg. Als Beitrag zur Kirchengeschichte des 19. Jahrhunderts zusammengestellt von seinen Freunden und mit einem Vorwort herausgegeben von Karl Möller, Professor an der kath. Universität zu Löwen, 3 Bde., Trier 1887, 1888, 1889.

Otto, Louise, Der Genius der Menschheit. Frauenwirken im Dienste der Humanität, Leipzig 1870.

Pfülf, Otto, M. Clara Fey vom armen Kinde Jesu und ihre Stiftung (1815-1894), Freiburg i.Br. 1913[2].

Preußische Statistik:

Statistische Übersicht der im preußischen Staate am Ende des Jahres 1855 vorhanden gewesenen Klöster und Congregationen, in: Königlich Preußischer Staats-Anzeiger, Nr. 306/307, 29./30. Dez. 1857.

Preußische Statistik, hg. in zwanglosen Heften vom Königlichen Statistischen Bureau in Berlin, Heft V (1864): Die Ergebnisse der Volkszählung und Volksbeschreibung nach den Aufnahmen vom 3. Dezember 1861, resp. Anfang 1862, S. 46; Heft X (1867): Die Ergebnisse der Volkszählung und Volksbeschreibung, der Gebäude- und Viehzählung nach den Aufnahmen vom 3. Dezember 1864, resp. Anfang 1865, S. 59; Heft XXI (1871): Anhang über Nachweisung der Klöster und Congregationen im preussischen Staate am 3. Dezember 1867, S. 94-103.

Schwietzke, A., Die in Preussen vorhandenen Orden und Kongregationen für die Jahre 1872-1873, in: Zeitschrift des Königlich Preussischen Statistischen Buréaus, 14 (1874), Heft IV, S. 357 - 400.

Statistisches Jahrbuch für den Preußischen Staat 5 (1907), S. 138.

R.(einkens), J.(oseph Hubert), Die barmherzigen Schwestern vom heil. Carl Borromäus zu Nancy, Bonn 1847.

Reinkens, Joseph, Luise Hensel und ihre Lieder, Bonn 1877.

Ratzinger, Georg, Geschichte der katholischen Armenpflege, Freiburg i.Br. 1868.

Rechenauer, Cornelius M., Seelenleitung, Beichte und Kommunionempfang in Frauenklöstern und den übrigen religiösen Genossenschaften mit Laienoberen, Regensburg 1909.

Regel für die Genossenschaft der Schwestern von der göttlichen Vorsehung, Münster 1876.

Runge, Ferdinand, Die Krankenpflege als Feld weiblicher Erwerbstätigkeit gegenüber den religiösen Genossenschaften, Berlin 1870.

Salm, Carl Anton, Historische Darstellung des Armen-Wesens der Stadt Aachen und der Wirksamkeit (der) Armen-Verwaltungs-Commission daselbst. Mitgetheilt in der Plenar-Sitzung der Armen-Verwaltungs-Commission vom 23. Mai 1870 vom Präsidenten derselben, Aachen 1879.

Salomon, Alice, Die Frau in der socialen Hilfsthäigkeit, in: Handbuch der Frauenbewegung, hrsg. von Helene Lange und Gertrud Bäumer, II. Teil, Berlin 1901, S. 1-122.

Statut der Genossenschaft der Schwestern der christlichen Liebe zum Unterricht und zur Pflege der Blinden. 21. Sept. 1848. Abgedruckt in: Fr. Wilhelm Woker, Die Vincke'sche Provinzial-Blindenanstalt für Westfalen zu Paderborn und Soest, Münster 1897, S. 223-225.

Satzungen der Genossenschaft der Armen-Schwestern vom heiligen Franziskus im Anschluss an die Ordensregel, welche Papst Leo X. für die in Gemeinschaft lebenden Tertiarinnen des heiligen Franziskus gegeben hat, Aachen 1865.

Schels, Bernard, Die neueren religiösen Frauen-Genossenschaften nach ihren rechtlichen Verhältnissen, Schaffhausen 1857.

Schematismus der Geistlichkeit des Bisthums Paderborn 1849, Paderborn 1849.

Schematismus der Geistlichkeit des Bisthums Paderborn 1855, Paderborn 1855.

Schematismus des Bisthums Paderborn 1858, Paderborn 1858.

Schematismus des Bisthums Paderborn 1863, Paderborn 1863.

Schematismus des Bisthums Paderborn 1868, Paderborn 1868.

Schematismus des Bisthums Paderborn 1873, Paderborn 1873.

Schematismus des Bisthums Paderborn 1888, Paderborn 1888.

Schematismus des Bisthums Paderborn 1893, Paderborn 1893.

Schematismus des Bisthums Paderborn 1895, Paderborn 1895.

Schematismus des Bisthums Paderborn 1899, Paderborn 1899.

Schramm, R., Die Gefahren der Erneuerung des Klosterwesens für Deutschland, Hamburg 1887.

Schrörs, Heinrich, Neue Quellen zur kölnischen Kirchengeschichte in der ersten Hälfte des 19. Jahrhunderts (1835-1850), in: Annalen des Historischen Vereins für den Niederrhein, 104 (1920), S. 1-85.

Schulte, Johann Friedrich von, Die neueren katholischen Orden und Congregationen besonders in Deutschland, statistisch, canonistisch, publicistisch beleuchtet, Berlin 1872.
Schuppe, F., Das Wesen und die Rechtsverhältnisse der neueren religiösen Frauengenossenschaften. Zum practischen Gebrauche dargestellt, Mainz 1868.
Sintzel, Michael, Geschichte der Entstehung, Verbreitung und Wirksamkeit des Ordens der barmherzigen Schwestern, Regensburg 1847.
Statut der Genossenschaft der Schwestern der christlichen Liebe zum Unterricht und zur Pflege der Blinden, Paderborn 1848, in: F. W. Woker, Die Vinckesche Provinzial-Blinden-Anstalt für Westfalen 1847-1897, Münster 1897, S. 223-225.
Thun, Alphons, Die Industrie am Niederrhein und ihre Arbeiter, Leipzig 1879.
Thyssen, J.J., Darstellung der Einrichtung und der Wirksamkeit des Aachener Vereins zur Beförderung der Arbeitsamkeit, Aachen 1845.
Verhandlungen der Generalversammlung des katholischen Vereins Deutschlands. Amtliche Berichte 1848-1876.
Virchow, Rudolf und Louise Büchner, Die berufsmäßige Ausbildung zur Krankenpflege auch außerhalb der bestehenden kirchlichen Organisationen, in: Die Berliner Frauen-Vereins-Conferenz am 5. und 6. November 1869. Stenographische Aufzeichnungen, Berlin 1869[2], S. 84-104.
Wahrmuth, Phil., Zur Geschichte des Aachener katholischen Bürger- und Wahl-Vereins Constantia, Aachen 1894.
Wendlandt, Hans Carl, Die weiblichen Orden und Kongregationen der katholischen Kirche und ihre Wirksamkeit in Preußen von 1818 bis 1918, Paderborn 1924.
Wetzer und Welte's Kirchenlexikon oder Encyklopädie der katholischen Theologie und ihrer Hülfswissenschaften, hg. von Joseph Hergenröther, fortgesetzt von Franz Kaulen, 12 Bde. und Registerband, Freiburg i. Br. 1882-1902[2].
Woker, F. Wilhelm, Die Vincke'sche Provinzial-Blindenanstalt für Westfalen zu Paderborn und Soest. Festschrift zum fünfzigjährigen Bestehen derselben, Münster 1897.

3. Literaturverzeichnis

Albisetti, James C., Schooling German Girls and Women. Secondary and Higher Education in the Nineteenth Century, Princeton 1988.
– Deutsche Lehrerinnen im 19. Jahrhundert im internationalen Vergleich, in: Juliane Jacobi (Hg.), Frauen zwischen Familie und Schule. Professionalisierungsstrategien bürgerlicher Frauen im internationalen Vergleich, Frankfurt a. M. 1994, S. 29-53.
Allen, Ann Taylor, Feminism and Motherhood in Germany, 1800-1914, New Brunswick 1991.
– "Geistige Mütterlichkeit" als Bildungsprinzip. Die Kindergartenbewegung 1840-1870, in: Kleinau/Opitz (Hg.), Geschichte der Frauen- und Mädchenbildung, Bd. 2, S. 19-34.
Anderson, Margaret Lavinia, Windthorst. Zentrumspolitiker und Gegenspieler Bismarcks, Düsseldorf 1988
– Piety and Politics: Recent Work on German Catholicism, in: Journal of Modern History 63 (1991), S. 681-716.
Arbeitskreis für kirchliche Zeitgeschichte (AKKZG) Münster, Katholiken zwischen Tradition und Moderne. Das katholische Milieu als Forschungsaufgabe, in: Westfälische Forschungen 43 (1993), S. 588-654.
Aretz, Jürgen u.a. (Hg.), Zeitgeschichte in Lebensbildern, 8 Bde., Mainz 1973-1988.

Arnaund-Duc, Nicole, Die Widersprüche des Gesetzes, in: Duby/ Perrot (Hg.), Geschichte der Frauen, Bd. 4, S. 97-132.
Aubert, Roger, Die Fortführung der katholischen Erneuerung in Europa, in: Jedin (Hg.), Handbuch zur Kirchengeschichte VI, 1, S. 415-476.
– Die katholische Kirche und die Revolution, in: Jedin (Hg.), Handbuch der Kirchengeschichte VI, 1, S. 3-99.

Baeumker, Franz, Dr. med. Heinrich Hahn. Ein Apostel im Laienkleid. 1800-1882, Aachen 1930
Bari, Barbara, Pauline von Mallinckrodt und die Gründung ihrer Kongregation. Katholische Ordensfrauen als caritative Pioniere des 19. Jahrhunderts, in: Westfälische Zeitschrift 146 (1996), S. 287-312.
Barkey, Theresia, Damit ihr Leben gelingen kann. Die Arbeit mit Blinden am Beispiel der Schwestern der christlichen Liebe, Paderborn 1984.
Baubérot, Jean, Die protestantische Frau, in: Duby/Perrot, Geschichte der Frauen, Bd. 4., S. 225.
Baumann, Ursula, Protestantismus und Frauenemanzipation in Deutschland 1850-1920, Frankfurt a. M. 1992.
– Religion und Emanzipation: Konfessionelle Frauenbewegung in Deutschland 1900-1933, in: Tel Aviver Jahrbuch für deutsche Geschichte 1992, S. 171-206.
Beaucamp, Eugène, Zum hundertjährigen Jubiläum des Mariannen-Instituts in Aachen, in: Zeitschrift des Aachener Geschichtsvereins 51 (1929), S. 299-319.
Becker, Winfried, Der Kulturkampf als europäisches und als deutsches Phänomen, in: Historisches Jahrbuch 101 (1981), S. 422-446.
Beilner, Helmut, Die Emanzipation der bayerischen Lehrerinnen. Aufgezeigt an der Arbeit des bayerischen Lehrerinnenvereins (1898-1933). München 1971.
Beinert, Wolfgang/Heinrich Petri (Hg.), Handbuch der Marienkunde, Regensburg 1984.
Besier, Gerhard, Religion, Nation, Kultur. Die Geschichte der christlichen Kirchen in den gesellschaftlichen Umbrüchen des 19. Jahrhunderts, Neukirchen-Vluyn 1992.
Binder, Franz, Luise Hensel - ein Lebensbild, Freiburg 1904[2].
Bischoff, Claudia, Frauen in der Krankenpflege. Zur Entwicklung der Frauenrolle und Frauenberufstätigkeit im 19. und 20. Jahrhundert, Frankfurt a. M. 1992.
Blackbourn, David, Marpingen, Apparitions of the Virgin Mary in Bismarckian Germany, Oxford 1993, (dt.: Wenn ihr sie wieder seht, fragt wer sie sei, Reinbek bei Hamburg 1997).
– Volksfrömmigkeit und Fortschrittsglaube im Kulturkampf, Stuttgart 1988.
Blaschke, Olaf und Frank-Michael Kuhlemann (Hg.) Religion im Kaiserreich. Milieus - Mentalitäten - Krisen, Gütersloh 1996.
– Die Kolonialisierung der Laienwelt. Priester als Milieumanager und die Kanäle klerikaler Kuratel, in: Ders./Kuhlemann, Religon im Kaiserreich, S. 93-135.
Boch, Rudolf, Grenzenloses Wachstum. Das rheinische Wirtschaftsbürgertum und seine Industrialisierungsdebatte 1814-1854, Göttingen 1991.
Bock, Gisela, Challenging Dichotomies: Perspectives on Women's History, in: Karen Offen, Ruth Roach Pierson/Jane Rendall (Hg.), Writing Women's History. International Perspectives, Bloomington - Indianapolis 1991, S. 1-23.
– Frauenräume und Frauenehre. Frühneuzeitliche Armenfürsorge in Italien, in: Hausen/Wunder (Hg.), Frauengeschichte, S. 25-49.
– Frauenwahlrecht - Deutschland um 1900 in vergleichender Perspektive, in: Michael Grüttner, Rüdiger Hachtmann, Heinz-Gerhard Haupt (Hg.), Geschichte und Emanzipation. Festschrift für Reinhard Rürup, Frankfurt/New York 1999, S. 95-136.
– Geschichte, Frauengeschichte, Geschlechtergeschichte, in: Geschichte und Gesellschaft 14 (1988), S. 364-391.

– *Querelle du féminisme* im 20. Jahrhundert: Gab es "Feminismus" in Spätmittelalter und Früher Neuzeit? Eine historiographische Montage, in: dies./ Zimmermann (Hg.), *Querelle des Femmes*, S. 341-371.
– Weibliche Armut, Mutterschaft und Rechte von Müttern, in: Perrot/Duby (Hg.), Geschichte der Frauen, Bd. 5, Frankfurt a. M. 1995, S. 427-461.
– /Margarete Zimmermann (Hg.), Die europäische *Querelle des Femmes*. Geschlechterdebatten seit dem 15. Jahrhundert, Stuttgart/Weimar 1997.
Böckeler, Maura, Die Macht der Ohnmacht. Mutter Maria Rosa Flesch, Stifterin der Franziskanerinnen von Waldbreitbach, Mainz 1962.
Böckmann, M. Raphaelita/M. Birgitta Morthorst, Geschichte der Kongregation der Schwestern Unserer Lieben Frau von Coesfeld, Deutschland (1850-1975), Erster Teil (1850-1855), MS Mühlhausen 1992.
Bowman, William David, Frauen und geweihte Männer: Priester und ihre Haushälterinnen in der Erzdiözese Wien, 1800-1850, in: Saurer (Hg.), Religion der Geschlecher, S. 245-259.
Braun, Patrick, Religiöse Männer- und Frauenkongregationen des 16. und 18. Jahrhunderts, in: Helvetia Sacra, Abteilung VIII, Band 1: Die Kongregationen der Schweiz, 16.-18. Jahrhundert, Basel 1994, S. 19-68.
Brecher, August, Oberpfarrer L.A. Nellessen (1783-1859) und der Aachener Priesterkreis, in: Zeitschrift des Aachener Geschichtsvereins 76 (1964), S. 45-205.
Breuer, Gisela, Frauenbewegung im Katholizismus. Der katholische Frauenbund 1903-1918, Frankfurt a. M. 1998.
– Zwischen Emanzipation und Anpassung: Der Katholische Frauenbund im Kaiserreich, in: Rottenburger Jahrbuch für Kirchengeschichte 10 (1991), S. 111-120.
Brewer, Eileen Mary, Nuns and the Education of American Catholic Women 1869-1920, Chicago 1987.
Bungert, Alfons, Pauline von Mallinckrodt. Schwester der christlichen Liebe, Würzburg 1980.
Busch, Norbert, Die Feminisierung der Frömmigkeit, in: Götz von Olenhusen (Hg.), Wunderbare Erscheinungen, S. 203-219.
– Katholische Frömmigkeit und Moderne. Die Sozial- und Mentalitätsgeschichte des Herz-Jesu-Kultes in Deutschland zwischen Kulturkampf und Erstem Weltkrieg, Gütersloh 1997.
– Frömmigkeit als Faktor des katholischen Milieus. Der Kult zum Herzen Jesu, in: Blaschke/Kuhlemann (Hg.), Religion im Kaiserreich, S. 136-165.
Bussemer, Herrad-Ulrike, Frauenemanzipation und Bildungsbürgertum, Sozialgeschichte der Frauenbewegung in der Reichsgründungszeit, Weinheim 1985.

Chambers-Schiller, Lee Virginia, Liberty, A Better Husband, Single Women in Amerika: The Generations of 1780-1840, New Haven und London 1984.
Claeßen, Robert O., Johannes Theodor Laurent. Titularbischof von Chersones. Sein politisches, sozialfürsorgliches und pastorales Wirken, Diss. theol. Bonn 1983
– Clara Fey (1815-1894), in: Aretz (Hg.), Zeitgeschichte, Bd. 4, S. 51-63.
Clear, Catriona, Walls within walls: Nuns in Nineteenth-Century Ireland, in: Chris Curtin/ Pauline Jackson/Barbara O'Connor (Hg.), Gender in Irish society, Galway 1987.
Cohausz, Otto, Die Kongregation der Grauen Schwestern von der hl. Elisabeth. Zum 80jährigen Bestehen (1842-1922), Breslau 1922.
Conrad, Anne, Zwischen Kloster und Welt. Ursulinen und Jesuitinnen in der katholischen Reformbewegung des 16./17. Jahrhunderts, Mainz 1991.
Cott, Nancy F., The Bonds of Womanhood: Women's Sphere in New England 1780-1835, New Haven 1977.
Cruz, Juana Inés de la, Die Antwort an Schwester Philothea, Frankfurt a. M. 1991.

Daley, Caroline/Melanie Nolan (Hg.), Suffrage and Beyond. Internationalist Feminist Perspectives, Auckland 1994.
Daniel, Ute, Die Vaterländischen Frauenvereine in Westfalen, in: Westfälische Forschungen 39 (1989), S. 158-179.
Davis, Natalie Zemon, Drei Frauenleben. Glikl, Marie de l'Incarnaion, Maria Sibylla Merian, Berlin 1996.
– Städtische Frauen und religiöser Wandel, in: dies., Humanismus, Narrenherrschaft und die Riten der Gewalt. Gesellschaft und Kultur im frühneuzeitlichen Frankreich, Frankfurt a. M. 1987, S. 75-105.
De Giorgio, Michela, La Bonne Catholique, in: Georges Duby und Michelle Perrot (Hg.), Histoire des Femmes en Occident. Le XIXe siécle, Bd. 4, Paris 1991, S. 169-197. (dt.: Das katholische Modell, in: Duby/Perrot (Hg.), Geschichte der Frauen, Bd. 4, S. 187-220.)
Degler-Spengler, Brigitte, Die religiöse Frauenbewegung des Mittelalters: Konversen, Nonnen, Beginen, in: Rottenburger Jahrbuch für Kirchengeschichte 3 (1984), S. 75-88.
Delius, Walter, Geschichte der Marienverehrung, München/Basel 1963.
Diefendorf, Jeffry M., Businessmen and Politics in the Rhineland, 1789-1834, Princeton 1980.
Doelle, Ferdinand, Das St. Johannis-Hospital in Bonn. Festschrift zu seinem 75-jährigen Bestehen, Bonn 1924.
Douglas, Ann, The Feminization of American Culture, Ney York 1977.
Duby, Georges/Michelle Perrot (Hg.), Geschichte der Frauen, 5 Bde., Frankfurt a. M. 1993-95.

Eilers, M. Sixtina, Die Kongregation der Franziskanerinnen vom heiligen Martyrer Georg zu Thuine, Werl 1930.
Elsner, Salesius, Die Genossenschaft der Krankenschwestern des hl. Franziskus von St. Mauritz-Münster, Münster 1948.
– Maria Theresia Bonzel, Franziskanerin. Eine große Frau der Neuzeit. o.O. 1933.
Evans, Richard J., Religion and Society in Modern Germany, in: European Studies Review 12 (1982).
– Epidemics and Revolutions: Cholera in Nineteenth-Century Europe, in: Past and Present 120 (1988), S. 123-146.
Ewens, Mary, The Role of the Nun in Ninetheenth Century America, New York 1978.
Eyll, Klara van, Der Aachener Wirtschaftsraum in der ersten Hälfte des 19. Jahrhunderts. Aspekte der Frühindustrialisierung im preußischen Westen, Aachen 1980.

Ficker, Ludwig, Der Kulturkampf in Münster, Münster 1928.
Fine, Agnes, Die Aussteuer - Teil der weiblichen Kultur? in: Michelle Perrot (Hg.), Geschlecht und Geschichte. Ist eine weibliche Geschichtsschreibung möglich? Frankfurt a. M. 1989, S. 161-198.
Fischer-Holz, Elisabeth (Hg.), Anruf und Antwort. Bedeutende Frauen aus dem Raum der Euregio Maas-Rhein, Aachen 1991.
Flake, M. Aristilde M., Licht in die Finsternis. Mutter M. Clara Pfänder. Stationen ihres Lebens 1827-1882, Salzkotten 1982.
Fleckenstein, Gisela, Die Franziskaner im Rheinland 1875-1918, Werl 1992.
Franz, Albert, Der soziale Katholizismus in Deutschland bis zum Tode Kettelers, Mönchengladbach 1914.
Franz, Georg, Kulturkampf, Staat und katholische Kirche in Mitteleuropa von der Säkularisation bis zum Abschluß des preußischen Kulturkampfes, München 1954.
Frenke, Cyrenäa, Pauline von Mallinckrodt. In ihrer Zeit (1817-1881), Paderborn 1984.

Frese, Werner/M. Albinata Peters, Die Kongregation der Krankenschwestern nach der Dritten Regel des Hl. Franziskus, 2 Hefte, Münster 1985.

Frevert, Ute, "Mann und Weib, und Weib und Mann". Geschlechter-Differenzen in der Moderne, München 1995.

Frevert, Ute, Bewegung und Disziplin in der Frauengeschichte, in: Geschichte und Gesellschaft 14 (1988), S. 240-262.

Frevert, Ute (Hg.), Bürgerinnen und Bürger. Geschlechterverhältnisse im 19. Jahrhundert, Göttingen 1988.

Frevert, Ute, Bürgerliche Meisterdenker und das Geschlechterverhältnis. Konzepte, Erfahrungen, Visionen an der Wende vom 18. zum 19. Jahrhundert, in: dies., Bürgerinnen und Bürger, S. 17-48.

Frühwald, Wolfgang, Mönch und Nonne in der Literatur der deutschen Romantik, in: Josef Kirmeier/Manfred Treml (Hg.), Glanz und Elend der alten Klöster. Säkularisation im bayerischen Oberland, München 1991, S. 108-115.

Fuchs, Konrad, Katharina Kasper (1820-1898), Gründerin der Klostergenossenschaft der Armen Dienstmägde Jesu Christi. Ein Beitrag zur sozialen Frage im 19. Jahrhundert, in: Nassauische Annalen 88 (1977), S. 149-166.

Gahlings, Ilse und Elle Moering, Die Volksschullehrerin. Sozialgeschichte und Gegenwartslage. Heidelberg 1961.

Gall, Lothar (Hg.) Vom alten zum neuen Bürgertum. Die Stadt im Umbruch 1780-1820, München 1991.

Gatz, Erwin, Franziska Schervier (1819-1876), in: Aretz (Hg.), Zeitgeschichte, Bd. 3, S. 50-61.

– Für Gott und die Welt. Die selige Franziska Schervier, eine wegweisende Persönlichkeit der karitativ-sozialen Bewegung im 19. Jahrhundert. 1819-1876, Leutesdorf 1978.

– Kaplan Josef Istas und der Aachener Karitaskreis, in: Rheinische Vierteljahrsblätter, 36 (1972), S. 207-28.

– Kirche und Krankenpflege im 19. Jahrhundert. Katholische Bewegung und karitativer Aufbruch in den preußischen Provinzen Rheinland und Westfalen, Paderborn 1971.

– Rheinische Volksmission im 19. Jahrhundert, Düsseldorf 1963.

Geertz, Clifford, Dichte Beschreibung. Beiträge zum Verstehen kultureller Systeme, Frankfurt a. M. 1983.

Genossenschaft der Schwestern der christlichen Liebe. Töchter der allerseligsten Jungfrau Maria von der Unbefleckten Empfängnis, Paderborn 1930 (Erstauflage 1924).

Gerhard, Ute, Unerhört. Die Geschichte der deutschen Frauenbewegung, Reinbek bei Hamburg 1992.

Gerhards, Albert, "Benedicam Dominum in omni tempore". Geschichtlicher Überblick zum Stundengebet, in: Martin Klöckener/Heinrich Rennings, (Hg.), Lebendiges Stundengebet. Vertiefung und Hilfe, Freiburg i.Br. 1989, S. 3-33.

Glaser, Edith, "Frauen, wie wir sie wollen, können nur unter Fraueneinfluß gebildet werden." Arbeitspapier zum SFB-Kolloquium, MS Bielefeld 1993.

Gössmann, Elisabeth, Religiös-theologische Schriftstellerinnen, in: Duby/Perrot, Geschichte der Frauen, Bd. 2, S. 495-510.

Götz von Olenhusen, Irmtraud (Hg.), Wunderbare Erscheinungen, Frauen und katholische Frömmigkeit im 19. und 20. Jahrhundert, Paderborn 1995.

– (Hg.), Frauen unter dem Patriarchat der Kirchen. Katholikinnen und Protestantinnen im 19. und 20. Jahrhundert, Stuttgart 1995.

Grane, Leif, Die Kirche im 19. Jahrhundert. Europäische Perspektiven, Göttingen 1987.

Greiffenstein, Maria von (Schwester Mechthild M. v.a.K.J.), Mutter Assumpta. Maria de Exterde vom armen Kinde Jesus, Wien-Döbling (1921)
Grundhewer, Herbert, Die Kriegskrankenpflege und das Bild der Krankenschwester im 19. und frühen 20. Jahrhundert, in: Johanna Bleker/Heinz-Peter Schmiedebach (Hg.), Medizin und Krieg, Frankfurt a. M. 1987, S. 135-152.

Habermas, Rebekka, Die Beginen - eine "andere" Konzeption von Weiblichkeit?, in: Die ungeschriebene Geschichte. Historische Frauenforschung. Dokumentation des 5. Historikerinnentreffens 1984, hg. von den Wiener Historikerinnen, Wien 1984, S. 199 - 207.
– Frauen und Männer des Bürgertums. Eine Familiengeschichte (1750-1850). Göttingen 2000.
– Geschlechtergeschichte und "anthropology of gender". Geschichte einer Begegnung, in: Historische Anthropologie 1 (1993), S. 485-509.
– Wallfahrt und Aufruhr. Zur Geschichte des Wunderglaubens in der frühen Neuzeit, Frankfurt/New York 1991.
– Weibliche Religiosität - oder: Von der Fragilität bürgerlicher Identitäten, in: Tenfelde/Wehler (Hg.), Wege zur Geschichte, S. 125-148.
Hafner, Helmut, Frauenemanzipation und Katholizismus im zweiten deutschen Kaiserreich, Diss. Saarbrücken 1983.
Hahn, Barbara, Unter falschem Namen. Von der schwierigen Autorenschaft der Frauen, Frankfurt a. M. 1991.
Hänsel-Hohenhausen, Markus, Clemens August Freiherr Droste zu Vischering. Erzbischof zu Köln 1773-1845. Die moderne Kirchenfreiheit im Konflikt mit dem Nationalstaat, 2 Bände, Egelsbach 1993.
Hardick, Lothar (OFM), "Er führt, ich gehe". Muttter Maria Theresia Bonzel. Stifterin der Armen Franziskanerinnen von der ewigen Anbetung zu Olpe, Werl 1965.
– Ordensfrühling in Deutschland, in: An heiligen Quellen 26 (1950/51), S. 150 ff., 165 f.
Haupt, Heinz-Gerhard, Männliche und weibliche Berufskarrieren im deutschen Bürgertum in der zweiten Hälfte des 19. Jahrhunderts: Zum Verhältnis von Klasse und Geschlecht, in: Geschichte und Gesellschaft 18 (1992), S. 143-160.
Hausen, Karin, Arbeiterinnenschutz, Mutterschutz und gesetzliche Krankenversicherung im Deutschen Kaiserreich und in der Weimarar Republik. Zur Funktion von Arbeits- und Sozialrecht für die Normierung und Stabilisierung der Geschlechterverhältnisse, in: Ute Gerhard (Hg.), Frauen in der Geschichte des Rechts. Von der Frühen Neuzeit bis zur Gegenwart, München 1997, S. 712-743.
– Öffentlichkeit und Privatheit. Gesellschaftspolitische Konstruktionen und die Geschichte der Geschlechterbeziehungen, in: Journal für Geschichte 1 (1989), S. 19-25.
– Hausen, Karin, Die Polarisierung der "Geschlechtscharaktere" - Eine Spiegelung der Dissoziation von Erwerbs- und Familienleben, in: Werner Conze (Hg.), Sozialgeschichte der Familie in der Neuzeit Europas, Stuttgart 1976, S. 363-393.
– /Heide Wunder (Hg.), Frauengeschichte - Geschlechtergeschichte, Frankfurt a. M. 1992.
Hegel, Eduard, Die katholische Kirche. 1800-1962, in: Wilhelm Kohl (Hg.), Westfälische Geschichte, Bd. 2, Düsseldorf 1983, S. 342-386.
– Geschichte des Erzbistums Köln, Bd. 5: Das Erzbistum Köln zwischen der Restauration des 19. Jahrhunderts und der Restauration des 20. Jahrhunderts 1815-1962, Köln 1967.
Heimbucher, Max, Die Orden und Kongregationen der katholischen Kirche, 2 Bde., Paderborn 1933 (Nachdruck 1965).
Hein, Dieter/Andreas Schulz (Hg.), Bürgerkultur im 19. Jahrhundert, München 1996.
Helvetia sacra, Abteilung VIII, Die Kongregationen in der Schweiz, Bd. 1, 16. bis 18. Jahrhundert, Basel 1994 und Bd. 2, 19. und 20. Jahrhundert, Basel 1998.

Hermans, Baldur H.A., Das Problem der Sozialpolitik und Sozialreform auf den deutschen Katholikentagen von 1848 bis 1891, Bonn 1972.
Herres, Jürgen, "Die geringen Klassen und der Mittelstand" gehen "täglich mehr der Verarmung entgegen". Zur Sozialgeschichte der "Fabrikstadt" Aachen in der ersten Hälfte des 19. Jahrhunderts, in: Zeitschrift des Aachener Geschichtsvereins 98/99 (1993), S. 381-446.
– Städtische Gesellschaft und katholische Vereine im Rheinland 1840-1870, Essen 1996.
Heymann, Max, Der Rechtsfähigkeitserwerb katholischer Niederlassungen in Preußen, Diss. Greifswald 1917.
Hill, Michael, The Religion Order. A Studie of virtuoso religion and its legitimation in the ninetheenth-century Church of England, London 1973.
Hillengass, Alfred, Die Gesellschaft vom heiligen Herzen Jesu (Société du Sacré-Coeur de Jésus). Eine kirchenrechtliche Untersuchung, Stuttgart 1917.
Hilpisch, Georg, Die Genossenschaft der Armen Dienstmädge Jesu Christi, in: Geschichte von Dernbach. Jubiläumsschrift 1926.
Hirschmann, Günther, Kulturkampf im historischen Roman der Gründerzeit 1859-1878, München 1978.
Hlawatschek, Elke, Die Unternehmerin (1800-1945), in: Hans Pohl (Hg.), Die Frau in der deutschen Wirtschaft, Stuttgart 1985, S. 127-146.
Hoffmann, Barbara, Radikalpietismus um 1700. Der Streit um das Recht auf eine neue Gesellschaft, Frankfurt a. M. 1996.
Hölscher, Lucian, Die Religion des Bürgers. Bürgerliche Frömmigkeit und protestantische Kirche im 19. Jahrhundert, in: Historische Zeitschrift 250 (1990), S. 595-630.
– "Weibliche Religiosität"? Der Einfluß von Religion und Kirche auf die Religiosität von Frauen im 19. Jahrhundert, in: Kraul/Lüth (Hg.), Erziehung, S. 45-62.
Holtz, Leonhard, Geschichte des christlichen Ordenslebens, Zürich 1987.
Huerkamp, Claudia, Der Aufstieg der Ärzte im 19. Jahrhundert, Göttingen 1985.
Hummel, Eva, Zur Prägung der sozialen Rolle, in: Labisch/Spree (Hg.), Medizinische Deutungsmacht, S. 152.
Hummel, Eva-Cornelia, Probleme der Berufsfindung "Krankenpflege" am Ende des 19. und Anfang des 20. Jahrhunderts, Diss. med. Freiburg i.Br. 1986.
Hundert Jahre Guter Hirt in Aachen, Aachen 1948.
Hunecke, Volker, Kindbett und Kloster: Lebenswege venezianischer Patrizierinnen im 17. und 18. Jahrhundert, in: Geschichte und Gesellschaft 18 (1992), S. 446-476.

Jacobi, Juliane, Religiosität und Mädchenbildung im 19. Jahrhundert, in: Kraul/Lüth (Hg.), Erziehung, S. 101-119.
– (Hg.), Frauen zwischen Familie und Schule. Professionalisierungsstrategien bürgerlicher Frauen im internationalen Vergleich, Frankfurt a. M. 1994.
– Zwischen Erwerbsfleiß und Bildungsreligion - Mädchenbildung in Deutschland, in: Duby/Perrot, Geschichte der Frauen, Band 4, S. 267-281.
James, Janet Wilson (Hg.), Women in American Religion, Philadelphia 1980.
Jansen, Elisabeth, Zur Wohnsitutation Aachener Textilarbeiter um 1830, in: Zeitschrift des Aachener Geschichtsvereins 92 (1985), S. 209-216.
Jansen, Heinz (Hg.), Briefe aus dem Stolberg- und Novalis-Kreis. Nebst Lebensbild und ungedruckten Briefen von Tiecks Schwägerin, der Malerin und Ordensoberin Maria Alberti, Münster 1932.
Jansen, Wilhelm, Das Päpstliche Missionswerk der Kinder in Deutschland. Seine Entstehung und seine Geschichte bis 1945, Mönchengladbach 1970

Jedin, Hubert (Hg.), Handbuch der Kirchengeschichte. Bd. VI.1: Die Kirche zwischen Revolution und Restauration. Bd. VI.2: Die Kirche zwischen Anpassung und Widerstand, Freiburg i. Br. 1971/72.

Jörgens, Apollinaris, Ludowine von Haxthausen. 1794-1872, in: Westfälische Zeitschrift 141 (1991), S. 407-438.

Jungnitz, Joseph, Die Kongregation der grauen Schwestern von der heiligen Elisabeth, Breslau 1892.

Kaiser, Jochen-Christoph/Wilfried Loth (Hg.), Soziale Reform im Kaiserreich. Protestantismus, Katholizismus und Sozialpolitik, Stuttgart 1997.

Kall, Alfred, Katholische Frauenbewegung in Deutschland. Eine Untersuchung zur Gründung katholischer Frauenvereine im 19. Jahrhundert, Paderborn 1983.

Kaufmann, Doris, Frauen zwischen Aufbruch und Reaktion. Protestantische Frauenbewegung in der ersten Hälfte des 20. Jahrhunderts, München 1988.

– Katholisches Milieu in Münster 1928-1933. Politische Aktionsformen und geschlechtsspezifische Verhaltensräume, Düsseldorf 1984.

Keinemann, Friedrich, Das Kölner Ereignis, sein Widerhall in der Rheinprovinz und in Westfalen, 2 Bde., Münster 1974.

Kerchner, Brigitte, Beruf und Geschlecht. Frauenberufsverbände in Deutschland. 1848-1908, Göttingen 1992.

Kleinau, Elke/ Claudia Opitz (Hg.), Geschichte der Mädchen- und Frauenbildung, Bd.1: Vom Mittelalter bis zur Aufklärung, Bd.2: Vom Vormärz bis zur Gegenwart, Frankfurt a. M. 1996.

Klöcker, Michael, Katholizismus und Bildungsbürgertum, in: Reinhart Koselleck (Hg.), Bildungsbürgertum im 19. Jahrhundert, Teil II, Stuttgart 1990, S. 117-138.

Knauer, Christl, Frauen unter dem Einfluß von Kirche und Staat. Höhere Mädchenschulen und bayerische Bildungspolitik in der ersten Hälfte des 19. Jahrhunderts, München 1995.

Kock, Erich, Franziska Schervier. Zeugin einer dienenden Kirche, Mainz 1976.

Kocka, Jürgen, Das europäische Muster und der deutsche Fall, in: Ders. (Hg.), Bürgertum im 19. Jahrhundert, Bd. 1: Einheit und Vielfalt in Europa, Göttingen 1995 (überarbeitete Fassung der Ausgabe München 1988).

Köhler, Oskar, Müde bin ich, geh' zur Ruh'. Die hell-dunkle Lebensgeschichte Luise Hensels, Paderborn 1991.

Kord, Susanne, Sich einen Namen machen, Anonymität und weibliche Autorschaft 1799-1900, Stuttgart/Weimar 1996.

Korff, Gottfried, Heiligenverehrung und soziale Frage, in: Günter Wiegelmann (Hg.), Kultureller Wandel im 19. Jahrhundert, Göttingen 1973, S. 102-111.

Krabbel, Greta (Hg.), "Ein mutig Herz ein redlich Wollen", Münster (1939).

Kraul, Margret, Höhere Mädchenschulen, in: Handbuch der deutschen Bildungsgeschichte, Band IV: 1870-1918: Von der Reichsgründung bis zum Ende des Ersten Weltkriegs, hg. von Christa Berg, München 1991, S. 279-303.

– Christoph Lüth (Hg.), Erziehung der Menschen-Geschlechter, Studien zur Religion, Sozialisation und Bildung, Weinheim 1996.

Kreiner, Karl, Geschichte der Neuer Augustinerinnen, Neu 1958.

Kuhn, Bärbel, "Das Loos der unverheirateten Mädchen". Die "Singlefrage" in der bürgerlichen Gesellschaft des 19. Jahrhunderts, in: Comparativ, Heft 5/1993, S. 53-76.

Küppers, Heinrich, Schulpolitik, in: Anton Rauscher (Hg.), Der soziale und politische Katholizismus, Bd. II, S. 352-394.

L'Hermite-Leclercq, Paulette, Die feudale Ordnung, in: Duby/Perrot (Hg.), Geschichte der Frauen, Bd. 2, S. 213-263.
Labisch, Alfons/Reinhard Spree (Hg.), "Einem jeden Kranken in einem Hospitale sein eigenes Bett". Zur Sozialgeschichte des Allgemeinen Krankenhauses in Deutschland im 19. Jahrhundert, Frankfurt a. M. 1996.
– (Hg.), Medizinische Deutungsmacht im sozialen Wandel des 19. und frühen 20. Jahrhunderts, Bonn 1989.
Labisch, Alfons/Florian Tennstedt, Die Allgemeinen Krankenhäuser der Städte und Religionsgemeinschaften Ende des 19. Jahrhunderts, in: Labisch/Spree (Hg.), "Einem jeden Kranken ...", S. 297-319
Labouvie, Eva, Andere Umstände. Eine Kulturgeschichte der Geburt, Köln/Weimar/Wien 1998
– Beistand in Kindsnöten. Hebammen und weibliche Kultur auf dem Land (1550-1910), Frankfurt a. M. 1999.
– Frauen im Monopol- und Großhandel. Eine Regionalstudie im deutsch-französischen Grenzraum, in: L'Homme 6 (1995), S. 46 - 61.
– Selbstverwaltete Geburt. Landhebammen zwischen Macht und Reglementierung (17.-19. Jahrhundert), in: Geschichte und Gesellschaft 18 (1992), S. 477-506.
Lamp, Ida, Die Kongregation der Armen Dienstmägde Jesu Christi (Mutterhaus Dernbach/ Westerwald), in: Archiv für mittelrheinische Kirchengeschichte 41 (1989), S. 319 - 346.
Langlois, Claude, Le catholicisme au féminin. Les congregations françaises à supérieure générale au XIXe siècle, Paris 1984.
Laubacher, Anton, Caritasfrühling in den Diözesen Rottenburg und Freiburg im 19. Jahrhundert, in: Rottenburger Jahrbuch für Kirchengeschichte 6 (1987), S. 253-262.
Lauenroth, Chrysotomus, Andreas Fey. Ein Priester-Lebensbild von gestern für die Tage von heute, Paderborn 1938.
Lepper, Herbert, Sozialer Katholizismus in Aachen. Quellen zur Geschichte des Arbeitervereins zum hl. Paulus für Aachen und Burtscheid 1869-1878(88), Mönchengladbach 1977.
– Widerstand gegen die Staatsgewalt. Die Auseinandersetzung der Generaloberin der Franziskanerinnen Elisabeth Koch zu Eupen mit den Staatsbehörden um die Ausführung des "Klostergesetzes" vom 31. Mai 1875, in: Philipp Boomen, Lebensraum Bistum Aachen. Tradition. Aktualität. Zukunft, Aachen 1982, S. 98-139.
Lepsius, Rainer M., Parteiensystem und Sozialstruktur: Zum Problem der Demokratisierung der deutschen Gesellschaft, in: Gerhard A. Ritter (Hg.), Die deutschen Parteien vor 1918, Köln 1973, S. 56-80.
Liedhegener, Antonius, Der deutsche Katholizismus um die Jahrhundertwende (1890-1914), in: Jahrbuch für christliche Sozialwissenschaft 32 (1991), S. 361-392.
Liese, Wilhelm, Geschichte der Caritas, 2 Bde., Freiburg 1922.
Linnert, Gabriele, Das Kloster als Bauaufgabe des 19. Jahrhunderts in Deutschland am Beispiel des "Guten Hirten", Diss. phil. Aachen 1988.
Lion, Hilde, Zur Soziologie der Frauenbewegung. Die sozialistische und die katholische Frauenbewegung, Berlin 1926.
Loth, Wilfried, Der Katholizismus - eine globale Bewegung gegen die Moderne? in: Heiner Ludwig/Wolfgang Schroeder (Hg.), Sozial- und Linkskatholizismus, Frankfurt a. M. 1990, S. 11-31.
– (Hg.), Deutscher Katholizismus im Umbruch zur Moderne, Stuttgart 1991.
– Soziale Bewegung im Katholizimus des Kaiserreichs, in: Geschichte und Gesellschaft 17 (1991), S.279-310.

Ludolphy, Ingetraut, Die Frau in der Sicht Martin Luthers, in: Vierhundertfünfzig Jahre lutherische Reformation, 1517-1967, Festschrift für Franz Lau zum 60. Geburtstag, Berlin 1967, S. 204 - 221.

Lundgreen, Peter, Margret Kraul und Karl Ditt, Bildungschancen und soziale Mobilität in der städtischen Gesellschaft des 19. Jahrhunderts, Göttingen 1988.

Maher, Mary Denis, To bind up the wounds, Catholic sister nurses in the U.S. Cicil War, New York 1989.

Malmgreen, Gail (Hg.), Religion in the lives of English Women, 1760-1930, Bloomington 1986.

Marrus, Michael R., Pilger auf dem Weg. Wallfahrten im Frankreich des 19. Jahrhunderts, in: Geschichte und Gesellschaft 3 (1977), S. 329-351.

McLeod, Hugh, Church and Class. Some international Comparisons, in: Jürgen Kocka, (Hg.), Arbeiter und Bürger im 19. Jahrhundert, München 1986, S. 106-111.

– Weibliche Frömmigkeit - männlicher Unglaube? Religion und Kirche im bürgerlichen 19. Jahrhundert, in: Frevert (Hg.), Bürgerinnen und Bürger, S. 134-156.

Meiwes, Relinde, "Ich bin des Wechsels so müde." Luise Hensel (1798-1876), in: Gisbert Strotdrees (Hg.), Es gab nicht nur die Droste. Sechzig Lebensbilder westfälischer Frauen, Münster 1992, S. 59 f.

– Religiosität und Arbeit als Lebensform für katholische Frauen. Kongregationen im 19. Jahrhundert, in: Götz von Olenhusen (Hg.), Frauen unter dem Patriarchat, S. 69-88.

Mergel, Thomas, Die subtile Macht der Liebe. Geschlecht, Erziehung und Frömmigkeit in katholischen rheinischen Bürgerfamilien 1830-1910, in: Götz von Olenhusen (Hg.), Frauen unter dem Patriarchat, S. 22-47.

– Sozialmoralische Milieus und Revolutionsgeschichtsschreibung. Zum Bild der Revolution von 1848/49 in den Subgesellschaften des deutschen Kaiserreichs, in: Christian Jansen /Thomas Mergel (Hg.), Die Revolution von 1848/49. Erfahrung - Verarbeitung - Deutung, Göttingen 1998

– Zwischen Klasse und Konfession. Katholisches Bürgertum im Rheinland 1794-1914, Göttingen 1994.

Mertens, Johannes, Die Berliner Ordensprovinz der Grauen Schwestern von der heiligen Elisabeth, Berlin 1992.

Meyer, Wendelin, Heiliges Magdtum vor Gott. Mutter Maria Kasper. Stifterin der Genossenschaft der Armen Dienstmägde Jesu Christi, Wiesbaden 1933.

– Im Rufe der Heiligkeit. Leben und Wirken der Gottseligen Mutter Franziska Schervier, Werl 1925.

– Pauline von Mallinckrodt. Zu Ihrem jugendlichen Seelenbilde, Münster 1924.

Moltmann-Wendel, Elisabeth (Hg.), Frau und Religion. Gottes Erfahrungen im Patriarchat, Frankfurt a. M. 1983.

Mooser, Josef, "Christlicher Beruf" und "bürgerliche Gesellschaft". Zur Auseinandersetzung über Berufsethik und wirtschaftliche Inferiorität im Katholizismus um 1900, in: Loth (Hg.), Deutscher Katholizismus, S. 124-142.

– Das katholische Milieu in der bürgerlichen Gesellschaft. Zum Vereinswesen des Katholizismus im späten Kaiserreich, in: Blaschke/Kuhlemann (Hg.), Religion im Kaiserreich, S. 59-92

– Das katholische Vereinswesen in der Diözese Paderborn um 1900. Vereinstypen, Organisationsumfang und innere Verfassung, in: Westfälische Zeitschrift 141 (1991), S. 447-461.

– Katholische Volksreligion, Klerus und Bürgertum in der zweiten Hälfte des 19. Jahrhunderts. Thesen, in: Schieder (Hg.), Religion und Gesellschaft, S. 144-156.

Müllejans, Rita, Klöster im Kulturkampf. Die Ansiedlung katholischer Orden und Kongregationen aus dem Rheinland und ihre Klosterneubauten im belgisch-niederländischen Grenzraum infolge des preußischen Kulturkampfes, Aachen 1992.

Nell, Adelheid von, Die Entwicklung der generativen Strukturen bürgerlicher und bäuerlicher Familien von 1750 bis zur Gegenwart, Diss. Bochum 1973.

Nettelbusch, Petra, Die Genossenschaft der Schwestern von der Göttlichen Vorsehung zu Münster i.W. Ihr Werden, Wachsen und Wirken 1842 - 1928, Münster 1928.

Nipperdey, Thomas, Deutsche Geschichte 1800-1866. Bürgerwelt und starker Staat, München 1983.

Nipperdey, Thomas, Deutsche Geschichte 1866-1918, 1. Bd.: Arbeitswelt und Bürgergeist, München 1990, 2. Bd.: Machtstaat vor der Demokratie, München 1993[2].

– Religion im Umbruch. Deutschland 1870-1918, München 1988.

Nolan, Mary Lee/Sidney Nolan, Christian Pilgrimage in Modern Western Europe, Chapel Hill 1989.

Nowak, Kurt, Geschichte des Christentums in Deutschland. Religion, Politik und Gesellschaft vom Ende der Aufklärung bis zur Mitte des 20. Jahrhunderts, München 1995.

O'Brien, Susan, Terra Incognita: The Nun in Ninetheenth-Century England, in: Past and Present 121 (1988), S. 110-140.

Opitz, Claudia, Evatöchter und Bräute Christi, Weiblicher Lebenszusammenhang und Frauenkultur im Mittelalter, Weinheim 1990

Otto, Maria, 300 Jahre Höhere Mädchenbildung an St. Leonhard Aachen, Aachen (1926).

Paletschek, Sylvia, Auszug der Emanzipierten aus der Kirche? Frauen in deutschkatholischen und freien Gemeinden 1844-1852, in: Götz von Olenhusen (Hg.), Frauen unter dem Patriarchat, S. 48-68.

– Frauen und Dissens. Frauen im Deutschkatholizismus und in den freien Gemeinden 1841-1852, Göttingen 1990.

Pankoke-Schenk, Monika, Katholizismus und Frauenfrage, in: Rauscher (Hg.), Der soziale und politische Katholizismus, Bd. II, S. 278-311.

Paramente des 19. Jahrhunderts aus Kölner Kirchenbesitz. Ausstellung des Kölner Kunstgewerbemuseums, Austellungskatalog von Brigitte Tietzel, Köln 1980.

Pelliccia, Guerrino/Giancarlo Rocca (Hg.), Dizionario degli istituti di perfezione, Roma 1974 ff.

Perrot, Michelle, Ausbrüche, in: Duby/Michelle Perrot (Hg.), Geschichte der Frauen, Bd. 4, S. 505-538.

Pesendorfer, Friedrich, Künstlerinnen und Schriftstellerinnen im Nonnenkleide. Die Leistungen der katholischen Frauenklöster auf dem Gebiet der Wissenschaft und aller schönen Künste, Linz a.D. 1932-33.

Peters, Franz Joseph, Die Verehrung des hl. Joseph in der Erzdiözese Köln, in: Kölner Pastoralblatt 8 (1955), S. 236-241, 272-277.

Philippi, Paul, Die Vorstufen des modernen Diakonissenamtes (1789-1848) als Element für dessen Verständnis und Kritik, Neukirchen-Vluyn 1966.

Prelinger, Catherine M., Die deutsche Frauendiakonie im 19. Jahrhundert: Die Anziehungskraft des Familienmodells, in: Ruth-Ellen B. Joeres/Annette Kuhn (Hg.), Frauen in der Geschichte VI: Frauenbilder und Frauenwirklichkeiten, Düsseldorf 1985.

– Charity, Challenge and Change. Religious Dimensions of the Mid-Nineteenth-Century Women's Movement in Germany, New York 1987.

Probst, M. Brunilde, Das brennende Siegel. Lebensbild der Mutter Maria Clara Pfänder. Stifterin der Franziskanerinnen von Salzkotten 1957.

Quardt, Robert, Millionärin ohne Hab und Gut. Aus dem Leben der Ordensstifterin Maria Kasper, München 1964.

Raab, Heribert, Zur Geschichte und Bedeutung des Schlagwortes "ultramontan" im 18. und frühen 19. Jahrhundert, in: Historisches Jahrbuch 81 (1961), S. 159-173.

Randebrock, Hugo, Der Rechtsfähigkeitserwerb von Niederlassungen katholischer Orden und Kongregationen in Preussen, Diss. Greifswald 1920.

Rauscher, Anton (Hg.), Der soziale und politische Katholizismus. Entwicklungslinien in Deutschland 1803-1963, Bd. 2, München 1982.

Rautenbach, Renate, Idee und Gestalt des Erziehungs- und Bildungswesens der "Congregatio sororum christianae charitatis filiarum immaculatae conceptionis", Diss. phil. Bonn 1987

Reichert, Franz Rudolf, Die Kongregation der Schwestern vom Heiligen Geist, Mutterhaus Koblenz, in: Archiv für mittelrheinische Kirchengeschichte 34 (1982), S. 167-184.

Reinhard, Ewald, Die Münsterische "Familia sacra". Der Kreis um die Fürstin Gallitizin: Fürstenberg, Overberg, Stolberg und ihre Freunde, Münster 1953.

Reulecke, Jürgen, Sozialer Frieden durch soziale Reform. Der Centralverein für das Wohl der arbeitenden Klassen in der Frühindustrialisierung, Wuppertal 1983.

Ritter, Gerhard A., Zur Geschichte der sozialen Ideen im 19. und frühen 20. Jahrhundert, in: Ders., Arbeiter, Arbeiterbewegung und soziale Ideen in Deutschland, München 1996, S. 11-66.

Röckelein, Hedwig, Historische Frauenforschung. Ein Literaturbericht zur Geschichte des Mittelalters, in: Historische Zeitschrift 255 (1992), S. 377-409.

Röper, Ursula, Mariane von Rantzau und die Kunst der Demut. Frömmigkeitswegung und Frauenpolitik in Preußen unter Friedrich Wilhelm IV., Stuttgart 1997.

Rogers, Rebecca, The Socialization of Girls in France under the Influence of Religion and the Church, in: Kraul/Lüth, Erziehung, S. 139-158.

Rost, Hans, Die wirtschaftliche und kulturelle Lage der deutschen Katholiken, Köln 1911.

Sachße, Christoph/Florian Tennstedt, Geschichte der Armenfürsorge in Deutschland. Vom Spätmittelalter bis zum 1. Weltkrieg, Stuttgart 1980.

Sachße, Christoph, Mütterlichkeit als Beruf. Sozialarbeit, Sozialreform und Frauenbewegung 1871-1929, Frankfurt a. M. 1986.

Sack, Birgit, Zwischen religiöser Bindung und moderner Gesellschaft. Katholische Frauenbewegung und politische Kultur in der Weimarer Republik (1918/19-1933), Münster 1998.

Sander-Wietfeld, Käthe, Pauline von Mallinckrodt. Ein Lebensbild nach ihren Briefen und Aufzeichnungen, Paderborn 1985.

Sanders, Therese, Eine sozialökonomische Untersuchung über die Genossenschaft der Barmherzigen Schwestern (Clemensschwestern), Diss. Münster 1922.

Saurer, Edith, "Bewahrerinnen der Zucht und der Sittlichkeit." Gebetbücher für Frauen - Frauen in Gebetbüchern, in: L'Homme. Zeitschrift für Feministische Geschichtswissenschaft 1 (1990), S. 37-58.

– Frauen und Priester. Beichtgespräche im frühen 19. Jahrhundert, in: Richard van Dülmen (Hg.), Arbeit, Frömmigkeit und Eigensinn. Studien zur deutschen Kulturforschung II, Frankfurt a. M. 1990, S. 141-170.

– (Hg.), Die Religion der Geschlechter, Wien - Köln - Weimar 1995

Schaffer, Wolfgang, Schulorden in Rheinland. Ein Beitrag zur Geschichte religiöser Genossenschaften im Erzbistum Köln zwischen 1815 und 1875, Köln 1988.
Schatz, Klaus, Zwischen Säkularisation und Zweitem Vatikanum, Frankfurt a. M. 1986.
Scherer, Emil Clemens, Die Kongregation der Barmherzigen Schwestern von Straßburg. Ein Bild ihres Werdens und Wirkens von 1734 bis zur Gegenwart, Kevelar 1930.
Scherzberg, Lucia, Die katholische Frauenbewegung, in: Loth (Hg.), Deutscher Katholizismus, S. 143-163.
Schieder, Wolfgang, Kirche und Revolution. Zur Sozialgeschichte der Trierer Wallfahrt von 1844, in: Archiv für Sozialgeschichte 14 (1974), S. 419-544.
– (Hg.), Religion und Gesellschaft im 19. Jahrhundert, Stuttgart 1993.
– Religion in der Sozialgeschichte, in: ders. und Volker Sellin (Hg.), Sozialgeschichte in Deutschland III, Göttingen 1987, S. 9-31.
– Sozialgeschichte der Religion im 19. Jahrhundert. Bemerkungen zur Forschungslage, in: ders. (Hg.), Religion und Gesellschaft, S. 11-28.
Schiffers, Heinrich, Das katholische Aachen im Wandel der Jahrhunderte, Aachen 1934.
Schlögl, Rudolf, Glaube und Religion in der Säkularisierung. Die katholische Stadt - Köln, Aachen, Münster - 1700-1840, München 1995.
– Sünderin, Heilige oder Hausfrau? Katholische Kirche und weibliche Frömmigkeit um 1800, in: Götz von Olenhusen (Hg.), Wunderbare Erscheinungen, S. 13-50.
Schmid, Pia, Weib oder Mensch, Wesen oder Wissen? Bürgerliche Theorien zur weiblichen Bildung um 1800, in: Kleinau/Opitz (Hg.), Geschichte der Mädchen- und Frauenbildung, Bd. 1, S. 327-345.
– Das Allgemeine, die Bildung und das Weib, in: H.-E. Tenorth (Hg.), Allgemeine Bildung, Weinheim 1986, S. 202-214.
Schmidt, Jutta, Beruf: Schwester. Mutterhausdiakonie im 19. Jahrhundert, Frankfurt a. M. 1998.
Schmidt-Sommer, Irmgard, Von Liebe geleitet. Leben und Werk von Mutter Gertrud, Gräfin Josephine Schaffgotsch, Gründerin der Josefsschwestern von Trier, Trier o.J.
Schmiedl, Joachim, Marianische Religiosität in Aachen. Frömmigkeitsformen einer katholischen Industriestadt des 19. Jahrhunderts, Altenberge 1994.
Schmittdiel, Agnes, Pauline von Mallinckrodt, Paderborn 1949.
Schmitz-Dobbelstein, Willibalda, Die Hospitalschwestern von St. Elisabeth in Aachen. 1622 bis 1922, Aachen 1922.
Schnabel, Franz, Deutsche Geschichte im neunzehnten Jahrhundert, Bd. 4: Die religiösen Kräfte, Freiburg 1937 (Unveränderter Nachdruck München 1987).
Schreiner, Claus, Frauenorden in Deutschland, Fulda 1993.
Schröder, Iris, Wohlfahrt, Frauenfrage und Geschlechterpolitik. Konzeptionen der Frauenbewegung zur kommunalen Sozialpolitik im Deutschen Kaiserreich 1871-1914, in: Geschichte und Gesellschaft 21 (1995), S. 368-390.
– Soziale Frauenarbeit als bürgerliches Projekt. Differenz, Gleichheit und weiblicher Bürgersinn in der Frauenbewegung um 1900, in: Tenfelde/Wehler, Wege zur Geschichte, S. 209-230.
– Soziale Arbeit und Wohlfahrt als bürgerliches Projekt. Die sozialreformerische Frauenbewegung 1890-1914, Diss. phil. FU Berlin 1999.
Schrörs, Heinrich, Die Geheimpolizei am Rhein zur Zeit der Kölner Wirren (1837 - 1838) mit besonderer Rücksicht auf Aachen, in: Zeitschrift des Aachener Geschichtsvereins 48/49 (1926/27), S. 24-60.
– Die Kölner Wirren (1837). Studien zu ihrer Geschichte, Berlin 1927.
Schulze, Winfried (Hg.), Egodokumente. Annäherung an den Menschen in der Geschichte, Berlin 1996.

Schwanitz, Hedwig, Krankheit - Armut - Alter. Gesundheitsfürsorge und Medizinalwesen in Münster während des 19. Jahrhunderts, Münster 1990.

Schweter, Joseph, Geschichte der Kongregation der Schwestern von der hl. Hedwig seit 1848, Breslau 1932

– Geschichte der Kongregation der Marienschwestern aus dem Mutterhaus Breslau 1854-1934, Breslau 1934.

– Geschichte der Kongregation der Grauen Schwestern von der heiligen Elisabeth, 2 Bde., Breslau 1937.

Sinnigen, Ansgar, Katholische Frauengenossenschaften Deutschlands, Düsseldorf 1933.

Sobania, Michael, Das Aachener Bürgertum am Vorabend der Industrialisierung, in: Gall (Hg.), Vom alten zum neuen Bürgertum, S. 183-228.

– Vereinsleben. Regeln und Formen bürgerlicher Assoziationen im 19. Jahrhundert, in: Hein/Schulz (Hg.), Bürgerkultur, S. 170-190.

Solzbacher, Joseph, Die "Heilige Freundschaft" zwischen Clara Fey und Wilhelm Sartorius. Ein Beitrag zur Geschichte der Frömmigkeit, besonders im Aachen des 19. Jahrhunderts, Mönchengladbach 1972.

Sperber, Jonathan, Popular Catholicism in Nineteenth-Century Germany, Princeton 1984.

Spree, Reinhard, Krankenhausentwicklung und Sozialpolitik in Deutschland während des 19. Jahrhunderts, in: Historische Zeitschrift 260 (1995), S. 75-105.

– Quantitative Aspekte der Entwicklung des Krankenhauswesens im 19. und 20. Jahrhundert. "Ein Bild innerer und äußerer Verhältnisse", in: Labisch/Spree (Hg.), S. 51-88.

Stegmeier, Ortrud, Zum Lobe seiner Gnade. Gedanken zu Heiligsprechung und zur Heiligenverehrung, Rom 1991.

– Anna Helena Stollenwerk. Mutter Maria (1852-1900), in: Fischer-Holz, Anruf und Antwort, S. 153-176.

Steppe, Hilde, "... den Kranken zum Troste und dem Judenthum zur Ehre ..." Zur Geschichte der jüdischen Krankenpflege in Deutschland, Frankfurt a. M. 1997.

Sticker, Anna (Hg.), Die Entstehung der neuzeitlichen Krankenpflege. Deutsche Quellenstücke aus der ersten Hälfte des 19. Jahrhunderts, Stuttgart 1960

Stillhart, Alkuin, Die Rechtspersönlichkeit der klösterlichen Verbandsformen nach kanonischem und schweizerischem Recht, Freiburg (Schweiz) 1953

Stolze, Barbara, Ausbildung und Berufstätigkeit von Volksschullehrerinnen in Westfalen 1832-1926, Pfaffenweiler 1995.

Tenfelde, Klaus/Hans-Ulrich Wehler (Hg.), Wege zur Geschichte des Bürgertums, Göttingen 1994

Tihon, André, Les religieuses en Belgique du XVIIIe au XXe siècle. Approche statistique, in: Belgisch Tijdschrift voor nieuwste geschiedenis/Revue Belge d'Histoire contemporaine 7. 1976, S. 1-54.

Uhlmann, Gordon, Leben und Arbeiten im Krankenhaus. Die Entwicklung der Arbeitsverhältnisse des Pflegepersonals im späten 19. und frühen 20. Jahrhundert, in: Labisch/Spree, "Einem jeden Kranken ...", S. 399-419.

Unter dem Banner Unserer Lieben Frau, hg. von den Schwestern der Genossenschaft, Mönchengladbach 1925.

Vahle, Hans, Das Ende des Klosters der Barmherzigen Brüder und die Einführung der Elisabetherinnen in das Klemenshospital zu Münster, in: Zeitschrift für vaterländische Geschichte und Altertumskunde 73 (1915), S. 173 - 212.

Vermehren, Isa, Auguste von Sartorius (1830-1895), in: Fischer-Holz (Hg.), Anruf und Antwort, S. 89-117.

Vicinus, Martha, Independent Women: Work and Community for Single Women, 1850-1920, Chicago und London 1985.

– Lebensgemeinschaften alleinstehender Frauen im England des 19. Jahrhunderts, in: Anna Maria Stuby (Hg.), Frauen - Erfahrungen - Mythen - Projekte, Berlin 1985, S. 29-44.

Volkmann, Heinrich, Wirtschaftlicher Strukturwandel und sozialer Konflikt in der Frühindustrialisierung. Eine Fallstudie zum Aachener Aufruhr von 1839, in: Peter Christian Ludz (Hg.), Soziologie und Sozialgeschichte, Opladen 1972, S. 550 - 565.

Wagner, Bernd, Zur Geschichte des Krankenhauses - Preußen im 19. Jahrhundert, MS Bielefeld 1991 (Klaus Tenfelde/Hans-Ulrich Wehler - Kolloquium zur modernen Sozialgeschichte)

Watterott, Ignatz, Mutter Klara Fey, Stifterin der Genossenschaft der Schwestern vom armen Kinde Jesus, Freiburg i. Br. 1919[3].

Weber, Christoph, "Eine starke, enggeschlossene Phalanx." Der politische Katholizismus und die erste deutsche Reichstagswahl 1871, Essen 1992.

Weber, Max, Wirtschaft und Gesellschaft. Grundriß der verstehenden Soziologie, Studienausgabe, Tübingen 1985[5].

Wehler, Hans Ulrich, Deutsche Gesellschaftsgeschichte, Bd. 1: Vom Feudalismus des Alten Reiches bis zur Defensiven Modernisierung der Reformära. 1700-1815, München 1987; Bd. 2: Von der Reformära bis zur industriellen und politischen "Deutschen Doppelrevolution". 1815-1845/49, München 1987; Bd. 3: Von der "Deutschen Doppelrevolution" bis zum Beginn des Ersten Weltkrieges. 1849-1914, München 1995.

Wehrli-Johns, Martina, Haushälterin Gottes. Zur Mariennachfolge der Beginen, in: Hedwig Röckelein/Claudia Opitz/Dieter R. Bauer (Hg.), Maria. Abbild oder Vorbild. Zur Sozialgeschichte mittelalterlicher Marienverehrung, Tübingen 1990, S. 147-167.

– /Claudia Opitz (Hg.), Frauen oder Ketzerinnen. Leben und Verfolgung der Beginen im Mittelalter, Freiburg/Basel/Wien 1998.

Weiss, Otto, Der Ultramontanismus. Grundlagen, Vorgeschichte, Struktur, in: Zeitschrift für bayerische Landesgeschichte 41 (1978), S. 821-877.

Weiss, Otto, Religiöse Geschichte oder Kirchengeschichte. Zu neueren Ansätzen in der deutschen Kirchengeschichtsschreibung und Katholizismusforschung. Ein Forschungsbericht, in: Rottenburger Jahrbuch für Kirchengeschichte 17 (1998), S. 289-312.

Welter, Barbara, The Feminization of American Religion: 1800-1860, in: Mary S. Hartmann/ Lois Banner (Hg.), Clio's Consciousness Raised. New Perspectives on the History of Women, New York 1976. (dt. "Frauenwille ist Gottes Wille". Die Feminisierung der Religion in Amerika, 1800-1860, in: Claudia Honegger/Barbara Heintz (Hg.), Listen der Ohnmacht, Frankfurt a. M. 1981, S. 326-355.)

Welzenberg, Angelika, Die westfälische Provinz der Ordensgemeinschaft der Schwestern von der Göttlichen Vorsehung. Erster Band: 1842 bis 1970, Münster (1992).

Wesemann, Paul, Die Anfänge des Amtes der Generaloberin. Dargestellt an der verfassungsrechtlichen Entwicklung des Instituts der Englischen Fräulein bis zur Konstitution Papst Benedikts XIV., München 1954.

Wienand, Adam (Hg.), Das Wirken der Orden und Klöster in Deutschland, 2. Bd.: Die weiblichen Orden, Kongregationen und Klöster, Köln 1964.

Wiesen, Wilhelm und Else Peerenboom, Die Entwicklung der Caritas während des 19. Jahrhunderts im Rheinland, Freiburg i.Br. 1925.

Wilking, Bernhard, Genossenschaft der Barmherzigen Schwestern von der allerseligsten Jungfrau und schmerzhaften Mutter Maria. "Klemensschwestern", Münster 1927.

Wolbring, Barbara, "Auch ich in Arkadien!" Die bürgerliche Kunst- und Bildungsreise im 19. Jahrhundert, in: Hein/Schulz (Hg.), Bürgerkultur, S. 82-101.
Wollasch, Andreas, Der Katholische Fürsorgeverein für Mädchen, Frauen und Kinder (1899-1945). Ein Beitrag zur Geschichte der Jugend- und Gefährdetenfürsorge in Deutschland, Freiburg i.Br. 1991.
Wopperer, Gertrud, Die neuen Formen sozial-caritativer Arbeit in der Oberrheinischen Kirchenprovinz 1834-1870, Freiburg i.Br. 1957.
Wunder, Heide, "Er ist die Sonn', sie ist der Mond." Frauen in der Frühen Neuzeit, München 1992.
Wynands, Dieter P. J., Clara Fey, in: Rheinische Lebensbilder 9 (1982), S. 179-198.
– Die Geschichte des Volksschulwesens der Stadt Aachen von 1814-1924, Diss. päd. Aachen 1977.

Personenregister